# 따뜻한 인간의 탄생

HEARTWARMING

How Our Inner Thermostat Made Us Human

by Hans IJzerman



This Korean edition was published by THE MUST-READ BOOKS PUBLISHING in 2021 by arrangement with Annecy Behavioral Science Lab c/o Kaplan/Defiore Rights through KCC(Korea Copyright Center Inc.), Seoul.

# 따뜻한 인간의 탄생

체온의 진화사

HEARTWARMING

한스 이저맨 지음 | 이경식 옮김 | 박한선 해제

머스트리드북

해제

# 성냥팔이 소녀를 위하여

"지독히도 추운 날이었다. 눈이 오는 어둑어둑한 저녁, 그해 마지막 저녁이었다. 춥고 음울한 곳에서, 모자도 신발도 없는 한 소녀가 길을 걷고 있었다."

–한스 안데르센, 『성냥팔이 소녀』

인간성에 관해 오래된 두 가지 견해가 있다. 첫째, 풍족하고 따뜻한 생태적 환경 속에서 충분한 자원을 바탕으로 폭넓은 관계를 맺으며, 넓은 네트워크를 통해 가능성을 만들 수 있다는 것이다. 일종의 잉여-연결 가설이다. 반대의 주장도 있다. 척박하고 추운 생태적 환경과 부족한 자원 아래 생존과 번식을 위해 투쟁하며 독립적 기회를 찾아낸다는 것이다. 결핍-독립 가설이라 할 수 있을까? 인간성에 관한 역사적 대립 가설이다.

정신과 의사 존 볼비John Bowlby는 2차 세계대전이 터지자 군의관으로 참전했다. 런던아동상담소에서 전쟁고아 등을 돌보았는데, 꽤 많은 아이가 행동상의 문제를 가지고 있었다. 그는 『44명의 소년 도둑*Forty-four Juvenile Thieves*』이라는 책에서 모성 박탈이 도벽을 유발한다고 했다. 5세 이전에 6개월 이상 부모와 분리된 아이는 정서 행동상의 문제를 가질 가능성이 크다는 것이다.

역시 성공을 위해서는 양질의 환경이 필요한 것일까? 춥고 외로운 환경을 불굴의 의지로 이겨내서 훌륭하게 성장한다는 식의 영웅 설화는 아무래도 터무니없어 보인다. 그러나 볼비야말로 모성 박탈을 겪은 당사자라고 할 수 있었다. 볼비의 어머니 메리는 아이를 직접 돌보지 않았다. 하루 한 시간 정도 아이를 보살폈고, 나머지는 유모에게 맡겼다. 당시 중산층 영국인의 전형적인 양육 방식이었다. 볼비는 아버지도 곁에 없었다. 군복무 중이던 아버지는 일 년에 한두 번 집에 올 뿐이었다. 쌀쌀맞은 유모 손에 자라던 볼비는 일곱 살에 기숙학교로 보내졌다. 하지만 그는 도둑이 되지 않았다.

볼비뿐 아니라 수많은 위인의 유년기는 고난과 슬픔, 박탈과 분리의 경험으로 가득하다. 세기적 범죄자의 유년기도 크게 다르지 않다. 자녀를 키우는 부모라면 누구나 한 번쯤 고민해봤을 것이다. 따뜻하고 인자하게 감싸기만 하면 나약한 아이를 만들지 않을까? 그렇다고 차갑고 엄격하게 대한다면 삐딱한 아이가 되지 않을까? 진실은 두 가지 견해의 중간쯤에 있을 것이다.

볼비는 도둑이 될 정도는 아니었지만, 제법 독립적이었다. 아버지를 따라 케임브리지대학에서 의학을 전공하다 중도에 그만두고 심리학을 공부했다. 그러다 다시 의대로 돌아가 의사가 되었다. 정신분석학을 공부했지만, 당시 주류였던 프로이트주의에 천착하지 않았다. 그렇다고 프로이트의 딸이자 어린

이 정신분석가 안나 프로이트와 대립하던 멜라니 클라인Melanie Klein 학파를 따른 것도 아니었다. 그는 당돌하게도 자신만의 주장을 펼쳐나갔다. 정신분석학의 통찰을 동물행동학의 진화주의와 통합해 독창적인 애착 이론을 만들었다. 흥미롭게도 사람들은 볼비를 비롯한 일련의 정신분석가를 '독립' 집단the British Independent Group이라 칭했다.

## 체온 조절 그리고 인류의 진화

사회심리학자 한스 이저맨은 이런 이분법적 주장을 체온 조절의 진화라는 흥미로운 주제를 통해 하나로 묶어내고 있다. 인류는 오랜 진화사를 통해 다양한 기후 환경에 적응해왔다. 인류와 침팬지가 공통 조상 호미닌에서 서로 갈라져 나온 이후 수백만 년이 흘렀다. 어떤 의미에서 호미닌 진화사는 '체온 조절'을 위한 기나긴 여정이었는지도 모른다.

두발걷기와 체모 상실, 발한, 피부색, 체구, 두개골, 안면골, 피하지방의 생애사적 분포 변화에 이르기까지 수많은 신체적 변화가 바로 체온 조절의 선택압selection pressure에서 유발되었다. 정신적 변화도 있었다. 인류는 무려 100만 년 전에 불을 발명했는데, 매우 이른 시기다. 불은 피우기도 관리하기도 어렵다. 인류의 발명품 목록 앞부분에 '불'이 있는 것은 참 놀라운 일이다. 활이나 창보다 수십만 년 이상 앞선다. 확실하진 않지만, 최소 십수만 년 전부터는 옷도 지어 입고, 집도 지어 살았다. 따뜻한 불, 따뜻한 옷, 따뜻한 집의 진화다.

신체적·정신적 진화와 더불어 사회적 진화도 일어났다. 책에서 언급하듯이 인간관계에서의 '따뜻함'은 단지 개념적 은유가 아니다. 우리는 실제로 다른 사람과 부대끼며 체온을 조절한다. 난방용 보일러가 없던 시절에는 사람 간의 부대낌이 더 중요했을 것이다. 따뜻함과 아늑함, 행복과 기쁨, 사랑과 애착은 모두 체온 조절이라는 하나의 목적에서 시작한 진화적 모듈의 다양한 파생 형질인지도 모른다. 이들은 선후 관계를 따지기 어려울 정도로 단단히 엉켜 있는 복합적 느낌이며, 가족과 친족 그리고 거대한 사회를 만든 정서적 기반이었다.

## 서로 엉켜 지내려는 갈망

진화의 눈을 통하지 않으면 왜 이렇게 느끼고, 생각하고, 행동하는지 제대로 이해하기 어렵다. 사랑하는 연인들은 왜 땀띠가 나도록 꼭 붙어 다닐까? 단지 번식을 위한 목적이라면 잠깐으로 충분하다. 한여름에는 왜 '으스스한' 공포영화가 인기일까? 가족이 모두 모이는 명절은 왜 동서양을 막론하고 추운 겨울에 있을까? 그리고 성냥팔이 소녀는 왜 짧은 생의 마지막을 성냥불로 장식했을까?

> 추운 겨울 성냥팔이 소녀는 성냥을 하나도 팔지 못했다. 어머니는 없었고 할머니는 돌아가셨다. 집에 가면 술에 취한 아버

지가 자신을 두들겨 팰 게 분명했다. 게다가 집에 가봐야 온기 하나 없다. 허물어진 벽으로 찬 바람이 불어댔다.

소녀는 성냥을 벽에 그었다. 따뜻한 난로가 나타났다. 성냥을 하나 더 그었다. 모락모락 김이 나는 거위 요리가 나타났다. 다시 성냥에 불을 붙이자 이제 수많은 양초가 불을 밝히는 크리스마스트리가 나타났다. 하지만 성냥은 이내 꺼지고 난로와 거위 요리와 크리스마스트리는 사라져버렸다. 소녀는 다시 성냥을 벽에 그었다. 할머니가 나타났다. 성냥불이 꺼지면 할머니가 돌아가실 것을 알기에, 소녀는 남은 성냥에 모두 불을 붙였다. 따뜻해진 소녀는 할머니 품에 안겨 배고픔도 두려움도 없는 곳으로 날아올랐다.[1]

건강한 발달을 위한 기본적 조건은 다음과 같다. 신체적 안전(난로), 생물학적 욕구(거위 요리), 사회적·정서적 안녕(크리스마스트리) 등이다. 불쌍한 성냥팔이 소녀가 간절히 소망하던 것이다. 처음에는 어머니로부터 그리고 이후에는 친구 관계나 파트너와의 관계에서 획득하는 자원이다. 그런데 그다음은?

정신과 전공의 시절에 이런 토론을 벌인 적이 있었다. 우리는 왜 완전히 독립적인 단계로 발전하지 못할까? 혼자서도 행복하고 만족할 수 있다면 여러모로 좋을 텐데 말이다. 독신으로 살고 싶던 시절이었다. 사실 독립생활을 하는 동물 종도 적지 않다. 그러나 토론의 결말은 시시했다. 인간은 혼자 살도록 진화하지 않았다는 것이다.

체온이 떨어지면 어떻게든 체온을 올려야 한다. 따뜻한 서식지를 차지해야 한다. 사시나무 떨듯 온몸을 떨어야 한다. 서로 엉켜 온기를 나눠야 한다. 어쩌면 44명의 소년 도둑은 '허락되지 않은 따뜻함'을 훔치려 했는지도 모른다. 허락되지 않은 자원을 찾아내려는 몸부림이다. 볼비가 말한 불안정 양가 애착 insecure-ambivalent attachment은 '추위를 견뎌내려는 마음의 부들거림'일까? 외롭고 힘들수록 의지할 이를 찾아 헤매는 것은 '서로 엉켜' 지내려는 절박한 갈망인지도 모른다.

체온 조절을 위한 강력한 선택압은 따뜻함을 추구하도록 이끌었다. 모성 애착은 어머니의 온기에 기반하는데, 이것은 사회적 애착을 위한 내적 작동 모델을 만든다. 물론 인간은 '그럼에도' 혹독한 추위와 배고픔을 이겨낼 수 있다. 하지만 어디까지나 '그럼에도'이다. 분명 추위와 배고픔을 즐기는 것은 아니다. 척박한 조건에서도 온기를 찾아내려는 괴로운 투쟁이다.

플라이스토세의 기나긴 빙하기를 이겨낸 인류다. 하지만 '정신력'이나 '불굴의 의지'보다는 주로 털옷과 모닥불을 통해 추위를 이기고, 가족과 동료의 따뜻한 애착을 바탕으로 외로움을 극복했다. 가혹한 환경 속에서 진화해왔으므로, 외로움과 추위를 언제까지나 '생으로' 견뎌내야 한다고 주장하면 곤란하다. 안데르센 동화처럼 우리는 '거의 다 타버린 성냥 꾸러미를 움켜쥔 채로 뻣뻣하게 얼어버릴' 것이다.

## 완벽한 마음의 온도, 완벽한 관계의 온도

'따뜻함은 무조건 옳기에 모름지기 따뜻하게 행동해야 한다'는 식의 주장은 과학적이지 않다. 무조건 옳은 것이 있을 리 없다. 하지만 누구나 고개를 끄덕이게 되는 마법의 논리다. 절대다수가 따뜻함에 끌린다면, 따뜻함은 생존과 번식에 꼭 필요한 조건임이 분명하다. 인류는 따뜻함을 찾아 지금껏 진화해왔다. 몸과 마음 그리고 세상에는 이런 '따뜻함'을 향한 오랜 진화사적 흔적이 깊게 새겨져 있다.

중앙난방시스템이 수만 년 이상 잘 작동하면, 언젠가는 따뜻함을 추구하지 않는 인간이 나타나지 않을까? 알 수 없는 일이다. 그러나 우리는 이미 서로 엉켜 있는 존재다. 이저맨의 연구처럼 따뜻한 환경에서 우리는 더 행복해진다. 따뜻함은 단순히 생존을 돕는 기후 요인이 아니라 정서적 만족과 사회적 성취를 위한 심리적·사회적 조건이다. 이런 인간성의 본질을 체온 조절이라는 하나의 진화적 적응 형질로 관통시켜 설명하는 저자의 통찰이 놀랍다.

'나는 따뜻한 사람이요'라며 남을 속이는 사기꾼이 많다. 인간은 따뜻함에 약하다는 사실을 알고, 야비하게 이용하는 것이다. 친구에게 속고, 연인에게 당한다. 심지어 부부도 차갑게 갈라지는 세상이다. 점점 마음이 차가워진다. 급기야 따뜻함 따위는 찾지 않겠다는 결심, 가까이 다가오는 이를 경계하는 냉담함으로 이어진다. 바로 볼비가 말한 불안정 회피 애착insecure-avoidant attachment이다. 자칫 뜨거움에 델까 싶어, 따뜻함마저 망설이는 것이다.

적당한 기온이라면, 조금 덥거나 추워도 건강에 큰 이상은 생기지 않는다. 체온이 조금 오르거나 내려도 대개는 괜찮다. 몸만 그럴까? 우리의 마음도 그리고 세상도 마찬가지다. 완벽한 마음의 온도, 완벽한 관계의 온도를 찾다가는 온종일 온도 조절 밸브만 만지작거리게 될 것이다. 허들링하는 펭귄처럼 관계 속으로 뛰어들기 바란다. 체온은 일방적으로 주거나 받을 수 없다. 서로 나누는 것이다. 다른 이에게 따뜻함을 주다 보면, 어느새 자신도 따뜻함을 얻게 될 것이다. 현대사회의 자발적 성냥팔이 소녀를 위한 사회적 허들링이다.

박한선

신경인류학자, 정신과 전문의

CONTENTS

CONTENTS

**일러두기**

1. 본문의 각주는 전부 옮긴이가 달았고, 그 외의 괄호 안 설명은 지은이가 붙였습니다.
2. 원문에서 이탤릭으로 강조한 것은 고딕 서체로 표기했습니다.
3. 책은 『 』, 기사·시는 「 」, 논문·신문·잡지는 《 》, 영화·드라마·미술 작품은 〈 〉로 표기했습니다.
4. 인명이나 지명은 국립국어원의 외래어 표기법을 따랐습니다. 국내에 출간된 저작물은 한국어판 제목을, 미출간된 저작물은 제목을 번역하여 적고 원제를 밝혔습니다.

1

# 마음의 온도 관계의 온도

•

온도와 사회성

셸던 쿠퍼가 집으로 들어선다. 친한 친구들인 레너드와 하워드가 와 있다. 두 사람 표정이 어쩐지 심상찮다.

"무슨 일이야?"

셸던의 물음에 레너드가 대답한다.

"하워드가 오늘밤 여기에서 자겠대."

"왜?

"엄마하고 싸웠대."

"그럼 따뜻한 음료라도 한 잔 마시게 하지 그랬어?"

레너드는 그게 무슨 말이냐는 눈빛으로 셸던을 바라본다. 축 늘어진 모습으로 소파에 앉아 있는 하워드는 아무 말도 하지 않는다.

"레너드, 사회적 관계의 기본social protocol이 친구가 화가 나 있으면 차와 같은 따뜻한 음료부터 한 잔 권하는 건데, 모르니?"

"글쎄, 차 한 잔으로 해결될까?"

"그래, 차 한 잔, 괜찮겠네."

하워드가 차를 마시겠다고 한다.

미국 텔레비전 시트콤 드라마 〈빅뱅이론The Big Bang Theory〉에서 주인공 셸던은 인터넷에 떠도는 조언을 따라, 기분이 가라앉은 친구의 원기를 '따뜻한 음료'로 북돋우려 했을지도 모른다.⁺ 그러나 체온과 정신적인 지지가 평행한다고 믿는 사람은 셸던뿐만 아니다.[1] 지난 수백 년 동안 작사가와 시인은 사랑과 보살핌을 유쾌하게 높아진 체온과 결부시켰고, 외로움과 배신을 어쩐지 으스스한 느낌과 결부시켰다. 예컨대 가수 바브라 스트라이샌드는 "다시 집에 돌아오니 모든 게 따뜻하다"고 노래했고, 브라질 밴드 호타 퀘스트는 "사랑은 영혼을 데워주는 온기"라고 노래했다. 비틀즈는 반어적 표현으로 유명한 만화 〈피너츠Peanuts〉를 그린 찰스 슐츠가 했던 저 유명한 "행복은 따뜻한 강아지"라는 비유를 역설적으로 비틀어 "행복은 따뜻한 총"이라 말했다.

심지어 우리가 일상적으로 구사하는 언어에도 이런 비유는 넘쳐난다. '따뜻한' 사람은 상대방을 보살피며 긍정적으로 반응하는 사람이라는 뜻이다. 우리는 '따뜻한 환대'를 받을 수도,

⁺ 〈빅뱅이론〉은 네 명의 괴짜 과학도와 금발 미녀의 이야기를 그린 미국 CBS 시트콤 드라마다.

'얼음처럼 차가운 시선'을 받을 수도 있다. 폴란드인은 다른 사람에게 따뜻하게 말하고mówi ciepło, 프랑스인은 종종 다른 사람을 차갑게 대한다battre froid a quelqu'un. 냉대와 같은 뜻의 영어 관용적 표현은 '누군가에게 차가운 어깨를 내주다give someone the cold shoulder'이다.

현대 사회심리학의 개척자들 가운데 한 명이라 할 수 있는 솔로몬 아시Solomon Asch는 이미 1946년에 여러 차례에 걸친 실험을 통해, 어떤 사람을 묘사할 때 '따뜻하다'나 '차갑다'는 단어를 추가하면 이 사람을 바라보는 다른 사람들의 관점이 크게 달라진다는 사실을 발견했다. 당신은 지적으로 보일 수도, 노련하게 보일 수도 혹은 단호하게 보일 수도 있다. 그러나 이렇게 보이는 것은 당신이 따뜻하거나 차갑게 보이는 것만큼 중요하지 않다. 따뜻한 사람은 너그럽고 사교성이 뛰어나며 성품이 훌륭한 사람으로 비친다. 반면에 차가운 사람은 이런 덕목이 부족할 뿐만 아니라 인색하고 무정하고 비열한 사람이 된다.[2] 아시는 '따뜻하다-차갑다'는 차원의 인지가 사회적 인지의 토대라고 믿었다. 그러나 이런 본질적인 특성이 단지 언어적이고 감성적인 비유의 산물이 아님을 과학적으로 규명하기까지는 오랜 세월이 걸렸다. 사람들은 실제로 각자 맺고 있는 인간관계에서 물리적인 온기 혹은 냉기를 (문자 그대로) 느낀다.

21세기로 다시 돌아오자. 2008년에 예일대학에서 비교적 단순한 실험 하나가 진행되었다. 한 학부생이 심리학과 건물 로비로 들어선다. 이 실험참가자는 여학생이다. 여성 연구 조교가

이 학생을 맞이해 4층 심리실험실로 안내한다. 이곳에서 그 학생을 대상으로 심리 실험을 진행하기로 되어 있다. 연구 조교는 커피잔 하나, 클립보드, 강의 교재 두 권을 들고 있어 손을 사용해 다른 작업을 할 여유가 없어 보인다. 아무튼 두 사람은 엘리베이터로 걸어간다.

엘리베이터 안에서 조교는 클립보드에 뭔가를 써야 한다며 커피잔을 잠깐 들고 있어 달라고 학생에게 부탁한다. 곧이어 문이 열리고, 두 사람은 밖으로 나간다.

실험참가자 학생도 모르게 실험의 첫 번째 부분은 이미 끝났다. 학생이 실험실 안으로 들어가자, 실험진행자가 이 학생에게 가상 인물인 '사람 A'를 묘사한 내용을 읽으라고 요청한다. A는 지적이고 노련하고 부지런하며 단호하고 실천적이며 주의깊은 사람이다. 실험참가자가 해야 할 일은 열 개 항목의 개인적 특성을 놓고 A를 평가하는 것인데, 열 개 가운데 다섯 개 항목은 '따뜻함' 혹은 '차가움'과 관련 있는 내용이다.

이 실험에 참여한 학부생은 모두 마흔한 명이었는데, 이들은 연구자들이 이미 자기들을 두 집단으로 나누었다는 사실을 알지 못했다. 엘리베이터에서 실험참가자 절반은 김이 모락모락 나는 따뜻한 커피가 담긴 컵을 받았고, 나머지 절반은 차가운 커피가 든 컵을 받았다. 두 가지 모두 인근 카페에서 사온 것이었다.

이 작은 트릭이 실험참가자가 A를 인지하는 데 영향을 주었다. 따뜻한 커피를 받아든 실험참가자는 차가운 커피를 받아든 실험참가자보다 A를 '한층 더 따뜻한' 인물로 받아들였다. 심리학자들에게 이것은 획기적인 발견이었다. 신체가 따뜻함을 경험하면 실제로 심리적이거나 사회적인 따뜻함을 판단할 때 한층 더 후한 점수를 주게 된다는 뜻이었기 때문이다.[3]

이 실험을 계기로 온도와 사회성 관계를 다루는 심리학 연구가 봇물 터지듯 쏟아졌다. (내가 했던 연구도 그 가운데 하나였다.) 따뜻한 음료가 든 컵을 아주 잠깐 들고 있는 것만으로도 다른 사람을 친근하게 느끼고 신뢰하게 만들 수 있다면, 자기가 그 사람과 한층 더 밀접하다고 느끼게 만들 수도 있지 않을까? 물리적으로 가깝지는 않지만, 심리적으로나 사회적으로 가깝다고 ('가까운 친구들'이나 '가까운 가족 구성원들'이라 말할 때의 그 가까움을 말한다) 느끼게 할 수 있지 않을까? 나는 이 질문에 대한 정답을 찾아보기로 마음먹었다.

'엘리베이터 안 커피잔 실험'이 있고 1년 뒤, 나는 위트레흐트대학에서 지도교수와 함께 그 실험을 살짝 변형한 실험을 진행했다. 우리는 '심리실험실 안 차 실험'을 설계했는데, 실험참가자들에게 실험진행자가 설문 사항을 노트북에 설치하는 동안 차가 든 컵을 잠깐 들고 있게 했다. 물론 여기에서도 실험참가자들 가운데 절반은 따뜻한 차가 담긴 컵을 들고 있게 했고, 나머지 절반은 차가운 차가 담긴 컵을 들고 있게 했다. (당시만 해도 네덜란드에서는 아이스커피가 일상적인 음료가 아니었다. 우리는 네덜란드 사람들인 실험참가자들이 아이스커피를 보고 이상하다고 여길 수 있다고 생각해 커피를 차로 바꾸었다. 차는 뜨거운 것이든 차가운 것이든 간에 네덜란드 사람에게 낯익은 음료였기 때문이다.) 실험 결과, 엘리베이터 안에서든 심리실험실 안에서든 간에, 따뜻하거나 차가운 음료가 실험참가자들이 다른 사람을 인지하는 내용에 영향을 주었다.

그다음 단계가 있었다. 우리는 종이 한 장에 여러 개의 단순한 벤다이어그램으로 구성된 기본적인 평가 척도들을 그린 다음에 실험참가자들에게 그것을 살펴보게 했다.[4] 각각의 벤다이어그램은 두 개의 원으로 구성되어 있었다. 척도의 왼쪽으로 갈수록 두 개의 원이 떨어져 왼쪽 끝에서는 거의 완전히 떨어져 있었고, 오른쪽으로 갈수록 두 개의 원이 포개져 오른쪽 끝에서는 거의 완전히 포개져 있었다. 우리는 실험참가자들에게 그 두 개의 원 가운데 하나가 자기 자신이고 다른 하나는 실험진행자라고 생각하라고 말했다.

우리가 알고 싶은 것은, 실험참가자들이 특정한 조건 아래 놓일 때 그 두 개의 원이 얼마나 포개진 것이 자기와 실험진행자 관계를 대변한다고 생각할까 하는 점이었다. 더 나은 인간관계, 즉 서로 한층 더 헌신적이고 원만한 관계를 맺고 있는 사람들은 자기 원이 상대방 원과 상대적으로 더 많이 겹치는 것으로 느낀다는 사실을 우리는 이미 알고 있었다. 우리 실험에서 따뜻한 차가 담긴 컵을 건네받은 사람들이 차가운 차가 담긴 컵을 건네받은 사람들보다 실험진행자를 더 가깝게 인식했고, 두 개의 원이 더 많이 겹치는 쪽을 선택했다. 우리는 전자 집단이 후자 집단보다 자기의 자아가 실험진행자의 자아와 한층 더 많이 융합된 것으로 느낀다고 결론지었다. 쉽게 말하면 차가운 차가 아닌 따뜻한 차를 건네주었다는 이유 하나만으로 (심지어 마신 것도 아니고 잠깐 들고 있었을 뿐임에도!) 실험진행자를 상대적으로 더 친밀하게 느낀 것이다.

관련된 실험 몇 가지를 계속 진행하면서, 우리는 실험참가자들이 심지어 실험진행자를 친밀하게 느낀다는 심리 상태를 드러내는 단어들을 더 많이 사용하기 시작한다는 사실도 알아냈다. 이 실험은 다음과 같은 방식으로 진행되었다. 이번에는 실험참가자들에게 뜨거운 음료나 차가운 음료가 담긴 컵을 건네지 않고, 실험참가자들을 두 집단으로 나누어 실내 온도가 높은(섭씨 22~24도) 방과 낮은(섭씨 14~18도) 방에서 흰색과 붉은색 체스 말들이 여기저기로 움직이는 동영상을 보게 했다. 그런 다음에 자기가 본 것을 묘사하게 했다.

실험 결과, '따뜻한' 조건의 실험참가자들은 대체로 이런 식으로 말했다.

"빨간 말이 다른 말들을 뒤따라 걷고 있었고, 빨간 말이 다른 말들을 모두 잡아버렸다. 먼저 빨간 말은 두 번째 말을 왼쪽에서 잡았고, 또 다른 말은 오른쪽에서 잡았다. 그런 다음에는 다시 원래 있던 자리로 돌아와 다른 말들을 잡았다. 그러고는 정면으로 이동해 다른 말들을 모두 잡았다."

반면에 '차가운' 조건의 실험참가자들은 이런 식으로 말했다.

"졸이 퀸과 함께 모험을 떠났는데 퀸은 졸을 좋아하지 않아 달아나버렸다. 이것은 '백인 가족'에게 전혀 도움이 되지 않았고, 퀸의 이 행동으로 분쟁과 말썽이 일어났다. 졸은 그저 멍청이일 뿐이었으며, 퀸이 영영 사라지게 했다. 결국 모두가 다 불행해졌다. 심지어 자부심이 가득하던 왕도 졸도 불행해졌다."

우리 실험에 참가한 사람들은 '차갑거나' 혹은 '따뜻하거나' 하는 조건과 상관없이, 모두 자기가 본 것을 의인화하는 경향이 있었다. 그런데 자기가 본 것을 묘사할 때 '따뜻한' 실험참가자들은 동사를 중심으로 묘사한 데 비해 '차가운' 실험참가자들은 형용사를 선호했다.[5]

## 단순한 비유일까, 생리적 명령일까

언어 덕분에 그리고 시트콤 드라마 〈빅뱅이론〉의 셸던 쿠퍼가 '사회적 관계의 기본'이라 했던 것 덕분에, 사람들은 물리적 온기/냉기와 사회적 온기/냉기 사이 연관성을 깊이 파고들어 따지기보다는 당연한 것으로 여긴다. 심지어 발달심리학자 혹은 이 분야 전문가는 아니지만 발달development과 관련된 기본적인 가설들을 배운 사람조차도, 우리가 '명백'하거나 '자명'하다고 여겨왔던 여러 설명에 만족한다.⁺

유아기에 우리는 부모 보살핌을 받으면서 체온과 사랑 사이

⁺ 여기에서 '발달'은 유아가 신체적·심리적으로 성인으로 성장하는 과정을 뜻한다.

연관성을 배운다. 이런 연관성은 우리가 인생을 살아가면서 심리적 온기와 생리적 온기를 동시에 경험하는 일이 반복되면서 한층 강화된다. 갓난아기가 엄마의 두 팔에 안겨 있는 모습을 떠올려보라. 이 아이는 배고프지 않게 잘 먹고 또 안전하고 따뜻하게 보호받는다.

이런 연관성은 우리가 사용하는 언어와 비유 속으로 쉽게 녹아든다. 우리는 남을 배려하는 사람을 "따뜻한 마음을 가졌다"고 말하고, 그렇지 않은 사람을 "얼음장처럼 차가운 마음을 가졌다"고 말한다. 어쩌다 따뜻한 물건을 만지게 되면, 심지어 김이 모락모락 피어오르는 뜨거운 음료가 담긴 컵을 그저 만지기만 하더라도, 그 행동 때문에 신뢰와 포용과 사랑이라는 감정이 환기된다. 지적으로나 정서적으로 모두. 따뜻한 음료가 담긴 컵을 두 손으로 감싸는 동작은 자기를 따뜻하게 보살펴주던 부모의 손길을 느끼는 행동과 다르지 않다.

이런 연관성을 토대로 한 설명이 가진 강점 가운데 하나는 매우 상식적이라는 점이다. 오늘날 상식은 인생을 살아가는 데 있어 매우 소중한 자산이다. 우리는 세상을 살아가면서 맞닥뜨리는 모든 것을 철저하게 조사해 완벽하게 이해할 여유가 없다. 모든 결정을 내릴 때마다 심사숙고해 최선이 되도록 고군분투할 수는 없다. 상식은 체험을 통해 스스로 깨달은 통찰, 즉 경험칙이다. 상식이 있기에 우리는 인생을 살아가면서 맞닥뜨릴 수 있는 대부분의 상황이나 문제에 대해, 충분히 많은 것을 배울 수 있고 또 추정할 수 있다. 차량 통행량이 많은 도로를 건널 때

양쪽을 살피는 건 상식이다. 이 경우 우리에게는 이런 경험칙만 있으면 된다. 무사히 건너고 살아남을 가능성을 굳이 마음속으로 계산할 필요까지는 없다. 길을 건너기 전에 그저 도로 양쪽을 한번 살피기만 하면 된다.

그러나 과학에서는 그렇게 다급하지 않다.

"상식이란 것은 열여덟 살까지 습득한 온갖 편견의 집합체다."[6]

알베르트 아인슈타인의 저 유명한 말이 암시하듯이, 과학은 상식을 무시하는 게 아니라 상식 너머와 상식 아래 그리고 상식 옆을 바라본다. 물리적 온도와 심리적 온도 사이 연관성과 관련된 새로운 실험 자료와 결과는 학술지에 넘쳐난다. 이 연구 저작들의 양과 내용에 따르면, 어린 시절에 이루어진 학습과 비유만으로는 그 모든 연관성을 설명하기에 충분치 않다.

토론토대학에서 진행된 심리 실험에서 연구자는 쉰두 명의 학부생에게 〈사이버볼Cyberball〉이라는 컴퓨터 게임을 하게 했다.[7] 이 게임은 실험참가자에게 자기가 소외되었다는 느낌을 주입할 목적으로 우리 심리학자들이 즐겨 사용하는 도구다. 실험참가자는 비디오 게임 〈사이버볼〉에서 가상의 공을 잡은 다음, 게임에 참여하는 다른 두 명에게 공을 건네야 한다. 이 두 명의 게임자는 실험참가자의 눈에 보이지 않는 곳에서 게임에 접속해 있다. 실험참가자는 그 두 명을 알지 못하고, 그들 역시 실험참가자를 알지 못한다.

게임은 단순하다. 이 게임에는 멀티플레이 온라인 롤플레잉 게임 〈월드 오브 워크래프트World of Warcraft〉와 같은 화려한 시각 효과가 없고, 그저 공을 던지고 받는 작은 인물들만 있을 뿐이다. 실험진행자가 실험참가자에게 알려주지 않은 사실이 하나 있다. 다른 두 명의 게임자가 실제로는 존재하지 않는다는 사실이다. 이 두 명의 게임자는 〈사이버볼〉 게임 소프트웨어 프로그램의 일부분이며, 이들은 실험참가자가 소외당한다고 느끼게 하거나 혹은 소속감을 느끼게 하려고 투입되었다. 만일 게임 속에서 실험참가자가 소외감을 느끼게 하기로 했다면, '그들'은 실험참가자에게 공을 한두 번만 던져주고는 그를 따돌린 채 자기들끼리만 공을 주고받는다. 실험참가자로서는 우울한 기분으로 모니터만 멍하게 바라볼 뿐이다. 반대로 만일 실험참가자가 소속감을 느끼게 하기로 했다면, '그들'은 게임 내내 그에게 규칙적으로 공을 던져줄 것이다.

그런 다음에 실험진행자는 이 〈사이버볼〉 게임에서 소외감을 느낀 실험참가자에게 게임과 전혀 관련이 없는 또 다른 연구를 진행할 것이라 말한다. (여기에서 독자에게 팁 하나를 주겠다. 어떤 심리학자든 간에 '또 다른' 연구가 방금 한 어떤 연구와 "전혀 관련이 없다"고 말하면 그 말을 믿어서는 안 된다.) 그러고는 실험참가자에게 음식 목록을 제시하면서, '매우 바람직하지 않다'에서부터 '매우 바람직하다'까지 1점에서 7점 사이의 점수를 매겨달라고 요청한다. 실험참가자에게 제시된 음식 목록은 뜨거운 커피, 뜨거운 수프, 사과, 크래커 그리고 콜라였다. 이 음식 목록은 따뜻한 음식과 차가운 음식, 짠 음식과 단 음식이 모두 포함되도록 구성되었다.

실험이 끝나고 실험참가자들의 응답을 분석하자 뚜렷한 패턴 하나가 드러났다. 〈사이버볼〉 게임에서 무시당하면서 소외감을 느낀 사람들은, 다른 게임자들로부터 더 많은 공을 받으며 소속감을 느낀 사람들보다 따뜻한 음식을 후하게 평가했다. 그러나 이 두 집단은 콜라와 사과 같은 음식을 두고서는 뚜렷한 차이를 드러내지 않았다. 그러므로 만일 당신이 다음에 남편이나 아내가 소원하게 느껴지고 또 어쩐지 뜨거운 차나 수프가 당긴다면, 이때 당신의 허기는 실제로 배가 고파서가 아니라 체온과 관련이 있을지도 모른다. 단 한 번의 따뜻한 포옹만으로도 허기가 조금은 해소될 것이다.

친구와 한바탕 싸우고 난 뒤에 몸에서 열이 난다고 느낄 수 있는데, 이런 신체적 현상은 지극히 정상이다. 위의 실험을 진행한 토론토대학 연구진이 그 실험과 관련이 있는 또 다른 실험을 했다. 〈사이버볼〉 게임에서 소외감을 느낀 실험참가자에게 자기가 현재 머무는 방의 실내 온도가 얼마일지 추정해보라고 한 것이다. (이때 연구자들은 건물 관리자의 요청에 따라 이 질문을 하는 것으로 위장했다.) 실험 결과, 11도라고 대답한 사람도 있었고 40도라고 대답한 사람도 있었지만, 〈사이버볼〉 게임에서 배척당하고 소외감을 느낀 집단의 평균 추정치는 소속감을 느낀 집단의 평균 추정치보다 낮았다. 이 두 집단의 온도 추정치 차이는 3도 가까이 되었다. 배척과 소외가 그 사람들을 실제로 춥게 만들었다.[8]

몇몇 비판자들은 이 실험 결과를 인정하려 하지 않았다. 그 무렵에 나는 우연찮게도 사회적 온도와 물리적 온도 사이 연관성과 관련된 실험을 따로 진행했으나 결과를 발표하지 않고 있었다. 어쩐지 아직 준비가 덜 되었다는 느낌이 들어서였다. 내가 진행한 실험 결과는 토론토대학 연구자들이 발견한 사실과 일치했다. 사람들은 자기가 다른 사람들과 다르다고 느낄 때, 머무는 공간 온도를 실제보다 낮게 판단한다는 사실을 실험을 통해 나는 확인했다. 반대로 자기가 다른 사람들과 매우 같다고 느낄 때는 공간 온도를 실제보다 높게 판단했다. 사람들은 '따뜻한' 사람, 즉 충성심이 높고 우호적이며 기꺼이 도움을 주려는 사람에 대한 글을 읽을 때 공간 온도가 실제보다 높다고 느꼈다.

나는 동료들과 함께 폴란드 해변 도시 소포트에서 학생 팔십 명을 모아 각자 짧은 이야기를 읽게 했다. 어떤 사람에게는 마크라는 이름의 남자 이야기를 읽게 했고, 또 어떤 사람에게는 마르타라는 이름의 여자 이야기를 읽게 했다. 몇몇 버전들에서는 마크와 마르타 모두 배려심이 넘치고, 공감을 잘하며, 충성심이 깊고, 우호적인 인물로 묘사되었다. 말하자면 '따뜻한' 사람이라 할 만한 그런 인물이었다. (물론 우리는 '따뜻한'이라는 단어를 직접 사용하지는 않았다.) 또 다른 몇몇 버전들에서는 마크와 마르타가 유능하고, 창의적이며, 정확하고, 작업 효율성이 높은 인물로 묘사되었다. 이 특성들은 모두 긍정적인 설명이긴 하지만 '따뜻함'을 의미하지는 않았다.

우리는 그 이야기를 읽은 뒤 학생들에게 현재 실내 온도가 어느 정도일지 추정해보라고 했다. 학교 측이 최근에 그 방을 보수했는데 학생들의 반응을 확인하고 싶어 한다는 말로 바람을 잡았다. 결과는 뚜렷한 패턴을 드러냈다. 배려심과 충성심이 넘치는 마크와 마르타 이야기를 읽은 학생들은 유능하고, 작업 효율성이 높은 두 사람 이야기를 읽은 학생들보다 실내 온도를 평균 2도 높게 추정했다. 두 집단은 각각 섭씨 21도와 19도로 추정했던 것이다.[9]⁺ 그러므로 난방비를 줄이고 싶다면, '따뜻한' 사람과 함께 살면 된다는 해석이 가능하다.

마크와 마르타라는 인물이 등장하는 이 같은 실험들은 온도와 사회성 사이 연관성에 대한 상식적인 설명을 무색하게 만든다. 이 실험들은 상식적인 설명보다는 한층 더 복잡한 설명이 필요하다는 강력한 증거를 제시한다. 과거의 상식심리학 이론들에 따르면 비유는 오로지 한 방향으로만 작동하므로, 온도와 사회성 사이 연관성이 전혀 존재하지 않음을 이 실험들은 당연히 입증했어야 했다.⁺⁺

따뜻한 컵과 같은 물리적 온도는 '따뜻한 성품'과 같은 비유를 활성화할 수 있으며, 사람들에게 신뢰와 사랑을 연상하도록 유도할 수 있다. 그러나 비유 이론에 따르면 어떤 사람이 신뢰와 사랑을 생각한다고 해서, 그 사람이 물리적 온도를 실제보다 더 높게 인지할 수는 없다. 비유는 그런 방식으로 작동하지 않는다. 비유는 구체적인 것을 추상적인 것으로 바꾸어놓을 수 있

⁺ 이하의 모든 온도 단위는 특별한 표시가 없는 한 섭씨다.

⁺⁺ 오스트리아의 심리학자 프리츠 하이더Fritz Heider가 개념화한 상식심리학은, 주관적 법칙에 따라 외부 자극을 지각하고 나름의 논리에 따라 해석하고자 하는 개인의 주관적 지각을 체계화하여 파악하려는 시도다.

지만, 반대로 추상적인 것을 구체적인 것으로 바꾸어놓을 수는 없다.[10] 그렇다면 다른 무언가가 우리 실험에서 작용했던 게 분명하다. 그것은 과연 무엇일까?

우리에게는 더 많은 단서가 필요했다. 나와 동료들은 또 다른 실험을 준비했다. 이 실험은 다음과 같이 진행되었다. 실험참가자 학생을 구닥다리 컴퓨터 모니터가 놓인 작은 칸막이 자리에 앉게 했는데, 이 모니터에는 〈사이버볼〉 게임이 진행되고 있었다. 각각의 학생에게 자기가 주로 쓰는 손을 (우리 실험에서 학생들은 대부분 오른손잡이였다) 컴퓨터 마우스 위에 올려두게 한 다음, 다른 손의 집게손가락에 피부 체온 측정 센서를 연결했다. 고전적인 〈사이버볼〉 시나리오에 따라 각각의 실험참가자는 그 게임에 소속감을 느끼거나 혹은 소외감을 느끼거나 둘 가운데 하나가 되도록 설정되었다.

실험 결과를 분석해보니 오해의 여지 없이 명확한 패턴 하나가 나타났다. 게임 속에서 배척되어 소외감을 느낀 사람들의 손가락 체온은 그렇지 않은 사람에 비해 상대적으로 낮았다. 이들의 체온은 평균 섭씨 0.4도 낮았다. 이게 다가 아니었다. 뒤이어 진행된 실험에서 우리는 소외감을 느낀 사람들에게 뜨거운 차를 제공했다. 단 30초 동안 뜨거운 컵을 들고 있게 했을 뿐인데도 그들은 한결 기분이 좋아졌고, 차갑던 손가락이 따뜻해지고 난 뒤 긴장이 풀리고 슬픈 감정도 누그러졌다고 응답했다.[11]

나중에 알고 보니, 셸던 쿠퍼는 무언가 새로운 것을 알아냈다. 그것은 단지 '사회적 관계의 기본'이 아니라 그 이상이었다.

토론토대학에서 진행된 연구와 내 연구를 통해 온도가 사회성에 미치는 효과는 양방향 특성이 있음이 밝혀졌다. 물리적 온도는 사회적 온기 혹은 냉기를 인지하는 데 영향을 주며, 거꾸로 사회적 온기 혹은 냉기를 생각하는 것도 물리적 온도에 영향을 준다. 우리가 포착한 이 양방향성은 사회적 체온 조절social thermoregulation 행동이 단순한 비유 차원을 훌쩍 뛰어넘는다는 사실을 알려주는 첫 번째 징표였다. 사회적 온기 혹은 냉기 인지와 물리적 온기 혹은 냉기 인지 사이 연관성은 적어도 어느 정도까지는 생리적인 명령임이 분명하다.

## 온도를 높이면 진화가 촉진된다

우리 몸에서 생성되는 옥시토신이나 세로토닌과 같은 몇몇 호르몬들은 우리가 어린 시절에 부모에게 어떻게 애착을 느끼는지 혹은 체온을 어떻게 조절하는지 등과 관련이 있다. 흔히 '포옹 호르몬'으로 협소하게 인식되는 (그래서 결과적으로 잘못 인식되는) 옥시토신은 엄마의 손길에 의해 분비된다. 그러나 인간이 아닌 다른 동물 종에서는 물리적 체온 변화에 따라 분비되기도 하는데, 체온이 높아지면 옥시토신 분비가 촉진된다.[12] 옥시토신 수용체가 부족하도록 유전자가 조작된 쥐는 체온 조절에 어려움을 겪었다.[13] 흔히 사람들은 세로토닌을 주로 기분이 좋은 상태와 관련이 있는 것으로 생각한다. 또 한층 우호적인

사람, 즉 인간관계에서 '한층 따뜻한' 사람과 관련이 있는 것으로 생각한다.[14]

신체의 호르몬 생성은 물리적 온도의 영향을 받는다. 뜨거운 환경에 놓인 쥐는 뇌간brain stem에서 세로토닌 생성 뉴런neurons(신경세포)을 상대적으로 더 많이 생성한다는 사실이 여러 연구를 통해 밝혀졌다.[15] 게다가 혈류 변화를 포착하는 방식으로 뇌 활성화 정도를 측정하는 기능성 자기공명영상장치fMRI를 동원한 여러 연구는, 사회적 행동을 관장하는 뇌 부위들과 체온 조절을 관장하는 뇌 부위들이 상당 수준 서로 겹친다는 사실을 확인했다.[16]

새로운 연구 저작들이 쏟아져 나오면서 나는 큰 그림을 한층 선명하게 볼 수 있었다. 옥시토신이나 세로토닌과 같은 생리적 호르몬 체계가 체온과 밀접한 관계가 있다는 사실은, 우리 인간은 사회적 온기가 물리적 온기에 의존하도록 진화했음을 의미하는 게 아닐까. 예컨대 갓난아기나 갓 태어난 동물과 같은 어린 개체는 부모 보살핌이 없으면 체온을 따뜻하게 유지할 방법이 없다.

그런 면에서 어떤 개체의 체온을 조절하는 기본적인 신경 체계들이 그 개체의 사회적인 관계까지도 제어한다는 사실은 그다지 놀라운 일이 아니다. 이것은 우리가 진행한 여러 실험을 통해 확인한 효과들이 단지 언어적 비유나 심지어 쿠퍼가 말한 사회적 관계의 기본이 가져다주는 결과만이 아니라는 뜻이다. 옥시토신은 단지 '포옹 호르몬'만은 아니며, 세로토닌도 '기분 좋은 호르몬'만이 아니다.[17] 이 둘은 신진대사나 에너지와 관련된 여러 자원, 특히 체온과 관련된 자원들을 조절하는 데 있어 결정적 요소다.

어떤 동물이든 간에 이런 생리적 체계들이 모두 작동하기 때문에, 여러 개체가 함께 옹송그려 모여 있을 때 주변 환경에 의한 체온 손실을 줄임으로써 에너지를 덜 소비할 수 있다. 이럴 때 그 개체는 자기의 '사회적' 자본을 토대로 미래의 체온을 예측할 수 있다. 예컨대 펭귄은 자기가 신뢰하는 다른 펭귄들에 둘러싸여 있기만 하면, 소중한 지방을 모두 소진한 다음에 얼어 죽는 일은 절대로 일어나지 않음을 잘 안다. 진화라는 관점에서 보면, 자기의 사회적 자본을 예측하는 데 서툴렀던 펭귄들은 후손을 낳아 유전자를 물려줄 가능성이 상대적으로 낮았다. 자연 선택이라는 게임에서 그들은 패배자였고, 펭귄의 유전자 풀 gene pool은 종 진화에 한층 유리하게 구성되었다.⁜

인간은 펭귄이 가지고 있는 이런 오래된 생리적 토대를 효과적으로 활용한다. 인간은 그 위에 신뢰, 우정, 사랑과 같은 한층 더 추상적이고 '사회적인' 개념들을 쌓아나간다. 인간의 이런 생리적 진화 결과 가운데 하나는 온기(따뜻함)라는 단어가 신뢰, 우정, 사랑 등과 같은 사회적 개념들을 비유하는 것으로 진화한 점이다. 이런 개념들은 사실 물리적 온기와 생리적으로 연결되어 있다.

⁜ 유전자 풀은 어떤 생물 집단 속에 있는 유전 정보의 총량을 말한다.

우리 인간은 매우 사회적인 동물이며, 사회는 언어가 공유되는 폭으로 규정된다. 우리는 물리적 온도와 신뢰와 사랑과 우정이라는 사회적 개념들 사이에 애초에 존재했던 연관성을 총체적으로 망각해왔으며, 지금은 그저 온기와 냉기 사이 비유적인 연관성만 인식하고 있다. 그렇다 보니 그 비유는 기껏해야 쉽게 사용하는 관용적인 표현밖에 되지 않는다. 그러나 펭귄 경우와 마찬가지로 우리 뇌는 여전히 기상 예측을 사회적 자본 예측과 결부시키는 방식으로 작동한다. 의식하든 의식하지 않든 간에 인간은 가까운 미래에 우리 몸이 얼마나 따뜻한 환경에 혹은 차가운 환경에 놓일지 예측할 때, 진화의 초기 단계 때부터 그랬던 것처럼 지속적으로 사회적인 단서들을 평가한다.

문제는 인간은 펭귄이 아니라는 것이다. 21세기 복잡한 일상 속에서 사회적 온도와 물리적 온도 사이의 케케묵은 연관성에만 의존하다가는 자칫 인간관계가 심각하게 잘못될 수 있다. 이것은 우리의 행동을 유도하는 것이 무엇인지 알지 못할 때 일어날 수 있는 매우 걱정스러운 상황이다.

## 어느 한순간의 열기 혹은 냉기

1989년 4월 19일 저녁, 트리샤 메이리라는 젊은 여자가 뉴욕 센트럴파크로 조깅을 하러 나갔다. 몇 시간 뒤, 이 여자는 무차별 폭행과 강간을 당한 모습으로 발견되었다. 의식을 잃은 상태였고, 체온은 27도로 떨어져 있었다. 그녀는 맨해튼 할렘에 있는 메트로폴리탄병원으로 이송되었다. 출혈이 심해 몸속에 피가 25퍼센트밖에 남지 않았다는 사실을 발견하고 의사들은 깜짝 놀랐다. 여자는 사건이 발생하고 12일 만에 의식을 되찾았지만, 심각한 뇌 손상으로 기억은 대부분 지워졌다. 경찰은 할렘에서 용의자 다섯 명을 체포했는데 네 명은 흑인이었고 한 명은 라틴계였다. 이들은 강간 및 살인 미수죄로 기소되었다.

이른바 '센트럴파크 파이브Central Park Five'로 일컬어지는 이 사건에 대한 재판이 1990년 8월에 시작되었다.

"냉기가 감도는 재판정이 재판 분위기를 대변했다."

당시 재판 상황을 알리는《뉴욕타임스》기사의 일부다. 이 재판에서 피고는 세 명이었는데, 유세프 살람과 앤트론 맥크레이는 열다섯 살이었고 레이먼드 산타나는 열네 살이었다. 실제로《뉴욕타임스》의 그 기사 가운데 재판정을 묘사하는 단락의 소제목은「차갑고도 차가운 재판정Cold, Cold, Court」이었다.[18] 배심원단은 열흘 동안 논의한 끝에 평결을 내렸고, 소년들은 강간, 폭행, 강도 그리고 폭동 등의 혐의에 대해 유죄 판결을 받았다. 다른 두 명의 피고인들인 케빈 리처드슨과 코레이 와이즈는 그 해 12월에 따로 재판을 받고 유죄 판결을 받았다. 이 다섯 명은 짧게는 6년에서 길게는 12년까지 교도소에서 복역했다.

그러나 이게 이 이야기의 전부가 아니었다. 살인 혐의로 수감중이던 마티아스 레예스가 2001년에 그 사건은 자기가 단독으로 저지른 범행이라 자백했다. DNA 대조 결과, 정말 그가 범인이었다. 그 다섯 명의 소년은 억울한 누명을 썼던 것이다.

앞서 세 명의 소년이 섰던 재판정 분위기를 묘사한 「차갑고도 차가운 재판정」이라는 기사 제목은 탁월한 표현이라 할 수 있었다. 이 표현이 배심원단의 평결과 판사의 선고에 영향을 주었을까? 그것은 알 수 없다. 이 사건에서는 재판정의 실내 온도보다는 인종적 편견이 훨씬 더 중요하게 작용했을 가능성이 크다. 그런데도 연구 결과에 따르면 재판정의 실내 온도가 판결에 미치는 영향을 전적으로 배제할 수 없다. 실제로도 그 영향을 무시할 수 없음은 말할 것도 없고 또 그 영향이 가볍지도 않았을 것이다.

2014년에 독일에서 실험 하나가 진행되었다. 학부생 133명에게 머그샷⁺ 여덟 장을 보여주고는, 각각의 용의자가 어떤 죄를 저지르고 체포되었을지 추정해보라고 했다. 이 실험에서 참가자들이 몰랐던 사실이 하나 있었다. 그들이 있던 실험실은 각각 26.1도로 따뜻하거나, 23.3도로 보통이거나, 19.4도로 추운 방이었다.⁺⁺ 실험 결과, 차가운 '재판정'에 있던 사람들이 용의자를 한층 더 흉악한 범죄자로 바라보는 경향이 나타났다. 이 사람들은 따뜻한 방에 있던 사람들보다 여덟 명의 범죄 용의자들에 대해 한층 더 오랜 기간 복역해야 할 범죄 혐의를 떠올린 것이다. 예컨대 추운 방에 있던 실험참가자들은 유괴와 살인 등

⁺ 범인을 식별하기 위해 구금 과정에서 촬영하는 얼굴 사진.

⁺⁺ 온도가 소수점까지 나온 이유는 원문의 기준 온도인 화씨를 섭씨로 변환했기 때문이다.

의 혐의를 떠올렸고, 따뜻해서 쾌적하기까지 한 방에 있던 실험참가자들은 마약 소지와 탈세 등의 혐의를 떠올렸다.[19]

혹시라도 당신이 재판정에 서게 된다면, '센트럴파크 파이브' 사건의 세 피고인 경우와는 다르게 재판정이 난방이 잘 되기를 비는 편이 좋을 것이다. 그러나 '재판정' 온도 효과의 정말 설득력 있는 설명은 아직 제시되지 않았다.

독일에서 진행된 또 다른 몇 건의 실험들에서, 남자 실험참가자들은 따뜻한 날과 추운 날에 자기 자신을 다른 사람과 비교하라는 요구를 받았다. 한 실험에서 실험진행자는 남자 실험참가자들에게 누가 봐도 남성미가 넘치는 나체 몸통을 보여주었다. 반면에 또 다른 실험참가자들에게는 누가 봐도 앙상하기 짝이 없는 몸통을 보여주었다. 그런 다음 실험참가자들에게 팔굽혀펴기를 몇 개나 할 수 있는지, 혹은 팔을 옆으로 뻗은 자세에서 물을 가득 채운 1리터짜리 맥주잔을 들고서 얼마 동안 버틸 수 있는지 물었다.

실험 결과를 분석해보니, 따뜻한 날에 실험에 참가한 사람들은 남성미가 넘치는 대상이든 앙상하고 허약한 대상이든 간에, 좀 전에 본 대상과 비슷한 수준으로 자기를 평가하는 경향을 보였다. 남성미가 넘치는 사람을 보았다면 자기도 전성기에는 아널드 슈워제네거처럼 강인했던 것처럼 행동했고, 반대로 허약한 사람을 보았다면 자기도 그렇게 허약한 사람으로 평가한 것이다. 그런데 이상하게도 추운 날에는 이 효과가 나타나지 않았다.[20]

이와 같이 기온이 따뜻한 조건에서는 사람들이 낯선 사람을 친근하게 여기는 경향이 있다. 반면에 추운 조건에서는 물리적으로나 심리적으로 자기와 가까운 사람에게 신경을 더 많이 쓰고 낯선 사람에게는 상대적으로 신경을 적게 쓴다.

이런 점들을 종합해보면, 사람들이 추운 날 재판정에서 범죄 용의자들을 향해 부정적인 생각을 품게 되는 이유를 유추할 수 있다. 사람들은 자기와 그 범죄 용의자들을 구분해서 바라보는 것이다. "저 사람은 나와 다른 사람이야"라고 하면서 말이다. 그러나 똑같이 추운 조건이라 하더라도, 사람들은 자기가 사랑하는 사람에게는 안아주고 싶은 '따뜻한' 사랑을 느낄 것이다. 사랑하는 사람이 희생자가 될 수도 있다는 생각 때문에, 결국 범죄나 위험에 관한 생각이 한층 더 위협적이고 끔찍하게 느껴질 수 있기 때문이다.

## 따뜻하고 인자하게, 차갑고 엄격하게

누군가의 개인적 특성을 사회적 온기나 냉기로 판단하든 혹은 누군가의 운명을 법률적 차원의 유무죄로 판단하든 간에, 온도는 우리의 '의견verdict'에 영향을 미친다. 온도는 다른 사람과 인간관계를 맺는 방식에도 영향을 미친다.

애착 이론은 개인과 개인 사이 관계 역학을 따지는데, 사람은 어린 시절에 제각기 다른 자기만의 '애착 유형'을 형성한다고 심리학자들은 대부분 믿는다. 위대한 발달심리학자들인 존 볼비John Bowlby와 메리 에인스워스Mary Ainsworth는 애착의 세 가지 주요 유형을 확인했다. 첫 번째는 안정 애착secure attachment으로, 어린아이가 부모에게 의존할 수 있다고 느낄 때 발달한다. 두 번째는 불안정 양가 애착anxious-ambivalent attachment으로, 일관성이 없는 부모의 반응과 관련이 있다. 마지막으로 세 번째는 불안정 회피 애착anxious-avoidant attachment으로, 부모가 아이에게 전혀 반응이 없는 행동을 보이는 것과 관련이 있다.[21] 부모라면 눈여겨봐야 하는 가장 결정적인 측면은, 아이가 너무 춥게 혹은 너무 따뜻하게 느끼지 않는가 하는 점이다.

온도가 행동에 미치는 영향은 애착 유형과 관련이 있다. 이 사실은 내가 진행한 연구들을 통해 드러났다. 나와 동료들이 함께 진행한 실험 하나를 소개하면 다음과 같다.

네덜란드 암스테르담 남쪽 작은 마을 아브커드에 있는 어떤 학교 교실에 유치원생 육십 명을 초대했다. 우리는 먼저 아이들의 우정 애착friendship attachment 유형을 검사했는데, 아이들에게 이런 질문들을 던졌다.

"너는 다른 아이와 좋은 친구가 되는 게 쉽니?"

"좋은 친구가 한 명도 없을 때는 어떤 기분이니?"

우리는 아이들에게 이 실험에서 그들에게 주어진 역할이 무엇인지 일러주었다. 그리고 우리가 던진 질문에 대한 대답으로 그들이 선택할 수 있는 등급들이 각각 어떤 의미인지 자세히 설명했다. 학생이자 실험진행자였던 엠마 랜드스트라가 이 작업을 맡았다. 랜드스트라는 아이들이 각자 뚜렷한 의견을 가질 만한 주제를 놓고, 몇 가지 추가 질문을 만들어 응답 연습을 시켰다. 예를 들면 "당신은 방울다다기양배추를 얼마나 좋아합니까?"와 같은 질문이었다.* 각각의 질문에 대해 아이들은 숫자로 응답했지만, 응답지에 화살표를 넣어 그들이 어떻게 대답해야 할지 분명하게 이해하도록 유도했다. 예를 들면 다음 표와 같이 말이다.

← ? →

| 전혀 그렇지 않다 | 그렇지 않다 | 조금 그렇지 않다 | 잘 모르겠다 | 조금 그렇다 | 그렇다 | 매우 그렇다 |
|---|---|---|---|---|---|---|
| 01 | 02 | 03 | 04 | 05 | 06 | 07 |

이제 아이들을 상대로 게임을 시작할 시간이었다. 몇몇 아이들은 실내 온도가 섭씨 15~19도로 설정된 추운 방에 들여보냈고, 나머지 아이들은 21~26도로 설정된 방으로 들여보냈다. 우리는 각각의 아이에게 똑같은 크기의 스티커 열 장 혹은 풍선 스무 개를 나눠주었다. 그러고는 옆방에는 선물을 하나도 받지 못한 친구가 있다고 알려준 다음, 누구인지도 모르는 그 아이에게 자기가 가진 스티커나 풍선을 얼마나 나누어줄 것인지 물었

* 네덜란드에서는 방울다다기양배추가 가장 인기가 좋은 겨울 채소다.

다. '옆방의 그 아이'는 실제로는 없었고, 우리의 어린 실험참가자들은 이 사실을 알지 못했다.

실험을 마치고 결과를 분석해보니, 따뜻한 방에 들어간 안정 애착 유형의 아이들은 추운 방에 들어간 안정 애착 유형의 아이들보다 훨씬 더 많은 선물을 나누어주겠다고 대답했다. 전자 집단의 선물은 평균 세 개에 가까웠던 반면에 후자 집단의 선물은 평균 한 개 반이었다. 불안정 애착 유형의 아이들에게는 따뜻한 방이나 추운 방이 아무런 영향도 주지 못했다. 두 집단 모두 '옆방의 그 아이'에게 나누어주겠다는 선물의 평균 개수는 동일하게 한 개에 불과했다.[22]

우리는 이 같은 실험 결과에 그다지 놀라지 않았다. 애착과 온도는 강력하게 연결되어 있음을 이미 알고 있기 때문이다. 예를 들어 불안정 애착 유형을 보이는 아기의 엄마는 신체 접촉을 회피하려는 징후를 보인다.[23] 우리는 또 피부와 피부가 맞닿는 상태로 안겨 있는 신생아의 피부 체온과 심부 체온⁺의 차이가 상대적으로 크지 않다는 사실도 알고 있다.[24] 어떤 사람의 물리적 온도와 심리적 온도 사이 생리적 연관성은, 신체적 온기와 다른 사람에 관한 보살핌이 밀접하게 관련되어 있음을 어린 시절에 경험했을 때, 즉 그 사람의 애착 유형이 안정형일 때 활성화된다.

이런 활성화 과정에서 우선적으로 작용하는 요소는 유전적

⁺ 심장이나 방광 따위의 신체 내부 기관의 온도를 말한다.

구성인 '배선wiring'이고 그 위에 학습이 보태진다.[25] 어린아이는 보통 자기가 어떤 필요성을 표현할 때, 부모가 이를 해결해주는 방식으로 응답한다는 사실을 배운다. 온도와 관련된 필요성일 때는 "엄마, 추워요"라고 말하면, 엄마가 아이를 안아주거나 담요를 꺼내 덮어주거나 방의 난방 온도를 높여준다.

이런 식으로 유아기 학습 과정에서 강화된 심리적·물리적·정서적 연결성은 그 아이가 살아가는 동안 평생 이어진다. 어떤 사람이 물리적 온도가 쾌적하게 높아지는 것을 경험할 때마다 이 사람에게는 사회적 친근함, 우정, 신뢰 등이 활성화된다. 반면에 배척이나 배신과 같은 심리적 냉기를 경험할 때는 주변의 물리적 온도를 실제보다 낮게 인지하는데, 아마도 피부 체온이 물리적으로 내려가기 때문일 것이다. 우리 인간은 복잡한 동물이기 때문에 어쩌면 이보다 훨씬 더 복잡한 어떤 과정이 작동할지도 모른다.

그렇다면 지금까지 우리가 알아낸 것은 무엇일까? 우리의 뇌는 사회적 체온을 예측하는 '기상 예측 기계'다. 친구와 가족은 믿을 수 있을까? 힘들고 어려울 때 그들은 나를 기대게 해주고 따뜻하게 감싸줄까? 나를 위험한 냉기로부터 안전하게 지켜줄까? 중앙난방체계나 전기담요 같은 것들이 발명되기 전에는 이런 사회적 기상social-weather 예측이 사람 목숨까지 좌우하는 중요한 문제일 수도 있었다.

## 중앙난방체계의 의심스러운 승리

1779년에 있었던 일이다. 파리 중심부 모르텔리 거리에 있는 단칸방에서 루이 베케라는 육체노동자가 단 하나밖에 없는 침대를 아내와 다섯 아이와 함께 썼다. 그러니까 매트리스 하나에 일곱 명이 딱 붙어서 잠을 잤다. 프랑스 혁명 이전 대다수 프랑스 사람 운명과 비슷하게 고단하기 짝이 없었던 그의 운명은(사실 빈곤 문제라면 다른 유럽 사람들도 다르지 않았다) 꼼꼼하게 기록된 채로 파리의 문서 보관실에 잘 보관되어 있다.✣

이 문서들을 자세히 들여다보면, 18세기 파리 사람들 가운데 침대 하나를 오롯이 혼자서 쓴 사람은 매우 드물었음을 알 수 있다. 전체 어린아이들 가운데 요람이나 아기 침대에 누운 아이 비율은 10퍼센트도 되지 않았다. 하인들은 다른 하인들과 침대를 함께 썼다. 사실상 서로 전혀 모르는 사이인 경우가 많았음에도 불구하고 말이다. 1695년부터 1715년 사이 기간을 놓고 보면, 파리에서는 침대 하나를 하인 두세 명이 함께 썼다.

정어리 통조림 속의 정어리들처럼 빽빽하게 밀착해 잠을 자야 하는 불편함 속에서도 좋은 점이 하나 있었다. 프랑스 역사학자 다니엘 로슈Daniel Roche는 그의 책 『파리 사람들*Le Peuple de Paris*』에서, "신체 접촉으로 온기가 발생했다. 안락함은 여러 신체가 함께 해결해야 하는 문제였다"고 썼다. 사람의 몸은 시간

✣ 프랑스혁명은 1789~1799년에 일어났다.

당 약 330BTU[+]의 열량을 방출한다. 이것은 텅스텐 필라멘트로 만들어진 고전적인 100와트짜리 백열전구에서 방출되는 열량과 비슷한 양이다. 그다지 춥지 않은 파리의 겨울철에 대략 100평방피트(약 9제곱미터)의 작은 침실을 따뜻하게 유지하려면 시간당 약 1100와트의 열량이 필요했다.

따라서 침대 위의 베케 일가족 일곱 명은 침실을 정말 따뜻하게 유지하기에는 부족했지만, 일가족의 신체에서 발산되는 열로 그 공간을 덥히는 데 필요한 열량 가운데 60퍼센트 이상을 감당했다. 이것은 순전히 물리적 차원의 열이며, 가족이 함께 살을 맞대고 껴안고 잘 때의 사회적·정서적 난방 효과는 별도로 작동한다. 인간을 제외한 동물들이 서로 밀착해 빽빽하게 모여 있으면, 신체를 덥히는 데 필요한 열량을 최대 53퍼센트까지 절약할 수 있다. 그러므로 아무리 추운 겨울이라 하더라도, 또 침실에 이글거리는 열기의 난로가 없다 하더라도 베케 가족은 무척 따뜻하고 아늑한 밤을 보냈을 것이다.[26]

수백 년 전에는 모두가 함께 잠을 자는 게 당연한 일상이었다. 기록에 따르면 19세기 중반까지만 하더라도, 아일랜드의 한 지역(구체적으로는 툴라그호베글리Tullaghobegley 교구)에서는 일가족 아홉 명이 남자와 여자가 머리를 서로 반대 방향으로 두고서 한 침대에서 잤다. 한 남자의 다리는 두 여자의 머리 사이에

[+] 비티유. 영국의 열량 단위로 1파운드 물을 화씨 1도 올리는 데 필요한 열량을 말한다.

놓였고, 반대로 한 여자의 다리는 두 남자의 머리 사이에 놓였다.[27] 그들은 그렇게 따뜻하고 아늑하게 잤다, 마치 펭귄처럼. 따뜻함과 친근함 사이, 아늑함과 신뢰 사이 물리적 연관성은 완벽하게 설명되었다. 그러나 현대에 들어와서 이런 물리적 연관성이 대부분 끊겼다. 적어도 아이가 아닌 어른에 관해서는 확실히 그렇다. 이렇게 된 이유는 중앙난방체계 도입에 있다.

중앙난방의 최종적인 승리는 오랜 세월에 걸쳐 진행되었다. 우리가 아는 한 중앙난방은 이미 고대 그리스 시절에 발명되었으며, 고대 로마에서 한층 발전했다. 예를 들어 놀라울 정도로 보존이 잘 되어 있는 이탈리아 폼페이 스타비아 목욕탕Stabian Baths은 이른바 현대적 바닥 난방과 비슷한 온돌식이었다. 작은 기둥으로 바닥을 약 68~89센티미터 떠받치도록 시공한 다음, 그 빈 곳에 뜨거운 공기를 순환시켜 바닥을 따뜻하게 데운 것이다. 그러나 문명사회에서 나타났던 다른 많은 발전들이 시대가 바뀔 때마다 그랬던 것처럼, 중앙난방과 온돌 체계도 로마제국이 몰락하고 유럽에서 암흑시대가 시작되면서 사라지고 말았다. 사람들은 다시 예전처럼 침대를 함께 쓰면서 몸을 밀착한 채로 체온을 나누며 서로에게 의존해야 했다. 19세기에 들어서야 비로소 중앙난방이 다시 등장해 우리가 사는 집에 적용되기 시작했다.

중앙난방과 관련된 여러 기술이 발전한 덕분에, 오늘날 선진국으로 일컬어지는 나라에 사는 사람들은 조상들보다 다른 사람의 신체에 밀착해 체온을 나누어야 할 필요성을 덜 느끼게 되었다. 이런 이유로 성인은 친밀한 사람들이 (적어도 보온이나 난방 문제와 관련해) 자기에게 필요한 시간과 장소에 있을지 어떨지를 평가하는 '사회적 기상 예측'의 필요성을 느끼지 못한다. 우리 현대인은 과연 한층 독립적이고 자유롭다고 느낄까? 연결성을 찾고자 다른 사람들에게 의존하는 경향이 줄었을까?

한곳에 옹송그리며 모여 자는 생활 습관이 사라짐에 따라 사람들과 그들이 살아가는 사회는 과연 얼마나 바뀌었을지 따져본 연구는 전혀 없다. 따라서 우리는 그저 그 질문들에 대한 대답을 상상해볼 뿐이다. 그러나 한 가지 사실은 분명하다. 우리 뇌의 기본적인 배선은 거의 바뀌지 않았다는 점이다. 심리적 온기와 생리적 온기 사이의 신경 연결neural link은 지금도 여전히 우리 뇌에 깊숙이 각인되어 있다. 쥐가 그렇듯이 말이다. 인간은 적어도 대부분 아늑함과 사랑받음이 동일한 개념임을 지금도 여전히 어린 시절에 배운다.

중앙난방은 물리적 생존을 위한 '함께 모여 있기'의 필요성을 줄여주지만, 다른 한편으로 우리 인간이 사회적·정서적 유대감을 형성하고 강화하며 또 유지할 목적으로 사회적 체온 조절을 구사하는 방식과 관련된 어떤 과제를 야기한다. 전자기기와 디지털 통신 같은 한층 현대적인 기술들이 널리 사용됨에 따라, 접촉은 말할 것도 없고 물리적 친밀성을 완전히 배제한 채로 서로 연결될 수 있게 되었다. 물리적으로 떨어져 있음에도 불구하고 우리는 서로를 실시간으로 보고 들을 수 있다. 이런 변화는 실로 엄청난 발전이다. 그러나 다른 한편으로는 물리적 근접성이 사라질 때 우리가 잃을 수 있는 그 모든 것을 상기시킨다.

접촉과 온기는 인간이 서로 소통하는 데 필요한 강력한 매개물이다. 이런 것들을 전혀 보장하지 못하는 기술 때문에 접촉과 온기를 박탈당할 때, 우리는 비로소 그것들이 얼마나 강력한 효과를 발휘하는 중요한 것인지 뼈저리게 느낀다. 그런 기술이 잘못되었을 때, 예를 들어 난방장치나 난로가 고장 났을 때, 서로 밀접하게 접촉해 위안을 주고 심지어 생명의 활기를 불어넣는 온기를 나누어줄 다른 사람들에게 의존하는 것이 어떤 의미인지 우리는 비로소 깨닫는다. 이런 극단적인 상황에서 우리는 진화를 통해 사회적 온기가 심리적 온기에 의존하던 것이 어떻게 우리 몸에 유전자로 고정되었는지, 심지어 오늘날에조차도 그 유전자가 발현되는지 새삼 돌아보게 된다. 펭귄이나 벌거숭이두더지쥐⁺ 혹은 모로코의 바바리마카크 원숭이⁺⁺와 같은 다른 동물들이 그런 것처럼.

우리의 먼 조상인 호미닌⁺⁺⁺은 개인적인 에너지 소비량을 줄일 방편으로 동료 호미닌을 활용했다. 다른 개체에 의존하는 행위의 유용성을 올바르게 파악했으며, 주변의 사회적 기상을 잘 예측했던 인간 조상은 자연 선택 과정에서 살아남아 유전자를

⁺ 아프리카에 사는 땅속 동물로 이름처럼 몸에 털이 거의 없고 몸길이도 8센티미터밖에 되지 않지만, 최대 수명이 30년이 넘는다.

⁺⁺ 영장목 긴꼬리원숭이과의 포유류.

⁺⁺⁺ 진화 경로에 따른 분류에서 현생 인류와 현생 인류의 근연종들을 통칭하는 말이다.

후대로 전했다. 또 수천 년의 세월이 흐르면서 한층 더 발전한 인식 체계들이 그 기본적인 설정(유전자) 위에 층층이 쌓였다. 그들은 복잡한 사회적 정보를 처리하는 일에 고대의 유전자 배선을 재활용했다.

오늘날 우리는 신생아 때 이미 자기에게 유전된 고대 회로를 검사한다. 맹목적 사랑을 쏟아주는 부모의 팔에 안긴 아기는 대부분 물리적 온기가 실질적으로 안전이나 사랑과 동일한 것임을 확인한다. 이 아기가 자라서 유년기를 보내고 성인이 될 때, 따뜻한 음료가 담긴 컵을 들거나 차가운 음료가 든 팩을 들 때 그 인식 체계들이 활성화된다. 내가 한 여러 실험에서 따뜻한 커피잔을 든 사람들이 차가운 커피잔을 든 사람들보다 실험진행자를 한층 더 친근하게 느낀 이유도 여기에 있다. 폴란드 학생들이 우호적인 감정과 배려심을 경험할 때 실내 온도를 실제보다 더 따뜻하게 느낀 이유 역시 마찬가지다.

실제보다 높게 느껴지는 온도는 자기가 다른 사람을 친밀하게 느낀다는 신호다. 반대로 실제보다 낮게 느껴지는 온도는 자기가 외롭다는 신호다. 거의 모든 것이 디지털 연결성에 집중된 환경인 현대사회에서 어떤 사람이 특정한 온라인 게임에서 배척당하고 소외될 때, 이 사람은 자기가 있는 방 온도를 실제보다 낮게 느낀다. 1779년 어느 차가운 날 아침에 파리에서 베케가 아내와 다섯 아이를 여전히 아늑하기만 한 가족 침대에 남겨둔 채 일하러 집을 나설 때, 한층 더 춥게 느껴졌듯이 말이다.

우리가 사는 21세기에는 사회적 기상 예측이 조상들 경우보다 한층 더 복잡하다. 우리는 기계적 혹은 전기적 수단들을 통해 시공간의 많은 장벽을 넘어섰을지 모르지만, 우리를 둘러싼 물리적 환경의 모든 측면을 벗어나거나 정복할 수는 없다. 심지어 우리는 그것을 신뢰할 수 있는 수준으로 억누를 수도 없다. 물리적 온도가 법정에서의 선고 결과에 영향을 줄 수 있으며, 기온이 내려갈 때 사람들의 눈에 보이는 피고는 한층 더 냉혈 인간으로 비칠 수 있다. 지금은 과거 그 어느 때보다 온도 변화의 영향 아래 사람들이 이렇게 혹은 저렇게 느끼며 또 이렇게 혹은 저렇게 행동할 수 있다.

이어서 2장에서는 새롭게 떠오르는 학문 분야를 탐구하고자 한다. 이것은 '체화된 인지embodied cognition'✣라는 발상에서 비롯된 학문 분야로, 인지의 정신 과정과 신체 사이 연관성을 발견함으로써 오랫동안 금과옥조처럼 여겨져 왔던 심신이원론mind-body dualism이라는 엄격한 데카르트적 관점에 맞서는 이론이다.

✣ 몸으로 인지하는 것, 즉 뇌뿐만 아니라 온몸으로 느끼고 경험한 감각이 인지의 일부분이 된다는 이론.

2

# 인체라는 기계

•

체화된 인지

수많은 연구 저작이 뜨거운 음료의 사회적 효능social potency에 관한 셸던 쿠퍼의 확신을 지지한다. 체온이 사람을 특정한 느낌이 들도록 이끌 뿐만 아니라 특정한 행동을 하도록 유도함은 분명하다. 이런 영향이 작동하는 과정이나 역학은 과연 무엇일까? 어떻게 그리고 왜 그렇게 될까? 이 질문에 대답하려면 인지과학과 그 학문의 역사를 깊이 파고들어야 하며 일반적인 인지의 여러 진화 모델, 특히 체화된 인지 모델을 제대로 알아야 한다.

이야기는 르네상스 후기 철학자 르네 데카르트(1596~1650)에서부터 시작된다. 데카르트는 과학 혁명의 원동력이 된 사람들 중 하나이며, 철학과 수학 그리고 과학에 (여기에는 심리학도 포함된다) 심대한 기여를 했다. 인간의 감정을 다룬 개척자적 저작

『정념론*Les Passions De l'Âme*』(영문판 제목은 『영혼의 열정*The Passions of the Soul*』, 1649년)에서 그는 감정에 대한 내용을 "여태까지 그 누구도 이 문제를 다룬 적이 없었던 것처럼" 써내려가겠다고 독자에게 약속했다. 그는 모든 것을 의심했으며, 또한 모든 것을 다 알고 있는 것처럼 보였다. 그가 내놓은 가장 유명한 정답은, 무언가를 안다는 것은 궁극적으로 불가능하다는 철학적 태도인 '근본적인 의심radical doubt'에 대한 답변이었다. 이 말은 나중에 라틴어로 "Cogito, ergo sum"으로 번역되었는데, 일반적으로 "나는 생각한다, 그렇기에 나는 존재한다"로 해석된다.[1]

이 명제는 썩 괜찮은 답변이다. 그러나 모든 삼단논법이 그렇듯이, 이것 역시 매우 깊은 수준으로까지 파고들지는 않는다. 데카르트는 신체와 정신의 관계를 놓고 생각할 때 한층 더 깊이 파고들었다. 그는 정신은 마치 '배에 타고 있는 조타수'[2]처럼 신체에 깃들어 있다고 했다. 이 비유는 정신은 신체에 영향력을 행사하지만, 반대로 신체는 정신에 영향력을 행사하지 않음을 의미한다. 데카르트는 비유에 그치지 않고 한층 더 깊이 파고들어, 뇌 속에 있는 송과체(데카르트는 이것을 '에피퍼시스 세레브리epiphysis cerebri'라고 불렀다)가 바로 영혼이 자리한 곳이라 주장했다.[✣] 뇌가 아니라 송과체가 바로 생각이 형성되는 곳이라고 그는 바라보았다. 영혼이 송과체를 움직여 어떤 생각을 형성할 때

✣ 에피퍼시스는 추가로 성장한 부분을, 세레브리는 뇌를 뜻한다. 데카르트는 뇌가 좌우 반구로 나누어진 신체 기관이며, 그 위에 있는 단 하나의 송과체가 뇌 위에 추가로 생긴 영혼의 자리라고 생각했다.

정신이 뇌의 수많은 구멍으로 몰려들고, 뇌는 정신이 신경을 거쳐 근육으로 나아가게 지시하며, 그 결과로 팔다리는 뇌의 지시를 받아 움직인다는 것이다.

데카르트가 보기에 비물질인 정신이 물질인 뇌의 한 부분이 아닌 것은, 조타수가 자기가 조종하는 배의 한 부분이 아닌 것과 동일한 이치였다. 그럼에도 육체와 살을 가진 물질적인 조타수가 '나무로 만든' 배가 앞으로 나아가는 경로에 의심할 여지없이 영향을 미치는 것과 마찬가지로, 비물질인 영혼이 송과체를 통해 물질인 뇌에 영향을 미쳐 물질인 신체의 '물질적인' 팔다리를 움직이게 한다. 정신은 물질과 구분되긴 하지만 물질에 영향을 준다.

이것이 바로 철학자들이 데카르트의 심신이원론이라 부르는 개념이다. 데카르트의 심신이원론이라는 발상은 현대에 나타난 몇 가지 특정한 발전에 힘입어, 사람들이 인체 기능을 이해하는 데 필요한 매우 중요한 함의를 품게 되었다. 이 이론에서는 정신과 물질의 관계가 본질적으로 일방통행이다. 즉 생각은 신체에 영향력을 행사하지만 반대로 신체는 생각에 아무런 영향력을 행사하지 못한다.

데카르트의 심신이원론은 어느 정도의 변이를 허용한다. 그러나 기본적으로 인지를 바라보는 20세기의 관점, 즉 사람이 하는 생각은 사람의 머릿속에 들어 있다는 주장을 묘사한다. 뒤에서 자세히 살펴보겠지만, 이런 견해가 지나치게 협소하다고 결론 내릴 수밖에 없는 데는 여러 가지 이유가 있다. 그 가운데 가장 중요한 이유는 사회적 체온 조절이다. 만일 인지가 정신에 국한되고 유기체 전체에서 체화되는 여러 방식을 배제한다면, 이 체온 조절 체계는 제대로 작동하지 못한다. 그렇다면 우리는 생각에 대해서는 어떻게 생각해야 할까?

## 기계의 계산=인간의 인지

데카르트가 과학 혁명의 창시자라고 한다면 앨런 튜링Alan Turing (1912~1954)은 현재 진행되는 인공지능 혁명의 창시자다. 수학을 공부한 튜링은 케임브리지대학 킹스칼리지에 재학 중이던 1936년에 《계산 가능한 수에 관하여, 결정 문제에 대한 활용을 중심으로*On Computable Numbers, with an Application to the Entscheidungsproblem*》라는 획기적인 논문을 발표했다. 이 논문에서 그는 알고리즘으로 재현될 수 있는, 모든 계산을 수행할 수 있는 어떤 '보편적인 계산 기계'에 대해 아주 구체적으로 상상했다.[3] 이 사고실험⁺은 논문 제목에 언급된 '결정 문제Entscheidungsproblem'에 관한 수학적 해법의 형식적인 대안이었다. 튜링은 현대적인 개념의 컴퓨터를 종이 위에 설계하여 도식적으로 발명한 사람이라 할 수 있다.

튜링을 모델로 한 영화 〈이미테이션 게임〉을 본 사람이라면

⁺ 머릿속에서 생각으로 진행하는 실험.

잘 알겠지만, 2차 세계대전 당시 그는 독일군의 악명 높은 암호 '이니그마Enigma'를 풀 수 있는 전산 기계식 컴퓨터를 개발했다. 전쟁이 끝난 뒤인 1950년에 그는 맨체스터대학에서 강의하면서《계산 기계와 지능*Computing Machinery and Intelligence*》이라는 논문을 발표했다. 이 논문에서 그는 "기계가 과연 생각을 할 수 있을까?"라는 질문을 파고들었다.[4]

무엇보다도 '생각'은 의미 있는 정의를 내릴 수 없는 모호한 개념이라 믿었던 그는 다음과 같은 한층 덜 모호한 질문을 던졌다.

'모방 게임Imitation Game'에서 탁월한 기량을 발휘할 수 있는 '가상의 디지털 컴퓨터'라는 게 과연 있을까?

튜링이 이 논문에서 설명하는 내용에 따르면, 그 모방 게임은 게임자 세 명이 참가하는 실내용 게임이다. 게임자 A는 남자이고 게임자 B는 여자이며, 질문자인 게임자 C는 남자일 수도 여자일 수도 있다. 게임자 C는 게임자 A나 게임자 B를 볼 수 없지만, 종이 위에 글자를 쓰는 방식으로 두 사람과 소통할 수 있다. 게임자 C는 게임자 A와 게임자 B에게 여러 가지 질문을 해 어느 쪽이 남자이고 어느 쪽이 여자인지 알아내려 한다. 게임자 A는 속임수를 써서 게임자 C가 잘못된 판단을 내리도록 유도하는 임무를, 게임자 B는 게임자 C를 도와 올바른 판단을 내리도록 지원하는 임무를 맡고 있다.

이 논문은 모방 게임을 하는 전산 컴퓨터는 인간 게임자가 산출하는 결과와 구분할 수 없는 결과를 산출할 수 있어야 한다고 결론을 내린다. 이런 이유로 기계도 생각을 할 수 있다는 명제에 절대적으로 반대하기란 불가능하다.

튜링이 내린 결론은 철학과 과학 그리고 인공지능 기술의 근본일 뿐만 아니라 데카르트의 심신이원론을 현대적으로 확인하는 것이기도 했다. 튜링은 디지털 컴퓨터, 즉 기계는 인간을 점점 더 많이 닮아갈 것이라 내다보았다. 컴퓨터에 투입하는 내용(인풋)과 컴퓨터가 산출하는 내용(아웃풋)만 놓고 볼 때, 인간의 뇌가 생산하는 '생각'과 기계의 뇌가 생산하는 '생각'은 거의 같다는 것이 그 이유였다. 그러나 인체의 생물학적 조직에 대해서는 어떨까? 어쨌거나 최종 산물에 관한 한 이런 것들은 생각에 아무런 영향도 주지 않는다. 논의 대상인 '정신'이 인간의 것이든 기계의 것이든 간에, 그것은 컴퓨터 연산 알고리즘의 기능이다. 그 연산 알고리즘은 튜링 기계⁺이다.

## 도전받는 데카르트와 튜링

데카르트의 심신이원론이 보편적으로 인정받은 적은 지금까지 단 한 번도 없었다. 튜링 역시 인간과 기계가 '생각하는' 방식에는 아무런 차이가 없다고 최종적으로 주장하지 않았다. 튜링은 인풋과 아웃풋만을 근거로 할 때, 인간이 수행한 인지의

⁺ 튜링이 고안한 가상의 자동 연산 기계.

'결과물product'을 컴퓨터가 수행한 인지의 결과물과 구분할 수 없다고 주장했을 뿐이다. 그렇다면 기계와 인간 둘 다 "생각한다"고만 말하는 게 옳다. 튜링은 문제 해결에 알고리즘을 적용할 수 있는 어떤 가상의 기계를 묘사했을 뿐이다. 이 과정에서 그는 디지털 컴퓨터의 세 가지 주요한 요소를 파악함으로써 현대 컴퓨터과학의 이론적 토대를 구축했다. 그가 파악한 세 가지 요소는 바로 저장 장치, 실행 장치 그리고 제어 장치다. 이 '튜링 기계'는 인간 정신을 비유하는 것으로 지금까지 널리 사용되어 왔다.

데카르트는 뇌 속 송과체를 영혼이 깃들어 있는 곳이라 생각했다. 그러나 튜링은 데카르트와는 다르게, 인간의 정신을 관장하는 이런저런 인체 기관들을 자기가 설명했다고 주장하지 않았다. 튜링 기계의 세 가지 요소가 인지 과정을 설명하는 어떤 비유가 될 수 있을지는 모르지만, 그것들은 해부학적 차원의 개념도 생리적 차원의 개념도 아니다. 아닌 게 아니라 튜링에게 인간 정신은 여전히 내용을 알 수 없는 블랙박스, 즉 데이터가 승인을 거친 뒤에 들어가고 또 그 결과들(즉 '생각')이 나오는 블랙박스로만 남아 있었다.

이 모든 사실 가운데 그 어떤 것도 심신이원론 혹은 데카르트의 이원론이 잘못되었음을 뜻하지 않는다. 그러나 최근에 이루어진 여러 연구는, 인간 정신이 신체와 독립적으로 작동하는 실행 단위만은 아니라고 주장한다. 즉 '배에 타고 있는 조타수'만은 아니고 '배의 한 부분으로서의 조타수'일 수도 있다는 것이다. 사실 이런 연구들은 인체가 데카르트나 튜링이 추론하고 상상했던 것보다 훨씬 더 복잡하게 얽히고설켜 있다는 증거를 내놓고 있다. 예를 들어 등에 무거운 배낭을 메고 있으면 오르막길이 한층 더 가파르게 느껴진다. 그 오르막길이 단순히 느낌상으로 가파른 게 아니라 인지적으로도 가팔라 보인다.

미국 버지니아주 샬러츠빌에서 일련의 실험이 진행되었다. 연구자들은 실험참가자를 언덕 아래로 데려가, 눈앞에 보이는 언덕의 경사도를 가늠해보라고 했다. 실험 결과, 이 언덕은 실험참가자가 무거운 배낭을 메고 있거나 혹은 자기가 지쳤음을 인정할 때 한층 더 가파르게 보였다.[5] 또 어떤 사람을 높은 발코니에 올라가게 한 다음에 지면까지의 높이가 얼마나 될지 가늠해보라고 했을 때, 이 사람의 높이 추정치는 그가 느끼는 공포감에, 즉 거기에서 떨어지면 어쩌나 하는 공포감에 영향을 받았다.[6]

혹은 다음 사실을 놓고 살펴보자. 사람들은 가만히 서 있을 때와 공간 속에서 이동하고 있을 때, 시간에 대해 각각 다르게 생각한다. 스탠퍼드대학 학생들은 해석하기에 따라 뜻이 달라질 수 있는 다음 질문을 받았다.

"만일 수요일 회의가 이틀 앞당겨졌다면, 회의가 있는 요일은 무슨 요일일까? If wednesday's meeting has been moved forward two days, what day is it now?"

빠르게 움직이는 점심 대기 줄을 따라 막 이동했던 학생들은 원래 금요일이던 회의가 수요일로 옮겨졌다고 생각했다. 반면에 가만히 서 있던 학생들은 어땠을까? 이 학생들은 원래 수요일이던 회의가 월요일로 바뀌었다고 대답했다. 만일 정신이 신체와 직접적인 연결성을 가지지 않다면, 어째서 회의 일정을 판단하는 데 우리 신체의 움직임이 개입할까? 혹은 적어도 우리 신체의 움직임에서 힘을 얻을까?[7]

정신과 신체 사이 이런 연관성을 놓고 한번 생각을 시작하면 여기에서 벗어나기가 어렵다. 온갖 곳에서 그런 연관성이 보인다. 죄의식을 느끼는 것과 어쩐지 손을 씻어야 할 것 같다는 느낌에 사로잡히는 것 사이 연관성을 놓고 보자. 정신과 신체의 이런 명백한 연관성을 우리는 성서에서도 찾아볼 수 있다.

"빌라도는 더는 어찌할 수가 없을 뿐만 아니라 오히려 폭동이 일어나려는 것을 보고, 물을 받아 군중 앞에서 손을 씻으며 말하였다. '나는 이 사람의 피에 책임이 없소. 이것은 여러분의 일이오.'"[8]

셰익스피어의 작품에서도 이런 연관성을 찾아볼 수 있다. 맥베스 부인은 남편을 들볶아 죄 없는 던컨 왕을 비롯해 여러 사람을 죽이게 했다. 그러고는 죄의식에 사로잡힌 나머지 몽유병 환자가 되어 꿈속에서 손을 씻는다. 맥베스 부인의 시중을 드는 시녀는 부인의 광증을 치료하러 온 의사에게 이렇게 설명한다.

"저렇게 손을 씻는 행동이 이제는 습관이 되어버렸답니다. 어떤 때는 15분 동안이나 저렇게 손을 씻는다니까요."[9]

성서나 문학 작품만이 목욕(혹은 손 씻기)과 죄의식 사이 연관성을 제시하는 게 아니다. 각각 2006년과 2010년에 발표된 심리학 논문들은, 사람들이 한 차례 수치심을 느끼고 난 직후에는 몸을 씻는 것과 관련이 있는 자극(단서)에 반응하는 비율이 한층 높아진다는 사실을 밝혀냈다. 그리고 점화 효과priming effect, 즉 시간적으로 먼저 이루어진 자극이 이후에 제시되는 자극의 지각과 해석에 영향을 미치는 효과를 입증했다.

예를 들어 2006년에 진행된 실험에서 연구자들은 실험참가자를 두 집단으로 나누었다. 한 집단에게는 자기에게 책임이 있는 과거의 악행을 떠올리라고 했고, 다른 집단에게는 선행을 떠올리라고 했다. 그런 다음에 실험참가자들에게 'W_H'와 'SH__ER' 그리고 'S__P'라는 세 개의 불완전한 단어를 제시하고는 빈칸을 채우라고 했다. 실험 결과, 악행을 떠올린 집단이 'WISH(바라다)'와 'SHAKER(셰이커)' 그리고 'STOP(멈추다)'과 같은 단어가 아니라, 몸을 씻는 것과 관련이 있는 'WASH(씻다)'와 'SHOWER(샤워)' 그리고 'SOAP(비누)'라는 단어를 완성한 비율이 선행을 떠올린 집단보다 60퍼센트나 더 많았다.[10]

체화된 인지를 다루는 책 대부분이 바로 이 지점에서 설명을 멈춘다. 이 책들의 저자들은 자기 주장의 정당성을 입증했다고 생각하며 그 지점에서 멈추고 더 이상 설명하지 않는다. 그러나 이 효과를 묘사한 내용만으로는 충분치 않다. 우리는 그 효과 뒤에 도사리고 있는 메커니즘을 더 깊이 이해할 필요가 있다. 내가 방금 묘사한 결과들은 확실히 흥미롭다. 문제는 다른 연구자들이 2006년의 그 실험을 한층 더 많은 실험참가자를 동원해 반복했지만, 애초 그 실험이 도출했던 결과와 같은 결과를 얻지 못했다는 점이다.[11] 이것은 2011년 이후 심리학계를 끈질기게 괴롭혀온 문제인 재현성 위기replication crisis⁕의 조짐이었다.

재현성 위기는 적어도 부분적으로는 연구자가 불충분한 이해를 토대로 성급하게 결론을 내린 데 따른 결과다. 이 책에서 나는 이런 설익은 논리적 비약을 가급적 피하려 한다. 성급하게 결론을 내리려 하면 어떤 사실을 확신을 가지고서 독자에게 제시하지 못하는 경우가 많을 것이고, 따라서 독자가 혼란스러울 수 있을 것이다. 변명하자면, 정확하지 않은 것을 정확한 것인 양 그럴듯하게 포장하는 일은 과학자인 나로서는 도저히 용납할 수 없기 때문이다. 진실을 말하는 것이 내가 할 일이다. 심리학 책이라면 인생을 살면서 무엇을 할 것인가 하는 문제에 대해 구체적 도움말을 제시한다거나, 명확한 가르침을 제공하려는 시도는 아예 하지 말아야 함은 냉엄하면서도 명백한 진리다. 심리학자 대부분은 아직까지 통계와 관련된 도구들을 그 권위를 인정받을 정도로 능숙하게 다루지 못한다.

우리가 지금 당장 할 수 있는 최선책은, 독자가 이 책을 읽음으로써 좀 더 똑똑해질 수 있는 몇 가지 일반적인 원리들을 밝혀내는 것이다. 이것은 내가 이 책에서 하려는 일이기도 하다. 말하자면 충분히 일리가 있지만 아직은 공식적인 이론이라 할 수 없는 어떤 이론을 밝히는 것이다. 브라질 태생의 영국 생물

⁕ 기존의 실험 결과가 나중에 진행하는 동일한 실험에서 재현되지 않는 일반적인 현상.

학자 피터 메더워Peter Medawar가 그의 책 『과학의 한계*The Limits of Science*』에서 했던 다음 발언을 나는 지금도 여전히 지지한다.

"과학은 인간이 지금까지 관여했던 수많은 시도 가운데 다른 어떤 것과도 비교될 수 없을 정도로 가장 성공한 시도다."[12]

물론 그 성공을 가능하게 만든 가장 위대한 원인 가운데 하나는, 모든 것을 향해 근본적인 의심을 표명하기 위해 노력하는 우리 과학자들에게 과학이 불어넣는 규율이다.

실험 재현성과 관련된 쟁점들은 이 책 뒷부분에서 다시 다룰 것이다. 여기에서는 우선 그런 재현 실패들이 정신과 신체 사이에 연관성이 존재하지 않음을 '증명하는 것은 아니다'는 사실 정도만 기억하고 넘어가자. 그러나 이런 실패들은 정신과 신체 사이 연관성(심리학자들은 이것을 '체화된 인지'라고 부른다)이 단순하지도 직선적이지도 않음을 암시한다. 어떤 프로그램이나 프로젝트나 혹은 과제에 자기가 관여하고 엮여 있을 때, 이런 사실이 불쾌함을 유발할 수 있다. 그럴 때 당사자는 그런 것들과 관련이 있는 모든 연관성을 포기하겠다는 의사 표시를 하게 된다. "이 더러운 사업에서 나는 발을 빼고 손을 씻겠어!"라고 하면서 말이다.

손을 씻는 것과 같은 상징적 의미의 목욕은 강력한 비유다. 이 비유는, 자기가 느끼는 죄 혹은 정서적 부담감을 떨쳐내겠다는 추상적 관념을 한층 구체적이고 생생하게 이해할 수 있게 해준다. 그러나 성공한 비유가 어떤 구체적인 이미지 속에서 추상적인 생각이나 감정을 체화하는 데 사용될 수 있다고 해서, 그 생각이나 감정이 반드시 그에 해당하는 비유를 촉진하지는 (혹은 어떤 사람에게 점화 효과를 유발하지는) 않는다. 달리 말하면 과거에 자기가 한 부끄러운 짓을 떠올린 사람이라 하더라도, 'S__P'를 보고 점화 효과가 작동해 'SHIP(배)'나 'SHOP(상점)' 혹은 'SLOP(출렁거리다)'가 아니라 'SOAP(비누)'라는 단어를 떠올리지는 않는다.

그러나 체화된 인지의 사례는 차고도 넘친다. 어떤 사람이 지고 있는 무거운 배낭의 무게는 실제로 그 사람이 자기 앞에 놓인 오르막길의 경사도를 추정하는 데 영향을 준다. 어떤 사람이 공간에 대한 관점을 바꾸는 것은 시간에 대한 이 사람의 생각에 입증 가능한 (그리고 반복해 나타날 수 있는) 효과를 일으킨다. 나중에 살펴보겠지만, 몸 안의 온도조절장치가 처리한 온도에 대한 신체적 경험은, 우리의 생각에 입증 가능하며 반복해 나타날 수 있는 영향을 준다. 동물의 왕국에 등장하는 다른 동물들과 마찬가지로 우리 인간의 신체 역시 인지에 영향을 준다. 달리 말하면 인지는 오로지 머릿속에서만 외따로 고립해서 존재하지 않는다.

## 인지 혁명

그 어떤 생리적 메커니즘이나 심리적 메커니즘도 홀로 작동하지 않는다. 이 책의 나머지 부분을 계속 진행하기 전에 그리고 체온 조절이 어떻게 사회적 체온 조절로서 작동하는지 본격적으로 파고들기 전에, 인지과학의 맥락에서 체온 조절의 의미를 충분히 이해할 필요가 있다. 그러려면 약간의 역사 공부부터 해야 한다.

다른 많은 혁명과 마찬가지로 인지 혁명cognitive revolution도 애초에는 반혁명으로 시작했다. 인지 혁명이 반박 대상으로 삼았던 접근법인 행동주의behaviorism✢는 심리 분석과 이른바 심층심리학depth psychology✢✢의 여러 형태에 반기를 들고 일어났다. 많은 심리학자가 심층심리학에 반대했다. 그 이유는 유력한 여러 가정에 따라 이루어진 예측들을 실험을 통해 검증할 수 없기 때문이었다. 행동주의는 적절한 방법으로 검증될 수 없는 인지 과정들에 대한 여러 가정이 아니라 원인과 결과, 자극과 반응 그리고 인풋과 아웃풋에 초점을 맞추었다.

미국의 심리학자 에드워드 손다이크Edward Thorndike는 19세기 말에 '효과의 법칙law of effect'을 정립했다.[13] 이 법칙은 주어진 상황에서 만족스러운 효과를 일으키는 반응은 이후 동일한 상황에서 그 효과가 일어날 가능성을 점점 더 높이며, 반대로 주어진 상황에서 만족스럽지 않거나 불편한 효과를 일으키는 반응은 나중에 동일한 상황에서 그 효과가 일어날 가능성을 점점 더 낮춘다는 개념이다. 미국의 심리학자 존 왓슨John Watson은

✢ 의식이 아니라 사람과 동물의 객관적 행동을 심리학의 연구 대상으로 삼는 접근법.

✢✢ 무의식적 인간의 행동과 심리를 연구하는 심리학.

20세기 전반에 이 법칙을 토대로 '방법론적 행동주의methodological behaviorism'를 정립했다. 이 이론은 공적인 사건들(객관적으로 관찰할 수 있는 개인의 행동)을 사적인 사건들(객관적으로 관찰할 수 없는 개인의 생각과 느낌)과 구분해, 전자를 심리학의 연구 대상으로 삼아야 한다고 주장했다. 물론 사적인 사건들은 심층심리학의 영역이다. 그러나 왓슨은, 개인의 생각과 느낌은 객관적으로 관찰할 수 없으므로 연구 대상에서 제외해야 한다고 믿었다. 심리학의 과학적 연구 대상이 될 수 있는 것은 오로지 눈으로 볼 수 있고 측정할 수 있는 행동, 즉 공적인 사건이어야 한다는 주장이었다.[14]

왓슨을 추종한 행동주의자들은, 사람은 자기의 행동이 초래할 결과를 예측해 그 행동을 조절하고 '수정'한다고 믿었다. 초기 행동주의자들은 이런 가설에 근거해 강화reinforcement나 처벌punishment과 같은 도구들을 사용했다. 바람직한 행동을 유도하거나 증가시키기 위해 긍정적이고 부정적인 강화를, 반대로 바람직하지 않은 행동을 줄이거나 제거하기 위해 긍정적이고 부정적인 처벌을 각각 사용했다. 그러나 왓슨을 추종한 행동주의자들은, 강화와 처벌로써 작동하는 내면적인 처리 과정들은 사적인 사건들이므로 객관적인 관찰이 원천적으로 불가능하다고 주장했다.

미국의 또 다른 심리학자 벌허스 프레더릭 스키너Burrhus Frederic Skinner는 1930년대 말에 행동주의에 '근본적인 행동주의radical behaviorism'라는 새로운 접근법을 소개했다. 이 접근법은 개인의 생각과 느낌 같은 사적인 사건들을 무조건 무시해야 한다는 발상에 반대했다. 사적인 사건들이 사실은 완전히 개인적이고 내면적이라거나, 세상과 일절 단절되어 있지 않으며 다만 관찰할 수 있는 행동들, 즉 공적인 사건들과 동일한 환경적 변수들에 종속되어 있을 뿐이라고 스키너는 이론적으로 정리했다.

그러나 근본적인 행동주의는 사적인 사건들이 완전히 사적이지 않다고 주장하긴 해도, 여전히 인풋과 아웃풋에 연구의 초점을 맞추었다. 또 전체적으로 인지 과정을 일종의 블랙박스로, 즉 연구하기에 불가능하지는 않지만 매우 까다로운 어떤 것으로 받아들였다.[15]

스키너의 접근법은 '급진적'이긴 했지만 반혁명으로부터도 영향을 받았다. 적어도 두 개의 획기적 저작이 현대 인지 이론이 탄생한 지적인 맥락에 상당한 기여를 했다. 그 가운데 하나는 1943년에 케네스 크레이크Kenneth Craik가 내놓은 『설명의 성격*The Nature of Explanation*』이라는 책이다. 영국의 심리학자이자 철학자인 크레이크는 인지과학의 핵심이라고도 할 수 있는 그 책에서, 정신은 현실을 드러내는 '소규모 모델들small-scale models'을 만든 다음에 이것을 이용해 미래의 어떤 사건들을 예측한다고 주장했다. 여기에서 '소규모 모델들'은 오늘날 '정신 모델mental model'⁺로 일컬어지는 개념의 초기 버전이었던 셈이다. 정신 모델은 외부로 드러나는 실체external reality를 묘사하는 신

⁺ 세상에서 일어날 수 있는 사건이나 상황을 묘사하는 마음의 표상.

체 내부의 표상인데, 이것이 총체적인 인지 그리고 전문적인 추론과 의사 결정에서 중요한 역할을 한다고 일부 심리학자들은 믿었다.[16]

비록 크레이크가 실험적 인지심리학 발전에 결정적으로 중요한 역할을 한 건 분명하지만, 정작 정신 모델이라는 그 개념을 그가 그 뒤로도 얼마나 오랫동안 유지했는지 우리는 알지 못한다. 크레이크는 1945년 5월 7일에 케임브리지에서 자전거를 타고 가다가 자동차에 치여 중상을 입었고, 결국 그달 31일에 사망했기 때문이다. 그러나 그 뒤에 나타난 연구자 제이 포레스터Jay Forrester는 1971년에 "우리 각자의 머릿속에 있는 주변 세상 이미지는 단지 하나의 모델일 뿐이다"고 설명했다. "그 모든 세상이나 정부나 지역을 모두 온전하게 머리에 담고 있는 사람은 아무도 없으며, 사람들은 그저 마음속에 자기가 선택한 개념들 그리고 그 개념들 사이의 관계만을 생각할 뿐이고, 이런 것들을 이용해 실제 현실의 시스템을 재현한다"고 했다.[17]

크레이크의 『설명의 성격』에 이은 두 번째 기념비적 저작은 이 장의 앞부분에서 언급한 1950년에 발표된 튜링의 논문 《계산 기계와 지능》이다. 이 논문에서 튜링은 자기는 컴퓨터가 '생각할 수 있을까' 하는 의문에 대한 정답을 찾으려 하는 게 아니라고 지적했다. 그러면서 우리가 과연 인간의 인지 행동과 컴퓨터의 '인지' 행동이 구분되지 않을 정도로 인간 행동을 생생하게 모델링할 수 있는지 의문을 제기했다.

논의의 핵심은 컴퓨터가 생각을 할 수 있느냐 없느냐가 아니라, 인지와 관련된 문제를 해결하는 데 있어 컴퓨터가 인간을 대체할 수 있느냐 없느냐 하는 것이었다. 이 질문에 대한 튜링의 대답은 "대체할 수 있다"였다. 인간의 인지 연구에서 한층 더 중요한 것은 '사적인 사건들', 즉 인지를 포함한 내면적인 정신 과정들에 대한 추론을 컴퓨터가 얼마든지 할 수 있다고, 다시 말해 컴퓨터가 블랙박스의 뚜껑을 열 수 있게 되었다고 《계산 기계와 지능》에서 암시했다는 점이다. 그런데 이 논문이 출간된 1950년대는 뇌에서 어떤 부위가 활성화되는지 실시간으로 알려주는 기계인 기능성 자기공명영상장치가 등장하기 훨씬 전이었음을 우리는 기억해야 한다.[18]

튜링과 크레이크의 뒤를 이은 이론들은 인지를 '정신과 컴퓨터' 비유를 통해 자주 설명했다. 이것은 매우 영향력이 있는 접근법이었다. 그러나 1980년에 미국의 철학자 존 설John Searle이 《정신과 뇌 그리고 프로그램*Minds, Brains and Programs*》이라는 논문을 발표했다. 이 논문에서 가장 주목할 부분은 '중국어 방The Chinese Room'이라는 사고실험이었다. 이 사고실험은 인공지능 연구가 결실을 거두어 마침내 중국어를 해석하고 말할 수 있는 컴퓨터가 개발되었음을 전제로 한다. 누군가가 중국어를 입력하면, 이 컴퓨터가 실제 중국인이 하는 것과 구분되지 않는 답변을 내놓아 튜링 테스트⁺를 통과하는 상황을 묘사했다.[19]

여기에서 설은 두 가지 질문을 던졌다. 첫째, 그 컴퓨터가 과

⁺ 기계가 인공지능을 갖추었는지 아닌지를 판별하는 실험.

연 중국어를 이해하는가?" 둘째, "혹시 중국어를 이해하는 능력을 그저 흉내만 내는 건 아닌가?" 첫 번째 질문에 "그렇다"라는 답변을 받은 인공지능을 설은 '강력한 인공지능'이라 불렀다. 두 번째 질문에 "그렇다"라는 답변을 받은 인공지능에는 '허약한 인공지능'이라는 딱지를 붙였다.

이어서 설은 자기가 그 컴퓨터 프로그램의 영어판이 담긴 책을 들고 중국어 방으로 들어가는 상황을 상상했다. 그 방에서는 종이, 연필, 지우개, 서류철, 책 등의 물품을 얼마든지 지원받을 수 있다. 설은 외부와 통하는 작은 구멍을 통해 중국어로 어떤 지시를 받는다. 그리고 컴퓨터 프로그램의 가르침에 따라 지시를 처리한 다음 중국어로 결과를 내놓는다. 만일 그 컴퓨터가 이런 방식으로 튜링 테스트를 통과했다면 자기도 그 프로그램을 수동으로 가동해 그렇게 했을 것이라고 설은 주장했다. 달리 말하면 이 실험에서는 자기가 하는 역할과 컴퓨터가 하는 역할 사이 의미 있는 차이가 전혀 없다는 뜻이었다. 설과 컴퓨터는 모두 알고리즘 프로그램에 따라 어떤 결과를 내놓는데, '중국어 방' 바깥에 있는 관찰자가 보기에는 지적인 대화를 수행한다고 해석할 수 있었다.

설은 사실 자기는 중국어를 한마디도 할 줄 모른다고 고백하면서, 컴퓨터 역시 그가 입력한 중국어 지시를 전혀 알아듣지 못했을 것이라고 주장했다. '이해'가 없다면 컴퓨터는 '의도성'을 가질 수 없으므로 생각을 하는 것도 불가능하다. 기계가 생각을 하지 않는다면 '정신'을 가질 수 없다. 그러므로 '강력한 인공지능'이라는 발상은 허구라고 그는 최종적으로 결론을 내렸다. 이것은 컴퓨터는 인간 정신과 같이 작동하지 않으며, 그 반대의 경우도 마찬가지라는 뜻이었다.

설이 '중국어 방' 실험을 발표하고 10년이 지난 뒤에 헝가리 태생의 인지과학자 스테반 하나드Stevan Harnad는 설이 처했던 곤경을 '기호 접지 문제symbol grounding problem', 즉 기호와 의미를 연결하는 문제라고 묘사했다. 달리 말하면 "그 한자 지시들이 (한층 더 일반적인 차원에서 말하면 우리 머릿속에 있는 상징들이) 어떻게 제 의미를 찾는가?" 하는 문제에 설이 대답해야 한다는 뜻이었다. 하나드는 '강력한 인공지능'에 관한 설의 반박을 받아들였다. 중국어의 '인풋-처리manipulation-아웃풋'이라는 일련의 과정이 컴퓨터에 의해 수행되든 혹은 중국어를 알지 못하는 인간에 의해 수행되든 간에, 단순히 중국어 기호를 받아들인 다음에 순전히 형태만을 따져 그 기호를 처리해 어떤 결과를 내놓는 것은, 중국어를 이해한 것이 아니라는 점을 설은 근거로 들었다.

컴퓨터에 의한 결과와 사람에 의한 결과 사이에 어떤 차이점도 보이지 않아 구분할 수 없다고 가정하자. 이럴 때 우리는 사람이 중국어를 이해하지 못한다는 사실에서 컴퓨터 역시 중국어를 이해하지 못한다고 추론할 수 있다. 하나드는 상징체계가 가지는 의미들은 그 형태에 고유한 것이 아니라 책에 쓰인 글자들이나 단어들과 마찬가지로 "우리 머릿속에 있는 의미들에서 비롯된다"고 말했다. 그 의미들은 내재된 것이라기보다는 외재적인 것이므로 "우리 머릿속에 있는 의미들의 실행 가능한 모델이 아니라는 것"이었다.

요컨대 인지는 단순히 기호 처리symbol manipulation✢가 아니라는 말이다. 하나드가 지적하듯이 고대 언어를 해석하는 사람이나 비밀 암호를 해독하는 사람이 이 일을 잘 수행하는 것은, 이 사람이 현실 세계에서 실제로 경험한 것에서 비롯된 지식 그리고 모국어 덕분에 그런 과제를 잘 수행할 정도로 지적 토대가 탄탄하기 때문이다. 이런 토대는 고문서 학자나 암호 해독자가 번역을 하거나 암호를 해독하려 노력하는 상징체계에 고유하고 필수적인 요소다.[20]

## 윌리엄 제임스의 발견

인지 혁명은 행동주의의 '블랙박스' 개념에 문제를 제기하는 과정에서 탄생했다.✢✢ 스키너 이전의 행동주의자들은 인지 과정들은 '사적인 사건들'이기 때문에 관찰할 수 없다고 주장했다. 스키너가 사적인 사건과 공적인 사건의 이런 엄격한 구분에

✢ 일정한 사물이나 언어나 행동 양식을 기호로 사용해, 특정한 의미 내용을 담아 많은 사람이 그것에 동조하게 하고 일정한 방향으로 행동하게 하는 것.

✢✢ 행동주의 심리학에서는 인간의 마음을 '블랙박스'라고만 바라본다. 그래서 이 블랙박스를 제외하고서 관찰과 측정이 가능한 대상만을 연구한다.

의문을 제기하긴 했지만, 행동주의자들은 여전히 인지 과정보다는 인풋과 아웃풋에만 초점을 맞추었다.

몇몇 심리학자들은 컴퓨터과학과 인공지능의 탄생에서, 특히 튜링이 논문 《계산 기계와 지능》에서 제시한 튜링 테스트에서 인지 이론을 추론할 어떤 모델을 포착했다. 인풋과 아웃풋을 토대로 할 때 컴퓨터의 '생각'을 인간의 '생각'과 구분할 수 없다면, 인간의 인지 과정들이 컴퓨터의 계산 과정들과 매우 비슷할 것이라는 추정이 얼마든지 가능하다고 보았다. 즉 컴퓨터와 인간 모두 생각을 한다는 결론에 이를 수 있다는 말이었다.

이 의문에 대한 정답은 1980년에 존 설이 '중국어 방' 사고실험을 제시하는 과정에서 나왔다. 설은 컴퓨터와 인간 모두 동일한 아웃풋이 나오도록 기호들을 처리하긴 하지만, 이 처리 과정에는 이해를 요구하지도 암시하지도 않음을 설득력 있게 입증했다. 이해가 없으면 생각도 없으니, 이해 없이 작동하는 컴퓨터는 생각을 하지 않는다는 것이었다.

컴퓨터는 정신이 아니고, 정신은 컴퓨터가 아니다. 컴퓨터의 계산은 인지가 아니고, 인지는 컴퓨터의 계산이 아니다. 그러나 설은 기호가 의미를 획득하는 메커니즘을 대부분 해명하지 않고 남겨두었다. 이 문제를 해명하는 것은 중요한 과제였는데, 왜냐하면 의미는 이해 과정에서 본질적인 요소이기 때문이다.

이 문제는 현대 철학의 여러 아이러니 가운데 하나로 우리를 이끈다. 데카르트가 17세기에 이론화한 심신이원론은 오랜 세월 영향력을 행사했다. 그러다 19세기에 프랑스의 장 마르

탱 샤르코Jean Martin Charcot, 오스트리아의 요제프 브로이어Josef Breuer와 지그문트 프로이트Sigmund Freud를 비롯한 여러 학자가 신체적 증상의 관찰과 그 밖의 여러 방법론을 토대로 한 다양한 정신적인 처리 절차들과 관련된 이론들을 내놓기 시작했다. 이 과정에서 우리가 심층심리학이라 부르는 학문 분야도 나타났다. 20세기에는 행동주의가 심층심리학의 추론에 문제를 제기하면서 '사적인 사건들'을 직접적으로 관찰할 수 없으며, 따라서 정신적인 처리 과정들은 오로지 인풋(자극)과 아웃풋(반응)을 연구함으로써만 알 수 있다고 주장했다. 튜링 테스트는 기계의 계산과 인간의 인지가 기본적으로 같다고 가정하면서 심신이원론을 한층 강화했다.

그러나 미국의 심리학자 윌리엄 제임스William James가 1884년에 발표된 《감정이란 무엇인가?*What Is an Emotion?*》라는 고전적인 논문을 통해, 사실상 인류 역사의 대부분 기간에 지배자로 군림했던 인지라는 발상을 부활시키면서, 데카르트의 심신이원론과 그 지적인 자손에게 강력한 도전장을 내밀었다. 제임스는 외부 사건이 인간의 어떤 감정(정신적 상태)을 유발하고 이 감정에 따라 신체적 반응이 나타난다(예컨대 "재산을 잃으면 슬퍼서 운다. 곰을 만나면 놀라서 도망친다. 경쟁자로부터 모욕을 당하면 화가 나서 공격한다")는 상식적인 발상에 의문을 제기하면서 다음과 같이 주장했다.

"우리는 울기 때문에 슬픔을 느끼고, 싸우기 때문에 분노하며, 떨기 때문에 두려워한다. 사람들이 당연하게 여기는 것처럼 슬프거나 분노하거나 두려워서 울거나 싸우거나 떠는 게 아니다."

제임스에 따르면, 울거나 달아나거나 싸우는 것과 같은 '신체적으로 표현되는 행동'은 외부 사건에 대한 직접적인 반응이다. 슬픔, 두려움, 분노와 같은 감정은 신체적 표현의 원인이 아니라 신체적 표현이 유발한 것이다. 달리 말하면 신체와 분리된 정신이 아니라 신체가 감정을 움직인다.[21]

데카르트의 심신이원론이 여전히 20세기 행동주의를 지배하던 상황에서 제임스는 이미 장차 '체화된 인지'로 불리게 될 이론을 정립했다. 체화된 인지는 인지의 많은 특성이 신체의 여러 측면에 의해 영향을 받거나 형성된다는 이론이다. 폴란드 태생의 미국 사회심리학자 로버트 자욘스Robert Zajonc와 문화심리학 분야 개척자인 사회심리학자 헤이즐 마커스Hazel Markus는 1984년에 감정이 신체 반응을 유발한다는 전통적인 발상에 대한 제임스의 문제 제기에 담긴 의미를 파고들었다.[22] 하나드도 그 기호들은 단지 우리의 감각들에 직접 투영된 것일 뿐이라며 유사한 주장을 펼쳤다. 즉 우리가 따뜻한 차가 담긴 컵을 손으로 쥘 때, 찻잔에서 느껴지는 온기는 인체에서 열기를 감지하는 일을 맡고 있는 온도조절장치에 의해 '재현된다'는 말이었다.

사실상 자욘스와 마커스 그리고 하나드는 모두 제임스 버전의 체화된 인지 개념을 기호와 의미를 연결하는 기호 접지 문제를 해결하는 데 적용했다. 그들은 인간이 생리적 연관성을 가지고서 감정과 인식을 재현한다고 보았다. 이런 이유로 행복할 때 우리는 행복하다고 생각하는 게 아니라 광대 근육이 활성화되며, 생각이 아니라 이 활성화된 근육이야말로 행복하다는 그 감정이 재현된 것이라 할 수 있다.[23] 짐작건대 이미 오래전에 죽고 없는 제임스 역시 우리가 행복하다고 생각하기 때문에 미소를 짓는 게 아니라, 우리가 미소를 짓기 때문에 행복하다고 생각한다고 말할 것이다.

## 개념적 은유

미소는 체화된 인지의 한 가지 사례이며, 우리가 행복이라고 부르는 정신 상태와 인지적 개념이 재현된 것이다. 그러나 체화된 인지의 성격 및 한계와 관련해서는 한층 더 까다로운 과제가 남아 있다. 우리가 직접적인 생리적 연관성을 가지고 있지 않은 민주주의, 정의, 사랑, 시간 등과 같은 추상적인 관념들은 어떻게 드러내는가 하는 문제다. 이런 추상적인 관념들은 어떻게 의미를 획득할까?

여기에서 한층 더 영향력 있는 이론인 개념적 은유conceptual metaphor로 초점을 옮겨보자.+ 이 이론은 미국의 인지언어학자이자 철학자인 조지 레이코프George Lakoff와 철학자 마크 존슨Mark Johnson이 1980년에 공동으로 펴낸 책 『삶으로서의 은유

+ '은유'는 '비유'의 하위 개념이지만 '은유=비유'라는 식으로 이미 널리 혼용되고 있음을 염두에 둬야 한다.

*Metaphors We Live By*』에 처음 소개되었다.[24] 개념적 은유 이론은 추상적 개념은 구체적 경험 속에서 재현된다고 주장한다. 그 이유는 애초에 우리가 추상적 개념을 구체적 경험과 함께 공경험共經驗, co-experience, 즉 동시 경험했기 때문이다. 예를 들어 시간이라는 추상적 개념을 놓고 살펴보자. 우리는 흔히 시간을 공간과 함께 경험한다. 공간을 가로지르는 여행을 하는 데는 시간이 든다. 시간과 공간의 이런 공경험은 시간과 공간이 관련된 수많은 비유를 통해 표현된다. 예를 들어 회의 시간을 '앞으로' 옮기기도 하고, 또 지루한 회의가 끝나려면 아직 '멀고도 멀다'라는 생각에 답답한 마음을 감추지 못하기도 한다.

사회적 체온 조절을 연구하는 우리 같은 사람들에게 개념적 은유 이론은 또 다른 '구체적 경험-추상적 개념' 쌍에 적용될 때 매우 흥미롭게 느껴진다. 레이코프와 존슨은 (물리적) 온기와 애정 혹은 사랑 사이 연관성을 따져본다. 우리는 물리적 온기의 경험을 통해 애정을 배우며, 사랑하는 사람이 애정 어린 손길로 어루만질 때 애정과 물리적 온기를 공경험함으로써 '애정'과 (애정의 은유적 의미에서의) '온기'라는 두 상징적 개념을 이해한다. 레이코프와 존슨이 표현하듯이 이것은 체화된 인지, 즉 어떤 상징적 개념을 신체적 경험을 통해 이해하는 매우 분명한 사례다.

레이코프와 존슨은 여기에서 인지적 은유는 한 방향으로만 작동한다는 이론을 제안한다. 즉 애정을 경험하는 사람은 흔히 물리적 온기를 공경험하며, 그 물리적 온기는 애정을 은유하는 것으로 이용할 수 있고 애정을 몸으로 이해한 어떤 체화물을 만들어낸다. 그러나 어떤 사람이 어쩌다 햇볕 아래 서 있어서 몸이 따뜻해졌다거나 혹은 추운 겨울날 눈발 아래 서 있어서 몸이 차가워졌다고 해서, 반드시 이 사람이 애정 혹은 애정 결핍을 경험하지는 않는다. 이렇게 단방향 논리가 작동함에 따라 방의 난방 온도를 높일 때 한층 더 많은 애정을 느끼겠지만, 애정에 사로잡혀 있다고 해서 반드시 더 많은 온기를 느끼는 것은 아니라는 주장이다.

나는 레이코프와 존슨의 접근법을 사회적 체온 조절에 대해 내가 알고 있는 지식과 하나로 묶느라 무척 애먹었다. 1장에서 살펴보았듯이, 적어도 뜨거운 음식과 차가운 음식이 동원되는 몇몇 실험들은 이 단방향 이론을 지지하지 않는다.

예를 들어 〈사이버볼〉 게임을 동원했던 토론토대학 실험을 돌이켜보자. 다른 게임자들로부터 공을 자주 받지 못하며 무시당하고 배척당했던 실험참가자 집단은 공을 자주 받았던 실험참가자 집단보다 뜨거운 음식을 선호했다. 그러나 콜라나 사과처럼 온도와 관련이 없는 음식에 대해서는 두 집단 사이 선호도 차이가 나타나지 않았다. 애정의 반대, 즉 애정 결핍 혹은 배척은 오히려 물리적 온기에 대한 선호를 유도했다. 이 결과는 개념적 은유 이론의 손을 들어주지 않는다. 만일 어떤 개념적 은유가 여기에서 작동한다면, 배척이나 외로움이 실험참가자가 온기를 느끼는 것에 아무런 영향도 주지 않을 것이다. 그러나 실제로는 영향을 주고, 따뜻해지면 좋겠다고 기대하도록 실험참가자의 마음을 움직였다.

또 내가 했던 두 가지 연구 결과가 토론토대학 연구자들이 발견한 사실과 일치한다는 1장 내용을 떠올려보라. 어떤 사람이 자기가 다른 사람들과 같다는 소속감을 느끼지 못할 때, 이 사람은 방 온도를 실제보다 낮게 판단했다. 반대로 자기가 다른 사람들과 같다고 느낄 때는 온도를 실제보다 높게 판단했다. 만일 충성심이 강하고 우호적이며 배려심이 많은 '따뜻한' 사람들에 관한 이야기를 읽은 뒤라면, 이 사람은 주변 온도를 실제보다 따뜻하게 느낄 것이다. 이것은 데카르트가 말하는 배를 조종하는 '조타수'와 같은 종류의 은유가 아니라 훨씬 더 역동적인 사회적 체온 조절에 관한 이야기다.

내가 동료들과 함께 폴란드 소포트에서 했던 심리 실험도 떠올려보라. '따뜻한' 성정과 연관이 있는 사람들 이야기를 읽은 실험참가자 집단은, 비록 긍정적이긴 해도 정서적·사회적 '온기'를 암시하지 않는 사람들 이야기를 읽은 실험참가자 집단보다 실내 온도를 평균 2도 높게 추정했다. 만일 여기에서 은유적 처리 과정이 작동했다면 어떻게 되었을까? 실험참가자들은 물리적 온기를 느낌으로써 정서적으로나 사회적으로 '따뜻한' 생각을 떠올렸을 것이다. 그러나 레이코프와 존슨은 이런 생각들이 역방향으로 작동해, 방을 한층 더 따뜻하게 느껴지도록 만들지는 않으리라 예측했다. 두 사람의 관점에서 보자면, 애정을 느끼는 것만으로는 신체 내부의 온도조절장치에 전혀 영향을 주지 않는 것이 옳다.

은유의 성격에 관해서는 레이코프와 존슨의 견해가 옳았다. 은유는 오로지 한 방향으로만 작동한다. 스코틀랜드의 시인 로버트 번스Robert Burns가 "오, 내 사랑은 붉디붉은 장미 같아라!"라고 노래했을 때, 이 시인은 장미를 '아름다운 소녀'를 향해 느끼는 자기의 열정을 환기하는 하나의 은유로 사용했다.[25] 그러나 이 은유를 뒤집으면 아무것도 아닌 게 되어버린다. "오, 붉디붉은 장미는 내 사랑 같아라!"는 시구는 번스가 소녀에게 느끼는 것과 같거나 혹은 그 이상의 열정을 장미에 품고 있다는 뜻이 되기 때문이다. 번스가 정말 이상한 사람이 아니었다면, 그 은유는 한 방향으로만 작동하는 게 틀림없다. 이 시구의 요지는 시인이 장미가 아니라 연인을 향한 열정을 묘사하는 것이다. 토론토대학의 〈사이버볼〉 실험과 내가 했던 실험은 물리적 온도와 정서적·사회적 온도 사이 연관성이 양방향으로 작동함을 보여주었다. 이 양방향성은 그 연관성의 토대가 결코 은유적일 수 없음을 (즉 실제적임을) 암시한다.

레이코프와 존슨 두 사람이 은유에 온전하게 의존할 수 있으려면, 그들에게 개념적 은유 이론의 또 다른 중심 원리가 필요했다. 그것은 묘사되는 개념이 선천적인 것이 아니어야 한다는 원리였다. 이것은 사회적 체온 조절이 선천적인 메커니즘일 필요가 있다는 사실과 모순된다. 만일 묘사되는 개념이 선천적인 것이 아니라면, 그 은유는 (이것을 레이코프와 존슨은 '기본적 은유primary metaphor'라고 부른다) 반드시 타고난 특성이 가진 목적에 맞게 적절하게 조력해야 한다. 즉 개념적 은유 이론에서의 은유는 반드시 보편적이어야 한다.

그러나 우리는 그것이 확실하게 보편적이지 않음을 알고 있다. 5장에서 자세하게 살펴보겠지만, 은유의 언어는 폭넓고 다양하기 때문이다. 만일 개념적 은유 이론이 궁극적으로 심신이원론을 우리에게 강요한다는 이유로 사회적 체온 조절 행위를 설명하는 데 적절하지 않음이 판명되었다면, 사람들이 사회적 관계를 맺어나가는 방식을 설명하는 더 나은 이론으로 시작되는 지적 혁명이 필요하다. 우리는 이 지적 혁명의 방향으로 나아갈 것이다. 그런데 거기까지 가는 경로에서 펭귄 해리Harry the Penguin라고 불리는 어떤 새를 살펴볼 것이고, 그다음에 인간 사회로 나아갈 것이다.

3

# 동물은 체온 문제를 어떻게 처리할까

•

사회적 체온 조절

황제펭귄 한 마리를 상상해보라. 나이는 약 열 살이고 수컷이다. 이 펭귄을 해리라고 부르자. 때는 남극에서 겨울이 한창인 7월이며 아무것도 먹지 않은 지 벌써 넉 달째로 접어든다. 황제펭귄 수컷이 암컷과 짝짓기를 할 때는 보통 굶는데, 이들은 115일 동안 아무것도 먹지 않고 버틸 수 있다. 짝짓기를 한 뒤에 암컷은 알을 낳고 먹이를 찾아 뒤뚱뒤뚱 바다로 들어간다. 바다로 들어간 암컷은 여러 달 동안 돌아오지 않는데, 그동안 수컷은 집에 남아 알을 품는다.

이렇게 수컷의 기다림은 시작된다. 해리는 알을 두 발 위에 올려놓고 알주머니로 덮어준다. 이 알주머니는 스커트를 입은 것처럼 보이는 펭귄의 두꺼운 피부층이다. 펭귄은 알이 잘 부화하도록 36도라는 쾌적한 온도를 유지한다. 남극에서 이 온도를 유지하기란 쉽지 않다. 바람이 시속 약 180킬로미터로 불며 기온은 영하 45도까지 내려가기 때문이다. 만일 그 추위 속에서 알이 살아남길 바란다면 (또한 자기가 살아남으려면) 해리는 다른 펭귄들과 바싹 붙어 있어야 한다.

입장권이 매진된 록 콘서트장 앞에 열성팬들이 다닥다닥 붙어 있는 것처럼, 남극의 황제펭귄들이 서로 몸을 맞대고 있는 모습을 찍은 사진이나 동영상은 많다. 수천 마리 펭귄이 한데 밀집해 있는데, 한 마리가 차지하는 면적이 1평방피트를 넘지 않을 정도다. 이렇다 보니 무리 한가운데 있는 몇몇 펭귄들은 사방에서 밀어대는 압력을 이기지 못하고 떠밀려 다른 펭귄들 머리 위로 올라가기도 한다. 만일 이 현장이 진짜 록 콘서트장이라면 그야말로 크라우드서핑⁺이 이루어지는 셈이다.

그러나 펭귄들의 이런 행동은 에너지를 절약하려는 노력의 결과이므로 그들은 불편함을 얼마든지 감수한다. 펭귄들이 이렇게 한덩어리로 뭉쳐 있을 때는 대기에 노출되는 개별 펭귄의 피부 면적이 획기적으로 줄어들어 열기를 보존하기가 한층 쉬워진다. 게다가 펭귄 무리 속의 각 개체가 무리 내부 온도를 높여 한가운데의 온도는 무려 37.5도까지 올라가기도 한다.[1]

남극 대륙 해안에서 조금 떨어진 곳에 있는 바위섬 푸앵트 게올러지Pointe Geologie 군도와 같은 곳에서는 과학자들이 여

⁺ 주로 콘서트장에서 사람이 다른 사람들의 머리 위를 수영하듯이 이동하는 행위.

러 해 동안 펭귄의 허들링huddling을 연구하고 있다.[+] 펭귄이 이런 습성을 가지게 된 이유와 그 방법을 더 깊이 이해하려고 연구자들은 온도 측정 장치와 신호 전송기를 몇몇 개체들의 몸에 붙여둔다. 이런 연구들을 통해 펭귄은 생애의 무려 38퍼센트를 다른 개체들과 허들링을 하면서 보낸다는 사실이 드러났다. 허들링이 계속되는 시간은 짧을 때는 몇 분에 그치기도 하지만 길 때는 몇 시간 동안 이어진다.[2] 거센 바람을 맞으며 서 있는 이 펭귄 무리가 얼른 보면 꼼짝도 하지 않는 것처럼 보이지만, 저속 촬영 영상을 보면 무리 속의 펭귄들이 끊임없이 자리를 바꾸기 때문에, 전체 펭귄의 거대한 덩어리 구조 역시 끊임없이 바뀌는 모습을 볼 수 있다.

황제펭귄이 허들링을 하는 이유가 얼핏 당연한 것처럼 보인다. 닭이 길을 건너는 이유가 '건너편으로 가기 위해서'인 것과 마찬가지로 펭귄 무리는 '각 개체가 몸을 따뜻하게 유지하기 위해' 허들링을 한다. 아무리 둔한 사람이라도 금방 알 수 있는 이유다. 그러나 펭귄의 허들링은 단순히 체온을 따뜻하게 유지하기 위함만이 아님이 펭귄을 러닝머신 위에 올려놓는 등의 여러 실험을 통해 드러났다. 펭귄의 허들링은 허기와 생존 그리고 사회적 차원의 집단 일관성과 관련된 행동이다.

남극 로스섬에서 한 차례 실험을 진행한 연구자들은 펭귄이

[+] 펭귄 무리가 체온을 유지하려고 한덩어리로 뭉쳐 있는 행동을 '허들링'이라 부른다.

허들링을 하지 않으면 굶어 죽을 수도 있다고 결론을 내렸다. 이 결론에 도달하는 데 적용된 산수는 아주 간단하다. 펭귄 한 마리가 100일 동안 단식을 견뎌내려면 지방 조직 약 25킬로그램을 태워야 한다. 또 영양분이 듬뿍 들어 있는 물고기와 오징어가 널려 있는 바다로 돌아가려면 장장 200킬로미터를 걸어야 하는데, 여기에 필요한 지방이 추가로 약 1.4킬로그램이다. 그러나 우리의 해리를 포함한 많은 황제펭귄은 약 15킬로그램에서 20킬로그램의 지방 조직만 비축하고 있다. 달리 말하면 오랜 기간의 단식을 버텨내고, 또 긴 도보 여행까지 할 수 있으려면 적어도 약 6킬로그램의 지방이 부족하다는 말이다. 좋은 소식이 있다. 허들링과 이것 덕분에 보존되는 온기가 있기에 해리를 비롯한 황제펭귄은 신진대사량을 16퍼센트나 줄일 수 있고, 그만큼 지방 연소를 막을 수 있다.[3]

## 먹은 양보다 적게 쓴다

동료들을 이용해 체온을 조절하는 동물은 펭귄만이 아니다. 쥐, 돼지, 원숭이, 말, 뱀, 딱따구리, 라쿤, 심지어 서로 가까이 있는 것을 극도로 꺼리는 호저까지도 기온이 내려갈 때 허들링을 한다.[‡] 사실 많은 동물 종이 허들링을 한다.

어떤 동물이든 체온 조절은 충분한 산소를 공급받는 것 다음으로 반드시 해야 하는, 가장 중요한 생명 유지 활동인 동시에 가장 에너지가 많이 소비되는 활동이기도 하다. 대기 온도는 산소 농도와 다르게 항상 바뀐다. 이런 환경에서 살아남으려면 지속적으로 경계 상태를 유지하며 온도가 조금씩 오르내리는 변화에 대처해야 한다. 다행스럽게도 동물은 매우 영리한 경제학자들이다. 아니, '최적의 조건을 찾아내는 행위자'라는 표현이 더 정확할지도 모른다. 동물은 에너지 효율 면에서 어떤 행동이 가장 싸게 먹히는지 알아내, 소중한 체지방을 조금이라도 아끼겠다는 마음으로 제각기 다른 행동을 놓고 끊임없이 비용편익 분석을 한다.

자전거를 타고 질주하는 사람들이 꼬리에 꼬리를 물고 바짝 붙어 도로를 달리는 모습을 본 적이 있는가. 사이클링의 세계에서는 이렇게 몰려다니는 집단을 펠로톤peloton이라 부른다.⁺⁺ 이들이 이렇게 몰려 달리는 것은 외로움을 타서가 아니다. 앞서 가는 사람의 꽁무니에 바짝 따라붙음으로써 자기가 받는 공기 저항을 최소화할 수 있기 때문이다. 즉 앞에 가는 사람에게 의존해 에너지 소모량을 최대한 줄이기 위한 기술이다.

드래프팅drafting이라 하는 이 기술을 능숙하게 구사하는 사람은 시속 약 39킬로미터 속도로 달릴 때, 특히 펠로톤의 한가

⁺ 호저는 몸에 길고 뻣뻣한 가시털이 덮여 있는 동물이다. 사이가 가까워질수록 이기주의 때문에 서로 상처를 입는 현상을 심리학에서 '호저 딜레마'라고 부른다.

⁺⁺ 펠로톤은 프랑스어로 작은 공, 작은 뭉치, 덩어리 혹은 부대, 소대 등을 뜻한다.

운데 있을 때는 에너지 소모량을 최대 39퍼센트까지 줄일 수 있다고 한다.[4] 물고기가 떼를 지어 이동하거나, 박테리아가 무리를 지어 이동할 때 한층 더 빨리 이동하는 것도 바로 이런 까닭에서 그렇다.

허들링과 마찬가지로 드래프팅은 이른바 자원을 절약할 목적으로 가장 비용 효율적인 행동을 선택하는 '행동의 경제economy of action'를 위한 것이다. 행동의 경제는 놀랍도록 단순한 한 가지 원리에 따라 작동한다. 바로 동물은 자기가 섭취한 에너지보다 적은 에너지를 소모해야 한다는 원리다. 그렇게 하지 않으면 죽기 때문이다.

모든 종이 다 그렇지만 '동물 경제학자들'은 체온 조절과 에너지 절약이라는 문제를 해결하기 위한 놀라운 메커니즘들을 다양하게 개발해왔다. 어떤 동물이 특정한 도구를 사용하는지는 주로 그 동물이 어떤 유형의 유기체인지에 따라 좌우된다. 수십 년 전에 학교에 다녔던 사람이라면 아마도 동물은 온혈동물과 냉혈동물로 나뉜다고 배웠을 것이다. 그러나 과거에는 상식으로 통했던 이런 분류가 지금은 구닥다리 이론으로 전락했다. 오늘날에는 과학자들이 발음하기에 한층 까다로운 용어들로 바꾸어 부르고 있다. 예를 들면 ectotherm(외온동물), endotherm(내온동물), poikilotherm(변온동물), homeotherm(항온동물), heterotherm(이온동물) 등이 그렇다.[5] 이런 새로운 단어들을 쏟아내는 사람들은 냉혈-온혈 분류는 동물 분류를 지나치게 단순화할 뿐 아니라 혼란을 조장한다고 말한다.

미국 텍사스나 애리조나와 같은 주에서, 8월의 뜨거운 태양 아래 도마뱀 한 마리가 느긋하게 일광욕을 즐기는 모습을 놓고 생각해보자. 과거에 우리는 도마뱀은 파충류이므로 냉혈동물이라 말했다. 그러나 일광욕을 즐기는 동안 도마뱀의 심부 체온은 38도까지 올라갈 수 있는데, 이것은 냉혈동물이므로 '차가운 피'를 가지고 있다는 규정과 거리가 멀다.

도마뱀의 새로운 분류인 외온동물ectotherm을 검색해보라. 주변 환경(태양열 혹은 지열)으로부터 열을 얻지만, 정교한 체온 조절 행동을 수행함으로써 신진대사와 활동을 최적화하는 동물로 정의되어 있을 것이다. 과거에 대부분 '냉혈동물'로 분류되었던 이 동물은 지금 외온동물로 분류된다. 곤충, 파충류, 양서류 그리고 대부분의 물고기 등도 여기에 포함된다. 이에 비해 포유류나 조류, 즉 우리가 '온혈동물'이라 불렀던 동물들은 마치 몸 안에 난로를 하나씩 가지고 있기라도 한 것처럼 스스로 열을 만들어낸다. 오늘날 과학자들은 이들을 모두 내온동물endotherm이라 부른다. ecto나 endo는 둘 다 그리스어에 뿌리를 둔 말로, 각각 외부와 내부를 뜻한다. therm은 열기를 뜻하는 그리스어 thermē에서 비롯되었다.

변온동물poikilotherm이라는 말은 환경에서 따라 체온을 바꿀 수 있다는 뜻인데, 'poikilotherm'은 그리스어 poikilos(바뀔 수 있는)에서 파생되었다. 또 항온동물homeotherm이라는 말은 주변 온도와 상관없이 높고 안정적인 체온을 유지한다는 뜻으로, 그리스어 homeois는 '비슷하다'라는 말이다.

한편 이온동물heterotherm은 변온동물과 항온동물 사이 어떤 지점에 놓인다. 이들은 체온을 안정적으로 유지하지만 때에 따라서는 체온을 자유롭게 조절하기도 한다. 몸무게가 500킬로그램에 육박하는 거대한 나일악어는 기본적으로 외온동물이지만(즉 몸 안에 난방장치를 가지고 있지 않지만), 거대한 체구 덕분에 외부 온도가 아무리 높거나 낮더라도 상당히 안정적으로 체온을 유지하므로 항온동물이라 할 수도 있다. 체구가 크면 열관성熱慣性, thermal inertia[+]을 가질 수 있다. 커다란 주전자에 담긴 물을 데우거나 식히는 데 많은 시간이 걸리는 것과 같은 이치다.

몇몇 내온동물들은 체온이 하루 사이에도 크게 오르내린다. 심지어 40도씩 차이가 나기도 하는데, 북극에 사는 동면다람쥐의 어떤 종이 그렇다. 그래서 이 종은 포유류이지만 변온동물로 분류된다.

정말 엄밀히 말한다면, 인간은 내온성 항온동물이다. 때에 따라서는 변온동물이 되기도 하고, 이온동물이 되기도 하며, 심지어 외온동물이 되기도 한다. 이렇게 말하면 정확한가? 그럴지도 모른다. 그렇지만 너무 길고 복잡하지 않은가? 누가 봐도 그렇다. 그래서 나는 독자가 이 책 내용을 간결하게 이해하도록 내온동물과 외온동물이라는 용어를 주로 사용하되, 필요한 경우에만 다른 용어들을 사용하려 한다.

[+] 어떤 개체가 일정 온도를 가지고 있는 경우, 현재의 온도를 유지하려고 하는 성질.

## 게으름뱅이인가, 투자은행가인가

얼핏 보기에도 외온동물이 내온동물보다 어쩐지 불리해 보인다. 외온동물은 체온을 외부 온도와 무관하게 따뜻하게 데울 수 없으므로 주변 기후에 의존하는 생애를 살아간다. 이에 비해 내온동물은 자율적인 통제 기능을 가지고서 유연한 생애를 살아간다. 기온이 낮아지면 그에 따라 뱀이나 개구리의 체온은 낮아진다. 반면에 햇빛이 비치는 곳에 앉아 있는 파리의 체온은 불과 10초 사이 10도나 높아진다. 한 세기쯤 전에 과학자들이 외온동물이 내온동물보다 열등하고, 원숭이나 개나 인간과 같은 온열동물보다 진화가 덜 된 것으로 봤던 것도 전혀 놀라운 일이 아니다. 그러나 최근에 이루어진 연구 결과에 따르면, 그 어떤 접근법이 다른 접근법보다 본질적으로 우월하다고 말할 수 없음이 밝혀졌다. 각각의 접근법이 모두 장단점을 가지고 있다.

외온성과 내온성을 서로 대비되는 두 가지 생활 방식이라 생각해보자. 어떤 게으름뱅이가 플로리다키스에서 재밌는 문구가 박힌 티셔츠를 팔면서 느린 삶을 즐기는 모습 그리고 뉴욕에서 투자은행가가 시간을 분 단위로 쪼개가며 바쁘게 살아가는 모습을 떠올려보자. 이 경우에 곤충과 파충류는 게으름뱅이와 같으며, 이들의 외온적인 생활 방식은 느린 속도와 낮은 에너지로 생애를 살아가는 접근법이다. 반면에 포유류와 조류는 투자은행가인 셈인데, 이들의 내온적인 생활 방식은 속도가 빠르고 높은 에너지가 소요된다.

만일 당신이 체온을 엄격하게 통제하고 싶다면, 몸 안에 있는 난로에 연료를 많이 넣으면 된다. 즉 많이 먹고 신진대사를 한층 활발하게 가동하면 된다. 많이 먹는다는 것은 게으름을 피우면서 놀지 않고, 남는 시간을 다음 차례의 먹거리를 구하는 데 바쳐야 한다는 뜻이다. 주변 환경에 따라 체온 변화가 이루어지는 파충류나 양서류는 비슷한 체구의 포유류보다 훨씬 적은 양을 먹고도 충분히 살아간다. 비단뱀과 같은 몇몇 뱀 종류는 외온성 덕분에 일 년 내내 아무것도 먹지 않고도 살 수 있다.

한편 내온동물이라 해서 기후나 날씨와 무관하다고 생각해서는 안 된다. 날씨가 추워질수록 포유류는 몸 안의 난로를 한층 더 많이 가동해야 하므로 그만큼 더 많은 음식을 먹어야 한다. 예를 들어 암컷 쥐는 기온이 30도일 때에 비해 22도일 때 음식을 약 38퍼센트 더 먹어치운다.

게으름뱅이가 느린 삶을 살아가듯이, 외온동물은 내온동물보다 훨씬 늦은 생애 단계에 후손을 낳는 경향이 있다. 그만큼 후손을 낳기까지의 성장 기간이 길다는 뜻이다. 게다가 외온동물은 음식에만 의존하지 않고 주변 환경의 열에너지를 이용해 신진대사를 촉진하고 열을 생성할 수 있으므로, 살아가기에 적절한 환경을 찾는 문제와 관련해서도 내온동물보다 한층 더 유연하다.

한편 빠른 속도로 살아가는 내온동물이 느린 삶을 즐기는 외온동물과 같은 유연성을 갖추려면 동료 집단에 '투자'할 필요가 있다. 신중한 내온동물은 늘 자기의 '투자 포트폴리오'를 확대해나간다. 혼자서 찾을 수 있는 식량에만 의존하지 않고, 자기가 가진 독립성을 일정 부분 떼어내 사회적 체온 조절이라는 종목에 투자한다. 달리 말하면 다른 개체들의 따뜻한 몸에서 비롯되는 에너지에 의존한다. 사실 내온동물은 다른 개체들에 지속적으로 의존할수록 좋다.

펭귄 해리는 투자은행가다. 번식지에서 함께 서식하는 동료들에게 많은 자산을 투자해 그들과 허들링을 하고, 그들의 몸에서 발산되는 열을 배당금으로 챙기며 잘살고 있다. (해리의 동료들도 그와 허들링을 함으로써 이득을 얻기는 마찬가지다.) 허들링이라는 사회적 계약 속에서 해리와 동료들은 일정 부분의 독립성을 지출해 열에너지라는 상호 이득을 구입한다.

내온성은 에너지 수요가 높아 환경에 대한 유연성과 개인적 독립성이 제한된다. 그러나 빠른 속도로 돌아가는 내온성의 생활 방식은 놀라운 반대급부를 가져다준다. 고온에서는 화학반응이 한층 빠른 속도로 이루어지며, 체온이 상대적으로 안정되어 있음에 따라 효소들은 한층 효율적으로 작용한다. 이런 이유로 포유류와 조류는 양서류나 파충류보다 상대적으로 높은 수준의 활동성을 유지할 수 있다.

이 두 집단의 차이는 기온이 내려갈 때 두드러지게 나타난다. 기온이 매우 낮은 겨울날에 거북이를 키우는 친구 집을 방문해 보면, 거북이가 얼마나 느리게 움직이는지 볼 수 있을 것이다. 그러나 기온이 높은 여름에는 이 거북이가 놀랍도록 빠른 속도로 달릴 수 있다. (거북이가 진짜로 달린다!) 따뜻해진 근육이 상대적으로 빠른 속도로 수축할 수 있기 때문이다. 날씨가 따뜻해 나들이하기에 좋은 날에 파리가 가장 극성스러운 이유도 바로 여기에 있다.

## 종은 다르지만 체온 전략은 같다

비록 내온동물이 체내에서 체온을 조절할 수 있긴 하지만(구체적인 작동 메커니즘은 다음 장에서 살펴볼 것이다), 내온동물이 선호하는 체온 조절 방법은 사실 외온동물이 선호하는 방법과 크게 다르지 않다. 그것은 바로 행동을 바꾸는 것이다. 햇빛 아래에서 일광욕하고, 굴을 파서 숨어들고, 몸을 웅크리고, 또 날개를 활짝 편다. 몇몇은 심지어 나무를 껴안기도 한다. 펭귄 해리와 같은 종들은 허들링을 한다.

예를 들어 매일 아침 일곱 시 무렵이 되면, 리오라에무스 멀티포르미스Liolaemus multiformis라는 종의 작은 수컷 도마뱀은 추운 밤 동안 한기를 피해 숨어들었던 굴에서 기어 나온다. 모든 도마뱀 종 가운데서도 이 도마뱀은 고도가 가장 높은 곳에 서식한다. 이 도마뱀이 서식하는 페루 안데스산맥 초원 지대의 고도는 3500미터에 가깝다. 이런 가혹한 환경에서는 밤 기온이 영하로 떨어지기도 한다.

이 도마뱀이 하루를 시작하려면 몸을 따뜻하게 데워 추위로 인한 게으름부터 떨쳐내야 한다. 도마뱀은 주변을 둘러봐서 햇살을 가득 머금은 식물을 발견한다. 이 식물이라면 차가운 땅과 접촉하지 않고 해바라기를 할 수 있는 좋은 자리가 되어줄 것이다. 마침내 도마뱀은 그 식물에 기어올라 느긋하게 일광욕을 즐긴다. 두 시간이 지나 아홉 시가 되면 도마뱀의 체온은 35도까지 올라가는데, 이런 상태에서는 빠른 동작으로 먹이를 사냥하고 또 소화할 수 있다. 이제 도마뱀은 출동 준비가 끝났다. 만일 날씨가 좋아 햇볕이 계속 내리쬔다면, 도마뱀은 에너지 비용을 거의 혹은 전혀 지출하지 않고서도 종일 높은 체온을 유지할 수 있다.

많은 동물 종이 햇볕을 이용해 싼값으로 체온을 조절한다. 도마뱀, 개구리, 나비 등과 같은 외온동물은 물론 물개, 펭귄, 여우원숭이 등과 같은 내온동물도 햇볕을 이용한다.

로키산맥 남쪽에 서식하는 서양두꺼비western toad는 변태 직후에 식물의 가장 높은 곳으로 기어올라 햇볕을 쬔다. 이 양서류의 새끼 개체들을 실험실에서 관찰하면, 백열등과 가장 가까운 위치에 자리 잡는 광경을 볼 수 있다. 어떤 방식이든 이들은 자기들이 좋아하는 약 26.7도로 체온을 높이는데, 이렇게 하면 성장하는 속도가 빨라진다. 흥미롭게도 이때 먹이를 주지 않으면 새끼 두꺼비들의 체온은 15도에서 20도 범위로 낮아지는데, 이것은 생존 상태를 유지하는 데 한층 쉬운 (즉 비용이 적게 드는) 방법이다. 이 두꺼비들은 행동의 경제라는 원리를 충실하게 따르기 때문이다. 먹이가 풍족하면 두꺼비들은 상대적으로 높은 체온을 유지해 체내 효소들이 한층 효율적으로 작동하도록 하지만, 먹이가 부족할 때는 에너지 절약 모드로 전환한다.[6]

부모는 아이에게 구부정한 자세를 취하지 말라고 가르친다. 그러나 다른 몇몇 자세들과 함께 이 구부정한 자세는 일부 동물들이 체온을 조절할 목적으로 구사하는 또 하나의 저비용 고효율 접근법이다. 원숭이, 여우원숭이, 설치류 그리고 물개는 모두 기온이 낮을 때 구부정한 자세를 취해, 외부에 노출되는 체표면적을 최소화함으로써 열 손실을 최대한 막는다.

체열이 지나치게 많을 때는 반대로 행동한다. 몇몇 연구자들의 연구 결과에 따르면, 체구가 크지도 작지도 않은 남아프리카 태생 영양인 스프링복은 태양과 평행하게 서거나 같은 방향으로 누워서 혹은 그림자로 자기를 덮는 것만으로도 몸에 닿는 태양 복사열을 62퍼센트나 줄일 수 있다. 만일 당신도 어쩌다 사막에서 길을 잃는다면, 스프링복의 이 자세를 활용해 생존 확률을 조금이라도 높이기를 바란다. 물론 이보다 훨씬 더 좋은 방법은 햇볕을 피할 곳을 찾아 숨어드는 것이다. 체구가 작은 사막 동물들에게 체온 조절은 특히 어렵고 비용이 많이 드는 일이다. 이들은 보통 기온이 오르는 낮에는 굴을 파고 들어가 있다가 기온이 내려가면 밤에 굴 밖으로 나와 활동한다.

땅을 파고 들어가 숨는 걸 그다지 좋아하지 않는 동물들에게는 체열을 쉽게 발산할 다른 방법이 필요한데, 나무를 껴안는 것도 그 가운데 하나다. 호주 연구자들은 코알라에게서 놀라운 행동을 관찰했다. 더운 날씨에 코알라는 타닌아카시아 나무에서 많은 시간을 보내는데, 사실 코알라는 이 나무의 이파리를 먹지 않는다. 코알라는 그저 이 나무를 껴안고만 있다. 이때 나무껍질이 코알라의 털북숭이 배를 부드럽게 압박해준다. 타닌 아카시아 나무의 온도를 측정하자 코알라가 이런 행동을 하는 이유가 분명하게 드러났다. 이 나무의 몸통 온도는 주변 기온보다 평균 23도쯤 낮아,[7] 코알라가 이 나무를 일종의 차가운 찜질팩으로 활용하는 것이다.

체온이 과도하게 올라간 동물이 열을 식히는 데 있어 시원한 나무나 햇볕이 들지 않은 땅굴로 충분치 않다면, 자체적으로 열을 증발시키는 방법을 사용할 수도 있다. 땀 흘리기, 헐떡거리기, 핥기가 바로 그것이다. 땀으로든 침으로든 간에 1리터의 수분을 증발시키는 데 약 500킬로칼로리가 소모된다.

과도한 열을 발산하는 데 이보다 더 효과적인 방법은 없다. 고양이는 체온을 내리려고 자기 몸을 핥고, 쥐도 마찬가지다. 독수리도 같은 목적으로 다리에 오줌을 눈다. 오줌이 증발하면서 체열을 떨어뜨린다는 사실을 알기 때문이다. 개도 자기 몸을 핥지만 고양이만큼 심하지는 않다. 개 역시 자기 다리에 오줌을 누기도 하지만 체온 조절을 위한 목적은 아니다. 단순한 실수라고 봐야 한다. 개야말로 또 다른 공랭식 기법에 통달한 동물인데, 바로 헐떡거림이다. 개가 헐떡거릴 때 호흡수는 평상시의 열 배로 늘어나고 코, 기도, 기관지, 입, 혀 등을 통해 습기가 증발하면서 몸에서 열이 빠져나간다.

당신도 개의 헐떡거리기를 한번 시도해보라. 매우 힘들다는 사실을 금방 알아차릴 것이다. 우리 인간은 애초부터 개처럼 헐떡거릴 수 없기 때문이다. 이렇게 하다간 과호흡으로 기절하고 만다. 헐떡거리기를 하는 동물들은 (이런 동물은 개, 양, 소, 새와 같은 내온동물인데, 뜻밖으로 외온성을 가진 도마뱀도 헐떡거리기를 한다) 폐까지 가지 않고 상부호흡기✢에서 이루어지는 환기량이 증가하게 된다. 게다가 이들은 호흡 체계를 공진주파수✢✢에 맞춰 근육 긴장도를 낮춤으로써 에너지 소비량을 줄인다.

일반적으로 체구가 작은 동물일수록 헐떡거리기에 능하고, 체구가 큰 동물일수록 땀 흘리기에 능하다. 이런 일반론에서 벗어나는 예외는 그레이트데인이나 아이리시울프하운드와 같은 대형견이다. 이런 개들은 치와와보다 체구가 훨씬 크지만 헐떡거린다. 한편 개도 최소한이지만 땀을 흘리는데, 대부분 코와 발바닥을 통해 이루어진다. 조류는 땀을 전혀 흘리지 않는다. 만일 땀을 흘려 깃털이 젖기라도 하면, 날기 어렵다는 점을 고려한다면 무척 현명한 선택이라 할 수 있다.

내온동물만 땀 흘리기나 헐떡거리기를 하는 게 아니다. 더운 여름밤에 당신이 땀을 흘리며 잠을 이루지 못할 때, 바깥에서는 매미가 시끄럽게 울어댄다. 이때 그 작은 외온동물 역시 땀을 흘리고 있음을 알아야 한다. 그렇게 무더운 여름밤에는 개구리도 땀을 흘릴 수 있다. 비록 매미와 개구리가 포유동물처럼 땀

✢ 코, 부비동, 인두, 후두까지의 호흡기.

✢✢ 물질이 공명을 일으키거나 최초의 자극이 주어지면 자연적으로 진동하는 주파수.

샘을 가지고 있진 않지만, 몇몇 종들은 피부를 통해 묽은 점액을 배출한다.

물론 개구리가 체온을 서늘하게 유지하는 데 도움이 되는 것은 아무것도 걸치지 않은 알몸이다. 어떤 사람들은 털북숭이 개구리를 상상하면서 귀엽다고 생각할지 모르지만, 이런 종류의 개구리가 지구상에서 진화하지 않은 데는 그만한 이유가 있다. 개구리와 도마뱀 그리고 뱀과 같은 외온동물은 신체 내부에 온도조절장치가 없으므로 몸과 주변 환경 사이 열전달이 효과적으로 이루어져야 한다. 모피나 깃털은 이런 열전달에 방해가 된다. 반면에 내온동물에겐 이런 것들이 매우 유용하다. 중앙난방장치가 설치된 집이 난방비를 줄이는 데 유리한 것과 마찬가지로, 포유류나 조류는 단열이 잘 되는 신체 덕분에 난방비가 훨씬 덜 든다.

내온동물이 모피나 깃털만 단열재로 사용하는 게 아니다. 체내 지방 역시 단열재 역할을 한다. 지방층은 근육층이나 피부층처럼 쉽게 열이 전달되지 않는다. 낙타 등에 달린 혹은 지방의 단열 특성 덕분에 매우 효과적으로 기능한다. 만일 낙타에게 이 혹이 없다면, 체온을 효과적으로 떨어뜨릴 수 없을 것이다. 낙타 등에 달린 커다란 혹은 일종의 타협책이다. 이 지방 저장고는 먹이가 부족할 때를 대비한 장치인데, 사막 환경에서는 먹이가 부족한 경우가 흔하다.

낙타의 모피 역시 경제적인 타협책이다. 상식적으로는 아무것도 걸치지 않은 알몸이 사막에 거주하는 동물에게 유리할 것

같지만, 몇몇 유형의 모피들은 태양 복사열을 막는 데 효과적이다. 몸에 털이 거의 없는 동물인 우리 인간이 머리에는 여전히 털을 달고 있는 이유가 바로 여기에 있다. 머리털은 모자와 마찬가지로 태양에 가장 많이 노출되는 신체 부위를 태양열로부터 보호하는 기능을 한다.

해가 지면 포유류는 으스스 느껴지는 한기로부터 몸을 보호하려고 털을 바짝 세우고 부풀릴 수 있다. 추울 때 조류가 깃털을 불룩하게 하는 것과 마찬가지로 인간을 제외한 포유류는 털을 바짝 세움으로써 보온성을 높일 수 있다. 날씨가 이때 털이나 깃털 뿌리에 있는 특수한 근육이 활성화되어 털과 깃털을 바짝 세워준다. 그 결과 포유류의 모의毛衣, pelage나 조류의 깃털에 갇히는 공기의 양이 늘어나고 단열 효과도 커진다(모의는 포유류의 체표에 난 모든 털을 가리키는 동물학 용어다). 몸에 털이 거의 없는 인간에게 털 세우기는 피부에 소름이 돋는 현상으로 확인할 수 있다.

털 세우기나 깃털 부풀리기, 헐떡거리기, 나무 껴안기 등이 모두 체온을 조절하는 멋진 방법이긴 하지만, 내온동물은 이외에도 신체를 열적 쾌적성⁺ 범위 내에서 따뜻한 온도로 유지하는 (외온동물에겐 없는) 일련의 도구를 더 가지고 있다. 이들은 스스로 체열을 생성할 수 있다.

⁺ 인체가 처해 있는 온도를 스스로 쾌적하다고 느끼는지 아닌지를 일컫는 용어다.

그 가운데 하나는 추운 날 바람 부는 해변을 거닐 때 사람들이 흔히 하는 것처럼 몸을 떠는 방법이다. 몸이 덜덜 떨릴 때 근육들이 빠르게 수축하면서 자동으로 열이 발산된다. 몇몇 동물들은 이 행동이 한번 시작되면 여러 주 동안 이어지기도 한다. 포유류와 조류는 펭귄과 여우원숭이만 빼고 한기를 느낄 때 모두 몸을 떤다. 그렇다고 추운 날에 새가 몸을 떠는 모습을 보겠다고 굳이 바깥으로 나가진 마라. 조류는 해부학적 특성 때문에 몸을 떠는 모습이 육안으로는 보이지 않으니까 말이다.

내온동물은 신진대사를 활발하게 하는 방법으로도 체온을 높일 수 있다. 차가운 남극 바람을 맞고 서 있는 펭귄 해리는 알이 깨기를 기다릴 때, 지방 저장고에 비축된 지방을 태워 체온을 안정적인 상태로 유지한다. 그렇게 알이 깰 때까지 버티고 나면 몸무게의 40퍼센트가 줄어든다. (펭귄 해리를 포함해 조류는 대량의 열을 생성할 때 특히 유용한 갈색지방조직brown adipose tissue을 가지고 있지 않다. 사람이나 설치류와 같은 포유동물에게서 볼 수 있는 특수한 지방세포인 갈색지방조직에 대해서는 4장에서 자세하게 살펴볼 것이다.)

## 동면, 휴면 그리고 허들링

스스로 열을 생성하는 것은 매우 큰 비용이 들고, 몸을 떠는 것은 열을 생성하는 데 그다지 효율적이지 않은 방법으로 밝혀졌다. 인간이 몸을 떠는 것은 열을 생성하기 위한 마지막 수단이다. 몸을 떨기 시작할 때면 심부 체온이 이미 영향을 받고 있을 가능성이 크다. 내온동물은 에너지를 보존하기 위해 몸을 떠는 것 외에 몇 가지 특수한 전략에 의존하는데, 그 가운데 동면冬眠과 휴면休眠이 있다.

1987년에 알래스카 페어뱅크스에서 북극 얼룩다람쥐들이 실외의 우리에 갇혔다. 이 다람쥐들의 몸에는 소형 온도 감지 장치가 이식되어 있어, 연구자들이 그들의 생체 상태를 실시간 관찰할 수 있었다. 다람쥐들은 굴을 파고 들어가 겨울이 오기를 기다렸다. 그리고 마침내 겨울이 왔다. 기온이 영하 34도까지 내려가는 전형적인 알래스카의 길고 추운 겨울이었다. 다람쥐들은 동면에 들어갔는데, 이때 정말 특이한 일이 일어나기 시작했다. 이들의 심부 체온이 계속 내려간 것이다. 심지어 영하로까지 내려가 최저 영하 3.33도를 기록했다. 그러나 봄이 오자 이들은 잠에서 깨어나 새로운 계절을 맞았다. 놀라운 사실은, 이들이 체온을 영상으로 유지했더라면 소모했을 에너지에 비해 열 배 넘게 에너지를 절약한 것이다.[8]

북극 얼룩다람쥐는 혈액 속에 있는 독특한 부동분자不凍分子, antifreeze molecule 덕분에 매우 예외적인 동면 사례를 보여준다. 그러나 다른 많은 동물은 에너지를 절약하려고 체온을 극단적으로 떨어뜨린 채 꼼짝도 하지 않는 상태를 유지함으로써 생활 자체를 보류하는 방법으로 추위를 이겨낸다. 해 질 녘부터 새벽까지 짧은 시간 동안 동물이 이 작업을 수행하는 것을 휴면이라 한다. 동면은 휴면이 길게 이어지는 형태인데, 이때 체온은 보통 기온보다 조금 높은 수준으로까지 떨어진다. 쥐, 박쥐, 햄스터, 고슴도치가 동면을 하고, 스컹크와 여우원숭이가 휴면을 한다. 심지어 벌새와 곤충을 잡아먹는 칼새도 휴면을 한다.

곰이 동면을 한다는 건 누구나 다 안다. 그렇지만 곰이 진정한 의미의 동면을 하지 않는다는 건 아는 사람이 많지 않다. 체구가 큰 포유류는 진정한 의미의 동면을 하지 않는다. 곰의 체온은 아주 조금 떨어질 뿐이며, 따라서 신진대사와 신체 기능 수준은 그다지 많이 줄어들지 않는다. 이런 이유로 과학자들은 곰의 경우에 '동면hibernation'이라는 단어 대신에 '겨울잠winter sleep'이라는 단어를 쓴다. 만일 곰이 진정한 의미의 동면을 한다면, 한겨울에 이들이 잠을 자는 곳 주변을 마구 휘젓고 다녀도 전혀 위험하지 않을 것이다. 그러나 실제로는 전혀 그렇지 않으므로 그런 위험한 짓은 피하는 게 좋다.

동면과 휴면은 동물이 에너지를 절약하는 멋진 방법이다. 동물은 특히 먹잇감이 부족한 겨울에 에너지를 절약하려고 자발적으로 동면 상태에 들어간다. 동면 기간은 여러 날에서 여러 주 동안 이어지는데, 동면하는 동물은 이 기간에 먹이를 찾아다니지 않는다. 이들은 동면에 들어가기 전에 에너지를 충분하게 비축하며, 동면 기간에는 에너지 소모를 최대한 줄이려고 노력한다.

이와 달리 휴면에 들어가는 동물은 비자발적으로 그런 행동을 하며, 대개 휴면 시간도 24시간 미만이다. 종과 외부 환경에 따라 다르긴 하지만, 날마다 휴면에 들어가는 동물도 있다. 휴면은 보통 기온이 갑자기 떨어지거나 먹잇감을 구하기 어려울 때 촉발된다. 몇몇 과학자들은 동면과 휴면은 본질적으로 전혀 다른 상태이지만 양적인 차이라고 바라보기도 한다. 그러니 휴면을 '가벼운 동면'이라 생각해도 무방하다. 특히 휴면 중인 곰이 있는 동굴에 사람이 들어가지 않도록 조심하게 말이다.

심부 체온을 조금 혹은 극단적으로 떨어뜨릴 때 신진대사는 줄어든다. 신진대사가 줄어든다는 것은 생명 유지에 필수적인 지방 저장분을 천천히 태운다는 뜻이다. 쥐가 먹잇감을 구하기 어려울 때 체온이 뚝 떨어지면, 동면에 들어가 힘든 시기를 버티려 할 것이다. 이때 쥐의 신진대사율은 75퍼센트 혹은 그 이상 줄어들면서 귀중한 에너지가 절약된다. 이렇게 절약되는 에너지를 고려할 경우 동면하는 동물은 동면하지 않는 동물보다 40배나 더 오래 살 수 있다.

동면과 휴면만이 에너지를 절약하는 방법은 아니다. 몇몇 동물들은 서로 허들링을 한 상태로 동면을 함으로써 더 많은 에너지를 절약한다. 사회적인 동물이 다 그렇긴 하지만, 이 분야에서는 마멋[+]이 단연 1등이다. 마멋은 솜털로 뒤덮여 있어 귀여운 봉제 인형의 모델로도 손색이 없다. 이 마멋이 동면할 때는 서로 장난스럽게 옥신각신하고, 큰 소리로 울어대며 의사 소통을 하고, 코와 코를 맞대고 인사를 한다. 이들은 동면에 들어

+ 다람쥐과의 설치동물.

갈 때 이런 행동을 집단으로 한다.

알프스마멋은 무리가 동시에 동면에 들어가고, 깨어날 때도 동시에 깨어난다. 다른 동료들이 여전히 동면하는 동안에 일시적으로 깨어난 알프스마멋은 동료를 껴안는다거나, 쓰다듬거나 심지어 건초로 덮어주기도 한다. 북아메리카에 서식하는 노란배마멋은 우호적인 동료들 덕분에 에너지를 최대 44퍼센트까지 절약할 수 있다.[9] 동면을 함께할 때의 이점은 엄청나게 크다. 마멋은 동면하는 동안 허들링을 할 수 있을 정도로 사회적으로 서로 동기화된다synchronize고 연구자들은 믿는다.

진화적으로 말하면, 동기화는 애초에 새끼를 돌보는 것을 목적으로 생겨난 습성이다. 마멋은 거친 환경에서 살아가기에, 겨울을 나려면 비록 성장 시기가 짧긴 해도 체구를 키우고 지방을 많이 비축할 필요가 있다. 어린 개체들은 여름철에 충분할 만큼 성장하지 못해, 혼자서는 추운 겨울을 이겨내지 못하고 죽을 확률이 높다. 집단으로 동면을 하면 지방 비축분이 적은 이런 어린 개체들이라도 살아남을 수 있다. 겨울에 동면을 하면서 허들링을 하는 습성은 이런 필요성에서 시작되어 가족 이외의 성인 개체로까지 확대된다. 이럴 때 모든 개체가 이득을 보며, 동면 때의 허들링 행동은 진화 과정에서 강점으로 작용한다.

사회적 체온 조절은 설치류가 집단생활을 하는 이유이기도 하다. 애완동물 가게에서 시베리아 햄스터를 구경한 적이 있다면, 이 동물이 귀엽게 서로 포개져 있는 모습을 보았을 것이다. 설치류는 허들링을 매우 잘한다. 집쥐에서부터 대륙밭쥐와 날다람쥐에 이르기까지 많은 종이 이런 행동을 한다. 체온을 조절하면 에너지를 절약할 수 있다는 이유로 설치류가 집단생활을 하는 쪽으로 진화했다는 이론을 지지하는 논문은 수없이 많다.[10] 아닌

**허들링을 통한 에너지 절약 효과**[11]

| | |
|---|---|
| 아프리카 네줄무늬풀밭쥐 *Rhabdomys pumilio* | 16% |
| 대륙밭쥐 *Clethrionomys glareolus* | 8–35% |
| 황제펭귄 *Aptenodytes forsteri* | 16% |
| 흰꼬리영양다람쥐 *Ammospermophilus leucurus* | 40% |
| 유럽자고새 *Perdix perdix* | 6~24% |
| 사향쥐 *Ondrata zibethicus* | 11~14% |
| 서부멧밭생쥐 *Reithrodontomys megalotis* | 28% |
| 초록낫부리새 *Phoeniculus purpureus* | 30% |
| 고깔머리쥐새 *Colius colius* | 50% |
| 타운센드밭쥐 *Microtus townsendii* | 16% |
| 유라시아밭쥐 *Microtus arvalis* | 36% |
| 등줄쥐 *Apodemus agrarius* | 12~29% |
| 툰드라밭쥐 *Microtus oeconomus* | 10~15% |
| 곤줄박이 *Psaltriparus minimus* | 21% |
| 회색쥐여우원숭이 *Microcebus murinus* | 20~40% |
| 호주껑충쥐 *Notomys alexis* | 18% |
| 벌거숭이두더지쥐 *Heterocephalus glaber* | 22% |
| 굴토끼 *Oryctolagus cuniculus* | 32~40% |
| 시궁쥐 *Rattus norvegicus* | 34% |
| 생쥐 *Mus musculus* | 14~22% |
| 노란목들쥐 *Apodemus flavicollis* | 13~44% |
| 북미흰발생쥐 *Peromyscus leucopus noveboracensis* | 27~53% |
| 작은불독박쥐 *Noctilio albiventris* | 38~47% |
| 초록낫부리새 *Phoeniculus purpureus* | 12~29% |
| 얼룩쥐새 *Colius striatus* | 11~31% |

게 아니라 허들링은 추운 서식지에서 상대적으로 흔하게 일어나며 (시베리아 햄스터를 생각해보라) 또 겨울에는 굴에서 함께 지내는 행동이 늘어난다.

동물들이 허들링을 함으로써 신진대사를 줄인다는 사실을 입증하는 논문은 많다. 예를 들어 일반적으로 데구[*]라고 불리는 칠레데구는 허들링을 함으로써 기초대사율을 약 40퍼센트나 줄인다고 연구자들은 보고했다. 동물들의 이런 허들링 효과는 겨울이 끝나고 더 이상 허들링을 하지 않을 때까지 이어진다. 허들링으로 인한 기초대사량 감소 덕분에 데구는 한결 적은 양을 먹어도 된다. 쥐에게도 이런 일이 일어난다. 온도가 약 22도인 우리에 혼자 있는 쥐보다 두 마리가 함께 있는 쥐가 무려 22퍼센트나 덜 먹는다. (흥미롭게도 사람도 친숙한 사람들이 함께 있을 때는 포도당을 덜 소비한다. 그러나 이런 현상이 허들링의 한 종류인 포옹과 관련이 있는지는 아직 풀리지 않은 숙제로 남아 있다.) 앞의 표에서도 드러나듯이, 사회적 체온 조절 덕분에 동물은 종과 집단 크기에 따라 에너지를 6퍼센트에서 53퍼센트까지 절약한다.

## 결핍을 극복하는 법

사회적 관계 그리고 그에 따르는 상대적으로 낮은 에너지 소

[*] 칠레 중부에 사는 설치류의 일종.

모량은 동물이 결핍의 시기를 한결 쉽게 극복하게 해준다. 예를 들어 야생 바바리마카크 원숭이인 토니와 그레그에게 어떤 일이 일어났는지 살펴보자. 토니와 그레그가 살던 모로코 미들 아틀라스산맥의 2008~2009년 겨울은 이례적으로 추웠다. 사하라사막의 끝자락에 있는 그곳에 눈이 무려 90센티미터 가까이 쌓였고, 기온은 크게 떨어졌다. 도로는 여러 주 동안 폐쇄되었다.

바로 이 겨울에 한 연구자 집단이 토니와 그레그를 비롯해 마흔일곱 마리 야생 바바리마카크 원숭이의 운명을 지켜보았다. 그들은 한 마리의 개체가 먹이를 찾는 데 얼마나 많은 시간을 소비하는지, 또 서로 그루밍을 해주거나 그저 몸을 만지는 행위를 토대로 각 개체가 가진 사회적 관계가 어느 정도인지 분석했다. 겨울이 끝나갈 무렵 확인해보니 원숭이 서른 마리가 죽었다. 높게 쌓인 눈 속에서 먹이를 찾지 못해 굶어 죽은 것이었다. 그런데 연구자들은 여기에서 특이한 패턴 하나를 발견했다. 사회적 연결이 돈독한 개체일수록 겨울을 무사히 나는 확률이 높았다. 사회적 관계가 한 단위씩 늘어날 때마다 생존 가능성이 0.48단위 늘어났던 것이다. 안타깝게도 사회성이 좋지 않았던 토니와 그레그는 살아남지 못했다.[12]

비록 이 연구는 허들링이 에너지 수요와 생존에 미치는 효과를 직접적으로 다루지 않았지만, 다른 몇몇 연구들은 사회성이 높은 동료들과 함께 생활하는 원숭이의 체온이 외롭게 생활하는 원숭이의 체온만큼 낮아지지 않음을 확인했다. 게다가 이런 원숭이들은 대개 낮 동안 함께 어울렸던 친구들을 상대로 밤에 허들링하기를 좋아한다. 이런 상호 작용에 그루밍이 포함될 경우 상황은 한층 더 좋아졌다.

영장류 동물 사이에서 그루밍은 기생충을 제거하는 수단이자 사회적인 행동으로 해석되어 왔다. 원숭이들은 기생충이 없는 경우에도 서로 그루밍을 하는데, 단순히 위생 목적으로 하는 것보다 훨씬 높은 비율로 이런 그루밍을 한다. 새롭게 드러난 증거에 따르면, 그루밍은 사회성 차원에서 이루어질 뿐만 아니라 특히 사회적 체온 조절과 에너지 절약 차원에서도 이루어진다.

아프리카 남동부 지역 토착종인 버빗원숭이는 사람의 사회적 행동과 매우 비슷한 행동을 자주 해 연구 대상이 되고 있다. 위스콘신대학의 리처드 맥팔런드Richard McFarland와 동료들은 남아프리카공화국 이스턴케이프에서 자연사한 성체 긴꼬리원숭이 일곱 마리의 털가죽을 구했다. 연구자들은 이 털가죽을 박제 전문가에게 맡겨 잘 말린 뒤, 그루밍을 하듯이 가죽을 거꾸로 빗질했다. 그러자 가죽의 털이 한층 더 많은 공기를 품으면서 보온성이 높아졌다. 손질이 잘 된⁺ 털가죽은 또한 털이 잘 엉겨붙지 않아, 털이 더 잘 세워지고 보온성이 뛰어나다.[13]

사회성이 한층 더 발달한 영장류 동물은 (즉 허들링의 파트너가

⁺ '손질이 잘 된'의 영어 표현은 'well-groomed'인데, 직역하면 '그루밍이 잘 된'이라는 뜻이다.

많아 그루밍을 자주 받은 동물은) 체온을 조절해서 에너지 소비를 줄인다. 이들은 영양 섭취를 덜 하고, 생존 확률은 더 높다. 영국의 문화인류학자 로빈 던바Robin Dunbar는 영장류 동물의 그루밍 역할을 폭넓게 연구해왔다. 그루밍이 사회적 관계를 형성하는 데 기여한다는 그의 이론은 널리 알려져 있다.[14] 사회성이 발달한 영장류 동물이 에너지 소비가 적다는 사실은 심지어 던바가 생각했던 것보다 훨씬 더 근원적이다. 그루밍을 받은 원숭이는 동료들에게 의지해 몸을 따뜻하게 유지할 수 있음을 '아는' 것 같다. 그렇기에 영장류 동물은 한층 더 큰 집단을 형성해 살아간다. 그만큼 사회성이 뛰어나기 때문이다.

## 누구와 어울리는가

벌거숭이두더지쥐는 솔직히 말해 예쁘지 않다. 피부가 붉은색이고, 털이 없는 맨살은 쭈글쭈글해 체구가 실제보다 더 커 보인다. 앞니 두 개는 터무니없이 길게 돌출되어 있으며, 치아 색깔은 어쩐지 더럽게 느껴지는 노란색이다. 게다가 이 녀석들의 몸통은 굵은 소시지와 같다.

이런 벌거숭이두더지쥐를 특별한 존재로 만들어주는 것은 녀석들의 외모만이 아니다. 벌거숭이두더지쥐는 포유동물 가운데 유일한 변온동물이다. 기온이 내려가면 이들의 체온도 내려간다. 반대로 기온이 올라가면 도마뱀이나 개구리처럼 체온도 올라간다. 이들이 포유류 특유의 신체 내부 온도조절장치를 포기한 이유로 가장 유력한 것은 에너지 비용, 즉 에너지 소비를 줄이겠다는 동기다.

아프리카 북동부 지역에 서식하는 이 못생긴 설치류는 땅속에 미로처럼 복잡한 굴을 파고 살아간다. 땅속에서 먹이를 찾기란 지표면에서 먹이를 찾기보다 훨씬 더 어렵다. 먹잇감을 구하는 데 드는 에너지 비용은 땅속이 지표면의 4천 배에 달한다. 그러므로 에너지 소비를 줄이기 위해서라도 벌거숭이두더지쥐는 난방비를 줄이기 위한 획기적인 방법, 즉 몸 안의 난로를 포기해야 했다.

그러나 여기에는 반전이 있다. 혼자 떨어져 있는 벌거숭이두더지쥐는 '냉혈'의 변온동물일 수 있지만, 여러 마리가 함께 있으면 녀석은 갑자기 전형적인 포유류로 바뀐다. 여러 개체가 바싹 붙어 허들링을 하는 벌거숭이두더지쥐 집단은 더는 변온동물이 아니다. 이들은 항온동물 집단이 된다. 각 개체의 심부 체온은 한층 높고 안정적인 상태를 유지한다. 이들이 보여주는 이런 양상은 일반적인 개나 고양이의 경우와 매우 비슷하다. 허들링을 할 때는 벌거숭이두더지쥐들이 마치 단 한 마리의 '온혈' 슈퍼 쥐로 합체하는 것 같다.[15]

벌거숭이두더지쥐가 보여주는 이런 대사 전환을 설명하려면 생물학이 아니라 물리학을 참조해야 한다. 수동적인 열 손실은 부피에 대한 체표면적 비율에 따라 규모가 커지기도 작아지기도 하는데, 이 비율이 높을수록 열 손실은 커진다. '부피에 대한 체표면적 비율'이 높은 체구가 작은 동물이 코끼리나 코뿔소처럼 체구가 큰 포유류보다 기온이 내려갈 때 훨씬 더 힘들 수밖에 없는 이유도 여기에 있다.

그러나 체구가 작은 동물이라 하더라도 여럿이 허들링을 할 때, 이 집단 전체의 '부피에 대한 체표면적 비율'은 상당한 수준으로 떨어지고, 그만큼 무리 속 개별 개체가 외부에 노출되는 비율도 줄어든다. 예컨대 설치류가 허들링을 할 때 외부에 노출되는 체표면적은 29퍼센트에서 39퍼센트까지 줄어든다. 이런 사실은 특히 벌거숭이두더지쥐에게 중요하다. 왜냐하면 털이 없는 피부는 단열성이 형편없이 낮기 때문이다.

허들링을 하는 초개체superorganism[+]는 자기만의 미기후微氣候, microclimate[++]를 만들어낸다. 허들링을 하는 무리 속 모든 개체는 온기를 주변으로 발산하고, 그 결과 허들링이 이루어지는 무리 속 혹은 주변 온도는 전체적으로 올라간다. 물론 허들링이 이루어지는 구역의 모든 지점이 동등한 혜택을 얻지는 않는다. 록 콘서트장에 가본 사람은 잘 알겠지만, 열광하는 사람들 무리 한가운데는 가장자리보다 열기가 더 뜨겁다. 동물들이 허들링을 할 때도 동일한 원리가 작동한다. 허들링을 하는 동물들은 마치 차별을 막기라도 하려는 듯 주기적으로 서로 자리를 바꾼다.

+ 개체들의 군집 전체를 하나의 개체로 바라보는 개념으로, 애초에는 곤충의 생태에 초점이 맞추어져 있었다.

++ 주변 다른 곳과 구별되는 특정한 좁은 지역이나 구역의 기후.

사회적 체온 조절이 가지는 이런 호혜성의 예외를 마멋 집단에서 찾아볼 수 있다. 알프스마멋은 대행 부모alloparenting라고 불리는 행위를 한다. 이것은 자기 새끼가 아닌 (그러나 손자이거나 조카일 수 있는) 어린 개체를 마치 자기 새끼처럼 돌보는 습성이다. 대규모 집단을 이루며 살아가는 동물일수록 그만큼 부모나 새끼가 살아남을 확률은 높아진다. 그러나 마멋 사회에서 사회적 체온 조절 기능이 작동할 때는 주류와 비주류 사이 차별이 일어난다. 비주류 마멋들은 허들링 외곽 구역에 머물게 되며, 그만큼 이들은 일찍 죽을 가능성이 커진다.[16] 마멋이 그처럼 배타적인 동물인 줄 누가 알았겠는가?

연구자들은 허들링에서 개체별 위치 변화 추이를 살펴보기 위해 쥐를 대상으로 실험을 했다. 어린 쥐들의 등에 표시를 해두고 허들링을 할 때 시간 흐름에 따라 쥐들의 위치가 어떻게 달라지는지 살펴본 것이다. 연구자들은 쥐들의 이런 움직임을 '새끼들의 이동 흐름pup flow'이라 불렀다. 기온이 내려갈 때 이들의 전반적인 움직임은 아래쪽을 향했으며, 졸린 듯한 작은 체구의 개체들이 전체 무리를 관통하는 '대류' 현상이 일어났다. 반면에 기온이 올라가자 새끼들의 전체적인 이동 흐름이 위쪽을 향했다. 게다가 어린 개체들의 허들링 행동은 마치 곤충의 초개체처럼 기온이 올라갈 때는 전체적인 형태가 확장되고, 기온이 내려갈 때는 축소되었다.[17]

## 개미 야영과 온기 도둑질

사회적 체온 조절은 포유류와 조류만의 전유물이 아니다. 곤충과 같은 외온동물 종도 사회적 체온 조절을 한다. 몸길이가 약 1.2센티미터나 될 정도로 거대한 신열대구(남아메리카) 군대개미와 같은 몇몇 개미 종들은 동족을 위해 허들링을 할 수 있다. 이런 행동을 '개미 야영ant bivouac'이라 부르는데(군대개미이므로 '야영'이라는 단어가 동원되었다), 이때 허들링 무리 한가운데는 유충이나 번데기가 생존하기에 더할 나위 없이 완벽할 정도로 따뜻한 온도가 안정적으로 유지된다. 바깥 기온이 내려가면 '야영' 형태가 바뀌는데, 외부에 노출되는 체표면적을 조금이라도 줄여 보다 많은 온기를 보존하기 위해 야영 형태가 한층 둥글어진다.

허들링을 하는 군대개미와는 대조적으로 꿀벌은 몸을 떨어 벌집을 따뜻하게 데운다. 이때 모든 일벌은 완벽하게 동기화되어 비상근飛翔筋(비행 근육)을 수축하는데, 그 결과는 매우 놀랍다. 꿀벌 군집은 바깥 기온이 영하로 떨어져도 벌집 온도를 약 33도에서 36도 사이에서 안정적으로 유지한다.

일본꿀벌은 사회적 체온 조절을 통해 매우 특이한 이점을 누린다. 몸길이가 무려 4.5센티미터가 넘어 지구상에서 가장 큰 말벌 종이라는 명성을 가진 일본자이언트말벌(학명은 *Vespa Mandarin Japonica*)이라는 무시무시한 장수말벌이 일본꿀벌의 벌집을 가끔 공격한다. 사람도 한 방 쏘이면 곧바로 병원 신세를 져야 할 정도로 위험한 이들을 상대하는 무기로 일본꿀벌은 체온을 사용한다. 일본꿀벌의 일벌들은 벌집을 둘러싸고 거대한 덩어리를 형성한 다음, 몸을 세게 떨어 체온을 올린다. 이렇게 해서 46도까지 높아진 체온은 장수말벌에게는 치명적이지만 일본꿀벌에겐 전혀 문제가 되지 않는다.

뱀은 온기를 무기로 사용하지 않을 수 있다. 그러나 몇몇 종들의 뱀은 우리 인간이 (적어도 점잖은 사람이라면) 비윤리적이라 생각할 수 있는 방식으로 온기를 사용한다. 이 뱀들은 온기를 훔친다. 예를 들어 캐나다의 수컷 가터뱀은 암컷 호르몬을 발산하며 암컷인 척한다. 다른 수컷들이 짝짓기하려 달려들도록 유인하는 것이다. 많으면 무려 100마리나 되는 수컷이 그 사기꾼 뱀 위로 무더기로 올라타는데, 이렇게 해서 이 사기꾼은 다른 뱀들의 온기를 공짜로 나누어 받는다.

뉴칼레도니아 양서류인 바다뱀 역시 다른 개체의 온기를 훔치는데, 과학자들은 이것을 '온기 도둑질kleptothermy'이라 부른다. 이들은 거대한 열대 바닷새가 서식하는 굴로 몰래 들어가, 체구가 큰 새가 데워놓은 공간의 온기를 훔친다. 이와 비슷하게 도마뱀과 뱀 그리고 심지어 체구가 작은 악어인 난쟁이카이만조차도 흰개미가 사는 흰개미 집의 온기를 공짜로 누린다. 아마존에 서식하는 슈나이더 난쟁이카이만은 (사실 몸길이가 2.3미터나 되어 엄밀히 말하면 난쟁이라고 할 수 없다) 흰개미 집 옆이나 위에 알을 낳아, 알이 따뜻한 온기를 누릴 수 있게 한다.

## 에너지를 거래하다

어떤 동물이든 간에 적정한 체온 유지는 생존을 위한 필수 요건이다. 체온이 너무 높거나 낮으면 심각한 결과가 빚어진다. 골디락스가 곰 세 마리가 사는, 주인 없는 집에 들어가 허기를 채울 때 그랬던 것처럼 수프는 '적정한 온도'여야 한다.⁺

외온동물이나 내온동물 모두 일광욕 즐기기와 헐떡거리기에서부터 땀 흘리기와 굴을 파고들어 숨기에 이르기까지 체온을 최적화하는 다양한 방법을 가지고 있다. 포유류와 조류 또한 몸에서 생성되는 열에 의존하여 심부 체온을 적정한 범위로 유지할 수 있다. 그러나 내온동물의 체온 조절 수단과 관련해서는 에너지가 너무 많이 소비된다는 문제가 있다. 몸을 떠는 것과 같은 수단들에는 다른 것들보다 더 많은 에너지가 든다. 그래서 이 동물들은 '행동의 경제' 원리에 따라 늘 저렴한 것, 즉 에너지 소비가 적은 것을 찾아 비용을 줄이려 한다.

사회적 체온 조절이 무엇인가? 남의 온기 훔치기나 서로 그루밍을 해주기 혹은 함께 허들링을 하기 등 동물들은 지금까지 진화 과정에서 체온 조절을 위한 다양한 사회적 행동을 개발해 왔다. 이런 사례는 동물의 왕국에 그야말로 널려 있다. 만일 친척이나 친구가 이웃에 산다면, 그들이 당신을 따뜻하게 살아가

⁺ 영국의 전래동화 속 주인공인 금발 소녀 골디락스는 곰 세 마리가 마침 외출하고 없는 빈집에 들어가, 식탁에 차려놓은 세 그릇의 수프 가운데 뜨겁지도 차갑지도 않아 먹기에 딱 좋은 수프를 먹는다.

도록 도움을 주고 또 당신이 살아가는 데 비용이 조금이라도 덜 들도록 편의를 봐주고 있을 가능성이 크다. 당신은 그 사람들이 없을 때보다 생수나 음식을 더 적게 사고, 또 더 빠르게 성장할 수 있다. 당신이 온기를 나누어주는 누군가에게 의지할 수 있다는 사실은 그 사람 덕분에 목숨을 건질 수도 있다는 뜻이다. 그러므로 주변에 있는 사람들이 사회적으로 얼마나 믿을 만한지 반드시 알아두어야 한다.

펭귄 해리와 같은 내온동물은 바쁘게 살아가는 투자은행가와 마찬가지로 한층 안정적이고 예측 가능한 환경을 조성하기 위해 번식지의 다른 동료들과 호의적인 관계를 맺는다. 해리가 속한 집단이 일관성 있게 움직일 때 그만큼 해리가 살아남을 가능성이 커진다.

그러나 사회적 체온 조절에는 불균형이 존재한다. 어떤 형태든 간에, 사회적 체온 조절은 거의 언제나 체온을 높이는 것이지 낮추는 것이 아니다. 난쟁이카이만이 흰개미들에게 훔치는 것은 온기이지 냉기가 아니다. 펭귄 해리는 몸을 따뜻하게 하려고 동료들과 허들링을 하고, 벌거숭이두더지쥐도 마찬가지다. 어떤 동물이 다른 동물이나 식물에 의존해 체온을 낮추는 사례가 제법 있긴 있다. 예를 들어 낙타는 서로에게 그늘을 드리워 햇빛에 노출되는 피부 면적을 최소화하려고 한곳에 모여 집단으로 눕는다. 그러나 이것은 일반적인 것에서 벗어난 예외적인 경우다.

사회적 체온 조절 행동이 주로 온기를 함께 따뜻하게 유지하기 위함인 이유는 분명하다. 열기는 죽음을 빠르게 진행시킬 수 있다. 뇌로 가는 혈류가 줄어들고, 조직이 손상된다. 기온이 너무 치솟으면 어떤 집단에 속한 개체들이 죽어가는 동료를 신속하게 구하는 것은 불가능하다. 그러나 기온이 너무 내려가 추울 때는 이야기가 달라진다. 냉기는 열기처럼 죽음을 빠르게 진행시키지 않는다. 기온이 내려갈 때는 어떤 유기체든 간에 적어도 이런 상황에 대비할, 즉 다른 동료들에게서 도움을 구할 시간이 어느 정도 주어진다.

체온을 낮추거나 높이는 문제를 처리하는 방법과 관련된 이런 차이는 우리 인간의 신체에도 그대로 적용된다. 뇌 부위 가운데 시상하부(시상하부는 사실상 신체 내부의 온도조절장치다)는 피부에 있는 온도 수용체의 분포와 관련이 있다. 이 사실에 비추어보면[✢] 우리 인간이 모두 자기가 누릴 수 있는 온기의 잠재적 원천이라는 생각을 가지고서 다른 사람을 바라보는 것은 당연한 일이다(이 온기에는 물리적 온기와 심리적 온기가 모두 포함된다). 여기에 대해서는 계속해서 4장에서 자세하게 살펴보자.

✢ 시상하부의 온도 수용체에서 발생한 신호가 체온 조절에 중요한 역할을 한다.

4

# 사람도 펭귄이다

•

## 체내 온도조절장치 작동법

누가 펭귄을 좋아하지 않을까? 펭귄을 보면 저절로 사람이 떠오른다. 찰리 채플린은 예외가 될 수 있겠지만, 지금까지 그 누구도 황제펭귄보다 매력적이고 효과적인 캐릭터를 만들어내지 못했다. 3장에서 말했듯이 펭귄과 사람은 공통점이 많다. 이 공통점에는 3장에서 다루지 못한 강간, 소아성애증, 시간증屍姦症, 자살 등 언급하기조차 불편한 행동들도 포함된다.

영국의 남극 탐험가이자 박물학자인 조지 머리 레빅George Murray Levick은 1910~1913년 남극 스콧탐험대의 일원이었다. 그는 남극 대륙 동쪽 빅토리아랜드 최북동단에 있는 반도인 케이프어데어를 탐험하며 1911~1912년 여름을 보냈다. 당시 그는 세계에서 가장 규모가 큰 아델리펭귄 번식지를 관찰했다. 나중에 그 결과를 정리해 『남극의 펭귄들*Antarctic Penguins*』이라는 책을 출간했다. 그러나 아델리펭귄의 성행위를 묘사한 네 쪽 분량의 주석은 너무 외설스럽다는 이유로 한 세기 가까이 감춰져 있었다. 레빅도 자기가 관찰한 내용이 너무도 충격적이라서 고대 그리스어로 기록했다. 이 언어를 모르는 사람들만이라도 그 내용을 알아보지 못하도록 하기 위함이었다.

2012년에 이르러서야 비로소 케임브리지대학 학회지 《극지 기록Polar Record》에 그 내용이 실렸다. 이 잡지는 요약 형식을 빌려 "짝이 없는 젊은 수컷과 암컷 사이에서 일어난 시체를 대상으로 하는 성행위, 강제적인 성행위 그리고 어린 암컷을 대상으로 한 성적이고 신체적인 학대 등을 포함한 터무니없이 변태적인 행동"에 대해 폭넓게 언급했다.[1]

레빅은 펭귄의 자살 행동에 대해서는 기록하지 않았지만, 이런 행동을 기록한 사람들도 있었다. 그 가운데 한 사람이 독일의 영화감독 베르너 헤어초크Werner Herzog다. 그는 2007년에 남극 사람들과 여러 장소를 다룬 다큐멘터리 영화 〈세상 끝과의 조우Encounters at the End of the World〉에서, 펭귄 한 마리가 무리에서 떨어져 나와 죽음만이 기다릴 뿐인 남쪽 깊숙한 곳으로 터덜터덜 걸어가는 장면을 담았다.[2]

배우 모건 프리먼이 내레이션을 하는 뤽 자케Luc Jacquet 감독의 다큐멘터리 영화 〈펭귄: 위대한 모험March of the Penguins〉은 2005년에 전 세계 극장에 걸려 대성공을 거두었다. 이 영화는 영하 56.7도까지 내려가는 기온에서 펭귄이 약 113킬로미터를 이동하는 여정을 추적해, 번식지에서 허들링을 하면서 알을 보호하는 모습을 담았다. 《뉴욕타임스》가 2005년 9월 13일자 기사에서 보도했듯이, 많은 보수 기독교 단체는 이 영화가 삶의 아름다움과 성스러움을 찬양하고, 진화론에서 말하는 자연 선택과 다르게 신이 세상을 창조했다는 지적 설계론intelligent design⁺의 증거이며, 일부일처제의 승리를 증언한다고 한껏 치켜세웠다.[3]

그러나 이 사람들은 만일 2012년에 공개된 레빅의 관찰 내용을 자세히 살펴보거나 혹은 인터넷에 '레빅 펭귄'이라고 검색만 해봤어도, 펭귄의 실제 모습이 자기들이 생각한 것과 전혀 다름을 금방 깨달았을 것이다. 온라인에서 펭귄이 '타락했다'라느니 '얼간이'니 '쓰레기'니 하는 말로 비난받고 있음을 알아차렸을 테니까 말이다.

한번 웃었다면 지금부터는 좀 더 깊이 파고들어 보자. 레빅과 헤어초크가 다큐멘터리로 기록한 행동과 관련해 혼란스러운 점은, 그 모든 것이 한 마디로 '반사회적'이라는 사실이다. 더 중요한 점은, 그것은 우리 인간처럼 정말 사회적인 동물들에게서 나타나는 반사회적 행동의 증거라는 사실이다. 펭귄의 성행위를 기록한 레빅의 주석은 펭귄 경우만큼이나 에드워드 시대⁺⁺의 도덕적 위선에 대해서도 많은 것을 드러낸다. 그러나 헤어초크가 묘사하는 외로운 펭귄 이미지, 즉 자발적으로 죽음

⁺ 자연은 매우 복잡하고 정교해 진화론만으로는 설명하기 어려운 점이 많은데 이것은 지적知的인 창조자가 개입해 설계했기 때문이라는 주장.

⁺⁺ 영국사에서 에드워드 7세가 치세한 1901년에서 1910년 혹은 1차 세계대전 발발 직전인 1914년까지를 일컫는다.

을 향해 뒤뚱뒤뚱 걸어가는 펭귄의 이미지는 정말 충격적이다. 자살은 사회적 삶을 포기하는 궁극적 행위이기 때문이다.

자살이라는 펭귄의 자기 파괴적 수단은 사회성 자체를 포기하는 극단적인 행위다. 생명을 나누는 온기의 원천인 다른 구성원들과 함께하는 것 자체를 포기하는 행위가 바로 자살이다. 펭귄의 허들링은 사회적 행동이다. 이것은 행동의 경제를 매우 극적으로 입증하는 사회적 체온 조절 행동이다. 요컨대 허들링은 생명 보존을 위해 에너지 자원을 충분하게 확보하려고 '사회'를 활용하는 것이다. 동물, 특히 우리 인간을 연상할 수 있는 그 동물이 모든 것을 훌훌 털어내고 죽음이라는 운명을 향해 걸어가는 모습을 바라보기란, 정말 불안하고 슬프며 심지어 비극적이기까지 하다.

## 몸을 떠는 행동

펭귄이 우리를 닮은 것은 (혹은 우리가 펭귄을 닮은 것은) 단지 우스꽝스러운 외모만이 아니다. 체온 조절은 유기체로서 각자의 기능을 최적화하고 궁극적으로 생명을 이어가는 데 필수적인 활동이다. 이런 체온 조절을 위한 가장 기본적인 메커니즘과 전략 역시 유사하다. 인간도 펭귄과 마찬가지로 추위에 몸을 떨며 (몸을 떤다는 것은 근육의 수축과 이완이 주기적으로 반복된다는 뜻이며, 이 과정에서 열이 생성된다), 또 갈색지방 저장고와 백색지방 저

장고를 운용하면서 에너지를 확보하고 생성한다.✣

또한 허들링을 하는 펭귄과 마찬가지로 인간도 진화 과정에서 체온을 따뜻하게 유지하는 일을 다른 사람들에게 의존해왔다. 기술 혁명이 일어나기 전 인간 사회에서 이렇듯 서로에게 의존하는 모습은, 인간이 여러 유형의 허들링을 구사했다는 점에서 펭귄과 매우 비슷했다. 오늘날에는 중앙난방체계 덕분에 온기를 유지하려고 온 가족이 모두 모여 서로 껴안고 자지 않아도 된다. 그러나 당신은 집 안의 난방장치를 처음부터 끝까지 직접 만들진 않았을 것이다. 또 이 장치가 고장 나면 전문가에게 전화를 걸어 수리를 요청할 것이다. 체온 조절에 대한 갈망은 펭귄 사회에서나 인간 사회에서 모두 사회적 행동의 추동력이다.

몸을 떠는 행동은 열을 생성하는 메커니즘이다. 박물학자들은 몸을 떠는 행동을 '선택적' 열 생성 메커니즘이라 묘사한다. 이것은 몸을 떠는 행동이 동물이 열을 생성하는 유일한 메커니즘은 아니라는 뜻이다. 달리 말하면 몸을 떠는 행동은 내온성을 가진 척추동물에게 유일하게 보편적인, 선택적 열 생성 메커니즘이다.

골격근은 전체 체질량 가운데 많은 부분을 차지하고 신진대사 활동에서 점유하는 비율이 높다. 따라서 근육이 활발하게 수

✣ 갈색지방조직은 백색지방조직white adipose tissue에서 원료를 공급받아 열을 생성하고, 백색지방조직은 과잉 영양분인 지방을 저장한다.

축할 때는 상당한 양의 에너지가 소모되며 이 과정에서 상당한 양의 열이 생성된다. 추울 때 근육은 저절로 수축하는데, 우리는 이 행동을 '떤다'고 부른다. 근육 조직은 신진대사에서 차지하는 비중이 높아 에너지 소비량이 많기 때문에 (휴식 상태에서 활발한 활동 상태에 이르기까지) 다른 조직에 비해 훨씬 많은 양의 열을 생성한다. 핀란드의 동물생리학자 에사 호흐톨라Esa Hohtola가 결론을 내렸듯이, 진화는 몸을 떠는 행동을 내온성 척추동물인 조류와 포유동물의 주된 열 생성 메커니즘으로 '선택select'했다.[4]

그러나 몸을 떠는 행동은 몇몇 이온동물 종들에서도 볼 수 있다. 몇몇 동물 종들은 온전하게 내온동물(이른바 온혈동물)도 온전하게 외온동물(이른바 냉혈동물)도 아니며, 그 둘 사이에 존재해 이온동물이라 불린다. 비단뱀(알을 품을 때), 나방, 꿀벌(비행 준비를 하면서 체온을 올릴 때), 참치 등과 같은 이온동물은 몸을 떠는 행동과 비슷하게 근육 메커니즘을 이용해 열을 생성하거나 손실을 막는다. 그렇기에 이들은 부분적으로 내온성을 가진다고 할 수 있다.

진화적으로 말하면 포유류와 조류가 파충류 조상으로부터 진화했다는 계통발생적 증거가 있다. 그 파충류 조상들에 대해서는 또 다른 체온 조절 관련 용어가 있는데, 바로 '거대하다'라는 뜻의 'giganto'와 '열(체온)'이라는 뜻의 'thermy'가 합쳐진 거대항온성gigantothermy이다.

거대항온성은 체구가 매우 큰 외온동물의 체온 조절 특성을 가리키는데, 이런 동물은 큰 체구 덕분에 체구가 작은 외온동물보다 상대적으로 높은 체온을 한결 쉽게 유지할 수 있다. 체구가 큰 동물은 비슷한 형태의 체구가 작은 동물보다 체중 대비 체표면적이 작으므로, 그만큼 단열 효과가 뛰어나 몸 바깥에서 일어나는 온도 변화의 영향을 덜 받는다.

이런 현상을 근거로 많은 진화과학자가 오늘날 조류의 외온동물 조상인 수각류獸脚類, theropod⁺ 공룡이 이온동물이었으며, 그들이 체구가 거대했던 덕분에 높은 수준의 내온성을 가졌을 것이라 주장한다. 그렇더라도 조류와 포유류가 각기 다른 파충류 조상에서 진화했다는 사실은 의미심장하다. 조류와 포유류가 외온성이나 내온성이나 혹은 이온성의 조상을 공통으로 두고 있다는 증거는 어디에도 없다. 이런 사실은 몸을 떨어서 열을 생성하는 습성이 두 개의 동물 집단에서 독립적으로 진화한 특성임을 암시한다.[5] 조류와 포유류가 (그리고 펭귄과 인간이) 몸을 떠는 방식에는 몇 가지 중요한 차이가 존재한다는 점에서 이것은 매우 중요한 의미를 가진다.

포유류와 마찬가지로 조류의 경우에도 작은 운동 단위motor unit⁺⁺가 모여 작은 몸 떨기가 시작된다. 그 뒤에 점점 더 큰 운동 단위가 모여 더 큰 떨림을 일으킨다. 포유류의 경우 작은 운

⁺ 두발걷기를 한 용반류 공룡을 말한다.

⁺⁺ 하나의 운동신경이 지배하는 근섬유 집단.

동 단위가 모이면 이른바 체온 조절 근긴장muscle tone[+] 현상이 발생하고, 이어서 운동 단위들의 '집단적인' 방출grouped discharge이 뒤따른다.

외부 관찰자의 눈에는 조류에 속하는 동물이 몸을 떠는 행동은 사실상 감지되지 않는다. 왜냐하면 그 모든 움직임이 체내에서 이루어지기 때문이다. 이에 비해 사람을 포함해 포유류에 속하는 동물이 몸을 떠는 행동은 외부 관찰자의 눈에 쉽게 포착된다. 이 '진짜로 몸을 떠는 행동'은 운동 단위들의 집단적인 방출로 근육 수축 강도가 한층 더 높아진 결과다. 이 차이를 자연선택이라는 관점에서 바라보면, 조류가 몸을 떠는 행동 메커니즘은 하늘을 나는 동물 종들에게 적합한 특성이라고 결론을 내릴 수 있다.

조류에게서는 '진짜로 몸을 떠는 행동'이 매끄러운 비행을 방해할 수도 있고, 심지어 비행을 통제 불능 상태로 만들 수도 있다. 게다가 체액 속에서 분자 운동이 증가하면 그만큼 열전달이 활발하게 일어나는데, 조류로서는 대류對流에 따른 체열 손실량이 그만큼 줄어들기 때문에 몸의 떨림 강도가 낮을수록 유리할 수 있다. 사실 체구가 작은 새들은 체구가 작은 포유동물들보다 추위를 덜 탄다. 그러나 포유류는 강렬한 몸 떨기 때문에 발생할 수 있는 부작용을 크게 걱정하지 않아도 된다. 이들은 하늘을 날지 않기 때문이다. 아무리 눈에 띌 정도로 심하게 몸을

[+] 근육이 일종의 수축 상태를 지속하는 것.

떤다고 하더라도, 하늘이 아닌 땅에서는 걷는 데 지장을 받거나 몸의 균형을 잃을 일은 없다.

몸을 떠는 행동이 추위 속에서는 근육 기능에 부정적인 영향을 줄 수 있음은 당연한 사실이다. 추울 때는 삽으로 눈을 치우거나 혹은 그 밖의 동작을 하기가 한층 힘들어지는 것도 이런 이유에서다. 그러나 인간은 몸통에서 멀리 떨어져 있는 근육인 팔다리 말단 근육을 잘 사용해 노동하도록 진화했다. 또 몸통 가까운 곳에 있는, 즉 정중선✣에 상대적으로 가까이 있는 근위 근육을 잘 사용해 몸을 떨도록 진화했다. 그렇기 때문에 인간은 추울 때 나타나는 근육 문제를 크게 줄일 수 있다.

조류와 포유류의 또 하나 차이는 몸 떨기라는 운동 제어에서도 나타난다. 조류와 포유류 경우 모두 몸 떨기(근육 수축)의 강도는 호흡 주기에 의해 조절되지만, 몸 떨기가 포유류에서는 들숨 때 쉽게 일어나는 데 비해 조류에서는 날숨 때 쉽게 일어난다.

열 생성이라는 측면에서 보자면 몸을 떠는 행동은 펭귄과 사람에게 도움을 준다. 반면에 에너지 소비라는 측면에서 보자면 몸을 떠는 행동은 비용이 많이 드는 체온 조절 수단이다. 에너지를 많이 소비할수록 더 많은 연료(음식)가 필요하고, 연료가 더 많이 필요할수록 연료를 구하려는 활동을 더 많이 해야 하는데, 그러려면 에너지가 더 많이 필요함은 당연하다. 이것은 우리가 환경에 즉각적으로 대응해야 하는 일종의 반응주기다.

✣ 포유류의 신체 좌우를 구분해주는 가상적인 중심선.

외부의 여러 조건에 자기를 맞추는 일은 언제나 피곤하다. 1초에 한 번씩 주변 환경을 살피고 그에 따라 행동을 바꾸어야 하는 상황을 상상해보자. 도저히 불가능한 일이다.

따라서 몸을 떠는 행동은 체온 항상성homeostasis을 위한 신체의 마지막 대응 수단이라고 보는 게 타당하다.⁺ 아닌 게 아니라 몸 떨기가 시작되는 열 임계치는 지금까지 알려진 다른 어떤 체온 조절 메커니즘보다 낮지만, 에너지라는 관점에서 보자면 몸 떨기의 효율성은 기껏해야 10퍼센트에서 20퍼센트밖에 되지 않는다는 사실이 실험을 통해 확인되었다. 몸 떨기는 효과적이긴 하지만 매우 값비싼 체온 조절 수단이다. 생리학자나 실험심리학자가 아니라도 이런 결론에 쉽게 도달할 수 있다. 몸을 떠는 행동은 불편하다. 결코 '정상'으로 느껴지지 않는다. 달리 말하면 항상 지속할 수 있는 상태로 느껴지지 않는다. 아닌 게 아니라 몸 떨기는 힘들고 지치는 일이다.

몸이 덜덜 떨릴 정도로 추운 곳에 있을 때, 사람은 누구나 몸 바깥에 있는 온기를 찾고 싶다는 강한 충동에 사로잡힌다. 사실 몸이 떨릴 정도로 춥다는 것은 스스로 체온 조절을 시도하는 게 적절하지 않다는 뜻이다. 불이나 불을 피울 수단이 부족할 때 혹은 껴입을 옷이나 덮을 담요가 부족할 때 사람들은 사회적 체온 조절 수단을 찾는다. 이럴 때 사람들 사이에서는 펭

⁺ 항상성은 유기체가 외부 환경과 신체 내부의 변화에 대응해 체내 환경을 일정하게 유지하려는 특성이다.

권 경우와 마찬가지로 허들링의 어떤 형태가 촉진된다. 아니면 그냥 따뜻한 실내를 찾아 들어가거나.

## 갈색지방조직

체온 조절 필요성은 매우 역동적이어서, 유기체는 생명을 위협하는 온도 변화에 대응하는 다양한 방어책을 마련한다. 앞에서 살펴보았듯이 몸 떨기를 포함하는 이런 방어책들 대부분은 외부 조건에 반응해 작동하며, 많은 양의 에너지가 필요하지만 그렇지 않은 것들도 있긴 하다. 인간과 펭귄이 모두 가지고 있는 체온 조절 수단은 두 가지가 더 있다. 혈관을 수축하는 것과 갈색지방조직이 그것이다.

온열중성대Thermo-Neutral Zone[⁜]에서는 사람을 비롯한 내온동물이 열을 추가로 생성하지 않고서도 (즉 몸 떨기를 한다거나 외부의 열 자원에 의지한다거나 하지 않고) 정상 체온을 유지한다. 온열중성대라는 개념은 신진대사 연구 분야 개척자인 독일 생리학자 막스 루브너Max Rubner가 1902년에 처음 제시했다. 제임스 하디James Hardy와 외젠 뒤부아Eugéne Dubois가 1937년에 공동 논문《인체에서의 열손실 제어*Regulation of Heat Loss from the Human Body*》를 통해 이 개념을 사람에게 적용했다.[6]

⁜ 추가로 에너지를 소비하지 않고서도 편안함을 느끼는 온도 범위.

하디와 뒤부아는 온열중성대의 최저점을 "신체가 추가로 열을 생성하지 않고서도 체온을 유지할 수 있는 피부 체온과 대기 온도의 최대 경사치maximum gradient(차이)"라고 정의했다. 두 사람은 아무것도 걸치지 않은 알몸일 때 최대 경사치가 4.7도임을 확인했는데, 이것은 대기 온도 28.5도에 해당되었다. 이 임계치보다 아래로 내려가면 피부 혈관 수축만으로는 체온을 유지할 수 없다(즉 체온 항상성이 깨진다).[7]

피부에 가까운 혈관을 순환하는 피는, 냉장고나 에어컨의 코일 내부를 순환하는 냉매처럼 열교환 매체 역할을 한다. 기온이 내려가면 표면 혈관이 수축해 피부 가까운 곳의 혈액 순환을 제한함으로써 체열이 대기로 유실되는 양을 줄인다. 기온이 온열중성대의 최저점 아래로 내려가면, 혈관 수축만으로는 열 손실을 충분히 줄이지 못해 체온을 유지할 수 없다. 당연한 이야기지만 만일 어떤 사람이 벌거벗고 있다면, 매우 따뜻한 기후 조건이 아닌 한 체온 유지 방법은 제한적일 수밖에 없다. 지구의 대부분 지역에서는 체온을 유지하려면 신체 바깥에 존재하는 것들의 도움이 필요하다. 가장 먼저 들 수 있는 도구가 옷이다. 옷은 신체 주변의 미기후[ǂ]가 쾌적한 범위 안에서 유지되도록 해준다. 기온이 내려갈수록 더 많은 옷이 필요하다. 매우 추운 조건에서라면 체온을 적정한 수준으로 유지하기 위해 일정 기간 옷을 여러 겹 껴입을 수 있다.

ǂ 3장 114쪽을 참조하라.

인간은 옷을 껴입는 것 말고도 체온을 유지하는 몇 가지 자원을 신체 내부에 가지고 있다. 우리 인간은 체온을 상대적으로 높은 수준으로 유지해야 하는 필요성과 그렇게 할 수 있는 역량을 동시에 가진 항온성 내온동물로 진화해왔다. 인간은 매우 큰 폭의 환경 변화에 빠르게 적응할 수 있는데, 이런 재능은 동물의 왕국에서도 매우 희귀하다. 게다가 인간은 이 능력을 다른 동물들보다 더 잘 구사하는데, 이것은 우리의 활동성 수준이 다른 동물들의 활동성 수준보다 훨씬 높을 수 있다는 뜻이다.

그러나 우리가 가진 이 특별한 재능에는 대가가 따른다. 우리에게는 많은 에너지가 필요한데 이를 충당하려면 많은 연료를 확보해야 한다. 우리는 탄수화물이나 지방을 연소하여 열을 생성한다. 또 극단적인 조건의 환경에 적응하는 역량을 유지하는 데 필수적인 것이 수면이다. 미국의 작가 클레멘트 클라크 무어Clement Clarke Moore는 1823년 크리스마스이브에 「성 니콜라스의 방문A Visit from St. Nicholas」이라는 시를 썼다.[✣] 그는 아이와 엄마가 그날 밤에 잠자리에 드는 장면을 다음과 같이 묘사했는데, 이것은 단지 시적인 차원의 묘사만은 아니었다.

> 엄마는 엄마의 머릿수건을 쓰고, 나는 내 모자를 쓴 채로
> 긴 겨울의 잠 속으로 막 빠져들던 참이었단다.

✣ 우리가 상상하는 산타클로스의 모델이 이 시에서 비롯되었다.

무어는 기온이 내려가면 사람은 잠을 더 많이 자게 된다는 인체생리학을 묘사했다. 사람들은 여름보다 겨울에 잠을 더 많이 자는 경향이 있다. 계절적으로 기온이 낮을수록 에너지 수요는 그만큼 더 많아지므로, 잠을 잠으로써 신진대사율을 낮춰 에너지 자원을 아끼는 것이다.

우리 인간은 형태학적으로나 생리학적으로 다른 많은 포유동물과는 매우 다른 특성을 가지도록 진화해왔다. 인간은 다른 동물들보다 활동성이 높으므로 우리에겐 음식과 그 음식을 확보할 수 있는 능력이 필요하다. 기온이 낮을 때 늘어나는 잠은 신진대사에 필요한 에너지 자원을 보존하게 해준다. 그러나 또 하나의 진화적 적응 결과인 갈색지방조직은 몸을 떨지 않고서도 열을 생성할 수 있게 해준다.

갈색지방조직은 설치류를 포함한 거의 모든 포유동물, 특히 동면하는 포유동물에게서 볼 수 있다. 우리는 인간의 경우 유아에게만 갈색지방조직 침전물이 있다고 오랫동안 잘못 생각했다. 아닌 게 아니라 신생아에게 갈색지방조직이 많긴 하다. 포동포동한 젖살이 없는 아기는 없다.

크리스티앙 코아드Christian Cohade와 동료들은 2003년에 양전자단층촬영PET을 이용해 갈색지방조직 침전물이 성인에게도 있음을 발견했다.[8] 이후 갈색지방조직은 성인의 몸에 있을 뿐만 아니라 몸 떨기 이외의 다른 방식으로 열을 생성함으로써 체온을 조절한다는 주장이 정설이 되었다. (얼마나 많은 열을 생성하는지는 아직 밝혀지지 않았다.) 이런 기능은 우리 종이 털을 벗어던진 뒤에 생겨났을 가능성이 크다. 그리고 우리 종이 진화 과정에서 사바나에서 잠을 자는 동안 추운 겨울밤을 이겨내는 데 도움이 된 적응 결과였을 것이다.

신진대사 경제학에 공짜 점심은 없다. 아닌 게 아니라 갈색지방조직은 활성화 과정에서 (보통 지질산lipid acid 형태로 활성화된다) 상당한 양의 에너지를 소모한다. 갈색지방조직은 인간이 소비하는 에너지 총량 가운데 최대 15퍼센트까지 소비하는 것으로 알려져 있다. 갈색지방조직의 구성 성분과 성분별 비율은 몸무게에 따라 다르다.[9] 나는 이것이 신진대사와 사람이 하는 여러 사회적 행동에서 개인차가 나도록 작용하는 중요한 요소일 수 있다고 믿는다.[10]

갈색지방조직의 열 생성 기능에 대해서는 뒤에서 자세하게 살펴볼 테니 여기서는 한 가지만 확인하자. 갈색지방조직 활성화에 의한 열 생성은 설치류 단계에서 추위 때문에 유도된, 열 생성을 위한 조절 메커니즘이라는 주장이 지금까지의 정설이라는 것이다. 즉 갈색지방조직은 열 생성 조직으로서 추위에 노출될 때 활성화되는데, 이것은 쥐에게서뿐만 아니라 사람에게서도 나타나는 현상이다. (사람은 펭귄이기도 하지만 쥐이기도 하다!)

여기에서 중요한 사실은, 갈색지방조직이 인체 지방질 기관의 유일한 구성 요소가 아니며, 인체 지방질 기관은 주로 백색지방조직으로 구성되어 있다는 점이다. 백색지방조직은 에너지를 저장하는 용도로 사용되며, 성인 남자와 성인 여자의 경우 몸무게 가운데 각각 20퍼센트와 25퍼센트를 차지한다. 피부 아래에 있는 백색지방조직은 일종의 단열재 역할을 한다. 그러나 백색지방조직은 갈색지방조직과는 다르게 열 생성에 관여하지 않는다. 게다가 백색지방조직에는 갈색지방조직보다 모세혈관이 적게 배치되어 있다. 모세혈관이 한층 많이 배치된 갈색지방조직은 자기가 생성한 열을 몸 전체로 전달한다.

## 체온, 그 우울한 과학

영국 빅토리아 시대 역사가이자 수필가인 토머스 칼라일Thomas Carlyle은 자주 소화 불량을 호소하며 불평했다. 많은 독자는 그의 유명한 비관적 침울함 때문에 만성적인 복통이 생겨났으리라 믿는다. 그러나 칼라일이 경제학에 지금까지도 유명한 '우울한 과학'이라는 딱지를 붙였을 때 아무런 근거도 없이 호기를 부린 건 아니었다. 칼라일은 모든 경제 이론의 핵심에 희소성 원리가 작동한다는 사실을 인정했다. 모든 경제학자는 제한된(즉 '희소한') 자원과 이론상 무제한인 인간 욕망과 수요 사이 간극을 전제로 대상을 바라본다. 실용적 관점에서 바라보자면, 경제학은 우울하기 짝이 없는 이 간극을 효과적이고 효율적으로 관리하려 노력하는 내용을 다루는 학문이다.

펭귄이나 인간이나 혹은 살아 있는 모든 유기체는 이와 유사한 간극을 에너지 경제 차원에서 성공적으로 관리해야 한다. 에너지 자원은 한정된 반면에 에너지 수요는 이론상 무제한이다.

외온동물은 외부의 열에너지 원천에 의존하므로 몸에서 직접 열을 생산하지 않는다. 그러나 에너지 경제학이라는 우울한 과학은 외온동물에게 명령한다. 한층 다양한 활동과 주변 환경의 다양성을 누릴 기회를 포기하라고 말이다.

내온동물은 앞서 살펴본 것처럼 신체 내부의 여러 가지 열 생성 도구를 이용해 체온을 유지한다. 이런 능력 덕분에 내온동물은 한층 다양한 활동을 할 수 있으며, 또 한층 다양한 환경에 쉽게 적응하는 잠재력을 가진다. 그렇다면 내온동물이 감당해야 하는 우울한 비용은 무엇일까? 그것은 신진대사가 이루어지는 난로를 가동하는 데 필요한 연료인 음식을 찾는 일에 많은 시간과 에너지를 소비해야 한다는 점이다. 이외에도 내온동물이 치러야 하는 비용은 또 있다. 내온동물 몸 안의 여러 체계가 체온이 적정한 범위 내에서 유지되도록 관리하지 못하면 이 개체의 활동과 건강, 심지어 목숨까지도 위험해진다.

모든 유기체는 신진대사 면에서 가장 비용 효율적인 행동을 선택하는 행동의 경제에 어떻게든 도달해야 한다. 경제적인 여러 문제를 잘 해결한 종은 충분히 많은 개체가 살아남아, 유전자를 후대로 물려주며 번성하는 '자연 선택'이라는 복권에 당첨된다. 반면에 경제적인 문제를 해결하는 데 실패한 종은 도태되어 소멸한다.

박물학자들은 많은 동물 종에서 행동의 경제라는 방정식을 푸는 데 성공하려면 내부 자원과 외부 자원을 적절히 결합해야 한다고 주장해왔다. 예를 들어 펭귄은 내온동물이지만 신체 내부에서 신진대사에 의한 열 생성과 외부 에너지 자원(특히 허들링)에 대한 열 의존도를 적절히 조절해 체온을 유지한다. 달리 말하면 펭귄은 사회적 체온 조절 행위를 한다. 그러나 펭귄은 신체 내부 열 생성 체계와 체온 조절 체계의 수준이 상당하긴 해도, 사람만큼 사회적 체온 조절 체계를 고도로 발달시키진 못했다. 사실 그 어떤 종도 인간의 수준에는 도달하지 못했다.

인간의 생물학적 진화는 신체 내부의 정교한 여러 체계를 선택했다. 이 체계들은 신진대사의 연료로 사용하기에 충분한 자원들을 얻기 위해 높은 수준의 활동성을 가능하게 하는 동시에 이 활동성을 필요로 한다. 결과적으로 이런 높은 수준의 활동성은 사회적 진화를 가능하게 하는 동시에 이 사회적 진화를 필요로 한다. 그러므로 우리는 섭취한 에너지보다 적은 에너지를 소모하는 '행동의 경제'야말로 사회적 체온 조절을 가능하게 하는 힘이라 생각할 수 있다. 이 사회적 체온 조절은 인간의 온갖 다양한 사회적 행동들을 이끌어낸다. 이 사회적 행동들은 문화 그리고 우리가 사회니 문명이니 하고 부르는 것들이 진화하는데 필수적인 역할을 한다.

'행동의 경제'라는 개념에 내포된 여러 역설 가운데 하나는, 너무도 많은 경제학자가 '호모 에코노미쿠스(경제적 인간)'라는 개념을 잘못 사용하고 있다는 사실이다. 그들은 호모 에코노미쿠스를 모든 것을 자기 자신이라는 개인의 비용과 편익 차원에서만 끊임없이 계산하는, 이성적인 동시에 속 좁고 이기적인 가상 인간들을 대표하는 존재에게 붙이는 딱지로 사용한다. 사실

교육학적 개념으로서 '호모 에코노미쿠스'는 틀린 것이다. 이 개념은 경제학에서 일어나는 많은 일들을 설명하기에 적절하지 않을 뿐만 아니라, 인간이 '행동의 경제' 차원에서 비용편익분석을 하도록 어떻게 진화해왔는지 근본적으로 잘못 이해하고 있다.

인간의 뇌와 몸은 홀로 고립된 개인 차원이 아니라 사회를 구성하는 집단 일원이라는 공동체 차원에서 비용편익분석을 하도록 진화했다. 어떤 결정을 내릴 때 우리는 다른 사람들이 도움을 줄 것으로 어느 정도 기대한다. 이런 기대를 내 친구이자 동료인 짐 코안Jim Coan은 인간이 가진 '사회적 기준social baseline'이라 부른다.[11] 펭귄은 사회적 자본이라는 측면에서, 즉 자기가 다른 펭귄들을 얼마든지 허들링 대상으로 삼을 수 있을 것이라 기대하며 기온을 예측한다.

니컬러스 크리스태키스Nicholas Christakis와 제임스 파울러James Fowler는 인간 문화와 문명을 조명한 공저서 『행복은 전염된다*Connected*』에서 현생 인류의 진화 위상을 더욱 정확하게 반영할 목적으로 '호모 사피엔스'에 대한 변용 개념을 만들었다. 그들에게 '호모 사피엔스'는 '호모 에코노미쿠스'가 아니라 '호모 딕티우스*Homo Dictyous*(관계망 인간)'이다.[12] 코안의 사회적 기준 개념에서 바라보자면, 인간은 자기의 에너지 투자 목록에 사회적 자본 기여도를 추가하여 다른 사람에게 배당금을 지불한다. 이것이 바로 사회적 체온 조절이며, 이런 기능은 인간에게서 고도로 발달한 인지 능력에 의존해 작동한다.

많은 유기체가 체내에 온도 감지 기관을 가지고 있는데, 이 기관들은 관찰과 대응 체계의 한 부분으로 기능해 유기체가 주변 온도 변화에 적절하게 대응할 수 있도록 돕는다. 다른 동물들과 마찬가지로 인간도 온도를 감지하고 여기에 대응하는 능력을 가지고 있다. 그러나 다른 동물들과 다르게 우리 인간은 그 외에 또 다른 능력을 추가로 개발했다. 우리는 온도 변화를 감지하고 여기에 대응할 뿐만 아니라, 그런 변화가 심부 체온에 심각한 영향을 미치기 전에 주변 온도 변화를 쉽게 예측할 수 있다. 우리는 앞으로 일어날 변화를 예측하면서 사전에 그리고 예방적으로 행동할 수 있다. (다른 동물들도 미리 계절 변화를 예측하고 집단으로 이주하기도 하지만, 인간은 다른 어떤 동물들보다도 이런 예측을 잘한다.)

이런 예측 능력은 사람들 사이 사회적 체온 조절에 영향을 미칠 뿐만 아니라 사회와 문화의 성격에도 작용할 수 있다. 예컨대 사람들은 온도 변화를 예측해 옷을 만들고 집을 짓고 공동체를 형성하며 또 기술을 개발한다. 실제로 정교하게 개발된 예측 능력 덕분에 현재 인간의 온도 감지 능력은 신체 외부에 존재하는 조건까지도 예측하는 수준에 이르렀다. 문화 덕분에 인간은 온도를 감지하고 또 여러 날 뒤의 온도 변화를 예측하는 기술을 개발하고 사용할 수 있다. 이와 동일한 수준의 기술 덕분에 인간은 코트, 바지, 양말 따위의 옷가지와 같은 체온 조절 수단뿐만 아니라 중앙난방체계를 통해 주변 온도를 제어할 수 있다.

아열대 지방과 남북극권 사이 모든 지역을 보통 '온대 지방'이라 부르지만, 정확하게 말하면 '믿을 수 없을 정도로 변화무쌍한 기후 지방'이라고 불러야 마땅하다. 왜냐하면 이 드넓은 지역에서는 기후와 날씨 그리고 기온이 너무도 큰 폭으로 변화하기 때문이다. 온대 지방이라는 잘못된 이름이 붙여진 지역에 사는 사람들은 기후 예측과 주기적으로 바뀌는 기후에 적합한 옷을 선택하는 데 매우 숙련되어 있다. 우리의 직감적인 접근법에 만족하지 않은 과학자들은 옷이 건조 저항, 수분 저항 그리고 바람 및 착용자 움직임에 의한 압축성 등과 같은 여러 요인에 따라 보온성이 달라진다는 사실을 발견했다. 그들은 옷의 보온성과 관련된 자료를 체계적으로 축적해왔으며, 옷의 보온성(단열성)을 수학적으로 표시하는 단위로 '클로clo'를 개발했다.

$$1\text{클로} = 0.155\,\mathrm{K}\cdot \mathrm{m}^2\cdot \mathrm{W}^{-1} \approx 0.88\mathrm{R}$$

(여기에서 'R'은 $\mathrm{ft}^2\cdot{}^\circ\mathrm{F}\cdot\mathrm{hr/BTU}$)⁜

실제 현장의 용어로 표현하자면, 반바지에 짧은 소매 셔츠를 입고 걸을 때는 0.36클로(즉 약 3분의 1클로)의 보온 효과를 누린다. 한편 긴소매에 긴 바지의 보온성 내의 위에 작업복을 입으면 1.37클로의 보온 효과를 누린다. 1클로의 보온 효과를 내는

⁜ '°F'는 화씨를 의미한다. 우리에게 친숙한 단위로 변환하면, 1클로는 섭씨 21.2도에서 50퍼센트 습도, 초속 0.1미터 이하 바람이 부는 실내에서 1제곱미터 공간의 시간당 발열량이 50킬로칼로리일 때의 단열성을 말한다.

옷은 쾌적함을 유지하는 데 필요한 주변 온도를 9.7도 낮춘다.

아침에 집을 나설 때 누구나 다 이런 수학을 꼭 알아야 하고 또 의식적으로 현실에 적용해야 할 필요는 없다. 경험과 결합한 '체화된 인지' 덕분에 우리는 일기예보의 도움을 받아 '적절한' 옷차림을 하고 집을 나선다. 이렇듯 우리는 각자 개인적인 날씨를 예측하고 제어하는 실용적인 능력을 가지게 되었다.

기술 덕분에 우리 인간은 미래를 예측하면서 정신적인 여러 기능을 외부에 존재하는 수단들에 위탁할 수 있게 되었다. 주변 온도가 어떻게 변할지 예측하고 또 여기에 대비하는 인간의 능력은 상대적으로 긴급하게 작동하는 근위⁺ 체온 조절 수단들을 관장하는 것과 전혀 다른 인지 메커니즘에서 비롯된다. 이런 근위 메커니즘에 대해 잠시 언급하고 넘어가자. 여기에는 시상하부에서 관장하는 광범위한 온도조절체계도 포함되는데, 이것은 전뇌前腦 깊숙한 곳에 있는 신경 효용 기저neural utility basement에 위치한다. 이와 대조적으로 예측 인지 메커니즘은 '보다 고차원의' 기능을 수행하는 뇌 영역인 전전두엽과 그 아래 있는 대상엽에 위치한다.[13] 전전두엽과 대상엽은 각성 상태와 작업 기억 그리고 실행 제어와 관련된 메커니즘이 작동하는 곳이다. 뇌는 이런 영역에서 이루어지는 인지 과정을 통해 온도를 미리 예측해 후속 체온 조절 노력이 필요 없게 만든다. 사실상 후속 체온 조절 과정을 기술에 위탁해 체온 조절에 할당된

⁺ '근위'라는 말은 몸의 중심에서 혹은 몸에서 가깝다는 뜻이다.

에너지를 한층 더 효율적으로 소비하게 한다.

이렇듯 우리 인간은 온도를 감지하는 여러 가지 수단으로 무장했기 때문에, 굳이 피부로 온도를 느끼는 등의 근위 감지 수단에 의존하지 않아도 된다. 우리 몸의 갖가지 센서가 불쾌할 정도로 혹은 위험할 정도로 뜨겁거나 차갑다는 사실을 우리에게 알려줘야만 비로소 필요한 조치를 취해 변화를 꾀하기 시작한다면, 체온 조절에 너무 큰 비용이 들 수 있다. 이렇듯 예측과 계획은 생체 에너지 차원에서 변화에 대응하는 데 큰 비용이 드는 상황을 피하게 해준다.

만일 당신이 고대 그리스의 우화 작가 이솝이나, 그의 우화를 번역한 17세기 프랑스 작가 장 드 라 퐁텐을 좋아한다면 『개미와 베짱이』 우화를 알고 있을 것이다. 조심성이 많고 부지런한 일꾼인 개미는 여름 동안 겨울이 올 것을 '예측'하고 미리 식량을 준비하고 쌓아둔다. 반면에 게으른 베짱이는 여름에 노래를 부르며 놀다가 겨울이 닥치자 먹을 것이 없어 고생한다. 마침내 굶어 죽을 처지에 놓이자 베짱이는 개미를 찾아가 먹을 걸 나누어달라고 구걸한다. 그러나 개미는 겨울에도 노래를 부르고 춤이나 추지 그러냐며 베짱이를 쌀쌀맞게 쫓아버린다.

이런 케케묵은 우화보다 훨씬 더 현대적인 비유를 원하는 독자도 있을 것이다. 그렇다면 미국의 대표적인 투자가 두 사람을 떠올리면 된다. 워런 버핏은 부지런히 노력하고 또 신중한 투자 프로그램을 마련해 세계에서 네 번째로 돈이 많은 부자가 되었다. 개인적인 행동이나 생활 방식으로 보자면 그는 빠르게 돌아가는 것들에는 관심을 두지 않으며, 네브래스카주 오마하에서 유유자적하며 살고 있다.[+] CNBC가 보도한 내용에 따르면 그는 아침 식사 비용으로 3.17달러 넘게 쓴 적이 없으며, 1958년에 3만1500달러에 구입한 집에서 평생 살고 있고, 2014년에 생산된 캐딜락 XTS를 타고 다닌다. 참고로 이 차는 가격이 4만 5천 달러나 되는 좋은 차긴 하지만 벤틀리처럼 비싼 차는 아니다. 버핏은 현재에 흥청거리며 살기보다는 미래에 눈을 돌리고 있다.

이런 버핏과 정반대로 살던 사람이 있다. 바로 '월가의 늑대'라는 별명으로 악명이 높던 벨포트다. 리어나도 디캐프리오가 주연을 맡고 마틴 스코세이지가 감독한 2013년에 발표된 영화 〈더 울프 오브 월스트리트〉의 실제 주인공이기도 하다. 벨포트는 1990년대에 투자은행 스트래튼오크몬트Stratton Oakmont를 설립해 짧은 기간에 엄청난 돈을 벌었으며, 이 돈으로 고대 로마 시대 폭군인 칼리굴라[++]조차도 혀를 내두를 정도로 화려하고 방탕한 삶을 즐겼다. 그러나 그의 생활 방식과 투자 방식은 지속 가능한 것이 아니었으며, 결국 그는 파산하고 교도소 신세를 져야 했다.

버핏은 열심히 일했다. 91세인 지금도 여전히 현업에서 일한다. 그러나 그는 벨포트처럼 온갖 법망을 피하려고 애쓰면서 정

+ 버핏의 별명은 '오마하의 현인'이다.

++ 로마의 제3대 황제로 폭정과 낭비로 원성을 받다가 근위대 장교에게 암살되었다.

신없이 바쁘게 돌아가는 생활을 감당하는 데 들어가는 막대한 에너지를 지출하지 않아도 된다. 미래를 예측하는 동물로서 우리 인간은 향후 발생할 체온 조절 관련 에너지 수요를 사전에 예측하고 대비하는 노력을 열심히 한다. 그것은 매우 힘든 일이지만 우리는 (실제로 그리고 사회적으로 모두) 기상을 예측할 수 없고 온도 조건 변화에만 반응하는 유기체들보다 유리한 입장에 있다.✣ 요컨대 반응적으로 대응하는 동물들의 에너지 수요는 단기적으로 매우 높을 수 있다. 그들은 몸을 떨 수도, 혈관을 수축할 수도, 갈색지방조직이라는 에너지 저장고에 의존할 수도 있다. 이 모든 것이 통하지 않을 때는 동면을 하거나 휴면을 할 수 있다. 어떤 종들은 허들링을 하는 능력도 가지고 있다. 만일 이 모든 전략을 동원해서도 체온을 적정한 범위 내에서 유지하는 데 실패한다면 그 동물은 죽는다.

여기에서 잠시 멈추고 우리의 비유가 과녁을 올바로 겨누는지 살펴보자. 버핏의 체계적인 투자 방식은 그에게 엄청난 성공을 안겨주었다. 그러나 그의 예측을 뒷받침하는 제아무리 꼼꼼한 분석과 정교한 계획이라 하더라도, 투자 환경이 갑작스럽게 또 대규모로 바뀔 때 여기에 적절하게 대응할 필요성까지 완전히 면제해주지는 않는다. 그 역시 이 사실을 잘 알고 있다. 때로 그는 마치 내일이 없기라도 한 듯 기회를 붙잡고 늘어져야 하

✣ 외부 자극에 대한 대응에는 '선제적 대응'과 '반응적 대응'이 있는데, 후자는 부정적인 외부 상황이나 위기가 발생했을 때 비로소 대응하는 것이다.

며, 또 어떨 때는 나쁜 투자를 과감하게 포기해야 한다.

그와 마찬가지로 온도 변화를 예측하는 능력과 여기에 대응하는 능력이 중요하긴 하지만, 반사적인 체온 조절 반응을 일으키는 몸 중심부 감지가 인간에게 완전히 필요 없다는 뜻은 아니다. 우리 몸은 유독하고 위험한 온도(52도 이상)를 건강하고 적절한 온도(22도에서 40도까지)와 구분해 감지하는 온도 감지 신경을 갖추고 있다.

'정상 수준'의 심부 체온은 사람마다 다르긴 해도 통상적으로 정상적인 사람의 구강 체온은 37도다. 그러나 보통 사람의 심부 체온은 24시간 주기로 0.5도에서 1.0도까지 편차를 보인다. 실제로 심부 체온은 개인이 어떤 활동을 하는지보다는 하루 가운데 어떤 시간대에 측정하느냐에 따라 더 크게 달라진다. 보통은 잠을 잘 때 가장 낮고, 깨어 있으나 긴장이 풀린 상태에서는 그보다 약간 높으며, 활동하고 있을 때는 조금 더 높아진다. 중요한 점은 구강 체온 역시 사회적 요인의 영향을 받는다는 사실이다. 뒤에서 살펴보겠지만, 사회관계망의 다양성과 자기가 사회적으로 연결 혹은 차단되었다는 느낌에 따라 구강 체온은 측정 가능할 정도로 차이가 나타난다. 이것은 앞에서 언급한 호모 딕티우스라는 개념을 떠올리면 쉽게 이해할 수 있다.

생리학자들과 실험심리학자들은 인체를 겉껍질에 둘러싸인 내핵內核으로 바라보는 관점이 유용하다는 사실을 종종 깨닫는다. 이 내핵의 온도는 보통 37도로 유지되는데, 겉껍질 온도는 환경적인 여러 조건(예컨대 주변 온도)과 혈관이 최대로 부푼 상태에 대한 수축 정도인 혈관운동긴장도vasomotor tone에 따라 달라진다.

인체 겉껍질의 열 감지 뉴런들은 온각수용기warm receptor와 냉각수용기cold receptor로 나뉜다. 냉각수용기는 대략 영하 5도에서 영상 43도 범위 안에서 반응하고, 온각수용기는 30도를 넘을 때만 작동한다. 그런데 냉각수용기가 온각수용기보다 열 배 가까이 넓은 범위의 온도에 반응한다는 사실을 명심해야 한다. 인체 겉껍질, 즉 피부 바깥 온도를 측정할 때는 보통 뜨거운 온도보다는 차가운 온도를 감지하는 데 초점이 맞춰진다. 말하자면 우리가 열기를 감지하는 방식과 냉기를 감지하는 방식 사이에 뚜렷한 불균형이 존재하는 것이다.

우리의 피부, 즉 겉껍질에는 온각수용기보다는 냉각수용기가 더 많은데, 이것은 주변 온도가 내려가는 상황을 감지하는 것이 피부의 주된 임무로 설정되어 있다는 뜻이다. 뇌(내핵)에서는 열 수용기heat receptor가 냉각수용기보다 더 많은데, 이것은 뇌는 기본적으로 심부 체온이 내려가는 것보다는 올라가는 것을 감지하도록 설정되어 있다는 뜻이다. 체온이 올라가는 상황은 내려가는 상황보다 한층 더 긴박하고 위험하기에, 체온 상승을 감지할 때는 재빠른 대응이 필요하다. 예를 들어 난로처럼 뜨거운 물체에 무심코 손을 댔을 때 반사적으로 손을 떼는 게 그렇다. 체온이 올라갈 때 체온을 낮추는 대응은 즉각적으로 해야 한다. 이와 달리 체온이 내려갈 때 체온을 높이는 대응은 상대적으로 덜 위험하며, 따라서 긴급성도 떨어진다.

## 단 하나뿐인 체내 온도조절장치?

체온 조절을 제어하는 뇌의 메커니즘에는 어떤 것들이 있을까? 또 인체에서 이런 메커니즘은 장기적인 예측에 따른 행동뿐만 아니라 즉각적이고 긴급한 반응에 어떻게 대응해야 할까? 이 질문에 대한 정답을 찾기 위해 1878년으로 거슬러 올라가보자.

1878년은 프랑스의 생리학 분야 개척자인 클로드 베르나르Claude Bernard가 사망한 해이자, 그의 마지막 저서 『동물과 식물에 공통적인 생명 현상*Leçons sur les phénomènes de la vie communs aux animaux et aux végétaux*』이 출간된 해이기도 하다.[14] 이 책에서 베르나르는 어떤 유기체의 "신체 내부 환경의 안정성은 자유롭고 독립적인 생명의 조건이다"고 썼다. 계속해서 그는 "살아 있는 신체는 자기를 둘러싼 환경의 도움을 받고 있지만, 그럼에도 그 환경에서 상대적으로 독립되어 있다"고 했다. 유기체가 이런 상태에 도달하는 것은 유기체의 조직들이 "외부의 직접적인 여러 영향에서 벗어나, 체내를 순환하는 액체들로 구성되는 순수하게 신체 내부적인 환경에 의해 보호를 받기 때문이다." 외부 환경 변화는 신체 내부 환경에 "즉각적으로 반영되어 균형 상태가 유지된다. (…) 그래서 신체 내부 환경은 외부 환경과 절대 무관하지 않다. 고등동물일수록 외부 환경과 밀접하고도 현명한 관계를 맺으며, 지속적이고 정교한 조절과 보상을 통해 균형 상태를 유지한다."

미국의 생리학자 월터 캐넌Walter Cannon은 1932년에 신체 내부 환경이 외부 환경에 반응해 균형을 찾아가는 이런 행동에 '항상성'이라는 이름을 붙였다.[15] 캐넌은 유기체가 수행하는 행동의 많은 부분이 이 항상성을 유지하려는 일이라 주장했다. 체온 조절과 관련해 캐넌은, 갑상샘 수치가 올라간다거나 아드레날린 분비량이 많아진다거나 하는 반응 등을 통해 열을 생성하는 화학적 수단들에 관심을 가졌다. 그뿐 아니라 주로 포유류에서 나타나는 반사적인 메커니즘에 관심을 가졌으며, 몸 떨기와 혈관 운동 변화와 같은 열 생성 및 손실과 관련된 활발한 신체적 수단들을 연구했다.

베르나르와 캐넌의 이런 매력적인 이론 덕분에 항상성은 오랜 세월 동안 동인저감drive reduction✣의 여러 생리학 이론을 뒷받침하는 기본 가설로 군림했다. 더 나아가 항상성은 캐넌이 연구했던 것보다 훨씬 더 복잡한 행동을 설명하는 데도 무분별하게 사용되었다.

미국의 신경생리학자 스티븐 랜슨Stephen Ranson은 1940년에 항상성을 유지하는 데 관여하는 뇌의 구조를 밝히는 연구를 수행했다. 이 과정에서 그는 3차원 수술법을 사용해 전기 탐침을 뇌에 삽입한 뒤, 전기 충격을 가해 신경 조직을 파괴하는 방식으로 전해질 장애electrolytic lesion를 유발하는 방법을 개발했다.✣✣

랜슨은 이 기법을 고양이와 원숭이의 뇌에 적용해, 시상하부

✣ 유기체에 대한 자극이 결핍되거나 혐오 자극을 받음으로 인해 행동 촉발의 강도가 낮아지거나 빈도가 줄어드는 현상.

✣✣ 전해질은 체내에서 항상성을 유지하는 데 필수적인 역할을 한다.

앞부분에 있는 시각교차앞구역Preoptic Area⁺에 전해질 장애가 발생한 동물들은 열기에 노출되는 상황에서 체온 상승을 제어하지 못한다는 사실을 발견했다. 그러나 이 동물들은 여전히 추위 속에서 정상에 가까운 체온을 유지하는 능력을 가지고 있었다. 반면에 랜슨이 시상하부 뒷부분에 전해질 장애를 유발했을 때는 고양이와 원숭이가 추위와 더위에서 모두 체온 조절하지 못했다.

이런 결과를 놓고 랜슨은 시상하부 앞부분 혹은 뒷부분이 체온이 내려가도록 제어하는 역할을 하지만, 시상하부 앞부분이 밖으로 나가는 신경을 시상하부 뒷부분으로 보내기 때문에 그 부분이 파괴될 때 체온을 올리거나 내리는 능력이 제거된다는 내용으로 이론을 정리했다. 즉 뇌의 '열 손실 센터'라고 불린 것이 시상하부 앞부분의 시각교차앞구역에 위치한다고 랜슨은 결론을 내렸다. 한쪽은 체온이 내려가도록 제어하고 다른 쪽은 체온이 올라가도록 제어한다는 사실은, 시상하부가 신체의 체온조절장치로 기능한다는 점 그리고 그것이 항상성을 지속적으로 관찰하면서 유지하는 기능을 담당한다는 점을 암시한다.[16]

랜슨이 확인한 사실과 그가 내린 결론은 중요한 의미를 가졌다. 그러나 불행하게도 시상하부 앞부분과 뒷부분의 체온 조절 기능이 명확하게 구분된다는 가설은 랜슨 자신이 확보한 전체

⁺ 종말판을 포함하여 셋째 뇌실 앞부분을 둘러싸는 시상하부의 가장 앞쪽 부분.

자료와 정확하게 일치하지 않았다. 랜슨이 고양이의 뇌 시상하부 앞부분에 장애를 유발했을 때 이 고양이가 추위 속에서 적정 체온을 유지하지 못했던 것이다. 이런 실험 결과는 시상하부 앞부분이 '열 손실 센터'라는 이론과 명백하게 상충했다. 만일 그 이론이 들어맞는다면, 시각교차앞구역이 파괴되었으나 시상하부가 손상되지 않은 고양이는 추위 속에서 체온을 유지하는 데 아무런 문제가 없어야 했다.

사람이 펭귄과 같을 수 있다. 그러나 심지어 과학자도 역시 인간이며, 때로는 지나치게 인간적이다. 노스웨스턴대학 신경학연구소 책임자이자 신경학 교수인 랜슨은 워낙 많은 사람으로부터 존경받는 연구자였던 터라서, 그가 수집한 자료와 그가 내린 결론이 상충하는 것을 두고 누구도 즉각적으로 문제를 제기하지 않았다. 랜슨은 고양이와 원숭이 실험을 하고 2년 뒤인 62세에 관상동맥혈전증으로 사망했다. 고양이뿐만 아니라 염소와 쥐를 대상으로 한 실험에서, 시각교차앞구역이 손상될 때 추위 속에서 적정 체온을 유지하지 못한다는 사실을 확인한 연구 논문들이 나타난 것은 그가 죽고 여러 해가 지난 뒤부터였다.

지금은 고인이 된 델라웨어대학 생리심리학자 에벌린 사티노프Evelyn Satinoff가 지적했듯이, 랜슨의 연구나 그 뒤에 이어진 쥐와 고양이와 염소를 대상으로 한 연구들 모두 시각교차앞구역이 실제로 중심적인 체온조절장치가 아닐까 하는 질문에 대한 정답을 구하려 했던 것이 아니다. 과연 시각교차앞구역만이 주변 온도를 감지한 뒤에 이 정보를 신경 체계의 다른 어떤 곳에 있는 제어 담당 단위들에 전송할 수 있을까? 랜슨의 연구와 다른 연구자들의 후속 연구는, 손상되지 않은 시각교차앞구역이 정상 체온을 유지하는 데 필요하다는 것 이외에는 아무것도 입증하지 못했다.

그럼에도 20세기에 이루어진 연구들은 시상하부의 시각교차앞구역이 체온조절장치와 유사하게 작동한다는 발상과 일치하는 의견을 계속 유지했다. 그 연구들 가운데 가장 의미심장한 연구는 사티노프가 1964년에 쥐를 대상으로 한 실험이다. 이 실험에서 사티노프는 쥐가 특정한 조건에서 가열등의 스위치를 밟아서 켜도록 하는 조건을 설정했다. 실험 결과, 시상하부 앞쪽을 차갑게 했을 때 이 쥐는 그렇지 않은 때보다 가열등을 훨씬 자주 켰다.[17] 비슷한 시기에 또 다른 연구자 해리 칼라일Harry Carlisle이 쥐 시상하부의 동일 영역을 뜨겁게 했는데 이번에는 정반대 결과가 나왔다. 추위라는 조건에 대한 쥐의 반응, 즉 가열등을 켬으로써 온기를 획득하는 행동 반응이 느려졌던 것이다.[18]

사티노프와 칼라일 두 사람의 실험 결과는, 동기가 부여된 비非반사적 행동은 시각교차앞구역이 느끼는 온도가 달라지는 것에 영향을 받을 수 있음을 암시한다. 이것은 시상하부 앞부분이 체온조절장치라는 또 하나의 실험적인 증거다.

## 행동적인 반응, 반사적인 반응

신체 내부의 온도조절장치가 단 하나라는 발상은 단순했지만, 1960년대 말까지 축적된 실험 자료들은 무척 설득력 있는 것처럼 보였다. 여기에 시상하부가 신체 내부의 유일한 온도조절장치로 (다시 말해 인체라는 배의 유일한 조타수로) 기능을 하든 않든 간에, 시상하부는 적정한 체온 조절에 필요한 기관이라는 충분한 증거가 보태졌다. 그 밖에도 시상하부가 상대적으로 단순한 체온조절장치라는 이론은, 항상성이 다른 제어 과정들뿐만 아니라 체온 조절 과정의 궁극적 목적이라는 보편적 발상과도 맞아떨어졌다.

게다가 시상하부를 기계론적인 부정적 피드백 제어 기관으로 바라보는 해석이나 믿음에는 체온 조절 과정에 굳이 어떤 복잡한 인지를 끌어들이지 않아도 되었다.[ⵜ] 시상하부는 전자기계식 온도조절장치와 마찬가지로 설정값과 피드백 신호 사이의 '편차'를 포착해 적절한 대응 행동을 하도록 '설계'되어 있다. 가정에 있는 온도조절장치는 미리 설정해둔 온도와 실내 온도가 차이가 있을 때, 이 차이를 감지해 곧바로 난방기를 가동한다. 이와 마찬가지로 시상하부는 필요에 따라 반사 작용의 스위치를 올리거나 내려 체온을 적절한 수준으로 올리거나 내린다.

ⵜ 여기에서 '부정적 피드백 제어'는 행동 결과가 다음 행동을 감소 혹은 중지시킨다는 뜻이다.

시상하부를 인체에 존재하는 단 하나의 유일한 온도조절장치라고 생각할 때, 우리는 곧바로 데카르트의 심신이원론 세계로 돌아가고 만다. 어쩌면 뇌 전체는 (배를 타고 있긴 하지만 배 일부가 아닌) 조타수가 아닐지도 모른다. 그러나 뇌의 한 부분인 시상하부는 그 조타수임이 분명하다. 집 안의 거실 벽에 붙어 있는 온도조절장치가 지하실에 있는 난방기를 가동하긴 해도 난방기의 한 부분은 아니다. 이와 마찬가지로 시상하부가 유기체를 제어하긴 해도, 이때 시상하부는 유기체와 '연결'되어 있을 뿐 그것의 한 부분은 아니다. 이것이 바로 데카르트가 말한 심신이원론의 기본 발상이다.

'배에 탄 조타수'라는 이런 기계론적 해석이 적절하지 않다는 강력한 증거가 또다시 대두되었다. 에벌린 사티노프와 조엘 러트스타인Joel Rutstein은 1970년에 쥐를 대상으로 실험을 했다. 이들이 실험에 동원한 쥐는 기온이 내려가면 가열등을 켜도록 미리 훈련되어 있었다. 연구자들은 시상하부의 시각교차앞구역을 외과적으로 손상한 쥐들과 그렇게 하지 않은 쥐들을 추위에 노출시켰다. 한 시간 동안 추위에 노출된 쥐들은 체온이 6.5도나 내려갔고, 두 집단 모두 스위치를 밟아 가열등을 켜고 정상 체온과 0.75도 차이가 나는 수준으로 두 시간 동안 체온을 안정적으로 유지했다.

사티노프와 러트스타인은 이 결과를 놓고서 다음과 같은 결론에 이르렀다. 시각교차앞구역이 아닌 곳에도 온도를 감지하는 뉴런이 매우 많아, 설령 시각교차앞구역이 손상되어 체온 변화에 즉각적으로 반응할 수 없다 하더라도, 쥐는 추위로 빚어지는 불편함을 감수하고 정상 수준의 체온을 유지할 수 있다. 훈련받은 이 쥐들의 행동은 불능화된 반사 체계reflexive system⁺가 더는 수행할 수 없는 일에 대한 일종의 인지 보상cognitive compensation이라 할 수 있다.[19] 사티노프와 또 다른 연구자들이 1968년부터 1971년까지 실시한 추가 실험들은 시각교차앞구역이 손상되어도 행동적인 체온 조절 행위가 이를 충분히 보완함을 입증했다. 이런 결과가 뜻하는 바는 분명했다. 행동적인 체온 조절 반응의 신경망과 반사적인 체온 조절 반응의 신경망이 별도로 존재한다는 뜻이었다.

행동적인 반응은 반사적인 반응과는 다르게 데카르트의 심신이원론에서 말하는 '배에 탄 조타수' 발상을 전적으로 지지하지 않는다. 그것은 인지 반응cognitive response이다. 1970년대에 이루어진 연구들은 온도를 감지하는 수많은 뉴런이 다른 곳들뿐만 아니라 시각교차앞구역 뒷부분, 즉 시상하부 뒷부분과 그 아랫부분인 숨뇌(연수)에도 존재함을 입증했다. 이런 발견들을 시각교차앞구역이 손상된 쥐들이 보여주었던 행동적인 체온 조절 반응과 하나로 묶어 생각하면, 당연히 체온 조절이 단일한 온도조절장치가 아닌 다른 어떤 것에 의해 제어되는 것이 아닐까 하는 의문이 제기된다.

그러나 항상성은 어떨까? 시상하부가 단순히 '편차'를 바로

⁺ 즉각적인 반사적 반응을 담당하는 체계.

잡는 온도조절장치라는 발상은 정상적인 체온을 1도에서 2도 편차에서 유지해야 한다는 항상성이라는 발상과 이상적으로 맞아떨어진다. 실제로 포유동물은 대부분 체온을 이 온도 범위 안에서 유지한다. 그러나 나무늘보, 고슴도치, 주머니쥐, 텐렉 등과 같은 몇몇 '원시적인' 포유동물들은 그처럼 좁은 온도 편차를 유지하지 못한다. 심지어 한층 발달한 포유동물들조차도 계절적인 동면을 한다거나, 식량이 부족하다거나, 임신을 한다거나, 정서적으로 스트레스를 받는다거나 할 때는 체온 편차가 1도나 2도를 훌쩍 뛰어넘는다.

항상성과 체온 문제를 한층 깊이 파고들면 항상성을 유지한다고 볼 수 있는 온도 편차에 대한 보편적인 기준이 없음을 알 수 있다. 연구 대상이 심부 체온 혹은 뇌 체온에 한정된다는 것은 무언의 가정이다. 그렇지만 연구 분야에 발을 들여놓은 직후부터 줄곧 체온 조절 연구에 몰두해온 생리학자 미셸 카바낙Michel Cabanac은, 체구가 작은 동물들은 피부 온도가 조절되지만 인간을 포함해 체구가 큰 동물들은 심부 체온이 조절된다고 주장했다.[20]

사티노프가 주장했듯이, 항상성은 반박당할 위험이 없다. 항상성은 생명 유지에 필수적인 조건이다. 그러나 항상성과 관련된 시상하부의 부정적 피드백 제어는, 설정 온도와 여기에서 벗어난 온도라는 두 개의 온도 상태만 인식하는 전자기계식 온도조절장치에서 유추하여 설명할 수 있는, 단순하고 협소한 이분법적 체계가 아니다. 사티노프는 체온 항상성 조절은 실제로 융

통성 있게 이루어진다고 주장했다. 예를 들어 지역적 환경 특성에 영향을 받을 수 있는데, 이때 체온 항상성 조절은 심지어 외부 온도의 작은 변화에도 영향을 받을 수 있다. 음낭에 열기를 가하면 주변 온도 변화가 전혀 없는 상태에서도 심부 체온은 2도 이상 내려간다.

항상성이라는 개념을 뒤엎을 수 있는 것은 없다. 연구와 논의가 진행될수록 항상성은 한층 유연한 개념으로 다듬어지고 있다. 더 중요하게는, 지금까지 축적된 여러 실험 자료도 단 하나의 단순한 온도조절장치가 시상하부에 존재한다는 발상을 지지하지 않는다. 이런 발상은 또한 우리가 지금 진화와 관련해 살펴보려는 몇 가지 고찰과도 어긋난다.

## 워런 버핏식 체온 조절

지금까지의 연구 결과를 고려한다면, 사티노프를 비롯한 여러 사람이 주장한 것처럼 인간을 포함한 포유동물은 체온 조절 반응 수단보다 온도조절장치를 더 많이 가지고 있다. 포유동물에게는 단 하나의 전자기계식 온도조절장치가 있다는 발상이 설명하는 것보다 훨씬 더 많은 방식으로 체온을 높이거나 낮춘다. 이런 사실을 근거로 그런 결론을 내릴 수 있다.

신경계가 뇌에서 들어가거나 나오는 신경만이 아니라 그보다 더 많은 신경으로 구성되어 있다는 발상은 전혀 새로운 게 아니다. 영국의 신경학자 존 휴링스 잭슨John Hughlings Jackson은 1870년에 신경계 구조를 설명하기 위해 진화적 계통 체계를 (매우 논쟁적으로) 주장했다.[21] 잭슨의 주장에 따르면, 고차원 신경 중추들은 (중추신경계 축인) 신경축neuraxis을 따라 분포된 저차원 신경 중추들에서 진화했다. 이런 신경 중추들은 독립적으로 행동할 능력을 가지고 있지만, 보통은 다른 것들과 조화를 이루며 위계적으로 통합되어 있다.

외과적 처치로 시각교차앞구역이 손상된 쥐들은 실온 환경에서 비정상적으로 높은 신진대사율과 체온을 보였다. 이 사실이야말로 신경 중추들의 위계적 통합 가설을 지지하는 증거라고 사티노프는 주장했다. 그러나 시각교차앞구역이 손상된 쥐들은 추운 환경에서 비정상적으로 낮은 몸 떨기 현상과 신진대사율을 보였다. 반면에 추운 조건에서 일반적으로 나타나는 혈관 수축 현상은 정상이었다. 이런 명백한 이상 상황에서는 분리되어 있는 모든 통합기(잭슨은 이를 '신경 중추'라고 불렀다)가 독립적으로 기능하지만, 뇌가 손상되지 않은 정상적인 동물들의 경우 이 통합기들이 위계적으로 제어된다고 사티노프는 결론을 내렸다.⁜

사티노프는 중추신경계가 체온 조절을 담당한다는 잭슨의 위계 구조 모델을 지지하면서 많은 연구를 인용했다. 한 연구에

⁜ 통합기integrator는 시상하부의 체온 조절 중추에서 감지된 자극 정보를 받고 통합하는 역할을 한다.

서는 고양이를 실험 대상으로 삼아 척추 중간 부분을 절단했는데, 손상 수준은 T6이었다.[+] 이 고양이의 절단 부위 아래쪽을 차갑게 했을 때 뒷다리 혈관 수축과 몸 떨기 현상이 나타났다. 척수 절단으로 신경이 뇌로 전달되지 않았음에도 이런 현상이 나타난 것이다. 고양이의 대뇌를 제거했을 때도 몸 전체가 냉기에 노출되면 앞다리를 떠는 현상은 사라졌으나, 냉기에 대한 척수 반응으로 몸을 떠는 행동은 여전히 나타났다. 이 고양이의 뇌 아랫부분을 손상하자 앞다리 떨기와 혈관 수축 현상이 정상적으로 나타났다.

이 결과는 뇌 아랫부분의 일부 활동을 억제하는 역할을 담당하는 부위가 중뇌와 뇌교pons[++] 윗부분에 있음을 뜻한다. 만일 상부와 하부의 연결을 끊어버리는 외과적 처치에 의해 뇌 윗부분의 영향이 제거된다면, 아랫부분은 스스로 체온 조절 반응을 수행할 수 있다. 이것은 보다 고차원 뇌 중추들과 독립적으로 생각할 수 있는 통합기들 혹은 '신경 중추들'이 존재할 수 있다는 또 하나의 암시다.

모든 연결이 손상되지 않은 채로 제대로 작동하는 정상적인 조건에서 저차원의 이 신경 중추들은 독립적으로 행동하지 않고 보다 고차원의 뇌 중추들로부터 통제를 받는다. 상부와 하부의 연결을 끊어버리는 외과적 처치 결과로 나타나는 효과는 신

[+] 척수 손상 수준은 사람의 경우에 부위에 따라 목에서부터 꼬리뼈까지 C1~8, T1~12, L1~5, S1~6로 분류된다.

[++] 중뇌와 연수 사이의 중추신경 조직.

체 내부 '온도조절장치'를 구성하는 요소들이 중추신경계 혹은 신경축을 따라 위계 구조로 분포되어 있는 어떤 체계와 일치한다. 이 사실은 시상하부가 체내의 유일한 온도조절장치라는 이론과 상충한다.[22]

체온을 조절하는 장치가 중추신경계 혹은 신경축을 따라 분포된 위계적인 통제 중추들로 구성되어 있다는 발상은, 기본적인 반사 행동들이 다양한 행동 패턴으로 어떻게 통합될 수 있는지 설명해준다. 위계 구조의 위쪽으로 올라갈수록 하위 메커니즘의 행동이 한층 더 복잡해진다. 이런 내용을 잭슨은 1882년에 다음과 같이 표현했다.

"신경 중추의 위상이 높을수록 이것이 대표하는 움직임 수는 더 많아지고 다양해지며 또한 복잡해지고 특수해진다."

즉 우리는 여전히 반사적인 행동, 다시 말해 반응 메커니즘을 다루고 있다. 예측 요소들이 추가될 때 우리는 진정으로 체화된 인지의 산물이라 할 수 있는 사회적 일기예보를 얻는다. 다른 말로 하면 워런 버핏식 체온 조절 혹은 호모 딕티우스의 행동이 일어나는 것이다. 이것은 위계 구조의 가장 높은 부분에서 진행되는 조정 메커니즘이다. 이 메커니즘은 적절하지 않은 반사 행동들을 억제하고 적절한 반사 행동들과 한층 복잡한 행동들이 즉각적으로 활성화하도록 조정해준다.

시상하부가 모든 책임을 맡아 조정하는 경우와 마찬가지로, 체온 조절 인풋은 인지 예측 작업이 수행될 때 근거 자료로 이용된다. 잭슨이 바라보기에 신경 위계 구조neural hierarchy는 단지 해부학적 차원이 아니라 진정으로 진화의 산물이었다. 시상하부라는 신경 통합기 너머에는 위계 구조에 통합된 한층 더 고차원의 인지들이 있다. 이것들은 (조타수가 배의 한 부분이라는 전제 아래에서) 조타수에 해당한다. 진화 과정을 통해 형성된 이 위계 구조는, 인지 과정에 기여하는 요소들이 시상하부라는 단일한 구조에 집중되는 것이 아니라, 신경축을 따라 분포할 때 높아지는 체화된 인지의 어떤 수준을 드러낸다.

체온 조절을 추동하는 힘이 사회적 자본을 토대로 한 예측 행동을 촉진하는 경우, (예를 들면 펭귄이 온기를 얻으려고 다른 펭귄을 찾을 때나 인간이 친구나 연인의 온기에 의존할 때) 체화된 인지는 적응 행동 계획을 일러준다. 펭귄이나 사람 둘 다 에너지 형태로 주어지는 배당금을 벌기 위해 사회적 자본에 투자한다. 이렇게 얻은 에너지는 내온동물의 열 생성 과정에 필요한 연료가 되는 음식을 찾거나 혹은 허들링 동료들을 확보하는 데 직접적으로 사용할 수 있다. 인간 경우에 체온 조절의 절박함은 '따뜻한' 사람과 함께 있고 싶다는 열망 그리고 따돌림을 당해 혼자 '쓸쓸하게' 버림받는 상황을 회피하겠다는 열망에서 비롯된 사회적 생각과 정서의 한층 추상적인 패턴을 낳는다.

## 유전적 진화, 문화적 진화

펭귄과 마찬가지로 우리 인간은 내온성을 가진 항온동물로,

스스로 열을 생산할 수 있으며 또한 살아남으려면 반드시 그렇게 해야 한다. 둘 다 체온을 좁은 편차 범위 안에서 유지할 수 있으며 또한 반드시 그렇게 해야 한다. 인간이 펭귄이나 다른 동물들과 동일한 특성은 많다. 진화 계통수[+]를 아랫부분까지 거슬러 내려가면, 공통의 분기점을 가지는 나뭇가지들은 더 많아진다. 그러다 결국에는 모든 유기체의 공통점인 나무둥치를 만난다. 물론 인간과 펭귄 사이에는 차이점도 있다. 인간과 다른 동물들 사이 차이점의 대다수는 한눈에 알 수 있을 정도로 명백하다. 그러나 지금까지 우리가 살펴보았듯이, 어떤 차이점은 매우 미묘하다. 진화에 대해 우리에게 일러주는 내용을 염두에 둔다면, 이 미묘한 차이점도 매우 의미심장한 것이다. 그럼에도 펭귄과 인간은 생명 유지의 기본 활동인 체온을 유지해야 한다는 동일한 문제를 해결하려고 애쓰고 있음은 분명하다.

진화의 최정상에 있다는 사실이 우리 인간에게는 무척이나 자랑스러운 일이고, 또 다른 동물들 앞에서 충분히 으스댈 만하다.

"펭귄들아, 너희들 참 귀엽구나. 허들링을 한다고 한곳에 모여 있는 모습도 귀엽고 말이야. 그런데 너희들은 난로나 라디에이터나 강제 난방장치라는 걸 들어본 적 있니?"

펭귄이 인간만큼 똑똑하지 않다면, 우리가 보통 '냉혈동물'이라 부르는 외온동물은 더 말할 필요도 없다. 이들은 진화의 사다리로 보자면 우리보다 한참 아래 있어, 체내에서 스스로 열을

[+] 진화에 의한 생물의 유연관계를 나무에 비유해 나타낸 그림.

생성하지도 못한다, 멍청하게도!

그렇지만 정신 차리자. 3장에서 보았듯이 우리 인간은 내온동물로 열심히 일하는 자연판 투자은행가다. 인간은 내부의 에너지 자산을 모으려고 언제나 바쁘고 부지런하게 움직인다. 반면에 자연판 느긋한 게으름뱅이인 외온동물은 자기에게 필요한 열에너지를 모두 신체 외부의 환경에서 공짜로 얻는다.

그렇다. 그들은 게으른 생활 방식 때문에 진화적인 선택권과 개인적인 선택권을 제한받지만 에너지 소모는 훨씬 적다. 인간 관점에서 보자면, 활동성이 높은 것이 낮은 것보다 낫다. 그러나 이것은 우리 종의 편견이 개입된 관점이다. 그처럼 높은 활동성을 유지하려면 에너지 비용을 한층 더 비싸게 물어야 한다. 내온동물이 하는 전체 활동 가운데 많은 부분이 그 활동에 필요한 연료를 구하는 것이다. 아주 잠깐이라도 인간 관점의 편견을 내려놓는다면, 내온성과 외온성은 동일한 경제적 문제를 제 나름의 비용편익분석을 토대로 해결하려는 두 가지 접근법임을 알 수 있다.

체온 조절에서 행동의 경제는 때로 극단적으로까지 보이는 조치들을 요구한다. 물론 인간 관점에서 보자면 그렇다는 말이다. 몇몇 포유동물들은 필수적으로 동면을 한다. 주변 온도나 먹이 희소성과 상관없이 해마다 일정 기간 동면을 하는 것이다. 또 어떤 포유동물들은 선택적으로 동면을 하는데, 이들은 날씨나 먹이 희소성에 대응해 동면에 들어간다. 더 정확하게 말하자면 외온동물은 동면을 하지 않지만, 이들 가운데 많은 종이 날씨가 춥거나 산소 확보가 어려워 신진대사가 위축될 때 비활동 상태로 들어간다. 섭취하는 에너지보다 적은 에너지를 소모하는 행동의 경제를 지지하기 위해, 활동성과 의식성을 희생해야 하는 이런 낮은 수준의 진화적 발달을 놓고 이들을 얕잡아 보거나 욕해서는 안 된다. 그러기 전에 먼저 우리 인간이 인생의 3분의 1을 잠을 자는 것으로 보내야 한다는 사실을, 누구든 날마다 잠을 자야 정상적으로 활동한다는 사실을 생각해야 한다.

우리 인간처럼 항온성을 가진 내온동물이 할 수 있고 또 어쩔 수 없이 해야 하는 높은 활동성을 유지하려면, 잠을 잔다거나 혹은 그 밖에 의식 행위와 신진대사 활동이 줄어드는 등의 불응기refractory period✣를 감수해야 한다. 항온성을 가진 내온동물은 또한 체온 조절 체계가 매우 복잡해야 한다. 앞에서 살펴보았듯이, 이 체계는 열을 감지하는 뉴런들과 단일한 온도조절장치인 시상하부 사이에 존재하는 피드백 고리보다 훨씬 더 복잡하다. 시상하부가 단일한 온도조절장치라는 발상은 데카르트의 심신이원론 패러다임에 한층 더 잘 들어맞는다. 그러나 현대 생리심리학이 발전함에 따라 인지cognition에 대한 인식은 신체와 사회적 세상 속으로 확장했으며, 이런 인식에서는 정신과 육체 그리고 결정적으로 다른 사람들까지도 모두 철저하게 하나로 통합된다.

✣ 자극을 받은 조직이나 세포가 자극에 대한 반응을 한 직후에는 어떤 강한 자극에도 반응하지 않는 기간.

인체의 체온 조절 메커니즘은 시상하부에 통합되어 있을지도 모르지만, 그렇다고 해서 이 메커니즘이 단순히 시상하부의 통제를 받지는 않는다. 어쩌면 체온 조절 메커니즘 체계는 신경축을 따라 이어진 신경들로 구성된 위계 구조의 맨 꼭대기에 있을지도 모른다. 신체 겉껍질(피부) 전체에 분포하는 열 감지 뉴런들은 심부 가까운 곳에 있는 뉴런들과 다르며, 또 그것들과 서로 다르게 조율된 기능을 수행한다. (무의식적인) 자동 차원과 (의식적인) 인지 차원에서 모두 마찬가지인데, 인체 내부의 체온 조절 관련 신경계는 광범위하게 체화되어 있다. 만일 다른 사람들을 '나'의 심리의 한 부분으로 여긴다면(우리가 '호모 딕티우스'라면 당연히 그럴 수 있다), 이런 신경계는 나의 신체 내부에만 체화되는embodied 데 그치지 않고 다른 사람들의 신체 내부에도 철저하게 뿌리내리고grounded 있음이 분명하다.

인체의 자동적인 체온 조절에서 입증되듯이, '인체에 체화되고 뿌리내린 인지'라는 발상은 데카르트의 '배에 탄 조타수' 발상과는 거리가 멀다. 1장에서 우리는 펭귄의 허들링이 체온 조절 필요성으로 촉발된 사회적 행동이라는 발상을 살펴보았다. 펭귄의 허들링은 긴급하고도 필사적인 최후의 수단이 아니라 대규모로 펼쳐지는 어떤 작전에 가까웠다. 펭귄의 허들링은 개별 펭귄이 주변에 있는 다른 펭귄들에게 사회적으로 행동하도록 요구한다. 개별 펭귄은 자기가 가진 현재의 사회적 자본을 토대로 미래의 체온을 예측해야 한다. 그리하여 이 펭귄은 개인적 일기예보를 내고 사회적 일기예보를 내며, 이 둘을 바탕으로 자기 체온을 예측한다.

펭귄이 장기적인 체온 조절 목적으로 언제부터 이 예측 기술을 개발했는지 우리는 알지 못한다. 우리가 아는 것은 다른 개체들의 존재와 행동을 정확하게 예측하는 펭귄의 특성을 진화가 선택했다는 사실뿐이다. 어떤 펭귄들이 집단에서 가장 오래 살아남는지 추론하는 것만으로도 이 사실을 쉽게 알 수 있다. 예컨대 기상 예측이 서툰 펭귄들은 허들링을 할 가능성이 작고, 따라서 성인이 될 때까지 살아남아 후손을 남길 가능성도 낮다. 결국 허들링을 하지 않는 특성을 가진 유전자는 전체 펭귄의 유전자 풀에서 사라지고 말 테니까 말이다.

인지 능력이 가장 뛰어난 펭귄을 훌쩍 뛰어넘을 정도로 진화한 인간은 사회적 행동을 추동하는 한층 정교한 일기예보 형식들을 개발했다. 이 행동에는 허들링뿐만 아니라 문화적으로 한층 진화한 수단인 열 생산의 외주화도 포함된다. 여기에는 불을 '발견'하고 피우는 것에서부터 쉼터를 발견하고 만드는 것, 궁극적으로 쉼터를 따뜻하게 데우는 한층 정교한 기술을 개발하는 것까지 모두 포함된다. 자연 선택은 진화를 통해 작동하며, 환경에 가장 잘 적응한 유기체의 생존과 번성에 유리하게 작용한다.

다른 동물들과 마찬가지로 우리 인간은 환경 변화에 대응해 장기적으로 반응할 뿐 아니라 실시간 지속적으로 반응한다. 그러나 우리는 황제펭귄이 초보적으로밖에 하지 못하는 것을 매우 잘한다. 그것은 바로 사회적 기상을 예측하는 일이다. 환경에 단순히 반응하는 것이 아니라 (이 접근법은 에너지 비용이 많이 들 뿐만 아니라 잠재적으로 위험한 전략이기도 하다) 미래를 예측하고 거기에 대비하는 계획을 세운다. 우리는 자연적 일기예보와 사회적 일기예보를 할 수 있는 인지 역량을 가지고 있는데, 그 덕분에 어떤 온도 변화에 맞닥뜨리더라도 선제적으로 대응해 극복할 수 있다.

생물학적 진화는 예측하고 계획하게 해주는 인지 플랫폼을 우리에게 제공했다. 반면에 문화적인 진화는 예측 범위를 확장하고 정확성을 한층 높여주었다. 그리고 추가로 에너지를 소비하지 않고서도 편안함을 느끼는 온열중성대를 넘어서는 환경에서도 긴급하면서도 장기적인 필요성을 충족하는 체온 조절 능력을 부여해주는 기술적 선택권의 범위를 넓혀주었다. 기온 편차가 큰 환경에 잘 적응하는 우리 인간만이 가지는 이런 독특한 적응성은, 인간의 사회적 상호 작용은 인지적 은유가 개념적으로 표현된 것이 아니라 유기체의 신체 전체에 분포된 정신의 산물임을 보여준다. 조지 레이코프와 마크 존슨이 주장한 것처럼 말이다.⁺ 우리는 데카르트의 '조타수' 발상을 팽개칠 것까지는 없다. 그저 그 조타수가 배와 함께 있다고 생각하면 된다.

⁺ 레이코프와 존슨의 '개념적 은유' 이론은 인간의 사고와 인지 과정의 대부분이 은유적으로 구성되며, 이것이 언어를 통해 개념적으로 구현된다고 바라본다.

5

# 어미 쥐는 따뜻하다

•

애착과 발달

“자율신경계 활동은 온갖 감정을 구분한다.”[1]

많은 사람이 ‘고전적’이라 여기는 1983년의 어떤 논문 제목이다. 폴 에크만Paul Ekman과 로버트 레벤슨Robert Levenson 그리고 월리스 프리젠Wallace Friesen은 전문 배우 열두 명을 불러 두 가지 방법으로 특정한 감정을 가지게 했다. 첫 번째 방법은 표정이었는데, 연구자들은 실험참가자인 배우들에게 분노, 공포, 슬픔 그리고 그 밖의 여러 감정을 드러내는 전형적인 표정을 한 가지당 10초씩 짓게 했다. 두 번째 방법에서는 실험참가자들에게 특정한 감정과 관련 있는 과거 경험을 떠올리게 한 뒤 30초 동안 그 경험을 되짚어보도록 했다. 실험참가자들은 분노의 경험을 상기하기 위해 생생한 모욕의 기억을 되살리기도 했다. 슬픔을 상기하는 경험은 사랑한 사람이 멀리 떠나버린 기억일 수도 있었다.

이런 식으로 실험참가자들은 다른 감정들도 경험했다. 연구자들은 실험참가자들의 얼굴 근육 움직임을 동영상으로 촬영했으며 손가락과 같은 말초부 체온, 심박수, 팔뚝 긴장도 그리고 피부 전도성[+] 등과 같은 생리적인 특성을 측정하고 기록했다.

이 실험을 통해 에크만과 동료들은 행복, 놀라움, 역겨움을 경험할 때보다 분노, 공포, 슬픔을 경험할 때 심박수가 증가한다는 사실을 발견했다. 손가락 체온의 변화 폭은 행복의 감정 때(왼손 -0.07도, 오른손 -0.03도)보다 분노의 감정 때(왼손 +0.10도, 오른손 +0.08도) 더 컸다. 그들은 또한 지시된 표정, 즉 세 가지 부정적인 감정인 분노, 공포, 슬픔에 따라 손가락 체온과 심박수가 달라짐을 확인했다. 손가락 체온은 화난 표정을 할 때 0.15도 올라갔고, 두려운 표정을 할 때 0.01도 내려갔으며, 슬픈 표정을 할 때 0.01도 올라갔다.

에크만과 동료들은 이런 자료를 토대로 생리적인 변화가 네 가지 기본 감정을 구분하는 것은 물론 부정적인 감정과 부정적인 감정을 구분하는 데 유용할 수 있다는 증거를 최초로 제시했다. 이후 다른 연구자들도 이와 유사한 연구를 했는데, 그 가운데 하나가 2013년에 스테파노스 요안누Stephanos Ioannou와 동료들의 연구다.

연구자들은 실험참가자인 아이들에게 각자 자기가 가장 좋

+ 피부가 생리적인 각성 자극에 노출될 때 일시적으로 전도체가 되는 특성.

아한다고 말한 장난감을 가지고 놀게 했다. 아이들은 장난감이 망가져 못쓰게 되도록 설정되어 있다는 사실을 알지 못했다. 가지고 놀던 장난감이 망가지자 아이들의 말초부 체온이 두드러지게 떨어졌다. 실험진행자가 슬퍼하는 아이를 달래자 체온은 다시 올라갔는데, 이것은 아이의 스트레스가 풀리고 아이가 충분한 보상을 받았음을 뜻했다.[2]

이런 발견들은 사회적 체온 조절과 관련하여 매우 흥미로운 사실을 알려준다. 표정을 일부러 바꾼다거나 과거를 회상하는 행동으로 환기된 특정한 감정들은 (다른 여러 자율신경계 반응 가운데서도 특히) 말초부 체온 변화와 관련이 있는 것으로 드러났다. 이런 사실들은 체화된 인지와 관련된 몇 가지 기본 가정들을 강화한다. 사실 적지 않은 정서 이론emotion theory 전문가들은 이런 발견들이 신체 변화가 감정적인 경험을 유발한다는 (예컨대 사람은 두려움을 느끼기 때문에 도망치는 것이 아니라 도망치기 때문에 두려움을 느낀다는) 윌리엄 제임스의 이론⁺을 지지하는 것으로 간주했다.

그러나 수많은 정신과 육체 연구에서 확인되었듯이, 체온이나 심박수와 같은 구체적인 수치로 측정할 수 있는 신체의 자율적 변화들을 살피는 것만으로는 사회적 체온 조절과 관련된 온갖 복잡한 요인들을 충분히 설명하지 못한다. 예컨대 인간 망막 안에 있는 광수용기photoreceptor⁺⁺가 불빛에 반응해 수행하

⁺ 2장 75쪽을 참조하라.

는 전기적 활동성을 측정하는 것만으로는 시각을 온전하게 설명할 수 없듯이 말이다.

시각은 한두 가지 측정치만 가지고 파악할 수 있는 것보다 훨씬 더 복잡하며, 정서 이론이 아우르는 현실의 실체들은 에크만과 동료들이 측정하고 분석한 것보다 훨씬 더 다양하고 복잡하다. 그렇기에 말초부 체온이 오르내리는 것이 순전히 감정과만 연결되지 않음은 거의 확실하며, 감정이 그런 변화의 유일한 결과가 아님도 거의 확실하다. 어쨌거나 인지는 개인이 아니라 집단이 함께 어울리는 사회라는 공동의 세상social world 속에 '뿌리내리고' 있으며, 체온 변화는 어떤 감정이 표출된 특정한 사회적 맥락에 크게 의존할 수밖에 없으니까 말이다.

인지는 세상, 특히 우리가 살아가는 고도로 사회적인 세상에 정보를 제공하는 방식으로 뿌리내리고 있다.⁺⁺⁺ 감정은 우리에게 신호를 준다. 이것은 말초부 체온 변화도 일종의 신호임을 뜻한다. 이 신호는 우리를 도울 수도 방해할 수도 심지어 평온한 삶을 위협할 수도 있는 주변 사람들의 행동을 예측하는 데 도움을 준다. 말초부 체온은 단순히 어떤 감정을 드러내는 데 그치지 않는다.

사실 나는 동료들과 함께 온도와 감정 사이 관계를 다룬 일

⁺⁺ 광자극을 신경 신호로 전환하는 기관.

⁺⁺⁺ 이렇게 뿌리내린 대상이 개인의 몸이라서 '뿌리내린 인지grounded cognition'라는 표현과 '체화된 인지embodied cognition'라는 표현을 함께 쓴다.

련의 연구들을 메타분석⁺했지만 인과관계를 입증하는 설득력 있는 증거를 찾지 못했다. 적어도 지금까지는 그렇다. 이렇게 될 수밖에 없는 이유는 지금까지 심리학자들이 온도와 감정 사이 관계가 가지는 복잡성의 의미를 과소평가했기 때문이 아닐까 싶다.

## 인간성 발달에 관여하는 것

앞서 언급한 에크만의 실험에는 전문 배우 열두 명과 과학자 네 명이 동원되었다. 그 연구에서 실험진행자는 실험참가자들에게 특정한 근육을 수축하라고 지시했다. 어떤 말이나 맥락에 대한 언급이 없는 상태에서도 신체를 조작함으로써 정신에서 특정한 감정을 활성화할 수 있으리라는 발상을 전제로 한 시도였다. 그러나 맥락은 흔히 감정을 이해하는 데 필수 요건이다. 배우자가 바람을 피울 때는 편의점 직원이 거스름돈을 속이려 할 때와는 전혀 다른 유형의 분노가 일어날 가능성이 크다. 즉 사회적 맥락social context이 중요하게 작동한다.

에크만과 동료들이 실험 결과를 놓고 너무 적은 증거를 가지고서 너무 멀리 나가는 주장을 펼쳤다고 해서, 그들이 얻은 결과가 가치를 잃진 않는다. 오히려 그 반대다. 심리적 변화만으

⁺ 수년간에 걸쳐 축적된 연구 논문들을 요약하고 분석하는 작업.

론 우리가 느끼는 온갖 감정의 복잡성을 구분할 수 없으며, 그 변화들을 측정할 때 소중한 정보를 얻을 수 있다. 에크만과 동료들이 한 작업은 내 연구에 영감을 불어넣어주었다. 그 내용을 설명하면 다음과 같다.

감정은 다른 사람들과 자기 자신 사이 관계를 결정하는 데 도움을 주는 장치임을 주목해야 한다. 감정 덕분에 우리는 이런 저런 행동을 이해할 수 있고 또 예측할 수 있다. 감정에는 상당한 수준의 사회적 차원의 의미가 녹아들어 있고, 이런 사회적 의미는 우리가 '애착 대상'을 찾는 데 도움을 준다. 우리는 자기의 현재 심리를 이해한 내용을 토대로 자기의 애착을 사회적인 세상에서 바라는 기대치로 해석할 수 있다. 현재적인 이해라는 이 틀 안에서 감정 표현은 마치 얼굴에 드러나는 표정처럼 사회적인 행동이 된다. 감정 표현은 사회적인 세상과 함께, 또 그 세상을 향해 의사 소통을 한다.

감정과 감정 표현이 말초부 체온 변화와 관련이 있다는 발상은 '사회적' 체온 조절 개념과 동일선상에 있다. 에크만과 동료들이 한 일련의 연구 결과가 이런 사실을 뒷받침한다. 그러나 감정과 감정 표현, 여기에 뒤따르는 사회적 충격 그리고 사회적 체온 조절 행동 사이 관계는 그들의 연구보다 한층 더 복잡하다. 그렇기에 우리로서는 인간의 사회적 체온 조절 이론이 한층 풍성해지길 바랄 수밖에 없다. 기능과 맥락은 사회적 차원의 의미를 이해하지 않고서는 온전하게 규정될 수 없다. 왜냐하면 이제 곧 살펴보겠지만, 사회적 차원의 의미는 사회관계망 속에서 이해해야 하기 때문이다.

그러나 나는 에크만과 동료들이 한 것과 동일한 논리적 비약을 범하고 싶지 않다. 그러려면 사회적 체온 조절과 사회관계망의 다양한 측면들 속으로 뛰어들기 전에, 먼저 애착의 역사와 이것이 가지는 현재적 의미부터 살펴볼 필요가 있다. 우선 쥐의 세상에서 펼쳐지는 한 가지 매력적인 사실부터 살펴보자.

어미 쥐는 새끼들이 따뜻한 온기를 누리도록 체온을 높이 올린다.[3] 어미 쥐는 생명의 위험을 무릅쓰고 체온을 높이 올리는데, 사실 새끼들에겐 그런 높은 체온이 필요하다. 어미 쥐가 없을 때 새끼들은 우울감과 절망의 신호를 발산한다. 그렇다고 새끼들의 원기를 북돋우기 위해 굳이 어미를 새끼들에게 데려다 놓을 필요는 없다. 새끼들을 인위적으로 따뜻하게 해주면, 어미가 계속 옆에 있지 않더라도 우울감과 절망을 드러내던 행동이 어느 정도 개선되기 때문이다.[4]

새끼와 함께 있을 때 어미 쥐 행동은 두 가지 사실을 암시한다. 첫 번째로 사람이 보기에 어미 쥐의 체온 조절 행동은 매우 이타적으로 보인다. 자발적이든 아니든 간에 어미 쥐는 자기 체온을 위험한 수준으로 높이 올려 새끼들을 따뜻하게 해준다. 기능적인 면에서 이것은 적어도 매우 사회적인 행동이며, 사회적 체온 조절의 한 형태다. 어미 쥐는 상당량의 신진대사 에너지를 소비하면서 체온을 위험한 수준으로 올림으로써 결과적으로는 자손에게, 개인적으로는 위험천만한 '투자'를 한다. 그러나 우리는 감상적인 의인화에 빠져들지 않기 위해 두 번째 사실인 새끼 쥐들의 행동을 눈여겨봐야 한다. 그 열을 생성하는 데 새끼 쥐들은 어미 쥐보다 더 많은 열을 필요로 한다. 새끼들이 따뜻한 어미 품에서 떨어지면 슬프긴 하겠지만, 따뜻한 열을 발산하는 전구의 스위치를 켜기만 하면 이들은 얼마든지 원기를 회복할 수 있다.

애착 이론을 살펴보자. 이 이론의 기본 가정은, 갓 태어난 개체는 (여기에는 인간의 갓난아기와 다른 여러 종의 갓 태어난 새끼도 포함된다) 자기에게 보살핌을 베푸는 어떤 존재에게 '정이 든다 become attached'는 것이다. 즉 이 어린 개체들은 사회적인 존재가 되고 또 다른 개체와 관계를 형성할 수 있게 되는데, 자기에게 보살핌을 베푸는 존재인 보호자(보통은 어미)와 처음으로 그 관계를 맺는다. 새끼에게 민감하게 반응하는 보호자일수록 자기를 더 많이 희생해 상대적으로 무력한 새끼의 요구를 들어주며, 따라서 주변 환경에 대한 새끼의 애착은 한층 단단해진다.

새끼가 아직 어릴 때 그에게 필요한 것은 주로 생존에 관한 것들로 먹이, 포식자를 비롯해 여러 재난 원천으로부터의 보호, 따뜻한 온기 등이다. 어미 쥐는 목숨을 걸고 새끼들을 보살피는데, 특히 온기를 나누어줄 때 이런 현상이 두드러지게 나타난다. 체온 조절은 새끼 쥐들에게 애착의 중요한 추동자다. 어떻게 보면 온기는 애착보다 더 중요하다고 볼 수 있다. 실험실에서 제공하는 인위적인 온기 원천은 새끼 쥐들이 온기를 충족하는 데 큰 도움이 될 것이기 때문이다.

애착은 생애 초기와 생애 전반에 걸쳐 이어지는 심오한 정서적 함의를 담고 있지만, 생존에 꼭 필요한 기본 욕구에 뿌리를 내리고 있다. 애착은 자연 선택 과정에서 진화의 종말에 기여한다. 애착이 형성되는 방식과 그 과정을 보면 온기의 원천이 어린 개체들에게 얼마나 신뢰할 수 있는 것인지 짐작할 수 있다. 유능한 어미 쥐에게 애착된 새끼 쥐는 성체로 성장해 후손을 낳을 가능성이 크다. 게다가 설치류는 매우 '사회적인' 동물이라서 보통 집단생활을 한다. 설치동물의 생애 초기 단계에서는 체온 조절이 매우 중요할 뿐만 아니라, 온기를 유지하는 것은 생애 전반에 걸쳐 집단생활을 하며 '사회'를 구성하고 살아가는 주요한 추동력 가운데 하나다. 이런 사실은 추운 날씨라는 위협이 닥칠 때 특히 분명해진다.

앞에서도 잠깐 얘기한 칠레데구는 (실험실 조건에서) 세 마리에서 다섯 마리의 다른 개체와 함께 있을 때, 에너지 소모량을 40퍼센트까지 줄이면서도 오히려 말초부 체온은 높게 유지한다. 반면에 한 마리만 따로 떼어놓으면, 온기를 유지하는 데 훨씬 더 많은 에너지를 소모한다.[5] 여기에서 우리는 '사회적' 집단을 형성하는 추동력(즉 우리가 애착이라 부를 수 있는 추동력)은 데구[✢]의 경우에 어릴 때 어미와 맺는 애착 관계에서 비롯된다는 사실을 추론할 수 있다. 새끼 데구에게 어미는 생존에 필요한 다른 어떤 것들보다도 중요한 온기의 원천이기 때문이다.

✢ 3장 109쪽을 참조하라.

새끼 쥐와 인간 갓난아기 그리고 다른 여러 종의 새끼들이 애착과 관련해 물리적 온기를 추구하는 행동은 생애 이후 단계에서 나타나는 애착 행동에 매우 큰 역할을 한다. 심리학자 해리 할로Harry Harlow는 1950년대에 지금까지도 회자되는 유명한 실험을 했다. 동물 권리의 관점에서 보자면 윤리적으로 논란의 여지가 많은 이 실험은 새끼 원숭이들을 대상으로 한 것이었다. 할로는 새끼 원숭이들을 어미들에게서 떼어냈다. 그리고 이들 새끼 원숭이를 두 집단으로 나눈 다음, 한 집단은 철사로 조잡하게 만든 어미 원숭이 모형을 둔 우리에 넣고, 다른 집단은 열선이 들어간 직물 소재의 천으로 덮어두어 따뜻한 온기를 발산하는 '어미'가 있는 우리에 넣었다. 진짜가 아닌 가짜 어미들 아래 '양육'된 두 집단의 새끼들은 성체로 자라면서 동일하게 사회성이 결핍된 모습을 보였다. 그런데 온기가 없는 어미를 경험한 새끼들이 온기가 있는 어미를 경험한 새끼들보다 사회적으로 더 차가웠다.[6]

사람에게서나 원숭이에게서나 쥐에게서나 모두 사회적 '온기'는 체온의 인지적 비유에서 비롯된 단순한 수사적 표현이 아니다. 그 모든 동물 종에서 새끼 시기에 신체적으로 따뜻한 어미와의 친밀한 접촉을 통해 제공되는 체온 조절과, 생애 이후 단계에서 애착 행동을 추동하는 사회적 체온 조절 사이에는 발달적이고⁺ 생리적인 연관성이 존재한다.

⁺ 여기에서 '발달'은 어린 개체에서 성체로 성장하는 과정을 일컫는다.

## 바이킹 후손은 왜 체구가 건장할까

앞에서 살펴보았듯이 인간은 다른 많은 동물 종처럼 체온 항상성을 유지하려 노력한다. 기초대사의 폐열만으로도 체온을 유지할 수 있는 이런 체온 상태를 열중성thermoneutrality이라 하는데, 이것은 심부 체온과 말초부 체온의 차이를 기준으로 규정된다.

독일 생리학자 카를 베르크만Carl Bergmann은 1847년에 개체군들과 종들의 특이한 분포 패턴을 설명했다. 베르크만은 넓은 지역에 분포하는 하나의 분류학적 분기군taxonomic clade, 즉 동일한 조상에서 진화했다고 파악되는 유기체들의 집단을 놓고 볼 때, 체구가 큰 종들과 개체군들이 상대적으로 추운 환경에서 발견되며, 체구가 작은 동물들이 상대적으로 따뜻한 환경에서 발견된다는 사실을 확인했다. 다른 말로 하면 이런 뜻이다. 체구가 큰 동물은 체구가 작은 동물에 비해 일반적으로 적도에서 멀리 떨어진 지역에서 발견되고, 동일한 분류군 내에서도 체구가 가장 큰 동물은 적도에서 가장 먼 곳에서 발견되며, 체구가 가장 작은 동물은 적도에서 가장 가까운 곳에서 발견된다. 1847년 이후 지금까지 줄곧 일관되게 나타나고 있는 이 패턴을 베르크만의 법칙이라 부른다.[7]

기술이 발전하기 전의 사회에서는 그리고 기술이라 해봐야 형편없이 낮은 수준이거나 그마저도 혜택을 받을 수 없던 상황에서는, 허들링이 체온을 따뜻하게 유지하는 효과적인 방법이었다. 그러나 현대사회에서는 대부분 사랑하는 사람과 함께 있거나 혹은 스포츠팀을 열광적으로 응원할 때 허들링이 이루어진다. 이런 복합적 사회 통합Complex Social Integration은 관계 연구에서 자주 평가되는 변수로, 다양한 사회관계망 형성과 관련된 개념이다. 인간관계와 건강 사이 연관성을 다룬 연구에서 우리가 얼마나 오래 살아남을까 하는 것은 최고의 예측변수⁺들 가운데 하나다. (적어도 교육이 잘 이루어졌고 산업화했으며 부자이고 민주주의적 성향을 가진 서구 국가의 표본일 때는 그렇다.)

물론 복합적 사회 통합은 인간에게만 적용하는 독특한 변수다. 쥐와 침팬지 그리고 펭귄은 교회 모임에서 자원봉사를 하지 않고, 스포츠 동호회에 가입하지 않으며, 다른 대륙에 사는 친구와 정기적으로 영상통화를 하지 않는다. 그럼에도 체온 조절이라는 행위와 관련해 우리 인간은 다른 종들과 많은 공통점을 가진다. 우선 체온 조절과 관련된 문제를 해결하는 것은 인간을 포함해 많은 동물 종에게 숨을 쉬는 것 다음으로 긴급한 문제다. 다른 종들과 마찬가지로 인간은 지금 당장 생명을 유지하려면, 무엇보다도 산소가 필요하고 그다음으로는 체온이 적정한 범위 안에서 조절되어야 한다. 물론 물과 식량도 필요하다. 그러나 이런 것들은 매우 현실적이긴 해도 긴급성을 따지자면 순위가 뒤로 밀린다. 물과 식량이 없어도 조금은 더 살아남을 수 있으며,

⁺ 변수들 사이의 상관을 이용해 준거변수의 값을 예언하는 데 사용하는 변수.

필요할 경우에는 이런 것들을 저장해서 배급할 수도 있다.

베르크만은 자기가 관찰한 내용을 이론적으로 설명했다. 체구가 큰 동물은 체구가 작은 동물보다 신체 부피, 즉 체구 대비 체표면적 비율이 낮고, 단위 부피당 체열 발산량이 적다. 그렇기 때문에 체구가 큰 동물의 심부 체온은 추운 기후에도 여전히 따뜻한 상태로 유지된다. 그러나 따뜻한 기후에 사는 유기체는 체내 신진대사로 생성되는 열을 되도록 빨리 발산해야 한다. 체구 대비 체표면적 비율이 높은 체구 작은 동물이 체구가 큰 동물보다 남아도는 열을 한층 효과적으로 발산한다.

베르크만의 법칙은 가장 기본적이면서도 심오한 체온 조절 적응 수단이 체구, 즉 신체 크기임을 증명해준다. 다른 대형 포유동물들 경우와 마찬가지로 이 체온 조절 원리는 인간에게도 적용된다. 적도에서 가장 멀리 떨어진 지역, 다시 말해 극지방과 가장 가까운 지역에 사는 개체군은 일반적으로 적도 가까이 사는 개체군보다 체구가 크다. 알류트족,⁜ 이누이트족,⁜⁜ 사미족⁜⁜⁜ 등을 보면 이 사실을 확인할 수 있다. 인간이든 다른 동물 종이든 간에 모두 체온 조절 문제를 해결하기 위해 체구에만 의존하진 않는다.

⁜ 알래스카 서해안과 알류샨 열도에 사는 인종.

⁜⁜ 베링해에서 캐나다, 그린란드, 북동아시아 축치반도 해안에 사는 북극 원주민.

⁜⁜⁜ 노르웨이, 스웨덴, 핀란드 북부와 러시아 콜라반도 등에서 순록과 함께 살아가는 소수 민족.

펭귄의 사례에서 보았듯이 허들링은 다른 개체들의 따뜻한 신체를 활용해 체온을 조절하는 매우 효과적인 전략이다. 물론 따뜻한 신체를 제공하는 개체들의 수는 많을수록 좋다. 그러므로 사회적 체온 조절 행위를 통해 생존하는 펭귄에게 가장 중요한 것은 사회관계망의 크기라 할 수 있다. 버빗원숭이에게서도 동일한 경우가 발견되었다. 리처드 맥팔런드와 동료들은 버빗원숭이들이 상대적으로 큰 사회관계망을 가질 때, 기온이 내려가도 심부 체온이 상대적으로 높게 유지되는 현상을 관찰했다.[8] 이와 비슷한 경우가 인간에게서도 나타남을 우리는 앞에서 확인했다. 추운 날씨에 실내에 난방장치가 마련되어 있지 않거나 혹은 있다고 하더라도 연료를 살 여유가 없을 때, 온 가족이 침대 하나에 바싹 붙어 잤던 사람들 이야기 말이다.

그러나 인간은 사회적 체온 조절 방법을 다른 동물 종들보다 월등히 높은 수준으로 정교하게 개발해왔다. 왜냐하면 생물학적 진화가 멈춘 곳에서 사회적 진화는 한층 더 강력하게 전개되기 때문이다. 인간 사회와 다른 동물 종들에게 존재하는 '사회적' 집단 사이의 중요한 차이는, 인간의 경우 사회관계망의 다양성이 크기보다 체온 조절에 훨씬 더 중요하고 또 신뢰할 수 있다는 점이다. 이런 이유로 인간의 사회적 체온 조절 연구는 한층 흥미로운 동시에 복잡하다. 게다가 우리는 사회관계망의 다양성이 그토록 중요할 수밖에 없는 이유를 아직도 온전하게 파악하지 못하고 있다.

우리가 관찰할 수 있는 것은 인간은 다양한 방식으로 사회적인 세상에 애착을 두고 있다는 사실, 또 우리는 한층 발전한 문화와 사회와 문명 속에서 살아가는 삶에서 비롯되는 온갖 필요성을 해결할 능력을 지닌 개인들로 구성된 다양한 집단과 연결되어 있다는 사실이다. 그럼에도 인간에게 사회적 체온 조절 기능이 존재한다는 사실은, 다양한 사회관계망 생성을 촉구하는 본질적인 진화의 추동력은 섭취한 에너지보다 적은 에너지를 소모하며 체온을 따뜻하게 유지하는 것임을 암시한다. 이런 차원에서 사회성을 향한 펭귄과 인간의 갈망은 생명 유지에 필요한 생리적 필요에 의해 추동된다.

최근 내가 동료들과 함께한 일련의 연구에서 발견한 사실에 따르면, 복합적 사회 통합 수준이 높을수록 추운 기후에 사는 사람들의 심부 체온이 높다. 이것은 매혹적인 발견이라 할 수 있다. 왜냐하면 사회적 체온 조절을 다루는 다른 연구에서와 비슷하게, 추운 기후에 사는 사람들이 따뜻한 기후에 사는 사람들보다 사회성이 높다고 결론을 내리는 역추론의 논리적 비약을 범하고 싶은 충동을 부추기기 때문이다. 사회나 심리학이나 모두 그처럼 깔끔하게 단방향으로만 작동하지 않는다. 상관성이 있다고 해서 인과관계가 존재한다는 뜻은 아니다. 그러나 상관성은 분명 어떤 관계성이 존재함을 암시한다. 이 경우에 그 관계성은 사회적 체온 조절 행위와 심부 체온 사이 연관성이다.

그 증거는 심부 체온을 유지하는 것이야말로 사회적 체온 조절의 (따라서 인간의 문화적 진화의) 기본적인 진화의 추동력임을 암시한다. 게다가 뒤에서도 살펴보겠지만, 2011년에 진행된 홍미로운 실험은 생존과 관련된 삶의 가치가 다양한 사회관계망 안에 존재함을 암시한다. 그럼에도 이 글을 쓰고 있는 현재 시점을 기준으로 할 때, 사회관계망의 다양성과 인간의 심부 체온 사이 연관성을 입증하고자 하는 프로젝트는 단 하나밖에 진행되고 있지 않다.

트리스턴 이나가키Tristen Inagaki와 동료들은 2016년에 물리적 온기와 사회적 온기 사이 관계를 탐구하는 예비연구 결과를 발표했는데, 강한 사회적 연결감과 높은 심부 체온 사이에 긍정적인 상관성이 있다는 것이 그들이 내린 결론이었다.[9] 그러나 사회적 연결성이 실제로 물리적인 추위로부터 사람들을 지켜내는가 하는 점은 분명하지 않다. 또 사회적 접촉의 어떤 구체적인 측면들이 그런 보호 기능을 담당하는지, 혹은 지금까지 알려진 다른 변수들보다 사회관계망이 심부 체온을 추정할 수 있는 보다 나은 예측 지표인지는 더더욱 분명하지 않다. 이에 관해서는 추가 연구가 필요하다.

## 신뢰성 혁명의 시간

감정과 온도를 사회적 체온 조절 행동이나 애착과 연관 지으려는 연구들을 설계하고 해석하는 과정에서 맞닥뜨리는 문제는 매우 복잡하다. 실제 현실은 정서 이론이 지금까지 이해하고 설명한 것보다 한층 더 복잡하다. 사실 현실이 얼마나 복잡한

지, 감정이 구체적인 사회적 맥락 속에서 감정 경험과 연결되어 있는지 드러내는 데 필요한 연구들은 지금도 여전히 미완 상태로 남아 있다!

여기에서 잠시 (나와 동료들을 포함한) 심리학자들이 연구 조사에서 한층 더 정밀한 정확성이 필요하다는 깨달음을 어떻게 얻게 되었는지 살펴보자. 우리가 사회적 체온 조절과 관련해 처음 연구를 수행하고 또 개념적 은유 이론에 대한 나름의 비평을 내린 시점은, 위기라고 불리던 상황이 폭넓게 진행되던 때였다. 저명한 동료심사 학술지들에 발표된 많은 연구 논문은 다른 연구자들이 재현할 수 없는 결과를 내놓았다.

앞서 2장에서 인용한 개념적 은유 이론 관련 문헌들이 제시한 많은 발견도 여기에 포함되었다. 예를 들면 종첸보Chen-Bo Zhong와 케이티 릴젠퀴스트Katie Liljenquist의 2012년 논문 《맥베스 효과*Macbeth Effect*》, 비윤리적 행동 사례를 떠올릴 때 실험참가자들은 윤리적 행동 사례를 떠올린 사람들보다 자기들이 머무는 방을 상대적으로 어둡게 보고 (손전등과 같은) 발광 장치를 원하더라는 내용의 연구 결과를 담은 프로노베시 바너지Pronobesh Banerjee와 프로모테시 차테르지Promothesh Chatterjee 그리고 자야티 신하Jayati Sinha의 2012년 논문이 그렇다.[10]

사회적 체온 조절을 다룬 몇몇 논문들도 기존 연구를 재현하는 데 실패했다. 나는 1장에서 살펴본 예일대학의 2008년 '엘리베이터 안 커피잔' 실험을 재현해 어떤 결과를 얻었지만, 그것은 과학자들이 밀접한 상관성이라 인정하는 것이 아니었다. 따라서 예일대학의 그 연구 결과는 여전히 독립 검증[+]이 필요했다. 나는 예일대학 그 연구 결과에 대한 내 예측을 토대로 더 많은 연구를 수행했다. 온기와 냉기의 설정을 예일대학 연구와 다르게 바꾼 한 연구에서, 따뜻한 온도 조건 아래에서 사람들은 자기가 사랑한 사람을 떠올릴 것이라 확신했다. 즉 온기를 느끼도록 '자극'을 주면, 사람들은 분명 머릿속에 사랑을 떠올린다고 생각한 것이다. 그러나 이런 내 예측은 완전히 빗나갔다. 오히려 정반대로 춥게 설정된 온도 조건에서 사람들은 사랑하는 사람을 떠올리는 경향을 보였다.

게다가 이 결과는 매우 탄탄한 것으로 입증되었다. 우리는 네덜란드에서뿐만 아니라 그 연구가 처음 진행되었던 프랑스에서도 대규모 표본을 대상으로 동일한 실험을 진행했다. 나는 점화 효과를 기대했었다.[++] 따뜻하게 설정된 온도 조건이 사람들에게 사랑하는 사람과 관련된 '따뜻한' 생각들을 떠올리도록 유도할 것이라 기대한 것이다. 그러나 그 실험에서 나는 '보상compensation'과 관련된 효과를 확인했다. 즉 춥게 설정된 온도 조건이 사랑하는 사람과 관련된 '따뜻한' 생각이라는 사회적 체온 조절의 인지 결과를 낳은 것이다.

나는 그 결과를 두고 크게 놀라지 말았어야 했다. 왜냐하면 더모트 라이넛Dermot Lynott과 동료들이 예일대학의 그 실험 절

[+] 애초의 연구에 참여한 주체가 아닌 다른 주체에 의한 검증.

[++] 2장 62쪽을 참조하라.

차를 정교하게 재현했지만 예일대학 실험과는 다른 결과를 얻었기 때문이다.[11] 솔직히 말하자면 우리 심리학자들은 어떤 예측을 하고 그 예측을 토대로 실천적인 조언을 제공하는 자기 능력을 지나치게 낙관적으로 바라보는 경향이 있다. 그런 조언의 예를 들자면 "X로 방을 따뜻하게 데워라. 그러면 Y라는 결과를 얻을 것이다"가 있다.

과거에 우리가 연구를 진행했던 방법과 그 결과로 나온 자료를 분석했던 방법으로는, 특정한 상황에 놓인 특정한 개인의 행동을 매우 정확하게 예측할 수 없다. 그렇다고 근본적인 여러 원리와 메커니즘이 완전히 잘못되었다는 뜻은 아니다. 연구가 재현될 수 없다면 그 결과는 '이론'은 말할 것도 없고 어떤 가설이나 개념이나 발상을 지지한다고 볼 수 없다. 《네이처》와 《사이언스》에 발표된 21편의 사회학 및 행동과학 논문들의 연구를 재현했지만, 결과까지 재현에 성공한 것은 단 13편밖에 되지 않는다. 이런 초라한 결과를 담은 논문이 《네이처》에 발표된 것을 생각해보면, 재현성 위기가 얼마나 심각한지 금방 알 수 있다.[12]

신뢰성 혁명의 시간이 다가왔다.

우리는 먼길을 걸어왔고, 지금도 계속 전진하고 있다. 그러나 여전히 제대로 자리 잡지 못한 상태다. 나와 동료들 그리고 많은 심리학자가 재현성 문제를 해결하기 위해 도입한 첫 번째 변화는 데이터에서 실험참가자 수를 늘리는 것이었다. 그러나 이조차도 충분치 않았다. 왜냐하면 그래 봐야 제한된 발견만 가능할 뿐이기 때문이었다. 우리는 한층 더 크게 생각할 필요가 있었다. 바로 이것이 우리가 '인간적인 펭귄 프로젝트Human Penguin Project'라고 부르는 프로젝트에서 심리학자들이 전형적으로 동원하는 논리적인 틀logic governing을 바꾼 이유다(이 프로젝트의 목적은 기후와 사회적 체온 조절 행동 그리고 심부 체온 사이 연관성을 이해하는 것이다).[13]

심리학자들은 보통 대상을 관찰하거나 다른 분야에서 어떤 것을 빌어오거나 혹은 경험을 토대로 추측을 함으로써 어떤 발상을 떠올린다. 자기가 관찰한 내용을 어떤 발상에 맞춰 우격다짐으로 끼워 넣으려 노력하기도 한다. 그렇지만 우리는 재생산되기 어려운 결과를 낳는 오류 가능성을 선제적으로 줄이도록 조건을 설정함으로써 전혀 다른 길을 가기로 한다.

재생산되기 어려운 결과는 적절하지 않은 인과관계 설정을 포함한 여러 가지 인간적인 오류의 산물이다. 우리는 이런 인간적인 오류를 피하려고 컴퓨터 알고리즘을 활용해 데이터를 해석한다. 기존 연구를 재현할 때 나타나는 문제들은 흔히 '소음(부수적으로 발견한 사실들)'을 '신호(의미 있는 현상들)'로 잘못 해석하기 때문이다. '과적합overfitting'이라 불리는 이 오류 때문에 재현성 위기가 지속적으로 나타난다는 사실은 나를 포함해 많은 연구자가 잘 안다.[14]

연구자가 어떤 데이터세트data set⁺를 단 하나의 맥락에서만 관찰해 확인한 세부 사항들을 적용한 다음, 현실과 맞지 않게 지나치게 복잡한 모델로 결과를 일반화할 때 흔히 과적합의 오류가 나타난다. 사실 어떤 일들은 순전히 운이 나빠 일어나기도 한다. 예를 들어 어떤 실험참가자는 실험을 진행하는 연구자가 제시한 질문에 대답하는 것에는 애초에 관심이 없었다거나, 혹은 만취 상태로 심리실험실을 찾아와 실험에 임했을 수도 있다. 인생의 한 부분이기도 한 이런 비정상은 자료를 해석하려고 우리가 가지고 있는 모델로써 언제나 설명할 수 있는 것이 아니다. 그러므로 그 자료를 억지로 그 모델에 끼워 맞추려 해서는 안 된다.

이런 문제를 피하고자 우리는 기계를 동원하는 현대적 기법을 적용해, 자기가 생각하는 가능성을 자료 위에 올려놓는 게 아니라 가장 가능성이 있는 모델을 그 자료를 기반으로 만들려고 노력한다. 그런 다음에 그 데이터세트 안에서 우리가 얻은 결과를 재현하려 한다. 우리는 우리가 하는 연구 프로젝트 안에서 일종의 선제적인 재현을 시도한다. 부주의하거나 술에 취한 실험참가자들에게 모든 것을 차근차근 설명하려 하기보다는, 지도형 기계학습supervised machine learning이라는 기법을 사용해 탐색적 분석exploratory analysis✣✣ 작업을 수행한다. 이 기법은 인간인 연구자가 따로 명시적인 지시를 내리지 않아도 기계가 자동으로 자료를 해석한다. 연구자는 자기가 한 예측을 수행하도록 기계를 따로 프로그래밍하지 않아도 되며, 기계학습 결과를

✣ 발표나 해석을 위해 실험이나 관찰을 통해 수집하는 일련의 특수한 값을 갖는 관측치들의 집합체.

✣✣ 기존 통계학이 가설 검증 등에 치우쳐 자료가 가진 본연의 의미를 찾는 데 어려움이 있다는 문제를 보완하려고, 주어진 자료만 가지고도 충분한 정보를 찾을 수 있도록 한 자료 분석 방법.

받아본 다음에 검증 단계로 넘어가기만 하면 된다.

## 인간적인 펭귄 프로젝트

'인간적인 펭귄 프로젝트'는 체온과 관련해 이미 알려진 여러 상관성을 파악하기 위해, 과거에 축적한 대규모 연구들을 기반으로 구축되었다(여기에는 우리가 한 연구도 포함되어 있었다). 이미 알려진 상관성들 가운데는 다른 연구자들이 조사했던 특수한 사회관계 변수들도 포함되어 있었다. 예를 들면 향수병과 집에 대한 애착을 들 수 있다. 우리는 또 스트레스나 약물 사용 등 체온에 영향을 준다고 일반적으로 생각하는 변수들도 포함시켰다. 마지막으로 우리는 사회적 고립이 강화되면 당분 섭취량이 늘어난다는 상식적인 가설에 근거해, 하루 식단과 당분이 함유된 음료 등과 같이 신진대사나 사회관계망의 질과 관련 있는 변수들을 확인했다.

변수를 선택할 때 우리는 일부러 기준을 지나칠 정도로 느슨하게 설정해 여러 변수를 폭넓게 다루었다. 굳이 이렇게까지 한 이유는 과거에 발표된 논문에서 심부 체온의 예측변수로 가장 뚜렷하게 포착된 변수들을 되도록 많이 확보하고 싶었기 때문이다. 자기가 느끼는 여러 감정을 인식하거나 말로 제대로 표현하지 못하는 심리적 상태를 감정표현불능증이라 하는데, 이것뿐만 아니라 자제력이나 애착과 같은 것들도 변수에 포함시켰다.

이런 감정들이 모두 스트레스 제어와 직접적으로 연관이 있으며, 따라서 체온과도 연관성을 가질 수 있기 때문이었다. 우리는 이 변수들을 '인간적인 펭귄 프로젝트' 예비연구와 그 뒤에 이어진 본연구에서 고려함으로써 연구의 질을 한층 높였다.

예비연구와 본연구에서 우리는 실험참가자들에게 오전 9시부터 11시 사이에 설문을 완성하라고 지시했다. 그 이유는 그들이 설문에 응답하기 전에 따뜻하거나 찬 음식을 10분 동안 먹거나 마시지 못하게 하고, 또 한 시간 동안 운동을 못 하게 하기 위함이었다. 실험참가자들은 구강 체온계를 사용해 설문 응답 전후에 각각 한 차례씩 체온을 재고, 그 결과를 사진으로 찍어 우리의 온라인 플랫폼에 게시했다.

우리는 실험참가자 232명을 놓고 예비연구를 시작했다. 이 연구는 '개념 증명proof of concept'✢ 차원에서 두 개의 크라우드소싱✢✢ 플랫폼을 기반으로 내가 개인적으로 진행한 연구다. 예비연구이긴 해도 강력한 몇 가지 사실을 발견하자 자신감이 생겼다. 나는 친구들과 새로운 동료들을 규합해 12개국 1523명의 실험참가자를 대상으로 자료를 모았다. 심리 실험은 정치 여론조사와 비슷해 표본 크기가 중요하다. 심리 실험이 동반되는 많은 연구는, 많은 정치 여론 조사가 선거 결과를 정확하게 예측하지 못하는 바로 그 이유로 기존 결과를 똑같이 재현하는 데

✢ 어떤 개념이나 이론의 가능성을 증명하는 것.

✢✢ 대중의 참여로 해결책을 얻는 방법.

실패한다. 표본 크기가 너무 작거나 지역적 특성이 강하거나, 혹은 어떤 식으로든 응답 결과가 대표성을 띠지 못하는 것이다. 심부 체온을 예측하는 가장 정확한 변수들이 무엇인지 한층 정밀하게 파악하는 것이 우리 연구의 목표였다.

우리가 파악한 사회적 체온 조절의 여러 원리를 검증하려면 기본적인 사항부터 확인할 필요가 있었다. 그러려면 지도형 기계학습 기법을 사용해 심부 체온에 영향을 줄 수 있는 사회적 요인과 비사회적 요인을 모두 파악해야 했다. 사람들의 심부 체온을 예측하는 데서 나타나는 복잡성은, 반드시 살펴야 하는 변수들이 워낙 다양하다는 데 있다. 이렇게 자료를 분석한 끝에 우리는 사회관계망 다양성이 심부 체온의 한 가지 핵심적인 예측변수임을 발견했다(사회관계망 다양성은 어떤 사람이 관계하는 사회적 역할들 가운데 접촉량이 많은 역할 수를 기준으로 규정된다).

다음으로 우리는 또 하나의 절차를 적용해 추운 기후가 복합적 사회 통합 지수가 높은 것과 관련이 있음을 입증했고, 반대로 복합적 사회 통합 지수가 높은 것이 심부 체온이 높은 것과 관련이 있음을 입증했다. 중앙난방체계가 있음에도 불구하고 사람들은 복합적 사회 통합과 관련이 있는 사회적 온기에 의존해 주변 환경의 추위에 대항한다. 사람들이 추위에 대항하는 이런 방식과 과정을 우리는 여전히 정확하게 알지 못한다. 그리고 우리의 작업 가설[+]은 감정은 온도 변화와 연동된다는 것, 더 나

[+] 실험 관찰이나 연구 조사를 통해 나중에 검증받아야 할 임시적인 가설.

아가 사람들은 사회적 정서 조절 과정을 통해 다른 사람의 체온 조절에 도움을 주기도 한다는 것이다. 쥐들의 행동과 마찬가지로 어떤 사람이 상호 작용을 하는 상대방과 정서적으로 가깝다고 인식할 때, 이 사람은 상대방의 체온 조절에 도움을 주려고 자기 에너지를 기꺼이 소비하려 들 것이다.

여기에서 기억해야 할 요점은 지금까지 내가 줄곧 강조했던 것처럼 역추론을 하지 말라는 것이다. 적도에서 멀리 떨어진 지역에 사는 사람이 사회적 다양성 지수가 높다는 이유만으로 그 사람이 상대적으로 더 (혹은 덜) 사회적이라는 뜻은 아니다. 사람은 다양한 이유로 여러 가지 사회적 상호 작용을 하며 살아간다. 그 다양한 이유 가운데 하나가 사회적 체온 조절이다. 사람은 또 자기가 안전하다는 사실을 확인하려고 다른 사람과 음식을 나누기도 하고, 다른 사람에게 의존하기도 한다. 우리는 자기가 가진 자료를 토대로 사회적 상호 작용 측면에서 한 나라가 다른 나라보다 더 낫다거나 못하다고 추론할 수 없다.

기억해야 할 또 하나의 요점은 지도형 기계학습 접근법은 인과관계를 반드시 암시하지 않는데도 예측변수를 지정한다는 점이다. 예측변수가 바로 원인이라고 가정하는 것은 많은 사람이 흔히 구사하는 유용한 습관이다. 그러나 과학자들에게는 이것이 성가시기 짝은 없는 습관일 수 있다. 망치를 든 사람 눈에는 세상의 모든 게 망치질을 해야 할 못으로 보인다는 말도 있지 않은가? 당신은 이렇게 모든 것을 망치질하고 다닐 건가?

지도형 기계학습은 사회적 체온 조절의 여러 원리를 검증할 때, 어떤 구체적인 인과관계를 설정하지 않고서도 자료를 의미 있게 탐색할 수 있는 길을 우리에게 제시한다. 그 가운데 가장 중요한 것은 현대의 인간관계도 체온 조절을 중심으로 조직된다는 원리다. 우리의 사회관계망이 오늘날 매우 정교하게 보이지만, 이런 관계망의 체온 조절 토대는 사실 체온 조절 행동이 진화 과정에서 맨 처음 나타났을 때와 크게 다르지 않다. 이것은 사회적 체온 조절은 진화의 길을 걸어왔던 인간 조상들이 획득한 특성일 뿐만 아니라, 형태나 구조나 작동을 기준으로 한 형태학적 측면에서 볼 때 인간 진화의 초기 단계 모습과 전혀 바뀌지 않았다는 뜻이기도 하다.

## 애착을 통해 안전을 예측한다

우리는 지금 인간의 다양한 사회관계망을 탐구하는 단계로 건너뜀으로써 커다란 쟁점 하나를 빠뜨리고 지나왔다. 애착이나 다른 사람의 행동 예측과 관련된 논의 대상은 우선 인간이 보호자와 맺는 첫 번째 관계이며, 그다음은 인간이 맺는 가장 친밀한 관계다. '인간적인 펭귄 프로젝트'에서 우리는 한층 다양한 사회관계망을 통해 추위로부터 보호받는 일이, 오로지 낭만적인 관계에 있는 사람들에게만 적용된다는 발상을 발견하고 그 결과를 재현했다. 비록 우리는 아직까지 그 이유를 밝혀내지 못했지만, 몇 가지 멋진 발상들을 제공하는 상당한 분량의 자료를 가지고 있다.

애착 유형이 유아기를 넘어선 시기에 형성되며, 사람은 자기의 애착 유형을 성인기에 다른 인간관계에 적용한다는 사실은 널려 알려져 있다. 발달심리학자들인 존 볼비와 메리 에인스워스의 연구 그리고 해리 할로의 실험 덕분이다. 가짜 어미 원숭이를 동원한 할로의 원숭이 실험들은 이 원리들을 단순명쾌하게 입증했다. 철사로 만든 차가운 가짜 어미 원숭이밖에 의지할 상대가 없었던 새끼 원숭이는 사회적으로 냉담한 성체로 성장했다. 반면에 같은 가짜 어미 원숭이긴 했지만 따뜻한 천으로 덮여 있던 어미 원숭이에 의지했던 새끼 원숭이는, 차가운 가짜 어미 원숭이 아래 성장한 원숭이보다 한결 더 따뜻한 사회성을 가진 성체로 성장했다. 비록 진짜 어미 원숭이 아래 성장한 다른 개체보다 사회성이 결핍되긴 했지만 말이다. 사람은 인간관계가 복잡한 만큼 한층 복잡한 애착 유형을 가진다. 그런 인간관계는 갓난아기와 보호자 사이 관계를 뛰어넘는 관계의 토대 혹은 모델을 형성한다.

애착의 개념과 유형 그리고 이런 유형들의 분류는 특히 임상의사와 치료사에게 유용하지만, 애착의 생물학적 메커니즘을 온전하게 이해하려면 아직도 많은 문제가 해결되어야 한다. 생물학적 기원을 충실하게 이해하는 것이야말로 효과적인 임상 진단과 치료 차원의 개입 방법론을 마련하는 데 필수적인 과정이다. 앞에서 살펴보았듯이 쥐 연구는 설치류 집단 행동의 진화적 추동력이 바로 포식자로부터 보호받으며 추위를 막아야 한다는 필요성이었음을 일러준다. 어린 개체가 부모 보살핌과 생존을 위한 먹이를 필요로 하는 여러 동물 종에게, (쥐와 인간 모두 이런 종에 속한다) 포식자와 추위로부터 자기를 지키는 일은 특히 긴급한 과제다. 자연 선택은 애착 행위의 손을 들어주었는데, 이 행위 덕분에 어린 개체가 성체로 성장해 후손을 낳을 가능성이 높아지기 때문이다.

포식자와 추위로부터 보호받는 것과 관련해서 보면 애착은 위험을 사회 집단 전체로 분산하는 행위로, 그것이 바로 체온 조절 메커니즘이다. 문화적 진화가 생물학적 진화의 적응적 혜택으로까지 확장한 현대의 인간에게서는, 애착과 복합적 사회 통합의 생물학적 추동자들이 성인기에 덜 중요해지는 것이 당연하다. 그러나 실제 현실에서는 그렇지 않다. '인간적인 펭귄 프로젝트'에서도 보았듯이, 어린 개체가 보호자에게 의존하는 것 그리고 어린 시절의 이런 의존 경험이 생애 전체를 통해 일정한 역할을 한다는 것, 이 두 가지 사실은 인간의 사회적인 삶이 '여전히' 위험 분산과 체온 조절이라는 두 가지 기본 목적을 중심으로 조직되어 있음을 뜻한다. 놀랍게도 문화적 진보가 포식자와 추위를 포함한 다양한 환경적 위협들에 대비하는 온갖 경제적, 정치적, 도덕적 그리고 기술적 방어책들을 낳았음에도 불구하고 이런 사실은 여전히 유효하다.

이 장 서두에서 말했듯이 에크만과 동료들이 한 연구들은, 실험참가자들이 연구자들의 요구에 따라 슬픔이나 분노 등의 감정을 표정으로 지어내는 행동만으로도 그 사람의 말초부 체온이 변화하는 등 자율신경계가 상당한 수준으로 영향을 받는다는 것을 보여주었다. 그러나 자율신경계에 대한 이런 효과는 사회적 체온 조절과도 관련이 있다. 분노나 공포나 슬픔 등 단순하게 규정되는 별개의 정서 상태들과만 관련이 있는 것이 아니다. 감정이나 감정 표현은 개인에게서만 나타나지 않고 관계의 사회적 맥락 속에서도 나타난다. 그렇기에 감정이나 감정 표현은 애착과 관련이 있다고 볼 수 있다.

애착 이론을 다룬 심리학 연구 문헌은 매우 많다. 애착 이론을 비판적으로 검토한 심리학자들인 에버렛 워터스Everett Waters와 데이비드 코크란David Corcoran 그리고 멜템 아나파르타Meltem Anafarta는 2005년에 애착 이론은 인간관계의 일반 이론을 지향하는 게 아니라, 사람이 사랑하는 사람과의 이별이나 재해 혹은 위협 인지와 같은 스트레스 상황에서 인간관계에 대응하는 방식에 대한 설명이라고 지적했다.[15]

나는 이 지적을 다르게 표현하고 싶다. 애착은 하나부터 열까지 모두 환경 적응의 문제라고. 생애사 이론life history theory은 한 유기체의 생애사가 (특히 그 유기체의 생식적 발육과 행동, 생식 이후 행동 그리고 수명이) 자연 선택에 의해 어떻게 영향을 받았는지 살핌으로써 그 유기체의 몸과 다양한 행동 측면을 설명할 목적으로 1950년대에 탄생한 생물학적 진화 이론이다. 애착과 관련해 생애사 이론은 어떤 유기체가 성장하고 발달하는 환경이 혹독할수록 그 유기체의 애착 강도는 느슨해짐을 밝혀냈다. 자연 선택의 관점에서 볼 때, 이것은 혹독한 환경에서의 생존은 그 유기체가 얼마나 경계심이 많은가에 따라 좌우되며, 또 강한 경계심은 안정적인 애착이 의미하는 평온한 안락함과 양립할 수 없는 행동 양태이기 때문이다.

앞서 1장에서 소개한 다음 실험 결과를 상기하기 바란다. 따뜻한 방에 있는 아이들이 추운 방에 있는 아이들보다 스티커나 풍선을 '옆방에 있는' 가상의 아이에게 더 많이 나누어주었다. 더 나아가 이 효과는 안정적인 애착을 느끼는 아이들에게서 주로 나타났다. 그러나 재현성 위기가 심리학 분야를 덮치면서 우리 심리학자들은 우리가 진행하는 연구의 표본 크기가 의미 있는 결과를 보장하기에는 지나치게 작다는 사실을 깨달았다. 게다가 그동안 애착과 사회적 체온 조절 사이에는 아무런 관련이 없음을 입증하는 듯한 몇몇 연구들이 발표되었다.

이런 이유로 나와 동료들은 '인간적인 펭귄 프로젝트'와 매우 비슷한 근거를 토대로 구성된 세 가지 연구 프로젝트를 시작하기로 했다. 우리는 사람들에게 가까운 인간관계에서 느끼는 애착 감정과 관련된 서른여섯 개의 진술문을 제시했다. 예를 들면 이런 식이었다.

> "나는 사랑하는 동반자 때문에 나를 의심하게 된다."
> "내 생각과 감정을 동반자에게 털어놓으면 마음이 편하다."
> "사랑하는 동반자에게 의존하는 것이 나로서는 마음이 편하다."

실험에 참가한 사람들은 각각의 진술문에 동의하는 정도를

1점(전혀 동의하지 않는다)부터 7점까지(완전히 동의한다) 점수를 매겼다. 다음으로 이들은 따뜻한 (혹은 차가운) 컵을 손에 쥔 뒤에 지금 머릿속에 떠오르는 사람 다섯 명을 말하라는 요청을 받았다. 그러고 나면 그 다섯 명과 얼마나 친밀하다고 느끼느냐는 질문을 받았다. 이 연구를 진행하면서 우리는 2008년에 예일대학에서 진행된 연구를 토대로, 따뜻한 컵을 만지는 행위가 그들이 한층 가깝다고 느끼는 사람과 관련된 생각을 유도할 것으로 예측했다. 그러나 우리는 완전히 틀렸다. 차가운 컵을 만진 사람들이 대부분 자기가 사랑하는 사람을 떠올렸다. 게다가 이런 결과는 일관되게 재현되었다. 차가운 온도 조건의 실험참가자는 일관되게 자기가 사랑하는 사람을 떠올린 것이다.

우리는 분석을 한층 더 깊이 파고들었다. 우리는 다른 사람에 대한 애착이 실험참가자의 온도에 대한 반응에 영향을 주는지, 영향을 준다면 어떻게 주는지 알아보고 싶었다. 과거의 실험들에서는 일관성이 없는 결과가 나왔다. 앞서 설명한 것과 동일한 설문 절차를 거쳐 우리는 일관된 한 가지 패턴을 포착할 수 있었다. 동반자에게 의존할 수 있다고 믿으며, 자기 생각을 동반자와 나눌 때 마음이 편안해진다고 느낀 사람들은 차가운 컵을 만질 때 사랑하는 사람을 더 많이 떠올렸다. 한편 사랑하는 동반자에게 의존하는 것이 마음이 편치 않다고 대답한 사람들에게는 반대 경향이 나타났다.

이 연구와 관련해 흥미로운 점이 하나 있다. 이것은 연구가 진행되는 도중에 내가 직장을 옮겨 네덜란드에서 프랑스로 이

사했다는 사실에서 비롯되었다. 그 덕분에 나는 동일한 발상을 전혀 다른 실험참가자 집단, 즉 프랑스 대학생을 대상으로 검증할 수 있었다. 프랑스 학생 집단에서도 동일한 결과를 확인했지만, '인간적인 펭귄 프로젝트' 실험참가자들과 비교할 때 그들은 온도 설정 조작에는 다소 덜 민감하게 반응했다.[16]

인간 이외의 동물 종에서 진실인 것이 인간의 애착과 관련해서도 곧바로 추론된다. 혹독하고 위협적인 환경에서 성장한 사람은 경계심이 많으며, 불안정한 애착을 가지는 경향이 있다. 사람은 대부분 안정적인 애착이 정서적으로 '건강하고' '좋은' 것이며, 불안정한 애착은 본질적으로 '건강하지 못하고' '나쁜' 것으로 생각하는 경향이 있다. 충분히 이해할 수 있는 일이다.

그러나 타조를 생각해보자. 타조가 먹이를 발견하고 그것을 먹으려면 머리를 지면 가까이 숙여야 한다. 이런 자세를 취하고 있을 때는 포식자를 경계할 수 없다. 달리 말하면 먹이를 먹는 행위에 목숨을 걸어야 한다. 타조처럼 긴 목을 가진 동물로서는 특히 그렇다. 그러나 이런 위험을 피하는 방법이 있는데, 그것은 바로 굶는 것이다.

타조는 먹이 활동과 관련된 위험을 집단 전체로 분산함으로써 그것을 해소한다. 즉 타조 무리 가운데 몇몇은 다른 타조들이 고개를 숙여 먹이를 먹을 때 고개를 쳐들고 포식자를 경계하는 것이다.[17] 만일 경계를 서던 타조들이 어떤 반응을 보이면, 이 반응은 집단 전체를 향하는 경계 신호가 된다. 이런 식으로 타조 '사회'에서 위험은 분산된다. 타조 무리 가운데 몇몇은 한

가하게 머리를 숙여 땅에 떨어진 먹이를 주워 먹을 때, 이들보다 불안정 애착 강도가 높은 타조들은 경계심을 풀지 않는다. 왜냐하면 경계심이 많은 타조들은 다른 타조들에게 일관되게 의존할 수 없다고 예측하기 때문이다. 이런 식으로 몇몇 타조들의 불안정 애착은 집단 전체에 도움이 될 수 있다. 아닌 게 아니라 삶과 죽음이 갈리는 문제이기 때문이다.

타조가 아닌 사람을 대상으로 한 실험은 2011년에 규모가 큰 (그리고 구성원이 다양한) 집단의 일원이 될 때, 삶과 죽음의 갈림길에서 살아남을 가능성이 그만큼 크다는 것을 보여주었다.[18] 이 실험에서 연구자들은 총 마흔여섯 개 집단을 몰래 관찰했다. 연구자들은 실험참가자들이 집단으로 들어가 있는 방에 컴퓨터가 고장 나고, 거기에서 연기가 피어나고, 이 연기가 방안 가득 차는 상황을 설정했다. 어떤 집단에서든 간에 한 사람이라도 애착 불안이 있다면, 집단 전체는 그 방에서 조금이라도 일찍 나올 수 있었다. 이 사실을 연구자들은 다음과 같이 표현했다.

"애착 불안은 위험을 한층 더 빠르게 포착하는 것과 (…) 위험이 감지되는 순간 그로부터 도피하겠다는 반응이 한층 빠르게 나타나는 것과 관련이 있다."

어떤 집단이 회피 애착을 가진 사람을 포함할 정도로 충분히 다양할 때, 이 집단의 안전성 수준은 그만큼 높아진다. 아닌 게 아니라 어떤 집단에서 그 어떤 구성원도 불안함을 드러내지 않을 때, 이 집단이 방 안에 연기가 차고 있음을 알아차릴 가능성은 그만큼 줄어든다. 만일 이것이 연출된 상황이 아니라 실제 상황이라면, 안정 애착 유형의 사람들로만 구성된 집단은 자기들이 처한 치명적인 환경에 만족스럽게 애착된 상태로 모두 죽고 말 것이다. 그들이 이런 결과를 맞이한 것은 잘못된 예측을 했기 때문이다. 벤저민 프랭클린도 "모든 사람이 똑같이 생각한다면 아무도 생각을 하지 않는 것이다"고 말하지 않았던가.

## 신진대사 자원 관리

앞서 예측과 에너지 소비를 언급한 바 있는데, 여기에서 좀 더 구체적으로 살펴보자. 4장에서 나는 친구이자 동료인 짐 코안의 연구 작업을 소개했는데, 그 이야기부터 해야겠다. 나는 2014년에 샬로츠빌에 있는 버지니아대학으로 짐을 만나러 갔다. 이 방문은 사회적 체온 조절 분야에서 내가 가지고 있던 관점을 바꾸는 계기가 되었다. 그때 나는 짐이 이미 여러 해 전에 깨달았던 진실을 비로소 깨달았다.

짐은 '손잡기 효과handholding effect'라고 직접 이름을 붙인 일련의 연구를 진행하고 있었다. 그는 실험참가자들을 대상으로 (대부분 여성이었다) 기능성 자기공명영상장치로 뇌의 활성화 정도를 측정하면서, 그들에게 발목에 약한 전기 자극이 주기적으로 가해질 것이라고 말했다. 알다시피 이 말을 들은 실험참가자들은 불안할 수밖에 없었다. 짐은 실험참가자들을 세 집단으로 나누어 각기 다른 조건을 설정하고 스트레스와 관련된 뇌 활동을 측정했다. 첫 번째 집단은 실험참가자에게 동반자의 손을 잡게 했고, 두 번째 집단은 낯선 사람의 손을 잡게 했으며, 마지막 집단은 누구의 손도 잡지 않고 혼자 있게 했다.

짐은 이 실험을 시작하기 전에 동반자의 손을 잡은 집단이 감정 조절을 더 잘할 것으로 예측했다. 이것은 충분히 일리가 있는 예측이었다. 손을 잡아주는 사람이 없을 때보다 있을 때 스트레스와 관련된 뇌 부위(예를 들면 전전두엽)에 '점화'✣ 현상이 더 많이 나타날 것으로 예측한 것이다. 당시 이런 심리 실험을 할 때 지배적인 설정 모델은, 사람들이 사회적 지원에 필요한 자원을 다른 사람에게 의존할 수 있다고 믿는다는 것이었다.

짐 코안은 그렇게 실험을 진행했는데 기대하던 것과 정반대의 결과가 나왔다. 동반자가 옆에서 손을 잡아줄 때 실험참가자의 스트레스 관련 뇌 부위들이 '상대적으로 적게' 점화된 것이다. (낯선 사람이 손을 잡을 줄 때는 이런 경향성이 조금 더 낮게 나타났다.)

짐은 이런 결과를 어떻게든 설명해야 했다. 동일한 결과가 계속 나왔기 때문이다. 당시 버지니아대학 인지과학자인 데니스 프로핏Dennis Proffitt은 매우 깔끔하고도 우아한 설명을 내놓았다. 그는 짐의 실험에 참가한 사람들이 타조처럼 행동한 것이라 말했다. 그들은 스트레스를 분산하고 있었기에 정서적으로 '덜' 흥분한 상태였다는 것이다. 이런 깨달음과 더불어 짐의 사회적

✣ 뉴런 하나에 불이 들어오면 이것과 연결된 주변 뉴런으로 불이 옮겨붙는 것을 말한다.

기준 원리가 탄생했다. 다른 사람들과 함께 있는 것이 우리가 가진 기준적인 기대치라는 것이다. 달리 말하면 혼자 있을 때는 기준적인 기대치가 충족되지 못해 불안해진다는 뜻이다.[19]

본질적으로 이것이 바로 '사회적이다'라는 말이 의미하는 내용이다. 매우 심오하면서도 놀랍도록 단순한 통찰인 프로핏의 이 추론은 행동의 경제를 탐구하면서 그가 수행한 많은 연구 결과를 토대로 한 것이었다. 행동의 경제에 관한 프로핏의 연구는, 앞서도 잠깐 언급했던 거리나 경사도 추정과 관련된 연구들을 토대로 삼았다. 사람들은 자기가 걸어 올라갈 언덕의 높이 혹은 경사도를 말로 표현하거나 시각적으로 묘사할 때 과장하는 경향이 있다. 프로핏은 사람들의 추정치는 자기가 개입해 있는 행동에 도움을 준다고 추론했다. 즉 사람들이 언덕의 경사도를 과장해서 말한다면, 그것은 뇌와 몸이 그들에게 그 언덕을 올라가려는 시도 따위는 하지 말라고 말린다는 뜻이다.

이스라엘 연구자 차치 아인-도르Tsachi Ein-Dor가 이와 매우 관련성이 높은 주제를 가지고 짐 코안과 함께 후속 연구를 진행했다. 어떤 사람이 회피적인 애착을 가질 때, 즉 자기가 다른 사람들에게 의지할 수 있다고 느끼는 정도에 따라 행동 결과가 어떻게 달라지는지 평가하기 위해 사람들의 공복 혈당을 측정했다. 그 결과 회피적인 애착 성향을 가진 사람일수록 공복 혈당 수치가 높다는 사실을 발견했다. 연구자들은 회피적인 애착 유형을 가진 사람일수록 한층 더 많은 신진대사 자원을 동원한다고 결론 내렸다. 어떤 일을 혼자서 할 때는 그 일을 사회적으

로 분산할 때보다 더 많은 에너지가 필요하다는 건 어쩌면 당연한 이야기다.[20]

## 공동 체온 조절

애착에 관해 심리학자들이 알고 있고 또 실험을 통해 측정하는 대상은 대부분 위험 분산과 관련이 있다. 예를 들면 심리학자는 실험참가자들에게 이런 질문을 던진다.

"당신은 부모와 함께 있을 때 안전하고 안정적이라 느끼며, 또 일이 힘들 때 그분들에게 의존할 수 있다고 느끼는가?"

그러나 사회적 체온 조절에 관한 우리의 바람에서 개인적인 편차는 어떻게 나타날까? 사회심리학자들은 늘 상황에서 비롯되는 힘에 집착하는 바람에 그런 개인적인 편차를 온전하게 이해하지 못했다. 그러나 우리가 인생에서 찬양해야 하는 놀라운 것들 가운데 하나는, 사람들은 여러 가지 면에서 제각기 다르다는 사실이다. 사회적으로 체온을 조절하고 싶다는 바람이나 그런 역량도 마찬가지다. 체구가 큰 동물은 체열을 상대적으로 잘 보존하지만, 거꾸로 이들은 주변 온도가 매우 높을 때는 한층 더 힘들 수밖에 없다.

사람들은 또한 어린 시절에 신뢰할 만한 체온 조절 보살핌을 받은 정도가 제각기 다르다. 그래서 나와 동료들은 '인간적인 펭귄 프로젝트'에서 사용한 12개국 1523명의 실험참가자 데이터세트를 기반으로 개인적인 차이를 판단하고 측정할 수 있는 기준을 만들었다. '사회적 체온 조절과 위험 회피 질문Social Thermoregulation and Risk Avoidance Questionnaire'(이하 STRAQ-1)이라 이름을 붙인 이 척도 역시 이전에 이루어진 연구 조사에 폭넓게 의존했다.[21]

STRAQ-1 프로젝트는 어린 시절의 애착과 성인 시절의 애착을 이해하는 데서 발생하는 격차를 해소하고, 또 개인의 개성과 그가 놓인 환경 사이 관계를 이해하는 데 목적을 두었다. 우선 애착이라는 개념이 상대적으로 무력한 어린아이가 생존을 위해 다른 사람들에게 의존한다는 가설을 바탕으로 한다는 점을 떠올려야 한다. (애착은 어린아이와 보호자 사이에 형성된 유대감이며, 그 뒤에 이어지는 많은 사회적, 정서적, 인지적 발달을 추동하는 힘이다.) 이 가설의 중요한 측면 하나는, 어린아이의 생존 여부는 이 아이가 환경에서 비롯되는 수많은 어려움을 성공적으로 극복해내는 능력에 달려 있다는 점이다. 어린아이의 신체로는 다른 사람들에게 의존할 수밖에 없다. 체구가 작으므로 혼자서는 몸을 따뜻하게 데우는 게 불가능하기 때문이다.

STRAQ-1 프로젝트는 유아기에 분명하게 나타나는 개인과 개인 사이 애착의 질을 탐구했다. 더 자세하게 말하자면, 그 애착의 질은 개인이 어린 시절에 체온 조절 과제를 보호자에게 성공적으로 분산할 수 있는가 하는 점과 강력한 연관성을 가질 수 있다는 가설을 탐구했다. 만일 보호자가 어린아이의 체온 조절 필요성을 해결해주며 아이에게 신뢰감을 주었다면, 아이는 유아기에서 성인기로 이어지는 동안 안정적인 애착을 형성한다고 기대할 수 있다. STRAQ-1 질문들은 실험참가자들의 체온 조절 분산 경향성을 평가할 수 있도록 설계되었다.

우리는 체온과 스트레스의 사회적 조절은 애착 유형 형성에 중요한 요인이라는 추정을 전제로 삼아 STRAQ-1의 자료를 분석했다. 사회적 체온 조절, 높은 체온 민감성, 단독 체온 조절, 위험 회피라는 네 가지 하위 범주에서 전체 쉰일곱 개 가운데서 스물세 개 질문이 적절하게 관련이 있음을 파악했다. 사회적 체온 조절(추울 때 다른 사람들과 가깝게 접촉하는 행위)과 관련된 질문에서 높은 점수를 받은 사람들은 건강 상태가 좋은 경향이 있으며, 다른 사람들에 대한 의존 정도는 (그들에게 가지는 믿음과 관련이 있다는 발상과 다르지 않게) 사랑하는 사람들에 대한 애착에서 회피적인 성향이 적었다.

애착에서 회피적인 성향은 성인애착차원척도Experiences in Close Relationships questionnaire, ECR 검사로 측정했는데, 이 검사에 포함된 진술문의 몇 가지 예를 들면 다음과 같다.

> "나는 우울한 마음을 동반자에게 드러내지 않는 편이다."
> "나는 사랑하는 동반자에게 마음을 열어 보이는 게 편치 않다."
> "나는 동반자와 대화를 많이 한다." (이 진술문은 점수 배점이 위의 두 진술문과 반대로 설정되었다.)

처음의 두 진술문에서 높은 점수로 동의한 사람들은 자기가 다른 사람들을 정서적으로 필요로 할 때 '그들이 자기와 함께 있지 않을 것'이라고 예측하는 경향을 보였다. 다른 사람에게 체온 조절을 덜 의존하는 사람이 동반자에게 쉽게 의존하지 않고 또 속마음도 잘 털어놓지 않는 경향이 있음은 그다지 놀랍지 않다. 이 사람들은 또한 감정을 밖으로 더 표출하는 경향이 있었는데, 이것은 본질적으로 자기 감정을 덜 인식한다는 뜻이다.

STRAQ-1 진술문 가운데 사회적 체온 조절과 관련된 것들을 몇 가지 소개하면 다음과 같다. 당신 생각은 어떤지 살펴보라.

"나는 다른 사람들과 신체적 접촉을 많이 하는 편이다."

"사람들과 가깝게 지낼 때 나는 정말 그들과 친밀해지고 싶다."

"나는 추울 때 나를 따뜻하게 안아줄 사람을 찾는다."

"나는 내가 친밀하다고 느끼는 사람과 신체적 접촉을 해서 손이나 발을 따뜻하게 하는 걸 좋아한다."

"나는 물건을 활용하기보다는 사람과 함께 있음으로써 따뜻해지는 걸 선호한다."

높은 체온 민감성과 관련된 진술문에서 높은 점수를 받은 사람들은 불안 애착을 보이는 경향이 있다. 나이 든 사람, 스트레스를 많이 받는 사람, 사회관계망 크기가 상대적으로 작은 사람 그리고 자기 감정을 인식하는 데 서툰 사람이 여기에 포함된다. 이런 진술 항목들은 일반적으로 회피 애착 항목들과 동일한 척도에서 도출된다. 여기에는 "나는 동반자의 사랑을 잃을까 봐 겁난다", "나는 내가 맺고 있는 인간관계에 대해 걱정이 많다" 그리고 "나는 누군가와 매우 친밀하게 지내고 싶은데, 때로는 나의 이런 바람 때문에 사람들이 나를 무서워하며 피한다"와 같은 진술문들이 포함된다. 높은 체온 민감성 항목에서 높은 점수를 얻은 사람들의 애착 체계는 전형적으로 과잉 활성화된다. 이들은 연기가 나는 컴퓨터가 놓여 있는 방에서 경계심을 풀지 않은 바로 그 사람들이다. 불안감이 높은 사람은 사람들이 자기를 위해 함께 있어 주긴 하겠지만, 그것이 지속되진 않으리라 '예측'하는 경향이 있다.

높은 체온 민감성과 관련된 STRAQ-1 진술문에는 다음과 같은 것들이 있다.

"따뜻한 날이면 나는 즐겁다."

"더운 날이면 나는 즐겁다."

"나는 더운 날씨를 좋아하지 않는다."

"따뜻하다는 느낌이 들 때면 나는 아무것도 하고 싶지 않다."

"너무 더울 때면 나는 집중하지 못한다."

"나는 서늘한 곳에서 쉬는 것을 선호한다."

"나는 열에 민감하다."

단독 체온 조절, 즉 혼자서 체온을 조절하는 것과 관련된 진술문에 대해서는 키가 큰 사람일수록 낮은 점수를 기록한다. 여기에서 높은 점수를 기록하는 사람들에는 스트레스를 많이 받는다는 사람, 향수병에 자주 걸린다는 사람, 감정을 바깥으로 덜 표현하는 사람(즉 자기 감정을 더 잘 이해하는 사람) 그리고 일반적으로 불안 애착을 보이는 사람이 포함된다.

혼자서 체온을 조절하는 것과 관련된 STRAQ-1 진술문에는 다음과 같은 것들이 있다.

"나는 추위에 민감하지 않다."
"추울 때면 나는 누구보다 먼저 난로를 켠다."
"추울 때면 나는 다른 사람들보다 옷을 많이 껴입는다."
"너무 추울 때면 나는 집중하지 못한다."
"나는 추워도 난로를 켜지 않는다."
"골치 아픈 일이 있을 때 나는 따뜻한 물로 샤워하고 모든 생각을 말끔하게 털어내는 걸 좋아한다."
"우울할 때 나는 따뜻한 음료를 마시면 언제나 마음이 풀린다."
"스트레스를 받고 있다고 느낄 때 나는 마음을 진정시키려고 따뜻한 장소를 찾는다."

겉으로 볼 때 가장 근거가 탄탄한 발견은 사회적 체온 조절이 애착 회피와 음의 상관성을 가진다는 점이다. 즉 사회적 체온 조절 항목에서 높은 점수를 받은 사람은 애착에서 회피적인 성향을 덜 보인다. 우리가 지금까지 묘사한 효과들이 서로 상관성이 있음을 깨닫는 게 중요하다. 우리는 그 효과들이 지향성이 있다고, 즉 낮은 수준의 사회적 체온 조절이 애착을 회피하도록 유도할 수 있다고 추론할 수 있다. 그러나 이 인과관계를 입증할 증거는 없다. 이런 사실은 더 많은 연구, 특히 사람들을 장기간에 걸쳐 추적하는 연구가 이루어져야 한다는 뜻이기도 하다.

우리는 또 애착과 사회적 체온 조절을 연관시켜, 1장에서 소개한 '사회적 기상'을 예측하는 예측 기계로서 뇌가 기능하는 데 애착이 도움이 된다는 추론도 할 수 있다. 어떤 실험에서 실험참가자가 외로움을 느끼도록 유도할 때, 이 실험참가자는 주변 온도를 실제보다 낮게 추정하는 경향이 있었다.

애착은 우리에게 복합적 사회 통합을 장기적으로 계획하고 관리하도록 유도한다. 안정 애착을 가진 사람은 워런 버핏이 버크셔해서웨이의 투자 포트폴리오를 관리하는 것처럼 장기적인 관점을 가지고 사회관계망의 다양성에 투자한다. 인간은 자기를 따뜻하게 해주고, 위험을 피하는 데 도움이 되는 사람들을 신뢰한다. 우리는 체온 조절('따뜻할' 것으로 예측하는 사람에게 정서적으로 투자하는 것)뿐만 아니라 위험(맺고 있는 사회관계망에 자기를 지지하는 사람들이 포함되어 있다고 예측하는 것)도 자유롭게 분산한다. 이런 사회적 투자는 장기적인 차원에서 이루어진다.

안정적인 애착을 가진 사람이라면 단타 매매를 하기보다는 안정적인 장기 배당을 노린다. 반면에 불안정한 애착을 가진 사람은 '월가의 늑대' 조던 벨포트의 방식대로 복합적 사회 통합에 투자한다. 불안하고 감각이 과잉 활성화되었으며, 다른 사람들에 대한 신뢰성이 의심스럽고 그들에게서 '온기'를 예측할 수 없을 때 사람들은 단기 투자를 한다. 사회적 투자가 즉각적인 수익 창출로 이어지길 기대하는 것이다. 때로 이것은 매우 성공하는 투자가 될 수 있지만, 이런 방식으로는 결코 장기적인 차원의 투자 포트폴리오를 구축할 수 없다.

전체적으로 볼 때 '나'의 체온 조절 능력을 다른 사람들이 지원한다는 발상을 입증하는 번듯한 증거가 있다. 물론 인간의 문화가 효율적인 난방 기술을 발명하기 전에는 사람들이 서로 가깝게 끌어안고서 온기를 나누고 체온을 유지했다. 체온을 상향 조절할 필요성은 고대 인간 집단 내 인간관계를 추동했다. 현대 사회의 인간관계에서도 사람들은 여전히 다른 사람들이 '차가운지' 혹은 '따뜻한지' 측정함으로써 그들에 대한 신뢰를 예측한다는 발상은 '인간적인 펭귄 프로젝트' 결과도 지지한다. 마찬가지로 현대의 다양한 사회관계망 창출은 까마득한 과거의 허들링과 마찬가지로 우리의 심부 체온을 높여준다.

애착은 생물학적 진화 적응의 결과물이다. 이 진화는 고대의 문화적 진화가 복잡한 사회적 관계가 구축되는 오늘날의 현대적인 애착으로 이어진 것이다. 이 연속성은 유아기의 애착이 성인기까지 이어지는 연속성에 비유될 수 있다. 왜냐하면 애착은 보호자와 밀착할 때 발생하는 온기를 바라는 긴급한 신체적 필요성 때문에 처음 나타나지만, 이것이 성인기까지 이어지기 때문이다. 사람은 성인이 되어도 여전히 온기를 찾는다. 보호자와의 신체적 근접성에서가 아니라 사랑하는 동반자나 복합적 사회관계망 속에 통합되는 방식을 통해 온기를 찾는다는 점이 다르긴 하지만 말이다.

까마득한 과거의 애착과 현대의 애착 사이 연속성을 입증하는 증거도 탄탄하다. 이런 관점에서 보자면, 애착에 대해 우리가 알고 있는 것 가운데 비어 있던 부분들이 이제 많이 메워졌다. 비록 지금도 여전히 우리는 복합적 사회 통합이 체온을 높여주는 메커니즘을 제대로 알지 못하긴 하지만 말이다.

그렇다고 해도 우리는 이것과 관련된 어떤 가설 하나는 세울 수 있다. 공동 조절coregulation은 심리학자들이 지속적으로 바뀌는 동반자의 행동이나 행동 방식에 의해 수정된 개인의 행동이나 행동 방식을 설명할 때 쓰는 용어다. (공동 조절은 이 책의 마지막 부분에서 다시 다룰 것이다.) 비록 복합적 사회 통합이 체온을 높이는 메커니즘이 아직 온전하게 드러나지 않았지만, 이것이 공동 조절이라고 혹은 더 구체적으로 말하면 공동 체온 조절이라 믿을 만한 충분한 근거가 있다.

벨리 부오렌코스키Veli Vuorenkoski와 동료들은 1969년에 발표한 논문에서 아기가 괴로워할 때 엄마의 말초부 체온이 올라갔다고 주장했다.[22] 나는 2014년에 이루어진 어떤 연구 작업에서 (이 연구는 지금까지 책으로 출간되지 않았다) 동반자가 슬퍼하는 모습을 본 사람들의 말초부 체온이 내려가는 것을 확인했다.[23]

1969년과 2014년 연구에서 보고된 체온 상승은 확실히 공동 체온 조절의 사례이며 이에 관한 연구는 지금도 계속되고 있다. 게다가 인간관계와 관련된 심리학 저작물들은 사람들이 항상성을 확보하려고(여기에는 체온 항상성도 포함될 것이다) 생물학적 차원에서 공동으로 체온을 조절한다는 사실을 암시하는 더 많은 사례를 제시하고 있다. 체온 조절 그리고 어쩌면 공동 체온 조절까지도 애착과 연관되어 있다. 따라서 이것은 사람들이 다른 사람들을 예측하고 또 그렇게 해서 다양한 사회관계망을 구축할 때 근거로 삼는 것일 수도 있다.

## 사회적 기상 예측

심리학자들은 버빗원숭이를 좋아한다. 귀여워서가 아니라 (사실 귀엽긴 하다) 고혈압, 불안 그리고 집단적으로나 개인적으로 이루어지는 음주 행태 등을 포함해 여러 가지 바람직하지 않은 특성이 인간과 판박이처럼 닮았기 때문이다. 버빗원숭이는 사람처럼 규모가 큰 사회관계망을 지향하는데, 그들은 이 사회관계망을 버핏의 장기 투자 방식처럼 에너지에 대한 장기 투자 활동에 활용한다. 우리는 앞서 3장에서 그루밍과 같은 버빗원숭이의 사회적인 여러 행동이 추위로부터 그들을 일정 부분 보호한다는 사실을 확인했다. 게다가 버빗원숭이의 털은 단열성이 뛰어나, 죽은 버빗원숭이 가죽에서 털을 결과 반대 방향으로 빗겨주는 동작만으로도 이 가죽 안쪽 온도는 상당한 수준으로 높아졌다.

버빗원숭이는 펭귄과 마찬가지로 규모가 큰 사회관계망을 형성하는 것이 얼마나 중요한지 잘 '안다.' 실제로 인간의 갓난아기가 엄마의 따뜻한 보살핌의 손길을 갈구하는 것과 마찬가지로, 새끼 시절인 생애 초기에 버빗원숭이 뇌의 어떤 부분은 '예측 기계'가 된다. 새끼 버빗원숭이는 근접한 신체 접촉과 그루밍이라는 방식으로 다른 개체들에 의존함으로써 몸을 따뜻하게 유지할 수 있음을 이 기계를 통해 깨닫는다. 대규모 관계망 속에서 고도로 애착된 버빗원숭이는 혼자 떨어져 있는 개체보다 체온이 낮다. 버빗원숭이 사회에 애착된 이 동물은 필요할 때 다른 개체들이 자기 몸을 따뜻하게 데워줄 것으로 예측한다.

우리는 이 과정에서 작동하는 메커니즘을 정확하게 알지 못한다. 그러나 어린 시절의 애착은 성숙해가는 과정에서 이루어지는 여러 가지 사회적 경험에 의해 발전하고 강화되며, 또 서로 잘 연결된 버빗원숭이 사회의 체온조절장치 설정 온도를 떨어뜨리고, 정상적인 체온 범위를 낮추어 신진대사에 필요한 에너지를 한결 쉽게 보존할 수 있게 된다고 추론할 수 있다. 버빗원숭이 '사회'는 (적어도 부분적으로는) 가장 비용 효율적인 행동을 선택하는 행동의 경제가 용이하게 작동하도록 할 목적으로 존재하고, 개별 개체는 이 행동의 경제에 기여하기도 하고 그것으로부터 혜택을 받기도 한다.

버빗원숭이 '사회'를 추동하는 힘은 인간 사회 역시 추동한다. 그러나 이 두 사회 사이에는 중요한 차이가 있다. 버빗원숭이 사회에서는 관계망 크기가 추위를 막아주는 매우 경제적인 보호 장치 요소로 작용한다. 그러나 인간 사회에서는 관계망 다양성이 이런 보호 장치 요소로 작용해, 구성원들이 정서적으로 따뜻한 느낌을 가지게 할 뿐만 아니라 실제로 구강 체온을 상당히 높은 수준으로 올린다.

심리학의 다른 많은 분야와 마찬가지로 사회관계망의 질이 체온 조절과 연관성을 가지는 메커니즘을 파악하려면 더 많은 연구가 필요하다. 한편 현재까지 밝혀진 사실들을 토대로 한 이해 수준으로 볼 때, 다양성이 높은 사회관계망과 뚜렷하게 높아진 구강 체온 사이 상관성은 공동 조절의 결과라고 할 수 있다. 에밀리 버틀러Emily Butler와 애슐리 랜들Ashley Randall은 2012년에 발표한 논문에서 공동 조절을 다음과 같이 한층 기능적이고 운용적인 차원에서 정의했다.

"공동 조절은 동반자들 사이에서 끊임없이 작동하는 정서 채널들(주관적 경험과 행동 표현 그리고 자발적인 마음)을 양방향으로 연결하는 행위로서, 밀접한 관계를 맺고 있는 두 동반자에게 필요한 정서적이고 심리적인 안정성을 유지하는 데 기여한다."[24]

그렇다면 양쪽을 끊임없이 오가는 이 정서 채널들이 어떻게 해서 실제로 연결되었을까? 이 질문에 대한 정답은 우리도 아직 모른다. 그러나 우리는 사회적 체온 조절이야말로 애착과 공동 조절 사이 연관성을 생물학적 진화와 문화적 진화를 모두 아우르는 맥락 속에서 설명해줄 열쇠라고 믿는다. 또 우리는 그렇게 믿을 수 있는 이유를 실험 결과로 가지고 있다. 가능한 가장 작은 사회 집단 차원에서 작동하는 공동 조절은 우리가 아직 알지 못한 어떤 것, 즉 동물 무리와 인간 사회가 형성될 수 있게 해주는 생물학적 여러 메커니즘을 이해할 단서를 암시한다. 바로 이 지점에서 다음 장이 시작된다.

6

# 시상하부만이 아니다

•

문화와 언어

우리 인간은 어떻게 펭귄 방식의 허들링에서 시작해 온갖 사회관계망 속에서 상호 작용을 하는 단계에 이르렀을까? 그런 상호 작용이 추위로부터 우리를 보호하는 데 도움이 되긴 하지만, 구성원 각자를 신체적으로 따뜻하게 하는 것과는 전혀 관계가 없는 행위인데도 말이다. 바로 이것이 내가 이 장에서 살펴보고자 하는 질문이다. 이 질문을 다르게 표현하면 다음과 같이 된다.

우리는 어떻게 펭귄과 쥐에서 벗어나 사람에 이르게 되었을까? 어떻게 문명이라 불리는 복잡하고 다양한 관계망을 형성하고, 심지어 사이버 공간으로까지 확장하는 고도로 사회적인 존재가 되었을까?

## 사회적 온기를 공유하다

나는 네덜란드 하를럼이라는 아름다운 도시에 살 때 연구실이 아니라 카페에 앉아서 작업을 하곤 했다. 물론 나만 이렇게 일하는 게 아니다. 그것은 일종의 사회적 관습으로 굳어져 있다. 작가 조앤 롤링도 해리포터 시리즈의 첫 번째 소설 원고 가운데 많은 부분을 영국 에든버러의 '엘리펀트하우스'라는 카페에서 썼다고 한다.

글로벌 커피 체인점 스타벅스는 카페에서 일하는 걸 즐기는 소비자들에 힘입어 전 세계에 2만8천 개나 되는 매장을 두고 있다. 나와 동료들이 암스테르담, 위트레흐트, 틸뷔르흐 그리고 그르노블에서 따뜻한 컵을 만지면서 했던 연구들을 떠올려보라. 스타벅스가 발휘한 상업적 천재성은 많은 사람이 유쾌하다고 여길 이런저런 설정 아래 뜨거운 음료를 고객에게 판매한다는 점이다. 창업자인 하워드 슐츠는 스타벅스 창업을 떠올린 건 카페 문화를 '발명'했다는 수식어가 붙는 나라인 이탈리아에 있을 때라고 말한다. 스타벅스를 찬양하는 사람들은 스타벅스가 전통적인 이탈리아 카페의 독특한 사회적 온기를 맥도날드와 같은 대량 판매 시장인 편의점과 결합했다고 말한다.

스타벅스가 내게 마법을 부린 적은 한 번도 없다. 스타벅스는 이탈리아 카페에서 한 가지를 요소를 빌리고 또 맥도날드에서 다른 요소를 빌렸을 수도 있지만, 그 어떤 곳에 있는 스타벅스 매장도 하를럼에서 내가 자주 가던 카페의 분위기를 가질 순

없다.

'네이티브'라는 이름을 가진 그 카페는 우리 네덜란드 사람들이 게젤리그gezellig하다고 부르는 곳이다. 이 말은 정확하진 않지만 '코지cosy(아늑하다)'라는 단어로 번역되며 명사형인 게젤하이드gezelligheid는 '아늑함'으로 번역된다. 그러나 이렇게 번역하면 원어가 담고 있는 많은 것들이 사라져버린다. 네덜란드어는 특히 사회적 온기를 잘 담아내고 전달한다. 예를 들면 이렇다. 나는 게젤하이드가 몹시 그리워질 때면 네덜란드에서 보낸 크리스마스를 회상하곤 한다. 크리스마스 때 바깥은 몹시 춥고, 우리는 맛있는 음식 냄새가 가득한 집 안에서 온 가족이 난로 주변에 둘러앉는다. 게젤리그라는 단어가 주로 네덜란드에 국한되어 사용되는 반면에 덴마크어인 휘게hygge는 일반 미국인에게까지 퍼져 있는데, 내가 생각하기에 이 단어는 '코지'보다 '게젤리그'에 가깝다.

네이티브는 일하기에 정말 좋은 곳이었다. 그곳에만 가면 나는 마음이 따뜻해지고 긍정적으로 바뀌며 또 활력이 넘치는 걸 느꼈다. 그러다 하를럼을 떠나 프랑스 그르노블로 옮겨갔을 때였다. 사람들도 친절하고 음식도 맛있고 자연 풍광도 믿을 수 없을 정도로 멋졌다. 그런데 단 하나 그리운 게 있었다. 이름도 어쩜 그렇게 딱 맞게 지었을까 싶은 나의 카페 네이티브였다.

그때 나는 '나의 아지트' 네이티브에 앉아 있을 때 받은 느낌은 단지 거기서 팔던 커피에서만 비롯된 게 아님을 깨달았다. 친밀한 관계의 사랑하는 사람과 함께 있는 것처럼 본질적이거나 강렬한 느낌도 아니었다. 그것은 이 두 감정 사이 어딘가에 있는 것이었다. 즉 네이티브에서 내가 받은 느낌은 내가 지역 공동체와 연결되어 있으며 동시에 게젤하이드를 얻는다는 그런 느낌이었다. 커피의 온기만으로 신체적 온도 영역과 사회적 온도 영역 사이에 다리를 놓는 네이티브와 같은 장소는, 하를럼 공동체 구성원들에게 연결성을 제공하는 일종의 포털사이트라고 할 수 있었다.

운 좋게도 얼마 지나지 않아 아내가 그르노블에서 멋진 장소를 찾아냈다. '브륄리 데 알프'라는 카페인데, 요즘 나는 매주 수요일마다 이곳에 간다. 아닌 게 아니라 이 책을 쓰는 데 필요한 조사 작업 대부분을 거기에서 했다. 커피 맛이 일품인 그 카페는 가족이 운영한다. 가족 가운데 한 명인 줄리앙은 내게 멋진 식당을 추천해준다. 그는 우리집에서 자동차로 20분 거리에 있는 샤하빈느Charavines라는 식당에 프랑스 최고의 와인 창고가 있다고 귀띔해주었다. 줄리앙과 나는 프랑스 경제 문제를 놓고 토론한 적도 있다. 프랑스의 사회 정의를 주장하는 노란 조끼 운동⁺에 참가하는 시민들인 '노란 조끼들' 이야기도 당연히 포함되었다. 또 당시 갓 결혼한 신혼부부였던 우리는 총각-처녀 파티의 프랑스식 표현이 젊은 남자-여자의 인생 무덤이라는 것도 알게 되었다.

⁺ 유류세와 자동차세 인상 반대 시위를 계기로 일어난 반정부 시위 운동. 노란 조끼는 프랑스에서 차량에 의무적으로 비치하도록 한 형광 조끼를 말하며, 운전자와 노동자가 입는 작업복이다.

그곳이 아니면 내가 어디에서 그런 다양하고 잡다한 사회적 정보를 얻을 수 있겠는가? 네이티브와 마찬가지로 브륄리 데 알프에서는 사회적 온기를 전달하는 물리적으로 따뜻한 음료인 커피를 제공하고 마시고 나누는 행위를 중심으로 교류가 이루어진다. 두 곳 모두 사회적 연결성을 갖춘 공간이자, 사람들을 연결해주는 공간이기도 하다. 이런 곳들은 커피의 사회적 '콘텐츠'를 드높이고 증폭하며 확장한다. 내가 보기에 스타벅스에서는 죽었다 깨어나도 일어나기 힘든 일이다.

카페 브륄리 데 알프와 네이티브는 모두 체온 조절의 신체적·생물학적·진화적 뿌리를 체온 조절의 문화적 줄기와 이파리와 꽃으로 연결하고 있다. 두 카페는 우리가 갈망하는 사회적 온기가 (그리고 운 좋을 때는 사회적 경험까지도) 문화적으로 드러난 결과물이다. 이 결과물은 바로 사회관계망의 다양성이 가져다주는 온기다. 만일 이것이 없다면 우리 인간은 펭귄처럼 허들링을 하며 살아야 할 것이다.

## 인간에게 적용되는 진화 법칙들

자연 선택의 결과로 인간에게 다양하고 흥미로운 체온 조절 적응 현상이 나타났다. 심지어 체온 조절을 위한 필요성이 우리 인간을 지금의 모습으로 만들어온 중요한 추동력들 가운데 하나라고까지 말할 수 있다.

앞서 5장에서 나는 베르크만의 법칙을 언급했다. 이 법칙은 일반적으로 체구가 큰 동물은 체구가 작은 동물에 비해 적도에서 멀리 떨어진 곳에 서식하며, 같은 분류군 안에서도 체구가 가장 큰 동물은 적도에서 가장 멀리 떨어진 곳에, 또 체구가 가장 작은 동물은 적도에서 가장 가까운 곳에 서식한다고 주장한다. 이에 관해 카를 베르크만은 체구가 큰 동물은 체구가 작은 동물보다 '체구 대비 체표면적' 비율이 낮으며, 단위 부피당 체열 발산량도 상대적으로 적다는 설명을 내놓는다. 이것은 체구가 큰 동물은 추운 기후에도 심부 체온이 여전히 따뜻한 상태로 유지된다는 뜻이다. 거꾸로 따뜻한 기후에서는 신진대사 과정에서 생성된 열을 보다 효율적으로 발산하는 것이 진화적인 강점이 된다. 따라서 체구 대비 체표면적 비율이 높은, 체구 작은 동물이 생존에 유리하다.

베르크만의 이 법칙을 지지하고 나선 법칙이 있었다. 미국의 동물학자 조엘 앨런Joel Allen이 1877년에 정립한 생태지리적 법칙Eco-geographical rules이다. 이 법칙은 항온동물은 추운 기후에 사는 동물일수록 팔다리를 비롯해 다른 신체 기관(예를 들면 곤충에서 사람의 입에 해당하는 부위인 구기口器, mouthpart나 생식기 등)이 짧다고 설명한다.[1]

독일의 동물학자 리하르트 헤세Richard Hesse는 또 다른 법칙을 제시하면서 베르크만의 법칙을 확장했다. 헤세는 1937년에 이른바 '헤세의 법칙' 혹은 '심장 무게의 법칙Heart weight rule'을 정립했다. 이 법칙은 추운 지역에 사는 특정 동물들은, 이들과 계통적으로 밀접한 연관이 있으면서 따뜻한 지역에 사는 동물들보다 체중 대비 심장 무게 비율이 높다고 설명한다.

이 세 가지 진화적 적응 법칙은 사람에게도 적용된다. 예를 들어 동아프리카 마사이족이 유난히 호리호리한 체형을 가진 이유나 평균적인 벨기에인의 다리가 전형적인 북아메리카 원주민의 다리와 비교할 때 높이뛰기에 적합하지 않은 이유도 설명할 수 있다. 물론 체구 대비 체표면적 비율과 체중 대비 심장 무게 비율은 체온 조절을 위해 인간이 보이는 유일한 적응의 모습은 아니다. 열기와 냉기를 생리적으로 관리하는 방법도 사람마다 제각각이다. 체온을 조절하는 방식에도 남녀의 차이가 존재한다. 여자가 남자보다 추위를 빨리 느끼는 주된 이유가 키라는 사실도 이미 밝혀졌다. 일반적으로 남자가 여자보다 키가 커서 체열을 더 잘 보관한다. 성별과 관계없이 추운 조건에 따라 반응하는 혈관 수축률이나 기초대사율이나 갈색지방조직 저장량 등도 사람마다 다르다.

## 아기 젖살과 커다란 뇌 그리고 좁은 골반

인간 진화에서 뚜렷하게 드러난 보편적 특징 가운데 '젖살'이라 불리는 해부학적 특성이 있는데, 이것은 갈색지방조직과 관련이 있다. 개인적인 생각을 털어놓는다면, 젖살은 아기들을 귀엽고 매력적으로 보이게 만드는 특성들 가운데 하나다. 어쩌면 이런 이유로 사람들은 아기를 보면 안고 싶다거나 들어 올리고 싶다거나 하는 충동에 사로잡히는지도 모른다. 아기의 이 귀여움은 진화와 관련해 중요한 의미를 지닌다.

신생아 경우에 갈색지방조직이 몸 전체에서 차지하는 비중은 5퍼센트나 된다. 이것이 등에, 특히 척추 중간부터 시작해 어깨 주변에 주로 분포한다는 점은 객관적인 수치로 드러난다.[2] 여기에서 우리는 체지방이 일종의 절연체로 작용하고, 또 에너지를 저장한다는 점에서 저체온증을 예방하는 데 도움이 된다는 사실을 추론할 수 있다. 미숙아로 태어난 아기는 대부분 별도의 온기를 필요로 하는데, 병원에서 이런 아기를 인큐베이터에 넣는 데는 절박한 이유가 있다. 저체온증은 미숙아 사망의 주된 원인이다. 미숙아는 정상아보다 체구가 작을 뿐만 아니라 체지방이 적어 체격이 호리호리하다.

아닌 게 아니라 임신 기간을 다 채우고 태어난 건강한 아기는 대부분 다른 동물 종들의 새끼보다 체구가 훨씬 크고 통통하다. 이런 차이는 심지어 진화 과정에 관한 화석 증거로도 발견되었다. 이런 진화적 적응은 동아프리카에서 진화의 길을 걸었던, 오늘날 인류의 조상인 호미닌에게 꼭 필요한 요소였다. 320만 년 전의 호미닌 화석 '루시Lucy'가 1974년에 에티오피아 아와시강 유역의 퇴적층에서 발견되었다. 루시는 오스트랄로피테쿠스 아파렌시스라고 불린 종이 남긴 유골의 약 40퍼센트를 차지한다. 연구자들은 2015년 3월에 같은 지역에서 280만 년 된 화석을 발견했는데, 이들은 이 화석이 호모*Homo*(사람)에 속한 한 개인의 턱뼈라고 믿었다. 호모는 현생 인류인 호모 사피엔스가 속하는 속屬⁺이다.

사막 기후는 낮에는 뜨거우며, 호모 속은 이런 뜨거운 환경에 적응하기 위해 몸에 나 있던 체모를 많이 잃었다. 그러나 건조한 사막 기후는 낮과 밤의 기온 차이가 매우 크며, 호모 속은 추운 사막의 밤에 살아남으려면 체모를 잃어버린 상황이 안겨준 시련을 이겨내야 했다. 이런 상황에서 신생아의 젖살과 상대적으로 큰 체구는 열을 보존하기 위한 진화적 적응의 결과였으며, 이것은 체모를 잃어버린 것을 보완하는 데 도움이 되었다.[3]

인류의 훨씬 더 최근 조상인 호모 네안데르탈렌시스(네안데르탈인)에서 나타나는 커다란 코와 비강鼻腔을 봐도 알 수 있듯이, 젖살과 큰 체구만으로는 체온 조절에 성공할 수 없었다. 인간의 진화는 또한 커다란 뇌, 특히 넓은 표면적의 피질을 선택했다. 큰 뇌의 영향으로 인지 능력이 향상됨에 따라 호모 속에 속한 인간들은 체온 조절 행위를 미리 계획하는 능력이 한층 더 발달했다. 그 덕분에 한층 더 따뜻한 쉼터를 찾는 일, 불을 피울 연료를 구하는 일, 사냥을 해서 먹잇감을 저장하고, 가죽으로 옷을 지어 입는 일 등을 할 수 있게 되었다.

지능이 높아지면서 추위와 더위를 보다 잘 관리하는 데 필요한 신진대사량을 늘려나가는 능력도 향상되었다. 체온 조절을 위한 계획을 집행하려면 많은 양의 활동이 필요했으며, 이에 따

⁺ '종'과 '과' 사이 동물 계통 분류 체계.

라 인간은 다른 동물 종들보다 훨씬 더 활동적인 종으로 진화했다.[4] 뇌가 커짐에 따라 활동량이 늘었고, 늘어난 활동량은 다시 한층 더 크고 강력한 뇌를 선택하는 방향으로 진화를 촉진했다.

물론 체온 조절이 내온성 대 외온성이라는 조건의 진화가 이루어지는 현장의 장막 뒤에서 작동했던 유일한 변수가 아닌 것과 마찬가지로, 한층 더 큰 뇌를 선택하도록 진화를 촉진한 유일한 적응우위 요소도 아니었다. 체온 조절이 내온동물로 나아가는 진화 과정을 촉발하는 요인이었다고 추측할 순 있지만, 이것을 입증할 결정적인 증거가 없다. 현재로서는 내온동물로의 진화는 유산소성 대사 활동에 의해 유지되는 높은 수준의 활동성 발달과 가장 직접적으로 연결된다는 게 학계의 통설이다.[5] 그러나 활동성이 매우 높다는 것은 다른 어떤 것보다 체온 조절의 압박감에 따른 반응일 수 있다.

늘 그렇듯이 진화는 유전적 차원에서나 문화적 차원에서 모두 엄청나게 복잡할 뿐만 아니라, (비록 느리긴 하지만) 움직이는 과녁이라는 것 외에 과학은 결정적인 결론에 도달할 만한 충분한 자료를 내놓지 못했다. 예를 들어 인간이나 인간과 조상이 상대적으로 가까운 동물이 가진 뚜렷한 특성들 가운데 하나인 두발걷기bipedalism야말로 체온 조절의 필요성을 직접적으로 반영한 진화적 특성이라고 많은 연구자가 결론을 내리려 한 적이 있었다. 대표적으로 피터 휠러Peter Wheeler는 1991년에 발표한 논문에서 다음과 같이 주장했다.

"아프리카 사바나에 살던 뇌가 큰 영장류가 두발걷기 덕분에 얻은 체온 조절이라는 이점은, 이 특이한 육상 이동 방식이 진화 과정에서 선택되는 데 의미 있는 역할을 했다고 볼 수 있다."

휠러는 두발걷기 덕분에 인간이 "태양 복사열에 노출되는 양이 극적으로 줄었다"는 이점과 "체표면적이 넓어지는 데서 비롯된" 그 밖의 여러 이점을 증거로 들었다. 지표면에서 멀어질수록 풍속이 빠르고 기온이 낮으므로 두발걷기를 하는 동물들은 대류에 의한 열 분산율이 상대적으로 높아서 유리했다. 또 지표면은 초목들 때문에 바람이 잘 통하지 않고 습도가 높지만, 높은 곳은 바람이 잘 통하고 습도가 낮아 땀이 증발하는 속도가 빨라 체열을 발산하는 데도 한층 효율적이었다.

오늘날 대부분의 연구자는 체온 조절과 두발걷기 진화 사이 직접적인 인과관계가 존재하지 않는다고 말한다. 그렇더라도 두발걷기라는 진화적 선택은 체온 조절과 관련된 다른 결과들을 낳았다면서, 특히 체모가 없어진 것은 체열을 내리는 데 확실히 효과적으로 작용했다고 지적한다.[6] 두발걷기는 또한 골반이 한층 좁아지도록 진화한 것과도 관련이 있는데, 골반이 좁으면 두 다리로 걷기가 한층 쉬워진다. 이동의 효율성이 좋아진다는 것은 그만큼 활동량이 늘어난다는 뜻이다. 여기에는 체온 조절과 관련된 활동, 거주 지역에서의 계절적 변화 혹은 그 밖의 여러 변화를 내다보면서 냉난방 계획을 세우는 활동도 포함된다.

네안데르탈인의 신생아 화석을 놓고서 그때의 신생아와 현대인의 신생아와 비교해보면 체구나 머리 크기가 거의 비슷하다. 정말 흥미롭지 않은가? 이것을 보면 현대인 산모나 네안데르탈인 산모에게 출산은 똑같이 힘들었을 것 같다. 어떤 연구자들은 유전적 진화의 산물인 이런 해부학적 조건 때문에 당시에도 산파나 이런 역할을 하는 사람들이 필요했을 것이라고 결론을 내린다. 아닌 게 아니라 산파의 등장은 가장 기본적인 문화적·사회적 혁신이라고 볼 수 있다.

그러나 골반의 형태는 아프리카와 중동에서 호모 속이 진화하던 시기인 불과 20만 년 전에 바뀌기 시작했다. 아프리카에서 발견된 초기 호모 사례들을 포함해 따뜻한 기후에 살았던 호미닌은 추운 기후에 살았던 호미닌보다 골반이 작았다는 사실이 호미닌 화석 연구를 통해 밝혀졌다. 이것은 진화의 선택압이 빚어낸 결과라 볼 수 있다. 골반이 넓으면 머리가 큰 아기를 낳는 데 유리하고, 반대로 골반이 좁으면 두 다리로 똑바로 서서 걸으며 더운 기후에 체온을 조절하는 데 유리하다.

적도와 가까운 지역은 기온이 매우 높다. 체열이 쉽게 분산되게 하려면 태아가 모체 바깥으로 배출되는 통로인 산도産道가 좁아야 했다. 그러나 적도에서 훨씬 멀리 떨어진 곳에 살았던 네안데르탈인에게 이것은 전혀 중요하지 않았다. 적도와 가까운 곳에 살았던 호미닌의 골반 진화는 형태학적 타협의 결과를 드러낸다. 산도는 뒤로 갈수록 용량이 커지지만 폭은 오히려 줄어든 것이다. 이런 경우 머리가 큰 아이가 쉽게 지나갈 수는 있지만, 아기가 산도를 통과할 때 방향을 전환하는 데 어려움을 견을 수 있었다. 비록 한층 더 추웠던 홍적세 유럽의 네안데르탈인은 적도에 살았던 조상들보다 늦게 나타났고 또 골반이 넓었지만, 이들의 해부학적 특성은 훨씬 이전에 나타났던 진화적 타협을 산도 형태에 반영하고 있었다. 그런 의미에서 네안데르탈인 사이에서는 아기가 무사히 태어나도록 산모를 돕는 산파가 필수적이었을 것이다.[7]

인간의 진화 과정에서 골반이 좁아진 것은 신생아가 태어난 뒤의 뇌 발달 필요성과도 관련이 있다. 갓난아기는 스스로를 돌볼 능력이 부족해 세심한 보살핌이 필요하다. 누군가가 먹을 것을 떠먹여주어야 한다. 이런 일은 대개 아이 엄마를 비롯해 다른 사람이 맡아서 한다. 인간의 진화 과정에서 아기에게 이런 조건이 설정된 것은, 급박한 생존 문제를 해결하는 수단을 마련해주는 방법일 뿐만 아니라, 채 성숙하지 않은 뇌가 자궁 바깥에 존재하는 문화와 환경에 개입할 수 있도록 준비하게 해주는 수단이기도 했다. 그러므로 유전적 진화는 신생아를 문화적 진화가 성격 등의 발달에 엄청나게 중요한 역할을 할 세상 속으로 문자 그대로 넘겨준다고 할 수 있다.

## 따뜻한 불, 따뜻한 옷, 따뜻한 집의 시작

인간처럼 체구가 큰 포유동물에게 적정한 체온이 안정적으로 유지되는 항온성은 그 개체가 건강하다는 신호다. 항온성은 영양과 수분을 적절하게 공급받으며 에너지 손실이 일어나지 않은 동물에게서 나타난다. 결국 이런 조건들은 그 동물이 환경이 주는 시련에 적절하게 반응하는 동물임을 암시한다. 반대로 이온성heterothermy은 영양과 수분을 적절하게 공급받지 못해 건강하지 못하다는 신호로, '정상' 체온을 유지할 수 없는 동물이 환경이 주는 시련에 (최선이 아닌) 차선으로 적응함을 암시한다. 이런 개체들은 항온성을 가진 개체들보다 후손을 낳고 번식할 가능성이 작다. 이온성을 가진 개체는 유전자 풀에서 제거되는 경향이 있으며, 환경에 제대로 적응하지 못한 유전적 특성은 진화 과정에서 사라진다.

진화 과정에서 우리 인간과 사촌이라 할 수 있는 네안데르탈인은 홍적세 유럽의 추운 환경에 특히 잘 적응했다. 미국의 인류학자 프랜시스 클라크 하월Francis Clark Howell은 1952년에 발표한 논문에서, 네안데르탈인의 얼굴은 체온 조절 면에서 매우 효과적인 구조라고 주장했다. 그의 주장에 따르면 특히 큰 코와 넓은 비강은 들이마신 공기를 따뜻하게 데워주는 역할을 했다. 어떤 사람들은 이 주장을 '코 방열기 가설nasal radiator hypothesis'이라는 이름으로 제안했다.[8] 돌출된 코와 넓은 비강은 흡입하는 공기를 따뜻하게 데움으로써 뇌를 추위로부터 보호하는 데 힘을 보탰다.

네안데르탈인의 또 다른 진화적 적응 결과는 늘어난 활동량이었다. 이것은 체열을 더 많이 생성하는 데 도움이 되었다. 따라서 큰 코와 넓은 비강은 격렬한 활동을 하는 동안 춥고 건조한 환경에서 호흡할 때 일어날 수 있는 습기 손실을 최소화함으로써, 얼굴을 서늘하게 식히는 데 도움이 되었을 것이다.

네안데르탈인의 넓은 가슴은 열을 생성하는 데 도움이 되었지만 열을 보존하는 데는 그다지 도움이 되지 않았다. 넓은 가슴은 다부진 체격의 한 부분으로서 힘뿐 아니라 체온 조절에도 유용한 해부학적 적응 결과였다. 그러나 큰 코와 넓은 비강과 마찬가지로 활동량이 늘어나지 않는 한, 넓은 가슴만으로는 추운 환경에서 생존 가능한 체온을 유지할 수 없었다.

예외적이라 할 정도로 높은 활동성은 우리 인간을 다른 동물 종들과 구분하는 특성 가운데 하나다. 만일 네안데르탈인이 홍적세 유럽의 추운 환경에서 (특히 겨울에!) 살아가는 데 완벽하게 들어맞는 일련의 해부학적 적응에 성공하지 못했다면, 옷을 지어 입는 기술이라든가 불을 조작하는 기법이라든가 하는 기술도 개발하지 못했을 것이다. 더 나아가 생물학적 진화를 문화적 진화로 확장하지도 못했을 것이다.

네안데르탈인의 하한 임계온도는 27.3도였는데, 오늘날 현대인은 이 온도가 28.2도다. (하한 임계온도란 옷을 입지 않은 인간이 체온 항상성을 유지하기 위해 신체 내부에서 열을 생산해야 하는 기준 온도다.) 이 차이가 1도밖에 되지 않은 것을 보면, 네안데르탈인은 겨울의 추운 환경에서 문화적 차원의 보온재 없이 따뜻함을 유지하기에 형태학적으로 적합하지 않았던 것 같다.[9]

그러므로 호모 사피엔스 이전에 이미 네안데르탈인이 체온 조절 문화를 '발명'했다고 볼 수 있다. 체온 조절 문화의 발명은 뇌를 포함해 자율신경계의 진화적 적응이 상당한 수준으로 진행되지 않고서는 불가능한 일이다. 만일 이 유전적 진화 과정의 유산을 문화적 진화가 이어받는다면, 문화적 진화 역시 유전적 진화에 의해 진화적 적응이 가능하게 된다. 인간이 문화를 발명하고, 또 타고난 체온 조절이라는 짐을 분산할 수단이 되어줄 기술을 개발하고 난 후에도 그것은 사라지지 않는다. 문화가 가장 뚜렷하고도 극적인 영향을 미치는 우리의 진화 기간 내내 유전적 진화의 압력은 지속한다. 그러나 문화가 이런 역할을 하려면 별도로 다른 어떤 것이 필요하다. 그것은 바로 복잡하고 큰 뇌다.

## 진화는 층층이 쌓인다

결국 사회적 체온 조절이 주는 가장 위대한 교훈들 가운데 하나는, 유전적 진화는 인지를 기반으로 한 이론들 혹은 그 밖의 문화를 토대로 한 이론들이 늘어놓는 칭찬과 인정보다 더 많은 칭찬과 인정을 받을 가치가 있다는 사실이다.

내가 처음 사회적 체온 조절 분야 공부를 시작할 때였다. 그때는 이 분야 사람들이 모든 인간 행동이 그저 몇 가지 형태의 인지 점화cognitive priming만 제시되면 곧바로 활성화될 수 있다고 생각했다. 나는 이런 사실이 무척 난감했다. (예컨대 여러 연구 실험에서 몇몇 실험참가자들이 그랬던 것처럼, 낱말 퍼즐에 있는 단어 몇

개를 읽는다든가 하면 행동이 활성화될 수 있다고 생각했다.)

인지 점화 관련 연구 조사에서 나온 추론들 가운데는, 체온을 조절하는 기본적인 생물학적 메커니즘의 인지 점화가 나타나면 이것을 토대로 문화 전체가 구축될 수 있다는 주장도 포함되어 있었다. 하지만 세상은 이런 식으로 돌아가지 않는다. 진화는 진화 그 자체보다 훨씬 더 복잡한 뇌를 만들어냈다. 간단히 말하자면 우리는 태어나는 순간 이미 문화에 참여할 준비가 생물학적으로 되어 있다는 말이다. 자연 선택은 위계적으로 구조화된 자율신경계를 만들어냈다. 뇌의 새로운 영역들은 기존 영역을 대체하는 게 아니라 그 위에 층층이 쌓이면서, 예컨대 체온 조절과 같은 다양한 과정들을 한층 섬세하게 제어하는 방법을 새롭게 개발해냈다.

나는 생리학자 에벌린 사티노프의 1978년 논문에서 이런 발상을 처음 접했다. 사티노프는 진화는 새로운 기능을 기존 기능 위에 차곡차곡 쌓아올린다고 주장했다. 예를 들면 이전에 있었던 체온 조절과 같은 기능 위에 사회적 상호 작용을 제어하는 기능을 새롭게 추가한다는 것이었다.[10] 사티노프는 온도를 지각할 수 있고, 특정한 체온 조절 행동을 할 수 있는 유기체 하나를 놓고 생각하는 것에서부터 시작해보라고 권했다. 이 유기체는 진화 과정에서 전에 없던 새로운 체온 조절 행동을 개발하고, 이 행동은 전에 있던 행동과 함께 또 다른 통합적인 체계를 구축하게 된다. 진화가 계속되면서 이 파충류 동물은 지면을 구불구불하게 기어가는 이동 자세를 한층 발전한 다른 어떤 자세로 바꾼다. 이동 방식의 변화는 이 파충류 동물이 외온성에서 내온성으로 옮겨가는 진화적 이동을 촉발하고, 결국 이 동물은 체내에서 신진대사를 하며 열을 생성하는 능력까지 개발한다. 그런 다음에는 체내에 생성된 열을 감지하고 조절하는 체계를 만들어낸다. 진화는 계속 이어져 한층 더 발달한 동작 형태와 체온 조절 기능이 추가된다. 이와 함께 신경계도 한층 더 정교하게 발달하게 되어 동기화된 다른 많은 행동 형태들을 통합적으로 제어하기 시작한다.

사티노프는 더욱 발전된 추론을 내놓았다. 어떤 유기체든 간에, 진화는 자기 안에 존재하는 체계들이 이미 해결한 문제들을 새삼스럽게 다시 해결하기 위해 완전히 새로운 체계들을 새로 만드는 "쓸모도 없으면서 힘들기만 한" 일은 결코 하려 들지 않을 것이다. 그보다는 새로운 체계들은 기존 체계들 위에 층층이 쌓인다. 그 결과 (내온동물이 대사 조절을 최소화하면서 적정 체온을 유지할 수 있는 주변 온도 범위인) 온열중성대에서 한층 더 섬세하게 조정되는 체온 조절 반응의 위계적인 조직을 만들기 위해 통합기들⁺이 층층이 쌓이면서 계층 구조가 형성된다.

사티노프가 진화적 층 쌓기evolutionary layering 발상을 소개할 때, 마이클 앤더슨Michael Anderson은 사회적 상호 작용을 제어하는 것과 같은 새로운 기능들이 체온 조절과 같은 기존 메커니즘을 이용한다는 '신경 재사용neural reuse' 발상을 지지하는 설

⁺ 4장 160쪽을 참조하라.

득력 있는 증거를 제시했다.[11] 앤더슨은 매우 단순한 가정 위에서 그 논지를 펼쳤다. 만일 새로운 과제가 기존 뇌 메커니즘을 활용한다면, 뇌에서 어떤 활동이 발생한 위치는 그 메커니즘이 나타난 진화적 단계와 관련이 있다고 예측할 수 있다. 체온 조절과 같은 기존 메커니즘들은 뇌 뒤쪽에 집중되어 있으며, 이런 것들은 뇌 앞쪽에 있는 기관들보다 더 일찍 진화했다. 반면에 사회적 상호 작용처럼 나중에 발생한 진화적 과제들은 가장 최근에 진화한 전두엽 영역까지 포함해 뇌 전체에 한층 넓게 분산되어 있다. 앤더슨은 체온 조절에 초점을 맞추지는 않았다. 그러나 그는 체온 조절이나 그것과 유사한 신경학적 과정들이, 개념적 은유라는 문화적으로 매개된 기능보다는 생물학에 뿌리를 두고 있다는 증거를 제시했다.

## 허들링 = 문화의 토대

유아기에 경험하는 살과 살이 맞닿는 보살핌과 사회관계망의 다양성 사이에서는 많은 일이 일어난다. 그 가운데 일부가 문화인데, 이 문화는 한 마디로 규정하기가 어렵다. 나의 옛 동료인 네덜란드 틸뷔르흐대학의 카렬 수다인Karel Soudijn과 동료들은 1871년부터 1987년까지 '문화'에 대한 정의가 128개나 있었다는 조사 결과를 발표했다.[12] 저명한 문화심리학자 해리 트리안디스Harry Triandis는 이런 여러 정의에서 서로 겹치는 부분을 발견했다. 그에 따르면 문화는 인간과 환경 사이 적응적인 상호 작용 속에서 형성되며, 시간과 세대를 관통해 전승되는 공통된 요소들로 구성된다.[13]

극지방의 펭귄은 허들링 역학을 다음 세대로 전하는 것만 빼고, 문화라는 정의에 해당되는 그 모든 것을 다 한다. (어쩌면 허들링 역학을 후대로 전하는 것도 할지 모른다.) 펭귄은 하루 중 약 38퍼센트 시간을 허들링을 하면서 보내는데, 이를 통해 각 개체는 신진대사를 16퍼센트가량 줄일 수 있다. 그들은 허들링을 통해 에너지를 보존함으로써 지방 조직에 의존해야 할 필요성을 획기적으로 낮춘다.[14]

허들링은 몸 떨기보다 체온을 끌어올리는 데 훨씬 효과적인 수단이다. 사람에겐 이것이 문화로 넘어가는 다리이자, 난방장치와 같은 신뢰할 수 있는 여러 체온 조절 방식으로 넘어가는 다리이기도 하다. 벽난로든 뭐든 좋은 난방장치가 갖춰진 집에서도 허들링은 여전히 체온을 따뜻하게 유지하는 수단으로 활용될 수 있다. 난방장치가 갖춰져 있지 않은 환경이나 문화에서는 허들링이 여전히 유용한 체온 조절 수단으로 사용되고 있다.

펭귄 사회에서는 허들링 규모가 100마리까지 늘어날 수 있다. 인간 집단에서는 일반적으로 허들링이 가족 규모로 제한되어왔다. 그러나 핵심은 가장 효율적인 허들링은 두세 사람이 아니라 그보다 더 많은 사람이 함께해야 한다는 점이다. 허들링 규모를 논외로 한다면, 펭귄과 인간의 허들링에는 두 가지 공통적인 기본 원리가 작용한다. 첫째, 공동의 목적을 위해 협력을 촉진하는 사회 조직이 전제된다. 만일 펭귄이나 인간이 허들링을 하지 않고 제멋대로 행동한다면, 체온 조절이라는 무거운 짐의 무게를 분산하는 수단은 존재할 수 없을 것이다. 둘째, 허들링이라는 열 생성 혹은 열 보전 메커니즘은 외부 환경에 노출되는 각 개체의 체표면적을 줄이는 신체 근접을 통해 이루어진다.

인간이 펭귄보다는 사회적 체온 조절을 훨씬 잘하도록 진화했음은 분명하다. 바로 그 지점에서 문화의 여러 요소가 나타나기 시작한다. 펭귄에겐 허들링을 함께할 수 있는 집단의 크기가 매우 중요하며, 많은 수의 펭귄이 참여할수록 그만큼 체온 조절 부담은 효율적으로 분산된다. 그러나 인간에겐 사회적 체온 조절에서 관계망의 크기보다는 다양성이 더 중요하다.

유아기와 성인기 사이에 애착과 관련해 우리에게 어떤 일이 일어난다. 그 과정에서 사회적 체온 조절이 중요한 역할을 한다는 징표는 매우 많다. 앞서 5장에서도 보았듯이 사회적으로 체온 조절을 하겠다는 욕망은, 자기가 가진 어떤 정보를 동반자에게 솔직하게 털어놓을 때 아무런 거리낌 없이 마음이 편안한지 어떤지 하는 문제와 관련이 있다. 게다가 스웨덴의 의과대학 카롤린스카연구소 연구자들에 따르면, 보호자와 살이 맞닿는 보살핌은 펭귄의 허들링과 마찬가지로 말초부 체온을 높여준다. 실제로 살과 살이 맞닿는 접촉으로 상승하는 체온은 심지어 옷을 여러 겹 껴입을 때보다 높게 나타났다.[15] 마지막으로 루스 펠드먼Ruth Feldman과 동료들은 유아기에 경험하는 살과 살이

맞닿는 접촉은 성인이 된 후 감정을 조절하는 능력을 개발하는 데 중요하다고 주장했다.[16]

사회적 체온 조절과 감정 그리고 문화를 매개하는 많은 메커니즘이 아직 선명하게 밝혀지지 않았다. 이것은 인정할 수밖에 없는 사실이다. 그럼에도 만일 사회관계망 다양성이 중요하다는 매우 주관적이긴 하지만 흥미진진한 증거를 원한다면, 추운 날 네덜란드 '네이티브'나 프랑스 '브뤌리 데 알프'에 가서 따뜻한 커피를 마시면서 게젤하이드(아늑함) 분위기를 즐겨보기 바란다. 장담하건대 몸이 훨씬 따뜻해짐을 느끼게 될 것이다. 이런 느낌은 부분적으로 커피의 물리적 온도 덕분이기도 하지만, 아늑한 공간에서 다른 사람들과 함께 연결되어 있다는 느낌이 빚어낸 결과이기도 하다.

## 언어, 마음의 크기를 키우다

체온 조절 면에서 사회적인 행동 그 자체만 가지고서는 인간과 다른 동물을 구분할 수 없다. 도구 사용이나 문화도 마찬가지다. 많은 동물 종은 체온 항상성을 유지하기 위해 신체 내부의 체온 조절 메커니즘이 가진 한계를 뛰어넘는다. 이 동물들은 주변 환경을 도구로 사용해 체온 조절 능력을 확장한다. 예를 들어 추위를 타는 고양이는 햇볕이 잘 드는 곳을 찾아 해바라기를 할 수 있고, 또 너무 더울 때는 그늘을 찾을 수 있다. 프레리도그✣는 여름날 풀밭의 뜨거운 열기와 겨울날 매서운 추위를 피하려고 굴을 파고 들어가 숨는다. 이들이 파는 굴은 엄청나게 길어 보통 5미터에서 10미터나 되며, 깊이도 2미터에서 3미터나 된다. 이런 굴은 냉기나 열기를 차단하는 데 매우 효과적이다. 굴 안의 온도는 겨울에는 5도에서 10도 사이, 여름에는 15도에서 25도 사이로 유지된다. 이 같은 체온 조절 수단을 활용할 때 프레리도그가 생존 가능한 서식지 범위는 엄청나게 확대된다.

찰스 다윈이 『인간의 유래와 성선택*The Descent of Man, and Selection in Relation to Sex*』을 펴낸 1871년 이후, 연구자들은 인간의 도구 사용 사례들을 설명해왔다. (비록 박물학자들은 '도구'로 여길 수 있는 게 무엇인지를 두고, 그래서 동물이 하는 행동들도 도구 사용으로 볼 수 있을지를 두고 지금도 갑론을박이 이어지긴 하지만 말이다.)[17] 내가 생각하는 도구 개념은 어떤 목적, 예컨대 지나친 추위나 더위를 피할 수 있는 보호 장치를 찾는 일을 수행하기 위해 의식적으로 동원하는 것이다. 이 도구는 막대기나 돌멩이처럼 의식적으로 조작할 수 있는 물체에만 한정되지 않는다. 동물의 몇몇 행동들을 도구 사용이라고 인정하는 사람들은, 도구 사용이 동물과 인간을 구분하는 고도로 인지적인 행동들 가운데 하나라는 전통적인 발상을 부정한다. 내가 규정하는 것처럼 도구의 정의를 폭넓게 접근한다면, 특정한 체온 조절 목적을 달성하기 위해 도구를 사용하는 행동이 인간에게만 국한되지 않는다는 통

✣ 북미 대초원 지대에 사는 다람쥐과 동물.

찰로 이어진다.

인간 사회에서 도구와 도구 사용은 전형적으로 사회적인 의미를 지닌다. 도구는 협력적인 노력 속에서 생겨날 수 있으며, 도구의 적절한 사용은 학교 교육이나 도제식 교육 혹은 그 밖의 이런저런 훈련과 같은 사회적 수단을 통해 교습될 수 있다. 그러나 도구 사용이 반드시 사회적인 행동인 것은 아니다. 바바리마카크 원숭이가 돌멩이로 게딱지를 깨는 행동은 특별한 위원회의 승인 없이도 일어난다. 인간을 포함한 몇몇 동물들이 도구를 사용해 체온을 올리거나 내리듯이, 인간을 포함한 다른 동물 종들은 사회적인 여러 체온 조절 체계를 통해 개별적으로 체온을 조절해야 한다는 부담을 분산한다.

인간과 동물의 한층 더 선명한 구분은 언어 사용에 있다. 언어는 바깥세상을 단순화하고 우리에게 무한한 계산 능력을 부여함으로써, 인간이 가진 생물학적·인지적 능력을 바꾸어놓을 수 있다. 언어 덕분에 우리는 감정을 한층 더 잘 조절할 수 있으며, 또 동반자와의 결속 관계를 장기적으로 이어나갈 수 있다. 언어 덕분에 우리는 날씨를 사전에 예측하는 등의 복잡한 문제들도 풀 수 있다.[18]

앞서 1장과 2장에서 따뜻한 방과 추운 방에 있던 각각의 실험참가자들에게 다른 사람들을 얼마나 친밀하다고 느끼는지 물었을 때, 어떤 대답이 나왔는지 떠올려보라. 이런 실험들과 연관된 연구에서 우리는 실험참가자들에게 사회적 상황을 묘사해보라고 요청했다. 실험 결과, 따뜻한 방에 있던 사람들은 추운 방에 있던 사람들보다 형용사보다는 동사를 더 많이 구사했다.[19] 동사는 행동하는 것, 즉 세상에 어떤 흔적을 남기는 행위에 관한 것이다. 그런 면에서 동사는 본질적으로 사회적이다. 반면에 형용사는 개인적 특성을 나타낸다. 인지과학자 앤디 클라크Andy Clark는 언어는 "마음을 특대 크기로 키운다"고 했다.[20]

## 개념적 은유 대 진화적 발전

앞서 2장에서 우리는 언어 사용과 문화가 어떻게 결합하는지 살펴보았다. 조지 레이코프와 마크 존슨은 공저서 『삶으로서의 은유』에서 인간이 생각하는 방식은 주로 '개념적 은유'에 의해 형성되며, 어쩌면 개념적 은유가 인간이 생각하는 방식을 결정할 수 있다고 주장한다. 체온 조절 측면에서 보면 이 사실을 확실히 알 수 있다며, 애정으로서의 온기는 보편적인 은유라는 명제를 증거로 제시한다.[21] 헝가리의 언어학자 졸탄 쾨브체시Zoltán Kövecses도 2005년에 출간된 책 『은유와 문화*Metaphor and Culture*』에서 비슷한 주장을 펼친다.

"우리는 애정을 은유적으로 온기로 바라본다. (…) 사랑이 담긴 부모의 포옹과 거기에 동반되는 아늑한 온기 사이 상관성을 우리는 어린 시절에 경험했기 때문이다. 바로 이 경험이 우리에게 '애정은 온기'라는 개념적 은유를 가져다준다."[22]

이 이론의 흥미로운 점은 레이코프와 존슨의 '애정은 온기다'

는 은유가 보편적이긴 하지만 선천적인 것은 아니라는 주장에 있다. 여러 개의 언어를 피상적으로 조사하다 보면, '애정은 온기다'는 은유가 보편적이라는 주장이 옳은 것 같다.

파키스탄 북서부의 카이베르파크툰크와주에 사는 약 1만 명의 주민이 사용하는 인도-아리아어인 팔룰라어Palula에서 'táatu híṛu'는 문자 그대로는 '뜨거운·따뜻한 심장'이라는 뜻이지만, 비유적으로 관대한 마음을 표현한다.[23] 오스트로네시아 어족에 속하는 말레이 폴리네시아어에서 'senyum yang meng-hangat-kan dada-ku'는 '나의 내면을 따뜻하게 느끼게 해주는 미소'라는 뜻이다.[24] 이 언어들은 서로 전혀 다를 뿐 아니라, 온기를 애정의 은유로 사용해 '애정은 온기다'는 말이 보편적인 은유임이 틀림없다는 의견에 동의하게 되는 서구의 낯익은 언어들과도 다르다. 아닌 게 아니라 2010년에 나는 '애정은 온기다'를 박사 논문에서 가설로 채택해 그 비유가 보편적이라고 주장했다. 몇 명 되지 않는 정보 제공자의 말을 토대로 말이다.

이런 나의 판단은 (또!) 틀렸다.

나의 친구이자 언어학자인 마리아 콥트예스브카야-탐Maria Koptjesvkaja-Tamm은 온도 비유를 다룬 멋진 책을 편집했다.[25] 마리아는 보편성을 확보하려면 다양한 어족들에서 폭넓은 표본을 놓고 조사해야 함을 잘 알고 있었기에 나보다 훨씬 멋지게 그 주제에 접근했다. 마리아는 84개 언어를 조사했는데, 그 가운데 많은 언어는 그녀가 편집한 책에서 이미 접했던 언어였다. 그뿐 아니라 그녀는 다른 언어학자들로부터 전달받은 적지 않은 사례들을 가지고 부족한 부분을 보완하기까지 했다.

모든 언어가 온도를 표현하는 동일한 범주를 가지고 있지 않다는 점은 이미 밝혀졌다. 어떤 언어들은 온도를 '따뜻하다warm'와 '차갑다cold'라는 두 단어로 표현하고, 어떤 언어들은 여기에 '뜨겁다hot'를 추가해 세 단어로 표현하며, 또 다른 언어들은 더 많은 단어로 표현한다. 이 언어들 가운데 많은 것이 온기를 애정이라는 뜻으로 사용하지만, 다른 언어들에는 이런 비유가 아예 없다. 마리아가 표본으로 삼은 84개 언어 가운데 '애정은 온기다'는 비유가 없는 언어가 32개 언어이며, '따뜻하다'와 '뜨겁다' 사이의 구분은 (이런 구분이 예를 들어 영어에서는 존재하지만) 대부분의 언어에 존재하지 않는다.

충분히 많은 표본을 놓고 보면 '따뜻함'을 애정의 은유로 사용하는 용례를 유라시아 언어들, 특히 유럽 쪽 언어들에서 확인할 수 있다. 게다가 표본에 있던 몇몇 언어들에서는 애정을 나타내기 위해 '따뜻하다'는 단어를 사용하는 은유적 표현을 다른 언어들에서 차용한 것으로 보인다.

흥미롭게도 은유적 표현으로 사용된 '뜨겁다'는 강렬함이나 위험을 뜻한다. '뜨겁다'는 과도한 감정, 강렬한 갈망, 열정, 성적 욕망, 분노, 행동으로 나타나는 폭력, 위험한 마법 등을 묘사하는 데 사용된다. 더 많은 언어는 애정을 '온기'로 표현하는 것보다는 분노를 '열기heat'로 표현한다. 어떤 언어들에서는 '차갑다'가 정서적 온기나 열정 혹은 열광의 반대되는 개념으로서 부정적으로 흔하게 사용되는 데 비해, 또 어떤 언어들의 문맥에서는 이것이 차분함이나 평화로움 혹은 객관적인 현실주의나 합리성을 뜻한다. 특히 '애정은 온기'라는 은유가 보편성을 가진다는 추정과 관련해서는 (심지어 온도가 다양한 감정 상태를 표현하는 묘사적인 비유로 사용되는 언어들에서조차도) '따뜻하다'나 '따뜻함'이라는 단어로 표현되는 구체적인 온도 범위가 반드시 애정을 표현하는 것으로 사용되진 않는다. (마리아가 표본으로 사용한 언어들에 대한 개요는 다음 표를 참조하라.)

그러므로 우리는 인간이 물리적 온기에 대한 개념적 은유를 통해 사회적·정서적 온기를 인식하는 것은 보편적이지 않다고 결론을 내릴 수 있다. 그렇다고 이 결론이 물리적 온기를 사회적·정서적 온기와 은유적으로 동일시하지 않는 언어를 사용하는 사람들이, 물리적 온기를 사회적 온기로 느끼지 못한다는 뜻이 아님은 분명하다. 그들이 그렇게 느낄 수 있음은 거의 확실하다. 그러나 그들이 물리적 온기나 냉기의 느낌을, 주변 환경에 대해 자기가 얼마나 따뜻하게 혹은 차갑게 느끼는지를 개념적 표현으로 바꾸어놓는 은유의 도구로 사용하지 않음 또한 분명하다.

많은 수의 언어 표본으로 이루어진 마리아의 자료를 토대로 우리는 '애정은 온기다'는 은유에 대한 인식 문화의 차이가 전 세계적으로 매우 큼을 알 수 있다. 그렇다고 해서 그린란드에 살며 서그린란드어만 사용하는 사람이나, 에티오피아에서 암하라어만 사용하는 사람에게서는 온기와 애정을 이어주는 연결이 끊어졌다는 뜻은 아니다. 마리아와 나는 많은 연구자들과 함

| 어족語族/어계語系 | 언어 | 애정? | 위치 | 따뜻하다 = 뜨겁다? |
|---|---|---|---|---|
| 인도유럽어족/ 게르만어계 | 덴마크어, 네덜란드어, 영어, 독일어, 스웨덴어, 아이슬란드어 | 예 | 유럽 | 아니요 |
| 인도유럽어족/ 슬라브어계 | 폴란드어, 러시아어, 세르비아어, 우크라이나어 | 예 | 유럽 | 아니요 |
| 인도유럽어족/ 발틱어계 | 라트비아어, 리투아니아어 | 예 | 유럽 | 아니요 |
| 우랄어족/ 피노우그리아어계 | 핀란드어, 헝가리어 | 예 | 유럽 | 아니요 |
| 우랄어족/ 피노우그리아어계 | 코미페르먀크어koi | 예 | 우랄산맥, 러시아 | 아니요 |
| 우랄어족/ 피노우그리아어계 | 한티어kca | 예 | 시베리아, 러시아 | 아니요 |
| 알타이어족/튀르크어계 | 터키어 | 예 | 터키 | 아니요 |
| 알타이어족/ 튀르크어계 | 바시키르어 | 예 | 바시키르공화국, 러시아 | 아니요 |
| 알타이어족/ 몽고어계 | 할하어, 몽고어 | 예 | 몽고 | 아니요 |
| 일본어족 | 일본어 | 예 | 일본 | 아니요 |
| 중국-티베트어족 | 북경어, 광둥어 | 예 | 중국 | 아니요 |
| 오스트로네시아어족 | 인도네시아어 | 예 | 인도네시아 | 아니요 |
| 알그어족/ 알곤킨어계 | 동오지브와어 | 예 | 미국 중서부 북부, 캐나다 중부 | 아니요 |
| 인도유럽어족/ 이탈리아어계 | 라틴어 | 아니요 | 이탈리아 | 아니요 |
| 고립어족 | 마포둥군어 | 아니요 | 칠레 남중부, 아르헨티나 남서부 | 아니요 |
| 마야어족 | 유카텍어 | 아니요 | 멕시코 | 아니요 |

| 어족語族/어계語系 | 언어 | 애정? | 위치 | 따뜻하다 = 뜨겁다? |
|---|---|---|---|---|
| 오토망게어족 | 젠존테펙어, 차티노어 | 아니요 | 오악사카 남동부, 멕시코 남중부 | 아니요 |
| 니제르-콩고어족/구르어계 | 구르어 | 아니요 | 가나, 부르키나파소 | 아니요 |
| 인도유럽어족/그리스어계 | 현대 그리스어 | 예 | 그리스 | 예 |
| 인도유럽어족/로망스어계 | 이탈리아어, 프랑스어 | 예 | 유럽 | 예 |
| 인도유럽어족/이란어계 | 페르시아어 | 예 | 이란 | 예 |
| 인도유럽어족/인도-아리아어계 | 팔룰라어 | 예 | 파키스탄 | 예 |
| 인도유럽어족/인도어계 | 마라티어 | 예 | 인도 | 예 |
| 인도유럽어족/아르메니아어계 | 현대 동아르메니아어 | 예 | 아르메니아 | 예 |
| 우랄어족/사모예드어계 | 응가나산어 | 예 | 시베리아 | 예 |
| 인도유럽어족/그리스어계 | 고대 그리스어 | 아니요 | 그리스 | 예 |
| 중국-티베트어족/중국어계 | 자풍어 | 아니요 | 중국 쓰촨성 | 예 |
| 오스트로네시아어족/북서 수마트라평행사도어계 | 니아스어 | 아니요 | 인도네시아 | 예 |
| 인도유럽어족/게르만어 기반 크리올어계 | 비슬라마어 | 아니요 | 바누아투 | 예 |
| 오스트로네시아어족/오세아니아/말레이시아 남부어계 | 항랑츠어 | 아니요 | 뉴칼레도니아 | 예 |
| 오스트로네시아어족/오세아니아/바누아투 북부어계 | 18개 언어 | 아니요 | 바누아투 북부 | 예 |
| 파푸아어족/티모르-알로르-판타르어계 | 카망어, 아부이어 | 아니요 | 알로섬, 인도네시아 남동부 | 예 |

| 어족語族/어계語系 | 언어 | 애정? | 위치 | 따뜻하다<br>=<br>뜨겁다? |
|---|---|---|---|---|
| 파푸아, 트랜스뉴기니어족/안간어계Angan | 멘야어 | 아니요 | 파푸아뉴기니 | 예 |
| 논파마늉아어족/군윙구어계Gunwinyguan | 달라본어, 빈잉어, 군웍어 | 아니요 | 호주 | 예 |
| 에스키모-알류트어족/이누이트어계 | 그린란드 서부어 | 아니요 | 그린란드 | 예 |
| 애서배스카-이야크-틀링깃어족/애서배스카 북부어계 | 쿠요콘어 | 아니요 | 알래스카, 미국 | 예 |
| 키오와-타노안어족 | 애리조나 테와어 | 아니요 | 미국 애리조나 | 예 |
| 유트-아스테카어족/누믹어계Numics | 서부 모노어 | 아니요 | 미국 캘리포니아 중부 | 예 |
| 보라어족 Boran | 보라어 | 아니요 | 페루 | 예 |
| 아프리카아시아어족/셈어계 | 암하라어 | 아니요 | 에티오피아 | 예 |
| 니제르-콩고어족/크와어계Kwa | 에웨어, 셀리어, 아칸어, 가어, 리크페어, 요르바어 | 아니요 | 가나, 부르키나파소, 토고, 나이지리아 | 아니요 |
| 니제르-콩고어족/구르어계Gur | 카셈어, 불리어, 다가리어 | 아니요 | 가나, 부르키나파소 | 예 |
| 니제르-콩고어족/아다마와-우방기어계 | 그바야어 | 아니요 | 중앙아프리카 공화국 | 예 |
| 니제르-콩고어족/애틀랜틱어계, 만데어계 | 월로프어, 만딩카어 | 아니요 | 세네갈 | 예 |

께 유아기의 애착, 사회적 체온 조절 그리고 성인기의 사회적 애착에서 연결성을 관찰했다. 서그린란드어와 암하라어가 온기와 애정을 은유적으로 동일하게 여기지 않는다고 해서, 이 언어

들을 사용하는 사람들이 불안정한 애착을 가질 수밖에 없는 운명이라거나, 애정 없이 일생을 살아갈 것이라고 가정하는 일은 터무니없다. 또 체온 조절이 애착의 유일한 추동력이 아닐 가능성도 매우 크다.

레이코프와 존슨이 공저서 『삶으로서의 은유』에서 제안한 개념적 은유 이론은 '애정은 온기다'는 명제가 모든 문화권에서 보편적으로 통용되는 진리가 아님이 밝혀지면서 반박을 당하게 된다. 개념적 은유 이론은 또한 앞서 1장에서 언급한 〈사이버볼〉 컴퓨터 게임 실험과 그 밖의 다른 연구 결과에 의해 반박당했다. 게다가 이 이론이 옳다면 개념적 은유는 보편적이면서도 타고난 것이 아니어야 한다. 비록 그 표현이 오로지 언어적이어야 할 필요까진 없다 하더라도, 언어적 다양성이 부족한 은유는 기본적인 보편성의 논지에 어긋난다. 요컨대 사티노프와 앤더슨에게서 우리는 뇌가 그렇게 단순하게 작동하지 않음을 배우지 않았던가.

우리는 또한 사회적 행동 역시 그렇게 단순하게 작동하지 않음을 알고 있다. 모든 언어에서 개념적 은유 이론이 옳음을 입증하는 근거는 찾아볼 수 없다. 항온성을 가지면서 내온동물인 동물 종들에 대해 우리가 현재 알고 있는 모든 지식을 동원해 정리하자면, 사회적 체온 조절의 필요성은 보편적인 동시에 모든 유기체가 타고난 것이다. 이것은 (사티노프가 묘사하고 앤더슨이 정교하게 다듬어 설명한 것처럼) 진화 결과가 층층이 쌓이는 과정을 거치며 수천 년에 걸쳐 이루어진 복잡한 진화적 발전이다.

## 시상하부만이 아니다

"시상하부만이 아니다"는 문장을 보고 "사람은 빵만으로는 살지 않는다"는 구절이 나오는 『마태복음』(4장 4절)과 『루카복음』(4장 4절)을 떠올리는 독자도 있을 것이다. 내가 의도한 바는 아니다. 정확하게 말하자면, 이 표현은 환경과학자 피터 리처슨Peter Richerson과 인류학자 로버트 보이드Robert Boyd가 2005년에 펴낸 공저서 『유전자만이 아니다*Not by Genes Alone*』(직역하면 '유전자 혼자서만 하는 게 아니다'가 된다)에 대한 동의를 표한 것이다.[26]

리처슨과 보이드는 인간은 많은 점에서 다른 동물들과 매우 비슷함에도 진화를 통해 매우 독특한 특성을 가지게 되었다는 관찰에서부터 시작한다. 인간과 다른 동물들 사이에서 볼 수 있는 비슷한 점은 분명하다. 펭귄과 인간이 허들링을 사회적 체온 조절 수단으로 사용하는 것과 같은 몇몇 비슷한 특성들은 매우 놀랍다. 리처슨과 보이드는 인간과 다른 동물들 사이에 존재하는 행동상의 진정한 차이를, 특히 문화를 창조한 사회적 행동을 인간을 지구상의 다른 모든 유기체와 구별하게 해주는 경이로운 현상으로 규정한다.

그 책의 부제인 '문화는 어떻게 인간의 진화 경로를 바꾸었는가'는 문화나 인류 진화와 관련된 흥미진진한 발상을 제시한다. 그러나 제목인 '유전자만이 아니다'를 잠시라도 잊어서는 안 된다. 이 문장은 인간의 진화가 전적으로 유전자에만 의존하진 않지만 유전자의 영향이 컸음을 암시한다. 인간은 다른 동물들보다 신체적으로 한층 활동적이고 전체 몸무게에서 뇌가 차지하는 비율이 높으며, 또 같은 뇌라 하더라도 다른 포유동물들에 비해 대뇌 피질('상위 뇌')이 전체 뇌에서 차지하는 비율이 가장 높게 진화했다. 이렇다 보니 뇌를 식히는 것이 무엇보다 긴급했다. 인간의 뇌 크기는 대략 320만 년 전에 지구 전체가 차가워지면서 진화적으로 한층 더 커졌을 것이다.

인지 능력이 향상되면서 사실상 지구상 모든 곳에 있는 서식처에 적응하는 인간의 능력은 확실히 높아졌으며, 이것 역시 우리 인간을 동물과 구분해주는 특성이다. 인간이 극단적이라 할 수 있을 정도로 다양한 기후에 적응한 것은 생물학적 진화와 문화적 진화가 결합한 결과다. 인간은 생존을 가능하게 해주는 놀랍도록 다양한 도구들과 방법들을 발명했으며, 이 과정은 지금도 이어지고 있다. 만일 인간이 집단을 구성하는 사회 구성원이 아니라 개별적인 존재로 남아 있다면, 지금 우리가 누리고 있는 온갖 다양하고 풍부한 발명품들은 존재하지 않을 것이다. 기술의 다양성은 (또 그에 따른 폭넓은 적응성은) 극단적으로 다양한 사회관계망을 필요로 한다. 인간이 다른 동물들과 구분되는 또 다른 특성은 인간 사회와 문명과 문화의 크기, 복잡성 그리고 협력성이다.

나는 이 책에서 생물학적 진화와 문화적 진화의 교차점으로 보이는 것으로까지 논지를 이어왔다. 리처슨과 보이드는 인간에겐 그 두 가지 진화의 형태 사이에 뚜렷한 경계선이 없다고, 또 그 두 가지 진화의 도로에는 "지금까지는 생물학의 땅이었고, 앞으로는 문화의 땅으로 들어갑니다"고 일러주는 이정표도 없다고 바라본다. 내가 전통적인 데카르트 심신이원론에 줄곧 반대 논지를 펼쳤듯이, 리처슨과 보이드는 본성 대 양육nature versus nurture의 전통적인 이분법에 반대한다. 두 사람은 생물학적 진화가 문화적 진화로 흘러가는 흐름은 일방통행 방식이 아니라고 주장한다. 문화적 진화가 궁극적으로 자연 선택에 영향을 주며, 따라서 유전자를 토대로 한 진화가 형태를 갖추는 데 기여한다고 보는 것이다.

그러므로 인간 사회의 문화는 다른 동물들과 뚜렷하게 구분되는 유전자의 산물도 아니고, 또한 인류가 자연 선택의 토대 위에 쌓아올린 어떤 것도 아니다. 리처슨과 보이드는 인간이 하는 독특한 문화적, 사회적 그리고 기술적 행동을 진화적 적응이라 묘사한다. 예컨대 두발걷기도 그렇게 볼 수 있다. 두발걷기와 같은 이동 행위가 진화의 산물이긴 하지만, 하수도 배관 작업에서 정치 활동에 이르는 그 모든 행동의 산물은 유전적 토대에서 비롯된 진화의 단순하고도 직접적인 결과물이 아니라, 유전적 진화와 문화적 진화 사이에 이루어진 한층 복잡한 대화의 결과물이다.

이 대화의 결과물은 무엇일까? 오늘날 문화적 발명품이나 인공물의 개입이 없는 '자연 그대로의 상태'로 살아가는 사람은 찾아보기 힘들다. 리처슨과 보이드는 자연환경과 문화 환경이라는 두 가지 요소가 모두 자연 선택을 통해 인간 집단 내에서 개인의 생존 형태를 결정한다고 주장한다. 이 두 가지 환경은 다음 세대로 전달된 유전자를 선택하는 데 개입해 영향을 준다. 이런 이유로 '자연' 선택은 자연환경뿐만 아니라 문화 환경으로부터도 영향을 받는다. 문화는 인간의 생물학에 뿌리를 두고 있다는 이 주장이 가장 잘 들어맞는 분야가 바로 체온 조절이다.

여기에서 잠깐 우리의 친구 펭귄 이야기로 돌아가보자. 이들의 사회적 협력 행동은 내온동물로서 체온 항상성을 유지해야 한다는 부담을 분산하는 수단으로 허들링을 촉진한다. 사람들은 대부분 이런 사회적 체온 조절 사례를 생물학적 진화 적응이라 인식하는 데 전혀 어려움을 느끼지 않을 것이다. 펭귄의 허들링을 유전자 진화에 '직접적으로 뿌리내리고 있는' 사회적 행동으로 바라보긴 어렵지 않다. 왜냐하면 허들링이 사회적 행동이긴 하지만 보다 복잡한 문화(예컨대 종교나 국가의 개입)나 인상적인 기술적 발명(예컨대 인터넷)을 전제하지 않기 때문이다. 펭귄의 행동이 찰리 채플린의 연기처럼 매력적으로 보이긴 하지만 펭귄은 의회를 만들지 않고, 도시를 세우지 않으며, 인터넷을 발명하지 않고, 데이트 앱으로 허들링을 할 상대를 찾지도 않는다. 또 펭귄이 허들링을 대체할 핫팩을 발명할 것 같지도 않다.

인간 문화의 순수한 복잡성과 다양성이 인간이 자연환경과 맺는 관계를 철저하게 중재한다. 그런데 얼마나 철저하게 중재하는지, 사람들은 자기 집의 난방장치를 제어하는 250달러짜리 '똑똑한' 온도조절장치가 사실은 우리가 자연 선택이라 부르는 유전자의 진화적 명령에 깊이 뿌리내리고 있음을 쉽게 간파하지 못한다.

만일 인간 문명의 가장 현대적인 표상들조차도 가장 원초적인 차원의 생물학적 진화 명령과 관련이 있음을 깨닫는 게 어렵다면, 이런 현대적인 표상들이 우리의 유전자에 영향을 줄 수 있음을 받아들이긴 한층 더 어려울 것이다. 그러나 그런 현대적인 표상들이 우리의 유전자에 영향을 준다고 리처슨과 보이드는 주장한다. 가장 최신의 디지털 장치와 인공지능 장치를 갖춘 중앙난방장치를 발명한 우리 인간의 문화적 실천은 생물학적 진화에 뿌리를 두고 있을 뿐만 아니라, 지금도 여전히 진행 중인 진화 과정에서 우리의 유전자 구성에 영향을 주기도 한다.

이런 주장이 매우 복잡하다는 점은 나도 인정한다. 사실 나를 포함한 우리 연구자들은 이런 사실을 입증할 정도로 충분히 많은 것을 아직은 알고 있지 않다. 이런 경고에도 불구하고 시간이 지날수록 중앙난방장치와 온도를 높이거나 내릴 목적으로 기술적으로 정교하게 제작된 그 밖의 여러 수단에 의해 철저하게 조정되는 환경에 살다 보면, 이런 것들이 우리 인간이 서로 관계를 맺는 방식에 어떤 식으로든 영향을 줄 것은 의심할 여지가 없다. 거꾸로 우리가 서로 관계를 맺는 방식은 유전자를 다음 세대로 넘겨주는 방식을 결정하는 행동이 형성되는 데 영향을 줄 것이다.

## 유전자에서 커피로, 기술로

갈릴레오 갈릴레이가 1593년에 온도계를 발명한 덕분에 인간은 온도계를 사용해 체온을 측정하게 되었다. 이런 내용은 이탈리아 베니스의 의학자 산토리오 산토리오Santorio Santorio가 1614년에 출간한 책 『의학 기준*Ars de Statica Medicina*』(직역하면 '통계적 의학 기술')에서 처음 다루어졌다. 여러 세대의 의사들이 읽고 여러 차례 개정된 이 책은 의사들이 환자들을 비교할 수 있는 체온 측정법을 제시했다. 이에 따라 체온이 생리학의 중요한 한 부분이며, 건강에 결정적 영향을 준다는 사실이 분명해졌다. 마침내 의사들은 건강한 사람의 체온은 주변 온도와 상관없이 편차가 좁은 온도 범위에서 벗어나지 않는다는 결론에 이르렀다.

이 깨달음 속에서 인지를 기반으로 하는 이해, 즉 체온 조절의 중요성과 관련된 어떤 문화적 이해가 출현하는 것을 우리는 볼 수 있다. 찰스 다윈의 『종의 기원』(1859년)과 『인간의 유래와 성선택』(1871년)이 출간된 뒤로 진화론이 한층 정교하게 다듬어지면서, 사람들은 이제 내온성이 진화를 조직하는 가장 중요한 요인들 가운데 하나일 수 있다고 바라보았다.

멋지다. 그러나 이런 질문을 떠올려보자. 체온을 따뜻하게 유지하려고 여러 사람이 한곳에 옹송그리며 잠을 자던 우리 인간이, 어떻게 동일한 목적을 달성하려고 현대사회의 어마어마한 복잡성을 만들어내게 되었을까?

여기에서 잠깐, 내가 좋아하는 카페 '네이티브'와 '브뤨리 데 알프'에 대해 얘기해보자. 두 카페 모두 아늑하며 사회적이고 정서적인 '온기'를 제공한다. 이 온기는 (적어도 내게는) 마치 가족이 한자리에 모인 크리스마스를 떠올리게 하며, 또 규모가 한 층 더 크지만 여전히 지역성을 유지하는 공동체와 연결될 수 있도록 해준다. 두 곳의 아늑한 분위기는 카페 주인의 태도와 행동, 그 공간의 모습과 느낌 그리고 그곳에 모여드는 사람들의 부류(즉 사회적 온기와 맛있는 커피나 차를 경험하겠다는 바람을 공유하고자 하는 다양한 사람들)가 가지는 특성 덕분에 한층 강화된다.

여기에서 우리가 잊지 말아야 할 점이 있다. '네이티브'와 '브륄리 데 알프'는 시트콤 드라마 〈빅뱅이론〉의 셸던 쿠퍼가 '사회적 관계 기본'의 본질적 묘약이라 여겼던 '뜨거운 음료'를 중심으로 만들어졌다는 점이다. 앞서 보았듯이 내가 한 실험까지 포함해 많은 실험을 통해, 그저 뜨거운 음료가 든 컵을 손으로 쥐는 것만으로도 사회적 관계에서 의미 있는 감정 변화와 인식 변화 효과를 경험하게 되며, 또 이 효과는 관찰하고 측정할 수 있을 정도임이 밝혀졌다.

만일 밥 딜런이 노래한 것처럼 "바람이 어디로 불지 알려주는 기상예보관이 필요 없다"고 한다면, 따뜻한 음료가 담긴 컵이 당신을 기분 좋게 만든다는, 혹은 적어도 조금은 더 낫게 만든다고 말해주는 심리학자도 필요 없다. 또 당신이 느끼는 그 아늑하고 따뜻한 감정이 가상이 아니라 실제 현실이라고 말해주는 (즉 당신의 머릿속에 있는 어떤 '조타수'가 말해주는 것이 아니라 생리적인 것이라고 말해주는) 심리학자나 환경과학자나 인류학자도 필요 없다. 당신은 자기가 좋아하는 뜨거운 음료를 마시기만 하면 그것으로 충분하다.

만족은 체온 조절이라는 기본적인 생리적 필요성에 뿌리를 두고 있을지도 모른다. 그러나 아늑한 분위기의 카페라는 맥락 속에서 그 만족이 전달되는 과정의 문화적 복잡성 수준을 생각해보자. 우선 찻잎이나 커피콩 어느 것도 네덜란드나 프랑스 알프스산맥에서 생산되지 않는다. 이런 원료 대부분은 유럽에서 멀리 떨어진 지역의 기후 환경에서, 또 대개는 도시에서 멀리 떨어진 대규모 농장에서 재배된다. 찻잎이나 커피콩을 대규모로 재배하려면 고도의 사회적, 상업적, 경제적 그리고 기술적 차원의 조직 체계가 필요하다. 더 나아가 수확 후에도 처리 과정을 거쳐 제품으로 제작되고, 그 뒤에도 포장과 운송이라는 과정을 거쳐야 한다. 생산, 운송, 마케팅 그리고 판매는 사실 최고 수준의 문화적 조직 체계와 사회적 다양성을 갖춘 글로벌 기업이라야 수행할 수 있다.

'네이티브'와 '브뤨리 데 알프'와 같은 곳들이 제품을 (그냥 제품이 아니라 다양한 종류의 맛있는 제품을) 꾸준하게 공급받을 수 있도록 관여하는 사람과 조직이 얼마나 많을지 추정하는 것은 나로서는 불가능한 일이다. 여기에는 농업과 과학 그리고 상업 분야의 갖가지 기술이 동원된다. 그 모든 산업 분야를 망라하는 광범위한 홍보와 운송에 동원되는 기술도 빼놓을 수 없다. 요컨대 체온 조절 욕구를 커피와 차로 충족하는 데는 멀리 떨어진 곳에 있는 구성원들을 서로 연결해주는 다양한 사회관계망의 협력이 필요하다.

애착은 인간이 태어난 직후부터, 즉 자기를 돌봐주는 사람에게 애착을 가지는 능력 이외에는 달리 아무 능력도 갖추지 못한 무기력한 상태일 때부터 시작된다. 성인이 지구상의 거의 모든 곳에서 살아갈 수 있게 적응한 것은, 우리 인간이 애착을 지속적으로 형성하는 능력을 가지고 있기 때문이다. 또 개인 대 개인뿐만 아니라 광범위하고 복잡하게 분업이 이루어져, 구성원 각자가 가진 부담을 다른 사람들에게 분산할 수 있는 사회관계망을 통해 애착이 형성되기 때문이다. 체온 조절의 측면에서는 한층 더 그렇다.

산업화 이전 사회에서는 사람들이 허들링을 통해 체온 조절의 부담을 서로에게 분산했다. 그때는 가족 구성원이 모두 동원되어 직접 땔감을 구하러 다녔을 것이며, 이렇게 구한 땔감으로 불을 피우거나 혹은 땔감을 필요로 하는 다른 사람이 가지고 있는 다른 물건으로 교환했을 것이다. 그러다 문화가 점차 기술적으로 바뀌면서, 한층 더 효과적인 체온 조절 수단들이 탄생했다. 한층 실용적인 실내용 벽난로와 난로가 나타났으며, 나중에는 정교한 중앙난방장치까지 등장했다. 차가운 공기를 데우는 기술은 뜨거운 공기를 식히는 기술보다 훨씬 더 먼저 개발되었다. 1902년이 되어서야 미국의 발명가 윌리스 캐리어Willis Carrier가 대형 전기 에어컨을 개발했으며, 이것은 20세기 중반에 들어서야 대중적으로 사용되었다.

냉난방 기술이 발전하면서 연료 공급이 중요한 사업이 되었다. 갈수록 문명이 도시화하면서 난방 연료 사업은 한층 더 복잡하게 전개되었다. 연료를 놓고 벌어지는 경쟁 양상은 점점 더 격렬해지고 복잡해졌다. 증기기관을 동력으로 활용하는 생산 과정과 운송 수단이 진화했으며, 이들은 서로 자기 분야가 먼저 연료를 차지하겠다고 다퉜다. 이렇게 해서 에너지는 중요한 경제 '부문'으로 진화했고, 화석 연료의 굴착과 채굴은 고수익을 안겨주는 사업 부문이 되었으며, 나중에는 전 세계 지정학에 영향을 주기에 이르렀다.

특정한 연령대에 속한 사람들은 생생하게 기억하겠지만, 1970년대에는 '에너지 위기'가 발생했다. 대부분 중동 국가로 구성된 석유와 천연가스 생산국들의 카르텔인 석유수출국기구 OPEC가 미국과 유럽을 인질로 잡고 석유 생산량을 줄였다. 지미 카터 미국 대통령은 두꺼운 카디건 차림으로 텔레비전에 나와, 난방을 끄고 불필요한 전등도 빼서 귀중한 화석 연료 에너지를 보존하자고 국민에게 호소했다.

1950년대 말이 되면서 다수의 선진국이 당대의 최첨단 에너지 기술이던 핵분열 기술을 전기 생산 분야에 응용했고, 이것은 결국 수십 년 뒤에 재앙에 가까운 결과(1979년에 펜실베이니아의 해리스버그 인근에 있던 스리마일섬의 핵발전소에서 방사능이 누출되는 사고가 일어났다) 혹은 재앙 그 자체라고 할 수 있는 여러 결과(1986년에 우크라이나의 체르노빌 사건과 2011년 일본의 후쿠시마현 사건)로 이어졌다. 핵에 비하면 한층 온화한 에너지 기술들인 태양열 발전 기술과 풍력 발전 기술이 그 뒤를 이었다. 2011년에는 주택과 사업체에 적용되는 소규모 디지털 기술인 '스마트 온도조절장치smart thermostat'가 도입되었다. 이것은 기계학습 알고리즘을 이용해 사용자의 에너지 사용 습관을 학습해 냉난방을 효율적이고 경제적으로 관리하게 해준다. 이 기술의 가장 최근 버전은 음성 인식으로 작동하며, 인터넷과 와이파이를 통해 원격으로도 제어된다.

앞에서도 언급했지만 내온동물에게 체온 조절은 단기적으로 생명을 유지하는 문제에 관한 한 산소 다음으로 중요하다. 체온 조절의 필요성이 갓 태어난 유기체가 가지는 애착에 필수적인 측면이며, '불의 발견'이 문명이 시작되는 직접적 계기라는 사실은 전혀 놀라운 게 아니다. 아닌 게 아니라 이런 사실은 전 세계의 신화에 다양하게 반영되었다. 그 가운데 특히 낯익은 이야기는 그리스 신화에 나오는 것으로, 프로메테우스가 신의 세계에서 불을 훔쳐 사람들에게 전달했다는 이야기다.

체온 조절은 생물학적 진화와 문화적 진화의 핵심에 위치해 있다. 비록 이것이 가지는 중요성이 원초적이긴 하지만, 체온 조절과 관련된 쟁점들은 생물학적 진화와 문화적 진화 두 가지 모두를 통해 지금까지 이어져 왔다. 또한 가장 긴급한 지정학적 쟁점들과 당대 문명의 최첨단 기술로 남아 있다. 이 진화는 지금까지 단 한 번도 끊어지지 않고 지속되고 있다.

## 유전적 진화와 문화적 진화의 융합

인간에게 사회적 체온 조절은 문화 그리고 그 산물인 기술에 의해 범위가 확대되고 수단이 정교해졌으며, 또 다양한 갈래로 가지를 쳤다. 그러나 문화적 진화가 나타나 꽃을 피운다고 해서 유전적 진화 과정에 마침표가 찍히지 않는다. 이것은 두 개의 강이 하나로 합쳐진다고 해서 그 두 강 가운데 하나의 존재가 없어지지 않는 것과 같은 이치다.

유전적 진화는 인간의 사회적 체온 조절 행위 속에 원초적이면서 가장 중요한 동인動因으로 존재한다. 5장에서 보았듯이 이런 사실은 애착 현상과 공동 조절 메커니즘에서도 추론할 수 있다. 게다가 유전적 진화는 체온 조절에 도움이 되는 여러 형태학적 적응을 선택했지만, 그 어떤 것도 체온과 관련된 갖가지 시련을 모두 해결하진 못했다.

그러나 그 적응들 가운데에는 해부학적 적응보다 문제를 더 잘 해결해줄 문화적 진화의 길을 걸어가도록 인간의 등을 떠밀고, 심지어 강제하기까지 한 몇몇 적응이 있다. 우선 뇌의 크기를 놓고 보자. 뇌의 크기가 점차 커진 것이 골반이 좁아진 것과 동시에 진행된 진화 과정의 우연성이 출산할 때 다른 사람의 도움을 받아야 하는 필요를 낳았다. 다른 사람의 도움을 받으면서 시작되는 출생의 과정은 오늘날 우리가 사회니 문화니 문명이니 하는 것의 토대가 되었다. 그렇게 한층 커진 뇌, 특히 한층 넓어진 대뇌 피질의 표면적을 가지게 된 뇌는, 개별 인간의 몸 안에서 온전하게 발달하기 위해 자궁이 생물학적 차원에서 줄 수 있는 것의 한계치보다 더 많은 것, 즉 문화적인 것을 요구했다.

이렇듯 유전적 진화의 산물은 문화적 진화의 존재와 기능을 요구했는데, 이것은 또한 크고 높은 역량을 가진 뇌의 산물인 동시에 뇌를 발달시켜 최대 역량을 발휘할 수 있도록 해주는 메커니즘의 산물이다. 문화적 진화가 개별 개체의 뇌 표현형 phenotype[✣]이 아니라 그 종 전체의 뇌 표현형에 얼마나 광범위하게 영향을 미치는가 하는 의문은 자연 선택이라는 점에서 여전히 대답해야 할 질문으로 남는다.

문화적 진화가 유전자에 영향을 준다는 명제를 받아들인다면, 진화상의 어떤 위대한 전환점이 과연 올 것인지, 만일 온다면 그 시점에는 생물학적인 유전적 진화 효과의 균형이 (즉 그야말로 진정한 자연 선택이) 문화적인 유전적 진화 효과에 의해 무너질 것인지, 또 이 문화적 선택을 무엇이라고 불러야 할지 등을 놓고 우리는 온갖 추론을 할 수 있다. 현재 인간의 진화 상태를 보면, 생물학적으로 추동되는 진화가 여전히 이어지고 있음을 여러 증거가 보여준다. 기술이 발전한 국가들에서는 사회적 체온 조절이 사회적 행동에 의존한다. 충분한 다양성을 갖춘 집단이 문화와 사회와 문명을 조직하도록, 이 집단을 생성하고 양육하며 또 조정하는 사회적 행동이 이루어지고 있다. 문화와 사회와 문명이라는 사회적 구조에서, (다른 것들도 많지만 그 가운데서

✣ 유전자와 환경의 영향에 의해 형성된 생물의 형질.

도 특히) 개인의 체온 조절 필요성에 응답할 능력이 있는 정치적이고 제도적이며 기술적인 체계가 나타난다. 그러나 사람의 (아울러 펭귄의) 행동을 추동하는 기본적이고도 가장 중요한 동인은 바로 생명을 보존하는 데 필요한 체온 항상성 유지다.

하지만 펭귄에게서 볼 수 있는 사회적 체온 조절은 인간에게 존재한다는 이른바 사회적 규제social regulation 본성과 근본적으로 다르다는 주장이 제기될 수 있다. 펭귄은 매우 추운 기후에 적응하도록 진화했다. 허들링을 하는 펭귄의 행동은 생존에 절대적으로 필요하다. 이것이 없다면 오늘날 펭귄은 없을 것이다. 펭귄과 달리 인간은 따뜻한 아프리카 사바나에서 진화했다. 이 때문에 체온을 따뜻하게 유지하는 조직적인 수단을 만들어내는 사회적 행동이 진화상 전혀 긴급하지 않았다.

이런 주장은 상대적으로 반박하기가 쉽다. 이 주장의 오류는 사바나에서는 밤이 춥다는 사실을 간과한다는 점이다. 지구가 자전함에 따라 사바나에서는 기온이 시시각각으로 바뀐다.

올리버 브룩Oliver Brooke과 모건 해리스Morgan Harris 그리고 카멘티카 살보사Carmencita Salvosa는 1973년 8월에 영양실조 상태이던 생후 4개월에서 16개월까지의 자메이카 어린이 열두 명에 관한 연구 보고서를 발표했다.[27] 이 보고서에서 연구자들은 아이들이 적절한 치료를 받기 전후의 상태를 조사했다. 자메이카는 일 년 내내 매우 덥고 여름과 겨울의 기온 차이가 거의 없다는 사실을 염두에 두기 바란다. 심지어 겨울에도 낮 기온은 27도에서 30도이고, 밤이라고 해도 기온은 20도에서 23도를 유지했다. 브룩과 동료들이 관찰한 내용은 다음과 같았다.

"열을 차단하는 것과 직장 체온 사이 연관성은 밤에만 의미가 있을 정도였으며 (…) 이 아이들이 체온 조절을 잘할 수 없었던 이유는 추위에 대응해 열 생산량이 늘어나지 않았기 때문이다."

일교차 때문에 인류 진화 초기 여러 단계에서부터 사회적 체온 조절은 긴급한 과제였다. 네안데르탈인이 갓난아기를 자기 몸에 밀착해 데리고 다닐 때, 즉 그렇게 함으로써 아기의 체온을 조절할 때 (심지어 위도와 고도가 높은 환경에서조차도) 아기의 생존율이 높아졌다는 사실이 그 증거다.[28] 현대에 이루어진 여러 연구를 통해 갓난아기를 포대기로 감싸둘 때보다 보호자가 살을 맞대고 안을 때 아기의 말초부 체온이 더 높다는 사실이 밝혀졌다. 이런 것들은 모두 사회적 체온 조절이 애착과 관련이 있음을 보여준다.

사티노프와 앤더슨의 주장을 근거로 우리는, 진화는 체온 조절 면에서 엄청난 계층적 혁신을 몰고 왔으며, 계속해서 한층 정교한 통합기들의 체계를 만들고, 드디어 시상하부라는 최상층의 온도조절장치를 만들었다고 결론을 내릴 수 있다. 그러나 체온 조절의 진화적 발달은 시상하부에서 끝나지 않는다. 그 발달과 발달이 조정하는 체계는 우리 인간이 수행하는 사회적 상호 작용 가운데 (전부는 아니고) 많은 것이 구조화되어 있는 내부적인 결합체다.

이런 상호 작용들의 토대는 물리적 온도에 대한 사회적·개념적 은유라기보다는 항온동물의 체온 조절이라는 생사가 달린 생물학적 긴급함이다. 우리가 사회라고 부르고 문화라고 부르는 것은, 우리 뇌가 미리 온도를 예측함에 따라 진화했다. 실제로 사회적 연결성을 예측하고 조직하는 능력은 주변 온도를 예측하고 그 온도를 조절하는 수단을 조직하는 능력과 일치했다. 이것이 사회적 체온 조절의 핵심이다. 그 뿌리에서는 인지가 아니라 진화가 작동한다.

진화가 그 뿌리 수준을 넘어서 진행되었다. 그래서 진화 자체가 인류 문화의 진화를 요구하는 동시에 또 이 진화를 가능하게 만든다. 사회적 체온 조절은 인류 문화의 진화를 통해 문명 그 자체의 다양성을 추동하는 힘이 되었으며, 사회적 체온 조절과 직접적으로 혹은 간접적으로 연관이 있는 다양한 발명들을 내놓았다.

지금쯤에는 온도가 인간 삶의 모든 측면에서 영향력을 행사하고 있음을 독자가 확신하리라고 나는 기대한다. 이런 확신이 다음 장의 내용을 이해하는 데 필요한 맥락을 마련해줄 것이다. 다음 장에서는 부담스러운 짐인 동시에 해방의 도구이기도 했던 내온성의 출현만큼이나 오랜 역사를 가진, 체온 조절이라는 긴급한 과제가 현대에서는 사회적 차원에서 어떻게 응용되는지 살펴볼 것이다.

7

# 집을 팔고 싶다면 추운 날을 선택하라

•

집, 물건, 광고의 온도

사람들에게 집은 보통 가장 큰 개인 자산이고, 집을 사고파는 일은 일상에서 가장 큰 의사 결정 사항이다. 성실한 구매자는 시장 가격과 추이, 이웃들의 특성, 주변에 있는 각급 학교, 범죄 관련 통계, 거주 적합성 지수 그리고 그 밖의 여러 조건을 조사한 뒤에 매매를 결정한다. 그러나 본질적으로 집은 쉼터다. 집은 자기와 가족, 손님을 위한 사회적 체온 조절 도구라 할 수 있다.

오늘날 사람들이 거주하는 집은 실내 온도를 조절하는 기능이 매우 정교하다. 구매자가 매물로 나온 여러 채의 집 가운데 하나를 선택하는 이유는 저마다 다르겠지만, 집이 수행하는 통상적인 과제는 인간의 진화와 관련이 있다. 체온 항상성을 유지하는 일은 숨을 쉬는 것 다음으로 생존에 중요한 문제다. 아무리 많은 부동산 웹사이트를 뒤진다고 하더라도, 기온이 내려가면 사람들은 매물로 나온 집을 한층 더 집다운 집으로 또 따뜻하게 바라보게 되며, 이런 이유로 기꺼이 매매 계약서에 서명한다는 사실은 실험을 통해 이미 밝혀졌다. 기온이 내려가면 사회적 체온 조절 작용이 활발하게 일어나기 때문이다.

부동산업자에겐 집을 팔 시점을 가르쳐주는 심리학자가 따로 필요 없다. 호주의 온라인 부동산 잡지 《도메인*Domain*》에 실린 한 기사에 따르면, "최고의 겨울 장식으로 (…) 언제나 커다란 난로가 거실 한가운데 놓인다." 이 기사를 쓴 사람이 임상심리학자에게 논평을 구했는데, 그 심리학자가 다음과 같이 제안했다.

"겨울 장식에 난로가 동원되는 것은 사람들이 따뜻하다고 느끼게 만드는 것 그리고 어린 시절을 떠올리며, 편안하고 안전하며 사랑을 받는다는 느낌에 사로잡히게 만드는 것과 관련이 있다. 물론 어린 시절을 즐겁게 보냈을 때만 해당하는 말이지만. (…) 어딘지 모르게 따뜻하다고 느낄 때 사람들은 보통 기분이 좋고 마음이 안정되며, 춥다고 느낄 때는 온갖 부정적인 생각이 머릿속에 떠오르고 몸이 불편해지기 시작한다. (…) 이런 날은 집을 팔거나 살 최적의 조건이 아니다."[1]

이 기사에 인용된 심리학자는 난로를 피워 따뜻하게 데워진 집과 꽁꽁 얼어붙은 바깥의 추위가 빚어내는 대비가 구매자의 심리를 효과적으로 자극함을 암시한다. 그럼에도 《도메인》의 또 다른 기사는 "봄에 집을 팔면 가장 큰 이득을 본다"는 발상이 부동산 시장에 떠도는 "가장 끈질긴 발상들 가운데 하나"라고 인용한 다음에, 오히려 겨울이 멋진 기회를 제공한다면서 다음과 같이 반박한다.

"아무리 차가운 실내라 하더라도 얼마든지 따뜻하게 데울 수 있는 (…) 회분홍과 올리브 그리고 오커⁺ 등을 인테리어 트렌드에 맞게 사용해 (…) 따뜻한 색감을 빚어내는 것과 같은 전술을 구사함으로써, 외부의 여러 요소로부터 안전하게 몸을 보호할 수 있는 피난처를 연출하면 되는데, 이런 기회를 겨울이 제공한다. 조명도 서늘한 형광색이 아니라 따뜻한 노란색이어야 하며, 바깥의 정원이나 마당에는 모닥불 자리를 만들어두는 게 좋다."[2]

부동산업자는 매물로 내놓는 집에서 따뜻한 느낌이 묻어나도록 연출하는 방법이 실내 난방을 실제로 뜨겁게 데우는 것만은 아니라고 말한다. 아닌 게 아니라 개방된 벽난로는 난방 효율이 낮기로 악명이 높지만, 불이 타는 모습과 소리는 확실히 마음이 저절로 따뜻해지게 만든다. 온기와 함께 연상되는 따뜻한 계열의 색상들이 그렇듯이. 《도메인》은 후각 역시 전술적인 도구로 사용할 수 있다고 주장한다.

"바닐라호박 향기로 잠재적인 구매자의 마음이 편안해지게 만드는 따뜻하고 편안한 분위기를 연출하라. 진짜 바닐라를 사용하라."[3]

⁺ 페인트나 물감의 원료로 쓰이는 황토.

이 기사를 쓴 사람이 우연하게도 온기를 '편안함'을 느낄 수 있는 분위기와 동일시한다는 사실에 주목할 필요가 있다.

## 성급하게 결론 내리지 마라

《도메인》과 인터뷰한 어떤 부동산업자는 겨울 호주에서 "바위가 많고 험한 바다가 훤히 바라보이며, 거센 바람에 노출된 커다란 정원 테라스"를 가진 집을 팔았던 경험을 들려주었다. 부동산업자는 미리 거실 난방 온도를 높여두었다가 고객에게 집을 보여줄 때 난방을 껐다. 대신 "조명등을 켜고 분위기 있는 음악을 틀었다." 부동산업자는 인터뷰를 한 기자에게 그 집은 "그동안 250만 호주달러에 시장에 나왔지만 실제 매매 가격은 276만 호주달러였습니다. 엄청난 결과였지요. 겨울이었는데 따뜻함에 초점을 맞추어 고객에게 보여주었기 때문이 아닐까 생각합니다"고 말했다.

이 이야기는 바깥의 '차가운' 겨울 환경과 선명하게 대비되는 '따뜻한' 실내 환경을 제시하는 전략 덕분에 높은 가격에 집을 팔았음을 암시한다. 어쩌면 그럴 수도 있다. 그러나 심리학적 원리를 엄중한 실제 현실에 적용하려 할 때마다 우리가 온갖 다양한 변수들이 존재하는 다차원 세상에 살고 있음을 혹독하게 깨닫게 된다. 그러므로 통계학에서 말하는 '설명 분산 explained variance'+이라는 개념을 마음에 단단히 새기는 게 중요하다. 우리는 보통 이것을 제대로 숙고하지 않는다.

부동산 사업에서는 구매자의 일정 안에 내장된 변수들이 있다. 예를 들어 집을 자유롭게 둘러볼 수 있는 휴가 기간, 거시경제학적 조건(경제적 상승과 하락), 담보 대출 능력 등이 그런 변수들이다. 겨울은 잘 꾸며놓은 집의 '온기'를 특별히 매력적으로 보이게 할 수 있다. 하지만 많은 지역에서 겨울이라는 조건은 구매자들이 집을 보려고 눈길을 뚫고 걸어가다 결국 지치게 만든다. 매물로 나온 집의 가치가 겨울에 상대적으로 높게 인식될 수 있지만, 잠재적인 구매자 혹은 (경매라면) 입찰자가 부족하다는 조건이 매매 가격을 끌어내릴 수 있다. 이런 요인들을 고려하면 주택의 매매 가격은 기온과 독립적으로 움직인다고 예측할 수 있다. 기온을 제외한 변수들이 호가와 매매가에 큰 영향을 미친다는 사실을 경고 차원에서 마음에 새겨두는 것이 좋다.

## 집에 대한 애착

여러 가지 요인을 진지하게 살피는 게 옳긴 하지만, 집이나 그 밖의 다른 제품이나 서비스 혹은 발상이나 견해를 다른 사람에게 팔려 할 때, 진화와 문화를 형성하는 추동력들이 무엇인지 미리 알고 있는 것이 강점이 될 수 있다. 어떤 고객을 상대할

✣ 표본이 원본 자료의 분산을 얼마나 잘 나타내는지 기록한 값.

때 진화적이고 사회적인 체온 조절과 관련된 어떤 버튼을 눌러야 할지 미리 알고 있다는 것은 확실한 강점이다. 또 체온 조절과 관련된 연결점들을 집이나 그 밖의 다른 '제품'과의 일차원적 연결성 속에서 설명할 때 주의를 기울여야 한다.

역사는 우리 인간이 포식자와 비바람, 특히 치명적일 수 있는 추위를 피할 쉼터를 찾아 지속적으로 공간을 구분해왔음을 가르쳐준다. 인간은 동굴에서부터 시작해 헛간을 거치고 마침내 집까지 다다랐다. 우리는 생존이라는 결정적 동기 때문에 기본적인 숙식 차원을 넘어 다양한 기능을 갖춘 집을 짓기에 이르렀다. 물질문화⁺가 보여주는 여러 증거는 소속감에 대한 필요성을 집이 충족시켜 줄 수 있다는 발상에 힘을 실어준다. 이런 필요성을 훌륭하게 충족할수록 그 집은 한층 집다운 집이 된다. 즉 집house이 가정home이 된다. 애착 이론을 들어 설명하자면, 집은 '안전한 피난처safe haven'가 된다. 우리가 특정하게 구분된 공간을 가정이라고 인식하는 인지 메커니즘은, 진화와 개인 발달의 초기 단계에서 한 개인이 다른 사람들과 함께 있음으로써 추위를 피할 수 있도록 도와주는 생리적인 여러 메커니즘과 뿌리가 같다.

아닌 게 아니라 초기 인간과 다른 포유동물들은 체온 조절의 부담을 집단 전체로 분산했지만, 사회적 진화 과정에서 집은 사회적으로 탄생한 이런 기능들 가운데 최소한 몇 가지를 대체했

⁺ 물질적 측면을 통해 인식되는 문화. 정신문화의 상대 개념이다.

다. 어떤 면에서 이런 발상은 다른 설명이 필요 없을 정도로 자명하다. 문화가 발전함에 따라 집은 추위를 막아주는 편리하고 효율적인 수단으로 등장했으며, 또 실내 난방 기술이 발달함에 따라 열을 생성하는 실증적 방법을 제공했다.

이 내용을 연구하기 위해 나는 제자들인 브람 반 애커Bram van Acker와 제니퍼 판토플렛Jennifer Pantophlet 그리고 이들의 동료 케일리 케르셀라에르스Kayleigh Kerselaers와 함께 기온이 내려갈 때 집이 더 매력적으로 보일 수 있는지 알아보는 다양한 실험을 설계했다. 이때 우리가 사용한 집은 부동산 광고에 나온 집의 이미지였다. 우리는 비록 명백함이 다소 떨어지긴 해도, 사회적 체온 조절이라는 개념에 한층 잘 들어맞는 '가정으로서의 집'이라는 발상의 어떤 측면을 검증하고 싶었다. 기온이 내려갈 때 사람들은 낭만적인 영화를 본다거나[4] 향수에 젖는다거나[5] 하는 식으로 다른 사람에 대한 애착이 강화된다. 그것과 마찬가지로 주변 온도가 내려가는 조건이 집에 대한 선호를 유도하는지 궁금했다.

우리는 먼저 날씨가 추운 날에는 '따뜻한' 집이 가장 잘 팔린다는 부동산업자의 통찰을 빌려왔다. 가정적인 집이 사람들에게 어떻게 '내 집 같은 편안함'을 느끼게 해 다른 사람들과 함께하고 싶은 동기를 유발하는지 경험적으로 검증하고자 했다. 우리는 또한 이런 소속감이 체온 조절 필요성을 충족하는지 그리고 광고에 나온 그 집을 과연 웃돈을 주면서까지 기꺼이 살 마음이 들게 하는지 알아보고 싶었다.

우리는 기온과 '내 집 같은 편안함' 사이 연관성이 다른 사람들과 함께하고 싶은 인간적 동기의 영향을 받는다고 가설을 설정했다. 그런 다음에 사회심리학자들인 로라 파크Lora Park와 존 메이너Jon Maner가 '소속 열망desire for affiliation'[6]이라 부른 심리 상태가 기온이 내려갈 때 어떻게 유도되는지 살펴보기 위해 세 가지 연구로 구성된 연구 계획을 세웠다. (소속 열망 측정은 친구에게 전화하고 싶다거나, 친구와 함께 있고 싶다거나 하는 행동을 대상으로 한다.) 이후에는 소속에 대한 필요성(즉 소속 결핍감)이 어떻게 사람들로 하여금 한층 더 '내 집 같은 편안함'이 느껴지는 집을 선호하도록 유도하는지 알고 싶었다.

실험 결과는 정확하고 다른 연구자들에 의해 재현될 수 있어야 했다. 이에 따라 우리는 학문 공동체가 누구나 연구 목적으로 사용할 수 있는 온라인 플랫폼인 오픈사이언스프레임워크Open Science Framework를 이용하기로 했다. 이 플랫폼을 기반으로 가설을 설정하고, 우리가 내리는 모든 결정을 일단 보류한 채로 자료를 수집했다. 아울러 우리는 우리가 설정할 가설을 만들고 설명할 연구 조사와, 우리가 설정한 가설을 검증할 연구 조사를 분리하는 식으로 연구를 진행하기로 했다.

우리는 기온 하강이 '소속에 대한 필요성'을 유도한다는 사실이 명확하게 드러날 것이라고 확신했다. 또 온도는 사람들이 그 집을 얼마나 자기가 거주하고 싶은 집이라고 인식하는지, 그 집을 구매하겠다고 얼마의 돈을 기꺼이 지불할지를 예측할 수 있는 지표라고 확신했다. 후자의 경우는 ('더 따뜻하다'나 '더 춥다'

와 같은 주관적인 느낌이 아니라 구체적인 수치로 온도를 지각한다는 면에서) 한층 더 객관적으로 보인다. 그런 면에서 매물로 나와 있는 특정한 집에서 '내 집 같은 편안함'을 바라는 열망이 행동의 경제*와 연결되어 있다는 발상을 지지할 수 있다. 행동생태학** 그리고 체화된 인지는 특정 행동에 따르는 신진대사 비용을 따져본 후에, 과연 그렇게 선택한 행동을 할 가치가 있는지 판단하는 데 필요한 정보를 제공한다.

바로 여기에서 앞서도 언급한 무거운 배낭을 짊어진 사람의 비유가 등장한다. 무거운 배낭을 짊어진 사람은 자기 앞에 놓여 있는 오르막길을 바라볼 때, 맨몸인 사람이 그 길을 바라볼 때보다 경사가 더 가파르다고 추정한다. 경사도의 '객관적' 인식은 그 사람이 오르막길을 올라갈 때 자기가 부담하리라고 추정하는 신진대사 비용의 영향을 받는다. 오르막길을 올라가는 사람은 자기가 그 길을 올라가면서 들여야 하는 신진대사 비용을 과연 감당할 수 있을지 마음속으로 따져본다. 그것과 마찬가지로 집을 구매할 사람은 비록 '내 집 같은 편안함'이 느껴지는 집을 원하긴 하지만, 그에 따르는 비용을 감당할 수 있을지 스스로에게 물어본다.

체온 조절이 다른 사람과 관계를 맺는 방식에서 얼마나 중심적인 역할을 하는지 우리는 앞에서 이미 여러 가지 증거를 통

* 3장 90쪽을 참조하라.

** 어떤 종의 행동 유형과 그 자연적·사회적 서식과의 관계를 연구하는 분야.

해 확인했다. 체온 조절은 유전적 진화에서나 문화적 진화에서나 그리고 이 두 가지 진화의 지속적인 상호 작용 속에서 중요하게 작용한다. 특히 사회적 체온 조절은 우리가 다양한 관계망에 관여하고 참여하도록 유도하고, 문화와 사회와 문명을 만들어내는 과정에서 큰 역할을 한다. 이 모든 것의 중심에는 편차가 좁은 온도 범위에서 체온 항상성을 유지해야 한다는 긴급하고도 지속적인 필요성이 자리한다. 체온 항상성을 유지하는 것은 죽느냐 사느냐의 문제다. 비록 지금 우리는 체온 조절 수단이 너무도 많아서, 부자 나라에 사는 사람들은 이런 힘겨운 투쟁이 얼마나 중요하고 또 핵심적인지 뚜렷하게 깨닫지 못하지만 말이다.

행동의 경제는 인간과 다른 포유동물들이 집단 전체로 분산되어, 한층 더 효율적이고 예측 가능한 신진대사 에너지 조절 방법을 개발하도록 이끌었다. 사회적 체온 조절을 향해 나아간 이 걸음들은 몸 떨기처럼 혼자서 하는 체온 조절 방법보다 훨씬 더 에너지 효율이 높고 효과가 좋다. 인류 발전에서 문화적 진화가 유전적 진화보다 훨씬 더 큰 역할을 한 것처럼, 우리는 체온을 보다 잘 예측하고 조절하기 위해 옷을 지어 입고 또 쉼터를 만들었다. 문화적 진화가 점점 더 층층이 쌓이고 정교해진다고 하더라도, 체온 조절을 추구하는 원래의 진화적 추동자들은 변함없이 작동하며 그 존재감과 영향력을 드러낸다.

우리는 지금도 여전히 생명을 위협하는 추위로부터 자기가 얼마나 잘 보호받을 수 있을지를 파악하는 일종의 공용 측정기로 다른 사람들을 바라본다. 그러나 사실 우리는 집과 (그리고 다른 많은 제품이나 제품 브랜드들과) 맺고 있는 관계를 다른 사람들과 맺고 있는 관계와 유사한 방식으로 생각한다. 왜 그럴까? 그것은 바로 몇몇 관계들은 생물과 맺는 관계이든 무생물과 맺는 관계든 상관없이, 체온 조절이라는 영역에서 비유적 차원에서가 아니라 생리적 차원에서 어떤 역할을 하기 때문이다. 우리가 다른 사람들과 맺고 있는 관계도 사실은 각자가 생각하는 관계 모델을 자체적으로 만든 관계에 투영하는 것이다.

## 안전한 피난처

우리 인간은 따뜻함을 유지하고자 하는 노력 속에서, 사회와 문명과 문화뿐만 아니라 개인적으로 맺는 관계들을 상당한 수준으로 조직해왔다. 나와 동료들이 이것이 사실이라고 믿는 것만으론 부족하며, 이것과 관련된 모든 내용이 낱낱이 밝혀져야 한다.

체온 조절 메커니즘으로서 집에 관한 우리의 연구 프로젝트는 한 가지 예비연구와 두 가지 본연구로 구성되어 있었다. 본연구에 앞서 예비연구부터 시작했는데,[7] 이 연구에서 우리는 점화라 불리는 전통적인 사회적 인지 원리와 거의 일치하는 몇 가지 가설을 세웠다. 사람들은 모두 따뜻한 집이라는 개념을 가지고 있다. 물리적으로 따뜻한 어떤 물체를 만지는 행위는 우리 인간을 점화해, 우리가 평가해야 하는 집이 사회적으로 한층 더 따뜻하다고, 즉 '내 집' 같다고 생각하게 만든다. 다른 연구자들이 이미 발견한 사실들을 토대로 판단하건대, 이런 전통적인 예측은 매우 일리가 있는 가설처럼 보였다.

그러나 우리는 (또다시!) 틀렸다. 우리의 예비연구는 자료를 수집하기 전에 연구 계획을 미리 밝히는 사전등록preregistration 절차가 생략되었다. 그 때문에 실험참가자들이 차가운 컵을 손으로 쥐는 행위가 광고 이미지로 제시되는 집을 한층 더 '내 집' 같다고 생각하도록 유도하는 경향이 나타났다. 우리는 예비연구와 달리 두 건의 본연구에 대해서는 사전등록을 했다. 오픈사이언스프레임워크에 사전등록을 함으로써 우리가 미리 생각해 두었던 가설을 실제 자료와 분리했다. 이런 절차를 통해 우리는 사회적 체온 조절의 경험적인 실체에 대해 더 많은 것을 알 수 있었다.

우리가 예비연구에서 발견한 것은 전통적인 사회적 인지 가설과 정반대되었다. 그래서 우리는 사전등록을 마친 두 건의 본연구에 대한 가설을 보완했고 연구 절차도 바꾸었다. 또 현실성을 높이기 위해 심리실험실과 대학이라는 환경에서 벗어나기로 했다. 우리는 실제로 집을 구매한 경험이 있는 사람들이 실험에 참가하길 바랐다. 현실성뿐만 아니라 편의를 위해 실험참가자들이 컵을 쥐게 하는 방식으로 점화 자극을 주지 않기로 했으며, 대신 실험에 참가하는 공간을 따뜻한 실내와 추운 실외로 구분해 실험참가자 집단을 나누기로 했다. 마지막으로 첫 번째 본연구에서는 실험참가자에게 광고 이미지를 제시하는 방식을 사용했지만, 두 번째 본연구에서는 각 참가자의 집을 활용하기로 했다. 자기 집임을 알고 있다는 조건이 각기 다른 온도에서 '내 집 같은 따뜻함'을 인식하는 데 어떤 영향을 줄지 검증하기 위함이었다.

첫 번째와 두 번째 본연구에서 동일하게 설정한 가설은 외부 혹은 주변의 냉기가 사람들로 하여금 집에 대해 한층 더 큰 연대감을 느끼도록 유도한다는 것이었다. 즉 우리는 냉기가 집을 한층 더 따뜻하다고 판단하도록 유도할 것이라고 가설을 세웠다. 사람들이 집의 매력을 인지하는 데서, 그 집을 구매하겠다는 의사를 드러내는 데서, 또 집이 가지는 가치를 인식하는 데서, 각각 냉기의 효과가 어떻게 나타나는지 검증했다. 우리는 각 참가자가 집과 맺는 관계가 그 사람이 느끼는 소속에 대한 필요성의 영향을 받을 것이라고 기대했다.

실험 조건은 춥게 '바깥에서 머무는' 것, 따뜻하게 '집 안에 머무는' 것 그리고 춥게 '바깥에 있다가 곧 실내로 들어가는' 것의 세 가지였다. 세 번째 조건에는 점화 단계가 포함되어 있었는데, 이 실험 집단에게는 실험진행자가 "곧 집 안으로 들어갈 것"이라고 말했다. 이것은 실험참가자가 체온을 스스로 조절하겠다는 동기부여에 사로잡히지 않도록 막는 장치였다. 이런 장치가 없으면 냉기 효과가 한층 줄어들 수 있었다.

세 번째 조건은 싱가포르국립대학 얀 장Yan Zhang과 시카고대학 제인 리슨Jane Risen이라는 두 심리학자의 연구를 근거로 했다. 장과 리슨은 시카고대학 학생 마흔세 명을 대상으로 한 가지 실험을 했다. 전형적인 시카고의 매서운 겨울 추위 속에서 연구자들은 각각 실외와 실내에 있던 실험참가자들에게, 사회적으로 따뜻한 행동(예컨대 자기가 사랑하는 누군가에게 선물을 사주는 것)을 온도 중립적인 행동(예컨대 머리를 자르는 것)보다 선호하는지 물었다. 결과가 어떻게 나왔을까? 실외에 있던 사람들은 사회적으로 따뜻한 활동을 선호한다고 답했다. 반면에 실내에 있던 사람들은 사회적으로 따뜻한 활동과 중립적인 활동에 관한 답이 같은 비율로 나왔다. 이 연구의 나머지 부분 역시 (추울 때 활성화되는) 사교 활동 목표는 곧 실내로 들어갈 것이라는 말을 들을 때처럼 그 목표가 더는 의미가 없을 때 소멸된다고 보고했다.

나는 두 사람의 논문을 읽으면서 목표 소멸 현상이 매우 강력하다는 증거를 찾지 못했다. 그렇지만 우리는 이것을 가설로 설정하고 검증해보기로 했다. 우리는 추운 실외 조건에서 (따뜻한 실내 조건과 '곧 실내로 들어가는' 조건에 비해) 실험참가자들이 제시된 집의 매력과 공동체성을 더 높게 평가할 것이며, 아울러 그 집에 관한 관심이 높아지고 구매 의사도 한층 강렬해질 것이라고 가설을 세웠다. 더 나아가 우리는 이런 효과들은 실험참가자들이 느끼는 소속에 대한 필요성의 영향을 받을 것이라는 가설도 세웠다.

실험 결과는 우리가 설정한 가설과 전혀 달랐다. 관건이 된 예측변수는 실제 온도였다. 오로지 실제 온도에 따라 모든 결과가 달라진 것이다. 곧 실내로 들어갈 것이라는 말을 들었든 아니었든 간에 그리고 소속에 대한 필요성이 있든 없든 간에, 오로지 실제 온도만이 사람들이 집을 공동체 공간으로, 즉 '안전한 피난처'로 평가하는 정도를 예측했다. 더 나아가 이것은 사람들이 그 집을 얼마나 매력적으로 느끼는지 그리고 얼마나 큰 비용을 지불하고 그 집을 살 것인지 예측했다.

## 집도 사람이다

물론 집은 사람들에게 핵심적인 체온 조절 기능을 제공한다. 이런 사실은 이 집을 살 것인지 혹은 저 집을 살 것인지 결정하는 데 중요한 기준이다. 그러나 소비자는 제품, 즉 어떤 식으로든 의미 있는 방식으로 우리에게 도움을 준다고 생각하는 물건들을 의인화하는 경향이 있다. 집을 놓고 보더라도 우리는 집에 딸린 창문을 사람의 눈이라고 생각하며, 또 집을 두고서 행복하다, 우울하다, 위엄이 넘친다, 슬프다 등과 같은 느낌을 준다고 말한다. 집은 우리를 반기기도 하고 험악하게 노려보기도 하며, 정서적으로 따뜻하기도 하고 차갑기도 하다.

우리는 어떤 집을 두고서 매력이 있다거나 특징적이라거나 혹은 이런 것들이 부족하다고도 말한다. 또 어떤 집의 영혼을 말하기도 하는데, 집에 담겨 있는 영혼을 매우 중요하게 여기는 사람들도 있다. 우리는 이런 직설적인 의인화anthropomorphism

를 넘어 집을 (그리고 또 다른 물건들을) 우리를 '돕거나' '보호하는' 존재로 바라보는 경향이 있다.

엄밀히 말하면 오로지 동족만이 (즉 사람이나 혹은 특별한 경우 동물도 포함해) 누군가를 돕거나 보호하는 능동적인 능력을 가지고 있다. 그러나 사람들은 흔히 집을 가족 혹은 가문이 의인화된 존재로 바라본다. 이런 이유로 영국 왕실을 '윈저의 집'이라는 이름으로 부르고, 유대계 금융 재벌 가문을 '로스차일드의 집'이라 부른다. 집은 심지어 어떤 사회의 특성을 구체화하기까지 한다.

또 북아메리카의 토착 원주민 여섯 부족(모호크족, 오논다가족, 오네이다족, 카유가족, 세네카족, 투스카로라족)의 연합체인 이로쿼이 연맹은 스스로를 하우데노사우니Haudenosaunee(긴 집longhouse을 짓는 사람들)라고 부른다. 18세기에 이 '긴 집'은 이로쿼이연맹의 독특한 공동주택으로 스무 가족 이상을 수용했다. 그 집은 실제로 만남의 장소이기도 했으며, 이로쿼이연맹에겐 일종의 의사당과도 같았다. 마지막으로 그 '긴 집'은 지리적인 장소를 뜻할 뿐만 아니라 (그 집은 북동쪽 끝의 애디론댁산맥에 있는 모호크족의 땅에서부터 남서쪽 끝의 온타리오호수와 제네시강 인근 세네카족의 땅까지 뻗어 있었다) 이로쿼이연맹 그 자체를 나타내는 은유적 표현으로 사용되었다. 그 '긴 집'에 사는 사람들은 서로를 도왔고, 또 그 집이 그곳에 사는 사람들에게 그랬듯이 온기와 안정감 그리고 위험으로부터 보호하는 환경을 조성했다.

어떤 집을 짓거나 살 때 우리는 마을, 국가, 사회, 관계망 혹은 문명이 가져다주는 이점을 친밀성이라는 차원에서 따진다. 집은 갓난아기와 보호자 사이 원초적인 체온 조절에서부터 다양한 사회관계망을 아우르는 한층 정교한 연결성에 이르기까지, 온갖 사회적 기능을 구현하는 사회적 구조다. 이에 비해 집이 없는 노숙자는 극단적인 기후를 포함한 온갖 위험에 노출되는 동시에 사회와 철저하게 분리된다. 노숙자의 이런 모습은 베르너 헤어초크의 다큐멘터리 영화 〈세상 끝과의 조우〉에서 남극에서 허들링을 하는 펭귄 무리에서 이탈해 정처 없이 걸어가는 펭귄의 모습과 다르지 않다.

## 물건도 브랜드도 사람이다

우리는 집을 의인화하듯이 많은 제품이나 물건도 체온 조절 도구로 의인화한다. 심지어 어떤 경우에는 사람을 따뜻하게 해주는 것과 아무런 관련이 없어 보이는 대상까지도 의인화한다. 나는 2014년에 제자 야네케 얀선Janneke Janssen과 동료이자 친구인 짐 코안과 함께 어떤 연구를 수행했다. 우리는 소비자가 제품 브랜드를 상대로 '따뜻하고 신뢰하는 관계'를 유지하는 방법을 탐구했다.[8]

'집단 브랜드communal brand'는 특정 제품이나 로고 혹은 브랜드에 대한 애착을 공유하는 공동체를 가리켜 마케팅 전문가들이 부르는 명칭인 브랜드 커뮤니티brand community와 관련이 있다. 우리 세 사람은 집단 브랜드를 단지 생각하는 것만으로도 인지하는 온도가 올라간다는 가설을 검증할 일련의 연구를 시작했다. 우리는 연구 작업을 수행하는 심리학자들 사이에서 널리 알려진 웹사이트인 아마존메커니컬터크Amazon Mechanical Turk에서 2552명이라는 꽤 많은 수의 표본을 대상으로 가설을 검증했다. 다섯 차례에 걸친 연구 조사에서 우리는 긍정적으로 인지된 집단 브랜드가 사람들로 하여금 주변 온도를 실제보다 높게 추정하도록 유도한다는 점을 발견했다. 한층 더 흥미로운 사실은, 인식하는 온도가 높아질수록 해당 브랜드 제품을 사겠다는 의지가 높아지며, 또한 그 제품을 사는 데 쓰는 금액도 늘어난다는 점이었다.

마케팅 책임자들 역시 이 지식을 활용한다. 코카콜라는 고전적이고 세계적인 집단 브랜드다. 청량음료인 코카콜라는 보통 차갑게 제공되며, 여름철 뜨거운 열기 속에 반가운 청량감을 안겨준다. 그렇지만 오늘날 사람들이 가장 낯익은 코카콜라 광고는 하얀색 코카콜라 캘리그래피가 선명하게 그려진 빨간색 대형 트럭들이 겨울 풍경 한가운데를 가로지르며 줄지어 달려가는 모습을 강조하는 광고다. 이것은 트럭을 장식하는 따뜻한 조명이라는 형식을 빌려 추운 겨울의 황량함을 덜어주는 이미지이며, 크리스마스의 즐거움을 떠올리게끔 유도한다.

마케팅 기술로 치자면 전설 급이라 할 수 있는 코카콜라 브랜드 마케팅 담당자들은, 브랜드와 소비자 사이에 믿음이 가는 따뜻한 관계를 창조하거나 혹은 강화하고자 했을 것이다. 자기 브랜드와 연관이 있는 정서적으로 따뜻한 느낌들이 물리적으로 따뜻한 느낌에 반영된다는 사실을 그들이 과연 알고 있었을지 의문이다. 그러나 그 사실은 엄연한 진리다. 소비자는 자기가 믿음직하다고 인지하는 브랜드를 대할 때 다른 경우보다 주변 온도를 높게 추정한다는 게 우리 연구 결과 가운데 하나다. 소비자가 밀접한 관계를 가지는 브랜드들은 그 사람에게 물리적 온도가 높아졌다는 느낌을 불어넣는다.

2014년에 발표한 우리 논문은 다섯 차례에 걸친 연구 조사에서 확보한 많은 표본을 사용해 한층 더 신뢰성 있고 정교한 가설을 설정했다. 나는 사람이 느끼는 주관적 온도 감각, 즉 따뜻하거나 춥다고 느끼는 것은 공동체적 연대감의 영향을 크게 받는다는 사실에 회의적이었다. 결국 우리가 옳다는 게 밝혀졌다. 주관적 온도는 영향을 받지 않았지만 사람들이 인지하는 주변 온도는 영향을 받았다.

브랜드의 체온 조절 효과는 브랜드가 인간관계와 관련된 기능을 수행하며, 더 나아가 사람과 사람 사이 관계에서 이루어지는 관습적인 방식으로 그런 기능을 수행한다는 오래된 인식과 일치한다. 이런 사실은 사람과 사람 사이 관계 속 애착과 공동조절✢과 관련이 있는 메커니즘들이 사람과 브랜드 사이에서도 작동함을 뜻한다.

✢ 5장 217쪽을 참조하라.

홀마크⁜와 코카콜라 제품과 광고물을 공들여 수집하는 사람들을 대상으로 한 여러 연구는, 사람들이 자기가 좋아하는 브랜드와 온전한 (심지어 심오하기까지 한) 애정 관계를 유지한다는 점을 확인했다. 어떤 연구는 이 브랜드들의 제품과 광고물을 열광적으로 수집하는 사람들에게 "홀마크는 마치 연인과도 같으며" 그들이 그 브랜드와 맺는 관계는 지속적이며 중독성이 있다고 주장한다. 그래서 이 사람들은 일반적으로 사람과 사람 사이에서 이루어지는 "데이트를 하고 정이 들고 결혼을 하는" 과정에 비유될 수 있는 과정을 자기가 좋아하는 브랜드와 함께 만들어 간다는 것이다.[9]

이런 눈에 띄는 의인화는 좋아하는 브랜드의 물건을 열광적으로 수집하는 사람들에게만 한정되지 않는다. 많은 사람이 사회적 애착과 연관이 있는 애정 어린 감정을 물건에 투영한다. 미시간대학 디어본 캠퍼스 마케팅 교수인 에런 아비아Aaron Ahuvia가 예순아홉 명을 인터뷰했는데, 물건은 사랑을 나누는 대상에 포함되지 않는다고 답변한 사람은 단 두 명뿐이었다. 물건을 향한 사랑이 진실하고 현실적일 수 있느냐는 질문에는 인터뷰 대상자의 72퍼센트가 그렇다고 답했다.[10] 사우스캐롤라이나대학 교수들인 테런스 심프Terence Shimp와 토머스 매든Thomas Madde은 사람과 사람 사이 사랑에서 나타나는 여러 요소를 사람과 물건 사이 사랑에서도 발견해 '소비자와 물건 사이

⁜ 미국의 유명한 축하 카드 및 선물 제작 회사.

사랑' 모델을 개발했다.[11] 한편 미주리대학 컬럼비아 캠퍼스 교수 마샤 리친스Marsha Richins는 '사랑'을 포함해 브랜드에 대한 정서적 애착을 나타내는 일련의 기술어descriptor를 규명하고 정리했는데, 이 기술어는 특정한 제품에 느끼는 '다정함'의 정도로 측정되었다.[12]

사람들이 인간적인 속성들에 적용되는 용어들을 빌어 자기가 좋아하는 브랜드들을 평가하는 브랜드 개성brand personality도 물건 의인화와 일치한다. 어떤 브랜드를 두고서 패션적으로 멋지다는, 혁신적이라는, 체격이 탄탄하다는, 진정성이 넘친다는, 실용적이라는, 우아하다는 혹은 믿음직하다고 평가할 수 있다. 우리 인간은 브랜드와 사람을 순간적인 기분으로 판단할 수 있다. 이런 즉흥적인 판단을 내리는 것이 유용하며, 심지어 상황에 맞는 적절한 적응임을 심리학자들은 입증해왔다. 왜냐하면 사람들은 누군가가 자기를 해치고자 하는지 혹은 자기를 해칠 능력을 가졌는지 알고 싶어 하기 때문이다.

이런 현상은 사람들이 다른 사람을 인지하는 방식의 두 가지 커다란 차원Big Two이라고 심리학자들이 규정해온 '교감communion'과 '행위agency' 개념과 관련이 있다. 교감 혹은 정서적 온기는 신뢰, 도움, 정직함, 협력 등과 같은 개성적인 속성들을 아우르는 개념이다. 이에 비해 행위는 역량에 초점을 맞추어 효율성과 지속성 그리고 에너지 등과 같은 속성들을 포함하는 개념이다. 이 모든 인간적인 속성들이 때로는 브랜드에 투영된다.

다섯 개의 연구를 통틀어 우리는, 어떤 브랜드가 교감의 다정함을 가지고 있다는 판단이 온도를 실제보다 높게 추정하도록 유도한다는 점을 발견했다. 브랜드 역시 행동의 경제와 관련해 비슷한 심리적 관심사들에 응답한다. 날씨가 추울 때 사람들은 소속감을 느끼고자 하는 내면의 필요성을 충족하려고 심리적으로 조금이라도 더 따뜻하게 느껴지는 브랜드로 눈을 돌리게 된다. 신뢰감을 주는 브랜드를 선호하는 사람들의 심리는 체온조절에 어느 정도 뿌리를 두고 있다. 이것은 다양성을 갖춘 사회관계망의 구성원들에게 사람들이 애착을 가지는 것과 동일한 이치다. 브랜드는 시시각각 변하는 세상에 안정성을 부여할 역량을 가지고 있고, 따라서 우리가 미래를 더 잘 예측하는 데 도움을 줄 수 있다. 이것은 일기예보를 확인해 앞으로 열흘 동안 날씨가 어떨지 알아내는 것과 비슷하다.

심리학자들은 심리학의 이론적 발상들을 적용해 현실적이고 예측 가능한 결과물을 내놓으라는 요청을 자주 받는다. 나는 마케팅 담당자들에게 따뜻하고 집단적인 브랜드 제품을 만들려면 다음과 같은 질문을 해야 한다고 제안한다. 따뜻함과 신뢰성에 대한 인식을 유도함으로써 더 잘 팔리도록 하려면 제품이나 브랜드를 어떻게 설계해야 할까? 또 긍정적인 집단 연대감을 유도하려면 제품이나 브랜드를 어떻게 만들어야 할까?

이 질문들에 내가 일차적으로 해줄 수 있는 간단한 대답은, 단지 신뢰성이 있는 브랜드를 만드는 것이 아니라 신뢰성이 있어야 한다는 것이다. 한층 더 입체적이고 복잡한 대답은, 현재 심리학 이론을 현실 적용으로 연결하는 일은 결코 간단하지 않다는 것이다. 최근에 심리학의 한 부문에서 나온 믿음과는 다르게 (사실 지금은 이 믿음에 오류가 있음이 많이 드러나긴 했다) 취업 면접에 성공하는 데는 곧은 자세로 서거나 앉는 것만으론 부족하다.[13] 그러나 우리는 이론적 예측을 검증하는 연구를 통해 교훈을 얻을 수 있으며, 또 그 결과를 가지고서 경험에서 우러나오는 합리적인 추측을 얼마든지 할 수 있다.

마케팅 담당자들은 탄탄한 과학에 필요한 전제조건들이 무엇인지 알아내려고 노력해야 하며, 그런 다음 어떤 것들을 측정할 것인지 파악해야 한다. 사회적 체온 조절을 이용해 어떤 브랜드나 제품의 상업적 가능성을 예측하는 경우라면, 적절한 측정 수단은 춥다거나 따뜻하다는 주관적인 느낌이 아니라 구체적인 수치로 객관적으로 표시되는 주변 온도다. 만일 당신이 현실적인 적용 방법을 찾는 마케팅 담당자라면, 이것과 관련된 정보는 신경 조절 장치의 진화가 위계적으로 층층이 쌓인 복잡한 체계에 뿌리가 닿아 있으며, 그 체계에서 온도는 전체 변동 폭 가운데서 아주 작은 부분밖에 설명하지 못함을 알아야 한다. 그렇지만 바로 이 작은 부분의 변수가 당신에게 강점을 가져다줄 수 있다. 이것은 오로지 제품 판매와 관련된 다른 모든 변수를 충분히 고려한 다음에야 가능하다.

우선 다수의 선택이 개인의 선택에 어떻게 영향을 주는가 하는 점이 기온과 관련해 독립적으로 검증할 수 있는 변수다. 예를 들어 경제학자들인 수실 비크찬다니Sushil Bikhchandani와 수닐 샤르마Sunil Sharma는 금융시장에서 나타나는 '군중 행동herd behavior'을 연구했다. 두 사람은, 획일성은 만일 다수가 어떤 선택을 하면 그 선택은 좋은 선택임이 분명하다는 상식적인 가정을 토대로 한다는 가설에서부터 연구를 시작했다.[14] 이것의 대항적인 행동, 즉 비획일성은 소수 집단 평가에 한층 더 높은 가중치를 부여하면서, 소수가 선택한 조건이 훨씬 더 가치가 있거나 유효하다고 결론을 내렸다.

마케팅 담당자들은 판매 촉진을 위해 획일성과 비획일성을 모두 활용한다.[15] 어떤 브랜드들은 다수자가 좋아한다는 점을 내세우는 반면에 어떤 브랜드들은 소수 엘리트 집단의 차별성을 강조하며 배타성을 내세운다. 사회적 체온 조절에 대해 우리가 아는 모든 것을 염두에 둔다면, 획일성은 사실상 사회적 체온 조절과의 관련성을 큰 소리로 떠들어대는 셈이다. 안타깝게도 이 주제와 관련해서는 신뢰할 수 있는 연구가 전혀 없다. 사회심리학 분야에는 더 말할 것도 없고 투자가와 투기꾼 그리고 모든 단체 스포츠 팀을 위해 이 분야 연구의 축적이 매우 시급하다.[16]

## 따뜻한 광고, 차가운 광고

체온이나 의사 결정에 작동하는 생리적·심리적 메커니즘을 보다 온전하게 알지 못한 채로, 주변의 냉기가 특정한 의사 결정을 촉진하고 주변의 온기가 또 다른 특정한 의사 결정을 촉진하는 이유를 설명하려 시도한다면, 이 시도는 추측이나 잠정적 결론에 그칠 수밖에 없다. 그러나 사람들에게 제품을 파는 사업이 마케팅, 광고, 홍보와 같은 분야에서 한층 전문화되고 정교하게 다듬어지기 전에도 (지금은 모두 사회학과 심리학에 의존하고 있다) 성공한 영업 담당자들은 이미 정서와 온도 사이 연관성을 직감적으로 파악해 제품을 홍보해왔다.

파스칼 브루노Pascal Bruno와 동료들은 2017년에 발표한 논문에서 통상적인 은유 발상을 좇으며 사람들이 온기를 사랑으로, 냉기를 공포로 자주 사용한다는 사실을 발견했다.[17] 한 걸음 더 나아가 기업계의 전문가들이 정서적 온기와 냉기를 광고에 활용한다는 점을 발견했다. 연구자들은 이 같은 관찰 내용을 토대로 정서적 온기와 냉기가 광고 효과를 발휘하는 조건이 있는지 알아보기로 했다. 그들은 체온 항상성은 사회적 행동을 형성하는 요인이 될 수 있다고 전제했다. 특정한 정서적 자극 효과는 물리적 온기뿐 아니라 체온 항상성을 유지하는 역할도 수행한다는 가설을 실험과 현장 조사를 통해 검증했다.

실험 결과, 물리적으로 춥다고 느끼는 소비자는(즉 최적의 항상성보다 낮은 온도 있을 때) 정서적으로 '차가운' 자극을 정서적으로 '따뜻한' 자극보다 덜 우호적으로 느꼈다. 사람들은 추운 조건에서 정서적으로 차가운 자극이 주어지면 최적의 체온 항상성에서 멀어졌다. 한편 물리적으로 덥다고 느끼는 (즉 최적의 항상성보다 높은 온도에 있을 때) 소비자는 정서적으로 따뜻한 자극을 마찬가지 이유로 덜 우호적으로 느꼈다. 즉 그 조건에서 사람들은 최적의 체온 항상성에서 멀찍이 떨어져 있었다. 소비자가 최적의 항상성을 유지할 때 (즉 너무 덥지도 너무 춥지도 않다고 느낄 때) 정서적으로 따뜻한 자극과 정서적으로 차가운 자극을 모두 비슷한 수준으로 우호적으로 느꼈다.

브루노와 동료들은 온도와 정서가 항상성에 영향을 준다는 사실을 발견하고, 정서가 어떻게 신체 내부 변화를 유도하는지 알아보기 위해 학생 461명(여성이 49.7퍼센트)을 모집해 실험을 진행했다.[18] 연구자들은 이들을 두 집단으로 나누어 한 집단은 30도의 따뜻한 방에 들어가게 했고, 다른 집단은 14도의 추운 방에 들어가게 했다. 그리고 이들에게 각각 정서적인 온기와 정서적인 냉기를 드러내는 광고 영상 열한 편을 보여주었다. 연구자들은 실험참가자들에게 광고를 보여주기 전에 각자가 느끼는 기분을 파악하기 위해 설문 조사를 했다. 심리학 연구에서 많이 사용하는 리커트척도⁺를 도입해 1점(전혀 아니다)부터 7점(매우 그렇다)까지 매겨 실험참가자의 정서를 측정했다. 이것은 정서적으로 따뜻하거나 차가운 광고에 대한 선호가 늘어나거나 줄어드는 것에 대한 잠재적이고 대안적인 설명을 배제하기 위한 목적이 컸다.⁺⁺

⁺ 특정 대상에 대한 개인의 태도, 즉 생각, 지각, 감정 등을 측정하는 데 사용되는 측정법의 한 유형.

⁺⁺ 통제변수는 연구자가 실제 연구하고자 하는 변수에 직간접적인 영향을 미칠 수 있는 변수들이므로 일단 연구 과정에 포함시킨 후 이를 통제함으로써 연구자는 보다 타당한 연구 결과를 얻는다.

연구자들은 실험참가자들에게 자기가 본 광고에 대해 여섯 개 항목(마음에 든다, 흥미롭다, 설득력 있다, 매력적이다, 광고를 잘 기억할 것 같다, 효과적이다)에 각각 1점(전혀 아니다)부터 7점(매우 그렇다)까지 점수로 평가하라고 했다. 해당 광고 제품을 과연 살 것인지에 대해서도 마찬가지로 점수를 매기라고 했다. 마지막으로 연구자들은 실험참가자들에게 실내 온도를 1점(매우 춥다)부터 7점(매우 따뜻하다)까지 점수로 추정하고, 정서적인 온도에 대해서는 해당 광고를 보고 있으니 마음이 얼마나 따뜻하게 느껴지는지 1점(전혀 그렇지 않다)부터 7점(매우 그렇다)까지 점수로 추정하라고 했다.

실험 결과, 정서적으로 따뜻하거나 차가운 광고를 봄으로써 유도된 정서적인 온도 조건은 물리적인 온도 지각에 상당한 영향을 주었다. 정서적으로 따뜻한 광고를 본 사람들은 방 온도를 실제보다 상당히 높다고 느낀 반면에, 정서적으로 차가운 광고를 본 사람들은 방 온도를 실제보다 상당히 낮다고 느낀 것이다.

연구자들은 또한 물리적인 냉기를 느낀 사람들은 정서적으로 차가운 광고를 정서적으로 따뜻한 광고보다 덜 선호한다는 사실을 발견했다. 이런 사실은 실험참가자들이 광고를 대하는 태도와 해당 광고 제품의 구매 가능성에 영향을 주었다. 이에 반해 최적의 항상성 범위 안의 따뜻한 조건에 놓여 있던 사람들은 광고 자체나 광고 제품의 구매와 관련해 정서적으로 차가운 광고와 정서적으로 따뜻한 광고의 차이를 드러내지 않았다.

이 결과는 최적의 항상성 조건에 있는 실험참가자들은 정서적으로 따뜻한 광고와 정서적으로 차가운 광고에 각각 다르게 반응하지 않으리라 했던 연구자들의 예측과 일치했다.

같은 논문에 보고된 또 다른 실험에서 브루노와 동료들은 최적의 항상성에서 벗어나 불편할 정도로 덥거나 추울 때의 효과도 함께 검증했다. 연구자들은 심리실험실에서 얻은 결과를 실외에 설치한 텔레비전 스폿 광고(인쇄물 광고가 아닌)를 활용한 현장 실험으로 검증했다. 연구자들은 실외의 다양한 온도 조건에 놓인 실험참가자들이 광고를 보고 드러내는 반응을 관찰했다. 실험 결과, 낮은 기온에서는 광고의 정서적인 온기가 설득력을 높여준다는 점을 발견할 수 있었다. 적정 온도에 한층 가까운 중간 정도의 기온에서는 광고의 정서적인 온기는 설득력에 아무런 영향도 주지 않았다. 이 발견은 실내에서 한 연구 결과와도 일치했다. 마지막으로 적정 온도보다 높은 실외 조건에서는 정서적으로 차가운 광고의 설득력이 높아진 반면에, 정서적으로 따뜻한 광고의 설득력은 낮아졌다.

## 후회의 비용

우리는 지금까지 사회적 체온 조절이 집과 물건 그리고 광고의 사회적 온기에 대한 인지와 어떻게 관련되어 있는지, 또 사람들의 선호에 어떤 영향을 주는지 여러 사례를 통해 살펴보았다. 이 모든 연구에는 궁극적으로 금융과 관련된 의사 결정이 포함되어 있다.

금융 관련 의사 결정은 경제적인 차원의 의사 결정이지만, 거꾸로 경제적인 차원의 모든 의사 결정이 금융과 관련된 것은 아니다. 사회적 체온 조절 차원에서 보자면, 앞서 언급한 연구들이 탐구한 모든 의사 결정 또한 신진대사와 관련된 희소한 자원을 어떻게 투자하기로 선택할 것인가 하는 규모의 경제 원리에 뿌리를 두고 있다.

펭귄은 물리적 온도나 사회적 온도를 돈으로 살 수 없다. 그러나 자기의 신진대사 자원을 사회적 자본에 투자하기로 '선택'할 순 있다. 물론 이때의 사회적 자본은 펭귄 집단이 서로 신체를 가깝게 밀착시키는 행동인 허들링이다. 현대인은 신진대사를 통해 체온을 조절해야 하는 부담스러운 짐을 다양성을 갖춘 특정한 사회관계망 전체로 분산하는 데 자기가 가진 희소한 금융 자원을 투자할 수 있다. 실제로 많은 사람이 매우 자주 그렇게 한다. 이런 금융 의사 결정을 추동하는 요인들은 행동의 경제라는 생리적인 긴급함에 뿌리를 두고 있다. 아닌 게 아니라 돈은 (소비되는 돈과 소비되지 않은 돈 모두) 사람들이 자기의 신진대사 자원을 투자하는 방법과 관련된 편리하고도 객관적인 측정 수단이다. 바로 이것이 사회적 체온 조절의 핵심 문제다.

설득은 어떤 행동을 할 것인지 혹은 하지 말 것인지 결정하는 여정의 한 국면이다. 어떤 결정이든 간에 매번 만족스러운 결과로 연결되지는 않는다. 우리는 자기가 내린 결정에 만족하기도 후회하기도 한다. 기업의 마케팅 담당자들은 '구매자의 후회buyer's remorse'라는 심리 현상에 매우 익숙하다. 구매자의 후회는 어떤 제품을 샀지만 지금 생각하니 낭비였다거나, 너무 비쌌다거나, 불필요하다거나 혹은 어떤 식으로든 적절하지 않은 나쁜 결정으로 인지하면서 구매 자체를 후회하는 심리다.

심리학자들은 구매자의 후회를 한층 더 일반적인 감정인 '행동 후회action regret(한 일에 대한 후회)'의 하위 개념으로 바라본다. 구매자의 후회는 하고 싶지 않던 행동 혹은 지금 와서 실수나 나쁜 선택으로 느끼는 행동에서 비롯된다. 사람들은 '무행동 후회inaction regret(하지 않은 일에 대한 후회)'를 경험할 수도 있다. 이것은 하고 싶던 행동을 하지 않은 것 혹은 지금 생각하니 그때 해야 했는데 하지 않은 것에 따르는 후회다. 사회적 체온 조절은 의사 결정이 일어나기까지 과정뿐만 아니라 이후 의사 결정의 여파에도 작용한다.

제프 로트먼Jeff Rotman과 동료들은 2017년에 발표한 논문에서, 행동 후회 경험은 정서적 온도와 물리적 온도 모두에서 변화를 낳는다고 주장한다.[19] 이들이 수행한 실험 가운데 하나는, 추운 기후를 묘사하는 식으로 온도를 조작하는 광고들이 행동 후회의 정서적 측면을 개선한다는 점을 드러냈다. 연구자들은 행동 후회 효과를 제거하는 데 반드시 차가운 음료와 같은 물리적 제품이 필요하진 않다는 발상을 검증했다. 차가운 어떤 경험을 단순히 상상하는 것만으로도 개선 효과가 나타날 수 있다. 예를 들어 온도와 관련된 속성을 드러내는 광고들은 어떤 행동에서 비롯되는 후회를 줄여준다.

이 실험은 스키장과 같은 추운 곳을 배경으로 한 휴가지 광고를 본 사람은 화창한 카리브 해변과 같은 따뜻한 곳의 휴가지 광고를 본 사람보다 후회하는 마음을 덜 느낀다고 가설을 설정했다. 온라인으로 진행된 조사에서 연구자들은 현재 주가가 2.50달러인 가상 제약회사의 주식 정보를 제공받은 119명의 참가자를 대상으로 설문 조사한 뒤 결과를 분석했다. 참가자들에겐 실험에 참가하는 대가로 받는 보수를 그 주식에 투자할 것인지(행동) 혹은 투자하지 않을 것인지(무행동) 선택할 기회가 주어졌다. 주식에 투자하기로 선택한 참가자들에겐 그런 행동을 한 일을 후회할 수 있도록 실험진행자가 주가가 1.25달러로 떨어졌다고 말했다. 반면에 주식에 투자하지 않기로 선택한 참가자들에겐 그런 행동을 하지 일을 후회할 수 있도록 주가가 3.75달러로 올랐다고 말했다.

실험 결과, 이 실험에서 참가자 절반 이상인 53.8퍼센트는 주식에 투자하는 것을 선택해 행동 후회를 경험했고, 46.2퍼센트는 투자하지 않는 것을 선택해 무행동 후회를 경험했다.

이 실험에서 후회를 유도하는 국면이 끝난 뒤에 연구자들은 참가자들에게 크루즈 여행 광고를 보여주었다. 그런 다음에 크루즈선을 타고 여행을 한다고 상상하게 하고는, 자기가 경험하는 온도를 추정하라고 요청했다. 연구자들은 실험참가자들을 두 집단으로 나누어 한 집단에게는 추운 알래스카 크루즈 여행 광고를 보여주었고, 다른 집단에게는 따뜻한 카리브해 크루즈 여행 광고를 보여주었다. 광고가 끝나자 실험참가자들에게 자신의 주식 투자 의사 결정에 대해 네 개 항목에 7점 기준 리커트척도로 점수를 매기게 했다. 1점은 '전혀 동의하지 않는다'였고 7점은 '매우 동의한다'였다. 이 설문에는 '나는 내가 한 선택을 후회한다'와 '그때 내가 다른 선택을 해야 했다'와 같은 진술문이 포함되어 있었다. (덧붙이자면 연구자들은 행복과 관련해 일반적인 인구통계학적 변수들과 진술문들을 동원했다. 이런 변수들 가운데 그 어떤 것도 결과에 영향을 미치지 않았다.)

실험 결과는 전혀 놀랍지 않았다. 따뜻한 카리브해 광고를 본 사람들은 추운 알래스카 광고를 본 사람들보다 자기가 있는 곳의 온도를 더 높게 추정했다. 전자 집단과 후자 집단의 중간값은 각각 영상 19.65도와 영하 1.01도였다. 연구자들이 예측한 대로 행동 후회를 경험한 사람들 가운데 추운 알래스카 광고를 본 사람들은 따뜻한 카리브해 광고를 본 사람들보다 후회의 감정을 덜 느꼈다. 7점 기준 리커트척도로 보자면, 전자의 후회 중간값은 4.53인 반면에 후자의 후회 중간값은 5.21점이었다. 흥미롭게도 무행동 후회를 경험한 경우 카리브해 광고를 본 사람들이 알래스카 광고를 본 사람들보다 후회의 감정을 덜 느꼈다.

만일 내가 이 실험을 진행했다면 표본 크기를 더 크게 설정했을 것이다. 이 연구 결과는 특정하게 설정된 온도 상황을 상상하는 것만으로도 정서적인 경험이 영향을 받음을 암시한다. 특히 이 상상은 행동 후회를 줄여줄 수 있다. 그러나 가상의 온도 조건과 의사 결정의 후회 정도 사이 관계는 단순하지 않다.

이 연구는 행동 후회의 경우 추운 주변 온도를 상상하면 후회 수준이 낮아져 당사자가 한결 기분이 좋아지고, 무행동 후회의 경우 따뜻한 주변 온도를 상상하면 후회 수준이 낮아짐을 보여준다. 이런 차이는 우리가 온도 그 자체를 넘어서는 어떤 것을 바라보아야 하며, 또 온도가 가지는 의미를 항상성이라는 맥락에서 해석해야 함을 뜻한다. 왜냐하면 후회하는 행동이든 후회하는 무행동이든 간에, 후회는 모두 항상성에 영향을 준다는 것이 핵심이기 때문이다.

## 구매자의 온도, 판매자의 온도

항상성이 심각하게 위협당하면 건강 쇠약, 질병, 더 나아가 죽음으로 이어질 수 있다. 이 실험에서 보여준 상대적으로 소소한 위협들은 잠재적인 결과라는 측면에서 그다지 대단하지는 않지만, 어쨌거나 사람의 마음을 불편하게 만든다. 이런 사실은 마케팅 담당자들에게 매우 중요한 정보가 될 수 있다. 광고업계 사람들의 이야기를 다룬 인기 텔레비전 드라마 〈매드맨Mad Men〉에서, 주인공이자 뉴욕 매디슨 애비뉴의 천재 돈 드레이퍼는 툭하면 공격을 받곤 하는 자기 직업의 윤리적·사회적 가치를 "사람들이 물건을 사는 목적은 기분이 좋아지고 싶어서라고 나는 생각한다"라는 말로 방어한다. 만일 나라면 조금 다르게 "사람들이 물건을 사는 목적은 항상성을 유지하고 싶어서라고 생각한다"고 표현했을 것이다.

그럼에도 우리 심리학자들은 어떤 제품의 편익이라 할 수 있는 '좋은 기분'(즉 항상성)을 증진할 수 있는 메시지 전략을 짜달라는 요청을 마케팅 관계자들로부터 종종 받는다. 이런 요청은 당연히 일리가 있으며, 과학은 이런 요청에 얼마든지 응하고 또 도움을 줄 수 있다. 그러나 문제는 생물학과 문화라는 두 측면에서 모두 인간은 믿을 수 없을 정도로 복잡한 유기체라는 사실에 있다. 즉 여러 실험 결과에도 불구하고 심리학적 차원의 만병통치약은 없다. 추운 장소에 대한 생각을 유도할 때 후회의 심리적 불편함을 줄여줄 가능성이 크긴 하지만, 그 후회가 실제로 행동한 일에 따른 후회일 때만 유효하다. 행동하지 않은 일에 따른 후회에 대해서는 따뜻한 장소에 대한 생각이 제품 판매에 도움이 될 수 있다.

그렇더라도 의문은 여전히 남는다. 표적으로 삼아야 할 소비자가 행동 후회를 할지, 무행동 후회를 할지 혹은 전혀 후회하지 않을지 마케팅 담당자들이 무슨 수로 미리 알 수 있단 말인가? 이 문제를 해결하기 위해 추가로 두 개의 연구를 비교해보자. 사회적 체온 조절과 관련된 심리학적 통찰을 마케팅 분야와 같은 '실천적인' 혹은 '현실적인' 곳에 적용하는 것이 어떤 잠재력이 있으며, 또 그 한계는 무엇인지 엿볼 수 있다.

이스라엘 헤르츨리야IDC대학 요나트 즈베브너Yonat Zwebner와 동료들은 다섯 차례에 걸친 실험실과 현장 연구에서 '온도-프리미엄 효과temperature-premium effect'라고 스스로 이름을 붙인 주제를 파고들었다. 이것은 매우 단순한 논리였다. 만일 어떤 사람이 물리적 온도에 노출될 경우 이 사람은 정서적 온도에 대해 더 많이 생각하게 되고 그 결과 긍정적인 반응이 유도된다. 따라서 이 사람이 어떤 제품을 대할 때 그만큼 긍정적으로 평가할 가능성이 커진다.[20]

다섯 개 연구 가운데 첫 번째를 보자. 연구자들은 기온이 실제 현실에서 사람들이 내리는 제품 평가에 영향을 주는지 알아보고 싶었다. 실제 현실이라는 조건은 심리실험실 조건보다 훨씬 더 복잡했다. 연구자들은 이스라엘에 주소지를 둔 어떤 가격비교 포털사이트에서 수집한 자료를 분석했다. 이 웹사이트는 제품들을 큰 범주와 하위 범주로 세분화된 광범위한 제품 영역으로 구성했다. 사용자들은 전체 범주로 검색할 수도 특정 제품으로 검색할 수도 있어, 복수의 판매자들이 제시한 가격을 비교할 수 있었다. 어떤 판매자의 '구매하기' 버튼을 누르면 사용자는 해당 판매자의 웹사이트로 이동한다. 따라서 특정 제품 범주 안에서 '구매하기' 버튼의 클릭 수는 구매자들의 구매 의사를 측정할 수 있는 편리한 수단이 된다.

즈베브너와 동료들은 2010년 9월부터 2012년 8월까지 24개월 동안 발생한 634만6239개 클릭 자료를 여덟 개 범주에서 분석했다. 그들은 이 자료를 일별 기온과 대조해 여덟 개 범주 각각에서 기온이 구매 의사에 어떤 영향을 주는지 확인했다. 일별 평균 기온을 계산하고, 물리적 온기가 구매 의사를 높이는지

알아내려고 세 차례의 회귀분석을 했다.⁺

실험 결과는 연구자들의 예상대로 기온이 구매 의사에 긍정적인 영향을 주는 것으로 나타났다. 그러나 이 '온도-프리미엄 효과'는 비선형적인 것으로 드러났다.⁺⁺ 온도가 높을수록 구매 의사에 미치는 긍정적인 영향은 점점 줄어들었다. 하지만 온도-프리미엄 효과는 매우 실제적인 것으로 보였다. 연구자들이 휴일과 계절에서 비롯되는 효과를 통제한 뒤에도 이런 효과가 분명하게 드러났기 때문이다.

피터 콜브Peter Kolb와 동료들이 진행한 또 다른 연구는 온라인 환경에서 추출한 쇼핑 경험을 오프라인 매장에 적용했으며, 고객의 행동이 아니라 판매 직원의 행동에 초점을 맞추어 고객 서비스 혹은 고객 지향적인 태도를 살폈다.[21] 이 연구는 두 가지 실험으로 구성되었다.

하나는 실험실에서 진행된 것으로, 낮은 온도의 실내에 있던 실험참가자들(이들은 전문 판매원이 아니라 대학생이었다)이 높은 온도의 실내에 있던 실험참가자들보다 한층 더 고객 지향적인 태도를 보였으며, 고객에게 한층 더 많이 할인된 가격을 제시했다. 쾌적하다고 느끼는 온도 범위를 벗어나지 않는 선에서 실내 온도를 더 내리거나 올린 조건에서도 동일한 결과가 나왔다.

두 번째 실험의 목표는 판매 직원의 고객 지향성을 높이기

⁺ 회귀분석은 다른 독립변수들을 고정하고 한 가지 독립변수만을 변화시킬 때 종속변수들이 어떻게 변화하는지를 확인하는 통계 기법을 말한다.

⁺⁺ 비선형적이라는 말은 상호 관계가 일정하게 대응하지 않는다는 뜻이다.

위한 온도 조작의 대안적인 수단이 발휘하는 효과를 검증하는 것이었다. 이번에는 연구자들이 대학생이 아닌 실제 판매 직원 126명을 표본으로 놓고 실험을 진행했다. 그들은 물리적 온도 조작의 대안적인 수단으로 '의미 점화semantic priming'를 사용했다. 연구자들은 실험참가자들에게 열두 개의 단어를 제시하고는, 이 단어들을 글자열 속에서 찾는 낱말 퀴즈를 풀게 했다. 이때 실험참가자들을 무작위로 세 집단으로 나누고, 세 집단 모두에게 동일하게 온도 중립적인 단어 여섯 개를 제시했으며, 따뜻한 조건과 추운 조건의 집단에게는 온도와 관련된 단어 여섯 개를 추가로 제시했다.

낱말 퀴즈를 풂으로써 온도와 관련된 점화가 이루어진 뒤에 실험참가자들의 고객 지향성 수준을 '판매 지향성-고객 지향성 척도Selling Orientation-Customer Orientation Scale'를 통해 측정했다. 실험에 사용된 이 척도는 판매 직원과 고객 서비스 부서 직원에게 맞도록 수정한 것이었다. 실험참가자들은 리커트척도를 사용해 해당 문항에 대한 생각을 1점(전혀 아니다)부터 9점(언제나 그렇다)까지 점수로 매겼다.

실험 결과, 낱말 퀴즈에 포함된 차가운 단어 여섯 개로 점화된 사람들은 따뜻한 단어나 온도 중립적인 단어로 점화된 사람들보다 높은 고객 지향성을 드러냈다. 실제 주변 온도와 상관없이 의미 점화를 통해 냉기 개념이 활성화된 덕분에, 경험이 많은 판매 직원과 고객 서비스 담당 직원이 스스로 평가하는 고객 지향성에 한층 높은 점수를 매기게 되었다고 연구자들은 결론을 내렸다.

이 실험들은 물리적 온도에 의해 발생한 효과가 단순히 온도와 관련된 단어들로 점화된 생각들을 통해서도 발생할 수 있음을 입증함으로써 데카르트의 심신이원론 장벽을 너무도 자유롭게 뛰어넘는다는 점에서 흥미롭다. 동시에 이 두 실험은 심리 실험을 실제 현실에 적용하는 데는 한계가 있음을 입증한다. 연구자들은 하루 업무가 시작될 때 온도와 관련된 단어 퍼즐 등으로 판매 직원에게 의미를 점화하는 방법을 추천하지 않는다고 솔직하게 털어놓는다. 이들은 판매 직원이 될 수 있으면 시원한 물을 마시고 편안한 옷을 입도록 유도해, 매장이 너무 따뜻하다고 느끼지 않도록 하는 게 좋다는, 어쩐지 성의가 부족해 보이는 조언을 해줄 뿐이다.

나는 판매 실적을 올릴 목적으로 매장 공간의 실제 온도를 올리거나 내릴 수 있는데, 이것이 딜레마가 될 수 있다는 사실이 흥미로웠다. 즈베브너가 동료들과 진행한 연구는 온도가 상대적으로 높을 때 고객이 제품 가치를 상대적으로 높게 평가하며 구매 의사가 높아진다고 주장한다. 그러나 콜브가 동료들과 진행한 연구는 온도가 상대적으로 낮을 때 판매 직원의 고객 지향성이 상대적으로 높아져 고객 만족도와 제품 판매량이 늘어난다고 주장한다.

그렇다면 매장의 점장은 어떻게 해야 할까? 직원들의 고객 지향적인 태도를 훼손할 위험을 무릅쓰고라도 실내 온도를 높여 고객의 구매 요구를 자극해야 할까? 아니면 너무 추워서 고객이 구매 의사를 포기할지도 모르는 위험을 감수하면서까지 실내 온도를 내려 직원들이 최상의 상태로 역량을 발휘하게 해야 할까?

나는 이것이 심리학자들은 실질적으로 전혀 도움이 되지 않는 사람이라는 그럴듯한 증거라고 생각하지 않는다. 궁극적으로 이 두 실험이 내포하는 딜레마는 매우 현실적인 것이다. 즉 주변 온도와 인간 행동이라는 단순한 원인과 결과를 다룬다는 잘못된 가정을 할 경우에만 나타나는 딜레마다.

여기에서 쟁점은 항상성 조절의 문제다. 어떤 제품 구매는 체온 조절과 관련된 단기적인 필요성을 충족하는 것이다. 그러나 고객 서비스는 인간관계에 장기적으로 투자하는 것과 한층 더 밀접한 연관성을 가지는데, 이 투자는 항상성과 한층 더 직접적이고 깊이 관련되어 있다. 고객 서비스는 애착에 뿌리를 두는 하나의 사회적 행동이다. 궁극적으로는 생명 유지에 필수적인 체온 조절이라는 무거운 짐을 다른 사람들에게 분산하는 것이다. 그들의 존재나 도움을 쉽게 예측할 수 있는 바로 그런 사람들에게 말이다.

이와 관련해 심리학자들이 줄 수 있는 교훈은, 제품을 팔거나 고객 서비스를 개선하는 것보다 한층 더 심오할 수 있다. 판매나 고객 서비스 분야에서 일하는 사람들은 다른 사람들과 신뢰하는 인간관계를 맺는 일에 운명을 건 사람들이다. 이 신뢰 관계는 우리 가운데서 건강한 사람들이 쌓으려고 애쓸 뿐만 아니라 실제로도 해내는 바로 그것이다. 그 신뢰 관계는 사람들이 건강하게 살아갈 수 있는 사회 그리고 생산적인 문명의 토대다. 그러나 그 신뢰 관계는 한층 더 큰 의미를 가질 수 있다. 항상성은 생존에 필수적인 요소이기 때문이다. 또 다음 장에서 살펴보겠지만, 체온 조절은 인간이 가진 가장 파괴적인 정신적·신체적 여러 질병을 이해하는 데 (그리고 어쩌면 치료하는 데) 관건이기 때문이다.

8

# 우울증에서부터 암까지

•

건강과 질병 치료

브라질 상파울루에 사는 중년 여성 안나는 우울증으로 여러 해째 고생하고 있었다. 이것 말고도 그녀를 괴롭히는 게 하나 더 있었다. 뼛속까지 파고드는 한기가 끊임없이 그녀를 괴롭혔다. 안나는 아무리 따뜻한 날에도 몸을 오슬오슬 떨었으며, 기온이 내려갈 때는 평소보다 훨씬 더 힘들어했다. 그럴 때마다 안나는 옷을 여러 겹 껴입었다. 그러다 심리치료사를 만나 우울증 상담을 받았는데, 치료사는 따뜻한 차를 자주 마시라고 권했다. 치료사의 말대로 하자 정말 그녀를 끈질기게 괴롭히던 한기가 조금 수그러졌다. 따뜻한 차가 잠깐이나마 기운을 돋운다는 사실도 발견했다. 그러나 그녀는 우울증과 만성적인 한기 사이에 어떤 연관성이 있음은 알아차리지 못했다.

안나뿐 아니라 대부분의 사람이 우울증과 한기의 연관성을 알아차리지 못할 것이다. 그러나 최근의 여러 연구는 우울증과 체온 조절 사이에 어떤 연관성이 있음을 암시한다. 신체 내부의 온도조절장치를 조작하는 것이 효과적인 우울증 치료법이 될 수 있다는 실험 결과도 나와 있다. 예를 들어 2013년에 발표된 어떤 연구에서는 심각한 우울증을 앓는 성인 환자 열여섯 명이 모두 적외선램프로 전신을 쬐는 단 한 차례의 치료만으로 기분이 한결 좋아졌다고 말했다. 이런 개선 효과는 여섯 주 뒤까지 뚜렷하게 유지되었으며, 심각한 우울증을 앓는 환자가 다소 안정적인 수준으로 호전될 정도였다.[1]

이 연구는 표본이 매우 작았다. 심각한 우울증을 앓는 환자를 찾아 심리학 연구 실험에 동참시키기가 쉽지 않음을 고려한다면 이것은 충분히 이해할 수 있는 일이다. 표본 크기가 작을수록 그 연구에서 도출되는 결론은 허약할 수밖에 없다. 이 장에서 언급하는 연구는 대부분 표본 크기가 작다. 따라서 이 연구들이 의미하는 내용은 결정적이라기보다는 암시적일 수밖에 없다. 우리는 체온 조절이 생존과 건강에 결정적인 역할을 한다는 주제로 논의를 계속하고 있다. 또 지금까지 사회적 체온 조절은 신체 기능이 정상적으로 작동하는 것과 관련이 있다는 증거를 반복해서 확인했다.

체온 조절이 생존에 중요하다는 것은 결코 시시비비를 따질 논쟁거리가 아니다. 사람은 언제나 극단적인 열기나 냉기로 사망한다. 얼마든지 피할 수 있는데도 열기나 냉기로 사망하는 예도 많다. 내가 사는 프랑스에는 2003년 8월에 덮쳤던 열파의 기억이 여전히 흉흉하게 남아 있다. 당시에 1만5천 명이나 되는 사람이 극단적으로 뜨거운 열기로 사망했다. 최근 보도에 따르면 뉴질랜드에서는 해마다 겨울이면 난방이 안 되는 추운 집에서 지내다가 사고가 발생하는 경우가 1600건에 달한다.[2]

사회적 체온 조절이 인간의 전반적인 건강에 중요한 역할을 한다는 사실을 보여주는 증거는 엄청나게 많다. 비록 그런 증거 가운데는 한여름에 열기로 사망하거나, 한겨울에 저체온증에 걸리는 것에 비하면 뚜렷하게 눈에 띄지 않는 것들도 포함되지만 말이다.

이 장에서는 우울증과 당뇨 그리고 암 등 다양한 질병의 위험을 줄여주는 잠재력을 가진 사회적 체온 조절과 관련된 여러 사례를 소개할 것이다. 이런 질병들은 다양하고 뚜렷하게 구분되며, 또 겉으로 봐서 전혀 연관성이 없지만 한 가지 중요한 공통점을 가진다. 앞서 언급한 갈색지방조직이다. 갈색지방조직은 체온 조절과 관련이 있으며, 애착 메커니즘을 통해 사회적 체온 조절에도 영향을 미친다. 의학계에서는 갈색지방조직을 많이 가지는 것을 단기적인 당뇨병 치료책으로 바라보지만, 여러 연구에 따르면 한층 더 복잡하고 장기적이며 중요한 결과와 관련이 있다.

펭귄과 인간 모두에게 사회적 체온 조절은 생존에 필수적임을 우리는 이미 알고 있다. 갓난아기가 생명 유지를 위한 체온 조절 부담을 보호자인 엄마에게 분산하는 애착 메커니즘은 한층 더 복잡한 사회적 체온 조절로 이어져, 인간을 다양성을 갖춘 여러 사회관계망 안으로 밀어넣는다. 그렇다면 다른 사람들과 가까이 지내면 질병에 걸릴 위험을 낮출 수 있을까?

## 체온은 건강의 지표

더 깊이 들어가기 전에 몇 가지 기본적인 용어부터 살펴보자. 고체온증은 신체가 너무 뜨거워질 때, 즉 신체에서 발산되는 열보다 신체에서 생성되는 열이 더 많을 때 나타난다. 반대로 저체온증은 신체에서 생성되는 열보다 신체에서 발산되는 열이 더 많을 때 나타난다. (춥다는 느낌은 열기가 없을 때 나타난다. 왜냐하면 열에너지는 언제나 뜨거운 곳에서 차가운 쪽으로 전달되기 때문이다.)

체온 조절은 건강함과 (그리고 건강하지 못함과) 관련이 있음은 논란의 여지가 없다. 오래전에 히포크라테스도 이미 체온 조절에 초점을 맞추어 다음과 같이 충고했다.

"의학을 공부하려는 사람은 누구든 반드시 (…) 따뜻한 바람과 차가운 바람을 그리고 모든 나라에서 공통적인 것과 특정한 지역에서 나타나는 특이한 것을 공부해야 한다."

아이가 학교를 빼먹으려고 꾀병을 부리다 엄마가 이마를 짚어보고 열이 없음을 확인하면 어쩔 수 없이 침대에서 일어나는 경우가 적지 않을 것이다. 아닌 게 아니라 열은 오랜 세월 질병이나 신체장애의 객관적인 지표로 사용되었다.

여기에는 충분한 근거가 있다. 사람의 체온이 39도를 넘을 때는 일반적으로 탈진과 불쾌감 그리고 아프다는 느낌이 동반된다. 체온이 40도가 되면 실신, 탈수증, 구토, 어지럼증 등과 같은 한층 심각한 증상이 나타난다. 체온이 이보다 더 높아지면 생명이 위험해진다. 체온이 41도이면 위급 상황이고, 42도가 되면 섬망과 경련 그리고 혼수상태가 발생한다. 여기에서 1도만 더 올라가면 보통 죽음으로 이어진다.

주변 온도가 과도하게 높은 상황도 위험하다. 이런 상황에서 신체는 발산할 수 있는 양보다 더 많은 양의 열을 흡수하기 때문이다. 고체온증은 주변 온도가 높을 때 발생할 수 있으며 체온이 40도에 이르면 생명이 위험해진다.[3] 이런 고체온증은 격렬한 운동으로도 유발된다. 최대치 강도로 운동할 때 골격근은 에너지 소비량이 20배까지 늘어난다. 이 경우 인체의 대사 효율성은 약 25퍼센트이므로 에너지의 많은 부분이 근육 운동 에너지가 아니라 열에너지로 전환될 수 있다. 이 열이 근육에서 혈액으로 전달되고, 데워진 혈액이 순환하면서 심부 체온이 올라간다. 체온이 40도 이상일 때 나타나는 열사병은 지나치게 높은 주변 온도나 극심한 피로 혹은 이 두 요인의 결합으로 발생한다.

3장에서 보았듯이 대부분의 항온동물, 특히 인간은 체온이 '정상' 수준에서 올라갈 때보다 내려갈 때 덜 위험하며 더 잘 견딘다. 추울 때보다 더울 때 사람들이 더 많이 죽는 이유가 여기에 있다. 두 위험 사이 차이는 매우 크다. 39도의 열은 중증 증상을 수반하는 반면에, 32도에서 35도 사이 저체온증은 경증으로 분류되며 주로 몸이 떨리는 증상이 나타난다. 체온이 28도에서 32도 사이일 때는 중등도 저체온증으로 분류되며, 몸이 떨리는 증상이 사라지고 의식 상태가 나빠진다. 경증과 중등도 두 단계의 체온과 정상 체온의 편차는 2도에서 9도다. 중증 저체온증은 체온이 20도에서 28도까지일 때이며 대개 의식을 잃는다. 체온이 그 아래로 떨어지면 죽는다.

미국육군환경의학연구소USARIEM에서 1988년에 발표한 흥미로운 논문《우발적인 저체온증*Accidental Hypothermia*》에서 저자들은, 추위에 오랜 시간 노출될 때 인체가 받을 수 있는 잠재적 충격을 보여주었다. 여기에서 저자들이 동원한 사례가 나폴레옹이 1812년에 감행한 러시아 원정이다. 이때 나폴레옹의 대육군Grande Armée 12사단 군사 1만2천 명 가운데 프랑스로 살아 돌아온 인원은 겨우 350명밖에 되지 않았다. 나머지는 모두 죽었는데 대부분 저체온증이 원인이었다.[4]

그런데 신체는 이보다 한층 더 미묘한 방식으로 온도의 영향을 받을 수 있다. 드문 경우이긴 하지만, 수술용 마취제가 근소포체를 자극해 칼슘이 과다 배출되면 악성 고열 증상이 나타날 수 있다. (근소포체는 근원섬유를 둘러싼 근섬유 내의 막 모양의 구조로 몸 떨림 과정에 관여한다.) 칼슘 배출은 발열을 동반하는 근육 대사 과다증을 유발하는데, 칼슘이 과다 배출되면 신체가 발산할 수 있는 수준을 초과해 열이 발생한다. 이런 매우 드문 경우에 악성 고열 증상이 나타난다. 신경이완제나 항정신성 약물은 신경계에 영향을 주는 또 다른 범주의 약물이다. 이런 약물들을 복용하면 신경이완제 악성증후군이 나타날 수 있다. 이때 고열이 발생하는데 체온은 대개 41도를 넘어간다.

체온 조절과 건강 그리고 정서적인 삶의 연관성은 매우 기본적인 여러 생리적 메커니즘에서 관찰할 수 있다. 갑상샘 호르몬의 과다 생성으로 인한 갑상샘항진증은 '갑상샘 폭풍'이라고도 부르는 갑상샘독성발작으로 악화되어 고체온증을 유발할 수 있다. 갑상샘항진증은 신체적·정서적 스트레스로 촉발될 수 있다. 장기간 계속되는 스트레스는 자가면역성 갑상샘염의 원인이 될 수 있다. 이 면역 질환은 땀을 흘린다거나, 심박수가 늘어난다거나, 잠을 쉽게 이루지 못한다거나 하는 여러 증상의 원인이 된다.

개인적인 차이가 있지만 사람에 따라 저체온증에 쉽게 걸릴 수도 있다. 예를 들어 시상하부 기능에 직접 영향을 주는 여러 조건 때문에 체온 조절 장치가 손상될 수 있다. (4장과 6장에서 살펴본 체온 조절 통합기를 떠올려보라.) 그런 조건들 가운데는 뇌의 외상성 손상, 병리적인 뇌 장애, 파킨슨병이나 호지킨병과 같은 질병이 포함된다. 척수가 끊어지는 등의 척수 손상 환자는 변온동물이 되어 체온 조절을 못하게 된다. 신경 장애와 당뇨병 역시 저체온증을 유발할 수 있으며, 여러 가지 약물과 에탄올은 물론 알코올 중독과 관련이 있는 독소도 마찬가지다. 발작성 저체온증은 뇌의 특정 부위 손상과 관련이 있으며, 흔히 발작 장애 증상으로 나타난다.[5]

이처럼 체온 조절 능력을 어떤 수준으로든 무력화하는 조건에는 여러 가지가 있는데, 주류 문화에서는 대개 이런 것들을 생리적인 차원이 아니라 심리적인 차원의 범주로 분류한다.

## 심리적 스트레스와 체온

이야기를 계속 이어가보자. 사람들은 대개 체온 조절은 심리적 기능을 담당하거나 혹은 최소한 관련이 있는 것으로 생각한다. 추위에 장시간 노출되었을 때 나타나는 저체온증은 때로 불안, 잘못된 판단, 고집, 노이로제, 정신병 등을 포함한 여러 정신 질환 증세와 연관 지어진다. 나와 동료들이 만든 '사회적 체온 조절과 위험 회피 질문STRAQ-1'이라는 측정 척도[+]를 떠올려보자. 혼자 힘으로 체온을 조절하고자 하는 사람은 상대적으로 더 많이 불안해하고, 다른 사람들과 함께 체온을 조절하고자 하는 열망이 낮은 사람은 타인과의 관계를 회피하는 경향이 있었다. 사회적 체온 조절을 회피하는 성향의 사람들은 평균적으로 건강 수준이 낮았다.

영국의 생리학자 그리피스 퓨Griffith Pugh는 1966년에 사고 예방에 관한 의료 위원회에 제출한 보고서에서, 웨일스와 스코틀랜드 그리고 잉글랜드에서 발생한 체온 조절 불능으로 인한 여러 사례를 다루었다. 이 보고서에서 퓨는 스물세 건의 사고를

+ 5장 210쪽을 참조하라.

다루었는데, 스물다섯 명이 사망했으며 다섯 명은 의식을 회복하지 못했고 쉰여덟 명은 경미한 증상을 보였다. 경미한 증상을 보인 환자들은 냉담해지고 때로는 불안해했다. 어떤 환자들은 현실과 동떨어진 인식을 드러냈는데, 이들은 술에 취한 듯한 느낌이라고 했다. 이들의 배우자들은 환자가 비이성적이고 짜증을 내고 공격적이며 평소와 다르게 말수가 줄었다고 했다.[6]

앞서 언급한 논문《우발적인 저체온증》의 저자들이 '적절한 적응 행동'의 부족에 붙였던 명칭도 주목할 만하다. 예를 들어 '이상탈의異常脫衣, paradoxical undressing' 현상이 저체온증 환자들 사이에서 폭넓게 나타났다. 이 논문은 그런 현상을 "환자들은 사망하기 직전에 체온 조절 체계의 붕괴를 어떻게든 제어하려는 노력의 하나로 옷을 벗는다"고 설명했다.[7] 만취 상태도 이상탈의 위험을 높여 위험한 행동으로 이어질 수 있다. (겨울에 당신의 친구가 이 술집 저 술집으로 돌아다니며 술을 너무 많이 마실 때를 대비해 꼭 기억해두기 바란다.)

체온이 적정한 범위에서 벗어남으로써 발생하는 심각한 신체적 결과가 무엇이든 간에, 환자의 느낌은 체온 조절에 상당한 영향을 미칠 수 있다. 2001년에 발표된 어떤 연구는 특히 심리적 스트레스로 인한 심부 체온 상승의 여러 메커니즘과 중재 장치를 규명하고자 했다. 연구자들은 '심인성 발열psychogenic fever'과 관련된 다수의 사례 보고서가 있긴 하지만, 심리적 스트레스가 심부 체온을 어떤 식으로 높이는지는(혹은 과연 높이기는 하는지는) 명확하지 않다고 설명했다. 나와 동료들은 사회관계망의 다양성과 심부 체온 사이 연관성에 초점을 맞추고 진행한 연구에서, 실험참가자들에게 자기가 느끼는 스트레스 수준이 어느 정도인지 설문했다. 그 결과로 얻은 데이터세트에 따르면, 스트레스가 심부 체온에 미치는 영향은 외부 습도 수준과 거의 같았다. 당분이 포함된 음료를 마신 사람이나 스마트폰이 없으면 불안하다는 사람이나 모두 마찬가지였다. 12개국에서 벌인 설문 조사 결과로 축적된 우리의 데이터세트로 판단할 때, 스트레스는 심부 체온에 크게 영향을 주지 않았다.[8]

이 발견은 심리적 스트레스로 인한 일반 동물의 심부 체온 상승을 다룬 몇몇 연구 결과들과 정면으로 배치된다. 예를 들어 일본의 심신의학과 통합생리학 분야 연구자들인 오카 타카카즈岡孝和와 호리 테쓰로堀哲郎는, 우리에 갇혀 있다 풀려난 쥐의 '야외 스트레스open-field stress'를 다룬 여러 연구 논문을 검토했다. 연구자들은 쥐들이 스트레스를 받은 뒤에 심부 체온이 상승한다고 결론을 내렸다. 이런 연구들에서 심부 체온 상승은 (예컨대 몸 떨기의 경우에서처럼) 늘어난 신체 활동량으로 인한 결과가 아니라, 열이 발생할 때 흔히 나타나는 것처럼 체온 조절 '설정값set point'이 상대적으로 높기 때문일 가능성이 크다.

오카와 호리 역시 예기불안豫期不安, anticipatory anxiety⁂ 스트레스에 의한 심부 체온 상승을 쥐를 대상으로 실험한 여러 연구

⁂ 언제 어디서 공황발작이 나타날지 모른다는 불안감과 공포감이 조건화된 증상을 '예기불안'이라 한다.

를 검토했다. 이들의 연구에 따르면, 예기불안 스트레스는 다른 신경전달물질에 의해 억제되는 야외 스트레스와 다르다. 예기불안 스트레스 역시 발열과 같은 반응을 일으키는데, 이런 반응은 실험 과정에서 바뀔 수 있다. 연구자들은 야외 스트레스든 예기불안 스트레스든 간에, 그 결과로 나타나는 체온 상승은 발열 반응이라 결론을 내렸다. 더 나아가 이런 발열 반응은 조건에 따라 발생하는 증상이므로, 신경전달물질과 관련이 있는 메커니즘은 인간의 심인성 발열과 관련이 있다고 추정했다.[9]

설치류 동물을 놓고 관찰한 스트레스와 심부 체온 사이 연관성은 매우 복잡하다. 그러나 이런 동물들의 사회적 삶은 인간의 경우보다 훨씬 덜 복잡하다. 이런 다양한 요인들이 뒤섞인 복잡성 때문에 우리가 심부 체온과 관련된 인간의 스트레스라고 볼 수 있는 것을 많이 발견하지 못하는 게 아닐까 싶다. 우리가 발견하는 것들 가운데는 진실한 신호가 잘 들리지 않게 방해하는 통계적 소음이 너무도 많다.

## 우울증과 신경성 식욕부진증

저명한 임상심리학자 에런 벡Aaron Beck이 내게 메일을 보낸 적이 있다. 그는 자기가 임상에서 만나는 우울증 환자들이 대개 춥다는 말을 자주 한다고 했다.[10] 어쩌면 이것은 전혀 놀라운 일이 아닐지도 모른다. 춥다는 느낌과 우울하다는 느낌은 나란히 가는 것처럼 보이기 때문이다. 그러나 우울증 환자들이 한기를 호소한다는 것만으로는 우울함과 한기 사이 명확한 연관성을 나타내는 생리적 메커니즘에 대해 아무것도 알아낼 수 없다.

앤서니 웨이클링Anthony Wakeling과 제럴드 러셀Gerald Russell은 1970년에 발표한 논문에서 신경성 식욕부진증 여성 환자 열한 명의 체온 조절을 연구했다.[11] (이 연구에는 비교 대상으로 삼기 위한 통제 집단으로 열한 명의 건강한 여성 환자도 포함되어 있었다.) 신경성 식욕부진증은 생명을 위협하기도 하는 식이 장애다. 스스로 강제하는 음식 제한이나 날씬한 몸매를 기대하는 과도한 욕망 혹은 살찌는 것에 대한 두려움이 빚어낸 질병이다. 신경성 식욕부진증 환자는 대부분 저체중이지만 정작 당사자들은 자기가 뚱뚱하다고 생각한다. 이들은 아주 조금씩만 먹으며, 어떤 환자는 그조차도 토하거나 일부러 설사 유도제를 먹어 배설하기도 한다. 신경성 식욕부진증에 걸리면 심장 손상, 골다공증, 불임, 그밖에 영양실조와 관련된 여러 장애 증상이 나타날 수 있다.

이 연구에서 열한 명의 환자는 병원에 입원해 영양 공급을 제대로 받지 못한 상태에서 검사를 받았으며, 섭식을 다시 시작한 뒤에 한 차례 더 검사를 받았다. 검사는 열 자극과 표준적인 식사에 대한 반응을 확인하기 위한 구강 체온과 피부 체온 측정으로 구성되었다. 이 연구에서 연구자들은 환자들이 어떤 종류의 체온 변화에도 기본적으로 덜 민감하게 반응한다는 사실을 발견했다. 따라서 신경성 식욕부진증은 손상된 체온 조절 능력과 관련이 있는 것으로 보인다. 임상적 증거는 체온 조절 장애 증상과 일치한다. 환자들은 사지가 차가우며 파랗게 변하고, 조직과 모세혈관이 손상되며, 또 춥다고 호소한다. 실제로 심각한 영양실조 증상을 보이는 몇몇 환자들은 치명적인 저체온증에 걸릴 수 있다.

대개 이런 신경성 식욕부진증들은 대규모 표본을 확보하기가 어려워 연구하기가 쉽지 않다. 표본 크기가 작다는 것은 지금까지 우리가 내린 결론들이 그저 추정뿐일 가능성이 크다는 뜻이다. 그러나 우리가 이론적으로 내린 결론은, 체온 조절을 담당하는 시상하부의 기관이 음식 섭취를 조절한다는 발상과 일치한다. 시상하부의 복내측핵이 손상된 쥐는 과식과 비만 증상을 보이는 반면에,[12] 복내측핵에서 떨어진 곳에 있는 시상하부 외측부가 손상된 쥐는 먹이를 먹지 않고 굶다가 죽었다.[13]

이 실험 후 쥐가 아닌 다른 여러 동물을 대상으로 하는 연구들이 이어졌다. 예를 들어 염소를 대상으로 한 실험[14]과 쥐를 대상으로 한 실험[15] 모두 시상하부 복내측핵이 음식 섭취에 관여함을 보여주었다. 인간의 뇌에서 시상하부는 크기가 매우 작아서 연구하기가 어렵기로 악명이 높다. 이 뇌 구조가 질병에 걸리면 비만이나 건강 쇠약을 초래할 수 있다.[16]

시상하부의 일부 영역은 체온을 관리하는 최종 조절 장치 기능을 한다. 이들은 단순히 온도조절장치에 그치지 않고 여러 가지 기본적인 신진대사, 수면, 피로, 24시간 활동 주기, 애착 행동 등을 조절하는 과정에서 중요한 역할을 한다. 우리 연구자들은 또다시 역추론의 함정에 빠지지 않도록 경계해야 한다. 시상하부는 매우 복잡하며, 하나의 신경 영역이 단 하나의 행동이나 메커니즘만을 담당하지 않는다. 시상하부의 앞쪽 시삭전영역preoptic-anterior은 신체가 스트레스를 받을 때 발열 반응을 조절하는 곳이다.[17] 음식 섭취와 체온 조절 사이 연관성은 우연한 현상이 아니다. 둘 다 신진대사 과정의 일부이며, 신체 에너지 균형 제어와 관련이 있다. 웨이클링과 러셀은 신경성 식욕부진증 환자를 연구하면서 식이 조절과 관련된 이런저런 장애들이 체온 조절 불능 상태와 관련될 수 있다고 짐작했다.

신경성 식욕부진증의 원인을 규명한 초기 이론들은 환자가 어린 시절에 성적 학대를 받았다거나, 원만하지 못한 가정에서 성장했다거나 하는 정서적인 외상을 포함한 여러 가지 심리적인 이유를 강조했다. 이외에 신경성 식욕부진증 원인이 될 수 있는 심리적인 요인에는 불안, 외로움, 낮은 자존감, 우울증 등이 있다. 과거에는 문화적인 맥락에서 인식되는 이상적 신체관에 기초한 사회학적 원인들도 중요한 요인으로 검토되었다. 가장 최근에는 과도하게 반응하는 '시상하부-뇌하수체-부신축'(과도하게 반응하면 호르몬 조절 장애로 이어진다)뿐만 아니라 유전적 요인들(신경성 식욕부진증은 유전 가능성이 매우 크다)도 여러 연구자가 검토해왔다.

신경성 식욕부진증과 우울증 사이 연관성은 몇몇 사람들이 주장해온 것처럼 단순한 인과관계에 그치지 않는다. 우울증의 초기 이론들은 신경성 식욕부진증을 심리 장애로 묘사했지만, 최근 연구들은 신체장애와 사회적 맥락을 파고들어 신경성 식욕부진증을 규명하려 든다. 오늘날 의학과 심리학은 단일한 생물학적 단위 안에 포괄되는 뇌와 신경계 그리고 다른 모든 신체 구성 요소들과 함께, 신체 현상으로서 신경 기능을 치료하는 방향으로 길고도 꾸준한 항해를 이어가고 있다.

## 온기가 우울감을 해소한다?

뇌를 모든 정신병의 원천으로 바라보는 이론들이 완전히 사라진 것은 아니다. 그러나 우울증을 포함해 기분 장애들은 중추신경계와 말초신경계뿐 아니라 중추신경계에 악영향을 주는 그 모든 것이 관련된 신체-뇌 장애로 특징지어질 것이라는 인식이 높아지고 있다. 이것은 지금도 여전히 발전하고 있는 심리적 건강관이다. 뇌에 뿌리를 둘 뿐 아니라 신체적·사회적 환경에 적응하는 한층 더 크고 포괄적인 체계로서 건강을 바라보는 관점을 반영하는 발상이다. 또한 신체에서 중추신경계로의 입력이 인지 상태와 정서 상태 모두에서 핵심 역할을 한다는 발상이다. 주변부에서 입력되는 것들 가운데는 온도 감지 신호들도 있는데, 이 신호들은 행복감과 우울감 인식에서 모두 중요한 역할을 할 가능성이 크다.[18]

전통적으로 항상성 확보와 유지에 대해서는 여러 이론이 체온 조절의 생리적 측면들에 연구의 초점을 맞춰왔다. 그러나 최근에 이루어진 연구들은 체온 조절에 관여하는 신경 메커니즘들이, 기존 이론들이 인정한 것보다 훨씬 더 밀접하게 정서 상태와 관련이 있다는 증거를 꾸준하게 제시해왔다. 이제까지 살펴본 것처럼 물리적 온기와 냉기에 노출되는 것은 사회적 온기와 냉기에 관한 인지적·정서적 행동과 관련이 있다. 설치류를 대상으로 한 최근 연구들은 물리적 온기가 (감정과 수면 등의 조절에 관여하는 신경전달물질의 하나인) 세로토닌 생성을 자극한다고 주장한다. 이런 신경전달물질들은 대중문화 속에서 만족감과 행복감, 심지어 희열감을 생성하는 데까지 관여한다. 이런 관점은 어느 정도 진리를 담고 있지만 생화학적·생리학적 현실은 한층 더 복잡하다.

설치류를 대상으로 한 여러 전임상 연구⁺는, 어떤 경우에서든 간에 물리적 온기는 세로토닌 분비 뉴런을 활성화함으로써 일종의 항우울 효과를 유발한다고 주장한다. 따라서 우리는 온도 감응 경로thermosensory pathway들이 감정을 제어하는 뇌의 여러 체계와 상호 작용을 하며, 체온을 제대로 조절할 수 없을 때는 정서 장애가 발생한다고 결론을 내릴 수 있다. 가장 흥미진진한 연구는 물리적 온기를 전달하는 것이 (즉 온기에 반응하는 환자의 온도 감응 경로를 활성화하는 것이) 우울증을 포함한 여러 정서 장애를 치료하는 데 효과가 있을지도 모른다고 주장하는 연구다.

⁺ 새로 개발한 신약 후보 물질을 사람에게 사용하기 전에 동물에게 투여하여 부작용, 독성, 효과 등을 알아보는 시험.

정서 장애가 있는 사람은 온도를 제대로 인지하지 못하고, 피부 온도 변화에도 보통 사람과 다르게 반응하며, 또 체온을 적절하게 조절하지 못한다. 몇몇 연구자들은 심지어 피부의 열전도성 수준만 보고도 그 사람이 우울증을 앓고 있는지 진단할 수 있다고까지 생각한다.[19] 기분과 온도 사이에 존재한다고 알려진 많은 연관성과 관련해 활용 가능한 증거를 토대로 판단하건대, 나는 여러 심리적 증후군을 가려내는 단순한 생체지표⁺가 존재한다는 사실에 동의할 수 없다. 별개의 생체지표가 있건 없건 간에, 우울증을 앓는 사람은 체온 조절과 관련된 문제를 안고 있는 것 같다. 벡이 혹시 하면서 메일로 내게 물었던 내용처럼, 우울증 환자는 열에 통상적이지 않은 방식으로 반응한다.[20]

통상적으로 해롭지 않은 열 자극에 부정적인 정서 반응을 보이는 것은 우울증과도 관련이 있다. 왜냐하면 불쾌한 열 인식 수준이 높아지는 반면에 유쾌한 온기 인식 수준은 낮아지기 때문이다.[21] 또한 여러 연구를 통해 우울증을 앓는 사람은 건강한 사람보다 땀을 적게 흘린다는 사실이 밝혀졌는데, 이런 증상은 신체의 냉각 메커니즘이 정상적으로 작동하지 않는다는 뜻이다. 우울증 환자 279명과 정상인 59명을 대상으로 한 세 건의 연구 결과를 메타분석한 논문이 2009년에 발표되었다. 이 논문은 피부의 전기 전도율이 낮아 땀을 적게 흘리는 것은 우울증

⁺ 생물학적으로 정상인 과정과 병리적인 과정을 객관적으로 측정하고 평가할 수 있는 지표.

환자의 자살 위험 정도를 나타내는 지표일 수 있다고 주장한다.[22] 신체로 들어오는 온도 감응 신호들이 세로토닌 합성 체계들이나 우울증과 연관된 뇌 영역을 자극한다는 사실은 이미 여러 연구를 통해 입증되었다.[23] 이것은 우울증을 앓는 환자는 신체의 냉각 메커니즘이 제대로 작동하지 않는다는 뜻이다.

2007년에 발표된 어떤 논문은 사회적 요인들과 체온 조절 그리고 우울 장애들 사이에 존재할 수 있는 연관성을 주장했다. 이 논문은 비전형 우울증[+]과 자기위안적 행동(예컨대 초콜릿과 같은 '위안'을 주는 음식을 찾는다든가, 뜨거운 물로 목욕을 함으로써 몸을 따뜻하게 하려는 욕망에 따른 행동) 사이의 연관성에 초점을 맞추었다. 그런 자기위안적 행동들이 낮은 피부 온도나 사회적 냉기에 대응하는 방법으로 사용될까? 과연 이런 것들이 교감신경계가 활성화되는 것을 억제하고 심부 체온을 낮춰주는 냉각 메커니즘을 촉발할 수 있을까? 혹은 호의적이고 정서적인 그 두 가지 동기가 과연 현실적으로 존재할 수 있을까?

사회적으로 배척받을 때는 피부 온도가 내려갔지만, 따뜻한 음료가 담긴 컵을 손에 쥐고 있을 때는 부정적인 효과가 감소했다. 물리적 온기가 우울감을 어느 정도 누그러뜨릴 수 있다. 그러나 진정한 해법은 이보다 더 복잡하다. 그것은 사회적 환경과 온도 그리고 이 요인들을 극복할 방법들 사이의 연관성 속

+ 우울증의 한 종류로 일반적인 우울증이 체중 감소와 불면증을 동반하는 데 비해 체중 증가와 낮 동안의 수면 과다를 유발하는 우울증.

에 놓여 있다. 이런 연관성을 구체적으로 연구할 수 있는 기술이 앞으로 몇 년 안에 개발될 것이다.

## 체온을 낮추면 건강해진다?

빔 호프Wim Hof는 네덜란드에서 태어났으며 '아이스맨'이라는 별명으로 세계적으로 널리 알려져 있다. 그는 직업이 두 개인데, 하나는 익스트림 스포츠 선수이고 다른 하나는 빔호프메소드Wim Hof Method의 마케팅 책임자다. 빔호프메소드는 극한의 추위에 신체를 노출하는 과정에 강제 순환 호흡 기법과 명상을 적용해 신체적·정서적 행복을 개선하는 면역력 강화 훈련법이다. 호흡과 명상을 결합한 것만 놓고 보면, 티베트 불교에서 말하는 열기와 열정의 여신 이름을 딴 툼모Tummo라는 티베트 요가 수양 기법과 비슷하다. 툼모는 신체의 정신물리학적 에너지를 통제하는 것을 목적으로 탄트라 요가 수행자들이 활용하는 요가 기법이다.✣

호프는 빔호프메소드를 구사해 얼음 아래에서 57.5미터를 헤엄쳐 기네스북에 이름을 올렸고, 얼음과 눈밭 위를 맨발로 달리는 하프마라톤을 2시간 16분 34초에 완주했다. 온몸을 얼음

✣ 정신물리학은 정신과 신체의 대응 관계를 연구하는 학문 분야이며, 탄트라 요가는 관념적인 명상이 아닌 육체를 통한 해탈의 경지를 추구한다.

에 밀착한 상태로 오래 버티는 경주에서는 세계 기록을 여러 차례 경신했는데, 가장 최근에는 1시간 53분 10초를 버텼다. 2007년에는 반바지 차림에 신발만 신고서 에베레스트산 7200미터 고지에 올랐다. 비록 발에 상처를 입는 바람에 정상까지 올라가지는 못했지만 말이다.[24]

그가 거둔 성취는 어마어마하다. 그러나 무엇보다 놀라운 것은, 빔호프메소드가 신체적·정서적으로 놀라운 건강 효과를 가져다준다는 호프의 주장이다. 그가 말하는 건강 효과로는 면역력 강화, 정신 건강 개선, 운동 성과 향상, 스트레스 해소, 정력 강화, 수면 개선, 빠른 운동 능력 회복, 의지력과 집중력 향상, 우울증 극복, 섬유근육통과 관절염 치료, 만성 라임병 치료, 천식과 만성 폐색성 폐질환의 원활한 관리, 창의성 증진, 추위에 대한 내성 강화 등이 있다.[25] 당신은 내가 빔호프메소드를 전적으로 믿지 않는다고 생각할 수도 있다. 하긴, 사실 이 어마어마한 주장이 과연 가능하기나 할까?

호프가 빔호프메소드 훈련법을 내세워 장사를 하고 있긴 하지만 나는 그의 동기나 진심을 의심하지 않는다. 사실 나는 그가 말하는 냉수 샤워 훈련법을 정기적으로 활용하고 있으며, 그와 가까운 사람들도 호프는 누가 뭐래도 주목해야 할 사람이고 친절하며 정직하다고 말한다. 아닌 게 아니라 호프는 추위에 노출된 상태에서 신체의 자율적인 조절 메커니즘을 자기 의지로 조절하는 것의 실체가 무엇인지 규명하려는 과학자들의 노력에도 기꺼이 협조하며, 여러 가지 실험을 함께했다. 호프는 온도를 통해 신체적·정신적 건강을 개선하는 여러 방법을 자기가 발견했다고 믿는다.

오토 무지크Otto Muzik와 동료들은 2018년에 발표한 연구에서 기능성 자기공명영상장치fMRI와 양전자방출단층촬영PET/CT 방식을 동원해, 빔호프메소드 효과가 교감신경계에 미치는 효과와 근육이나 지방 조직이 포도당을 소비하는 방식을 규명하겠다고 나섰다. (교감신경계는 음식을 구하고 위험한 약탈자를 피하며 적에 대한 방어에 관여하는 곳, 즉 투쟁-도피 반응을 관장하는 자율신경계다.) fMRI 분석 결과, 빔호프메소드가 고통이나 추위 자극을 조절하는 뇌의 기본 제어 기관들을 활성화하는 것으로 밝혀졌다. 스트레스 때문에 유도된 고통 경감 반응이 촉발되었기 때문으로 보였다. 또 빔호프메소드가 뇌 가운데서도 자기반성과 관련이 있는 고차원적 피질 영역들(즉 앞쪽과 오른쪽 중간 섬엽)에 어떤 충격을 준다는 사실도 드러났다.

빔호프메소드로 생성된 활동성은 예를 들어 추위와 같은 불쾌하거나 스트레스를 가져다주는 자극 아래에서도 내면적인 집중력을 유지하게 해주는 것처럼 보인다. 그러나 중요한 것은 빔호프메소드가 갈색지방조직을 활성화할 수 있는지 여부는 아직 입증되지 않았다는 사실이다. 빔호프메소드의 여러 호흡 기법에 대한 fMRI와 PET/CT 분석 결과, 강제 호흡이 갈비뼈들 사이에 분포하는 근육 내 교감신경의 활동성을 높여 흉부벽을 움직이는 데 도움을 준다는 사실이 드러났다. 이때 열이 발생해 폐 조직을 따뜻하게 데워주고, 다음으로 폐 모세혈관을 흐르는 혈액을 따뜻하게 데워준다.

가장 인상적인 것은, 호프가 추위에 노출되었을 때 신체가 보이는 여러 반응을 중재하는 과정에서 중추신경계가 어떤 역할을 하는지 보여주는 증거를 제시했다는 사실이다. 중추신경계는 유기체의 의지가 반영되는 자발적인voluntary 신경 메커니즘들과 관련이 있는 반면에, 말초신경계는 자율적인autonomous 메커니즘들과 관련이 있다. 이 연구를 진행한 연구자들은 자기들이 한 연구를 두고 다음과 같이 말한다.

"이 연구 결과는 빔호프메소드를 통해 자율신경계의 여러 핵심 요소를 한층 더 높은 수준으로 통제하는 방법을 개발할 수 있다는 강력한 가능성을 암시한다. 따라서 생활 방식을 관리해 여러 임상적인 증상을 완화할 수 있음을 보여준다."[26]

또 다른 연구자 바우터 반 마켄 리히텐벨트Wouter van Marken Lichtenbelt는 이보다 앞서 2017년에 진행한 실험에서 PET/CT를 이용해 호프의 갈색지방조직 활동성을 측정했다. 이 실험에서 연구자들은 호프가 적용한 툼모와 비슷한 호흡 명상 기법이 신진대사의 활동성을 높여주고, 몸을 떨지 않고서도 열 생성량을 40퍼센트 늘린다는 사실을 발견했다. 열 생성량이 40퍼센트 증가한 것은 극단적으로 높은 수준은 아니었다. 이런 결과를 두고 리히텐벨트는 결코 기적이 아니라고 결론을 내렸다.

"호프는 열 생성량을 늘리는 것과 정신력으로 냉기를 참아내고 심부의 체열을 보존하는 것, 이 두 가지 전략을 사용해 얼음통에 몸을 담그는 것과 같은 극한 상황을 너끈하게 이겨냈다.

그런데 호프는 얼음통 바깥으로 나오는 순간, 다른 사람들과 다름없이 몸이 떨기 시작했다."

여러 연구 결과 가운데 그 어떤 것도 빔 호프의 주장이 틀렸음을 입증하지 못했다. 이것은 호프의 주장을 한층 더 겸손하게 바라볼 필요가 있음을 암시한다. 신경과학 분야에서 발표된 몇몇 논문들을 내가 믿지 않는다고 말했던 것을 상기하기 바란다. 빔호프메소드를 연구한 논문들도 전혀 다르지 않다. 두 개의 연구 논문 모두 그들이 내린 결론을 확신하기에는 표본 크기가 너무 작다. 리히텐벨트는 "적당한 추위는 건강에 좋은 효과를 줄 수 있다"고 지적하면서 연구 가치를 강조한다. 극단적으로 차가운 공기에 노출될 때(예컨대 4도 기온에 하루에 20분씩 노출될 때) 몸을 떨지 않고서도 열을 생성하는 능력이 강화된다. 빔호프메소드는 혈관이 수축하는 자율적인 과정을 증가시킬 수 있다. 게다가 빔호프메소드는 이 훈련을 하는 사람의 정신 건강을(적어도 정서적 행복감에 대한 느낌을) 개선하는 것으로 보인다.

리히텐벨트는 다음과 같이 결론을 내린다.

"빔 호프의 제자들 가운데 많은 사람이 이전에는 한 번도 경험한 적이 없는 생체 에너지 과호흡 상태가 신체에 주는 느낌을 맛보며 극단적일 정도로 열정적으로 바뀐다. 그들은 신체 한계의 경계를 계속 넓혀 나가고 있으며 극단적인 신체 경험을 한 뒤에는 편안하고 안정된 느낌을 맛본다. 우리의 건강에 미치는 효과가 입증되기까지는 아직 더 기다려야 하지만, 사람들은 한결 더 건강해진 것 같다고 느낀다."[27]

아이스맨 영웅담의 마지막 이야기가 남아 있다. 빔 호프에게는 일란성 쌍둥이 형제가 있다. DNA가 동일한 일란성 쌍둥이는 연구자들에게 자연의 영향과 양육의 영향을 구별할 흔치 않은 기회를 제공한다. 빔 호프의 쌍둥이 형제는 '극단적인' 성향의 자기 형제와 다르게 신체 활동량이 상대적으로 적은 생활방식으로 살아간다. 그러나 갈색지방조직의 활동성은 두 사람이 비슷하다. 이런 점은, 상대적으로 많은 양의 갈색지방조직양과 활동성이 두 사람이 공유하는 유전적인 특성이지 특별한 활동이나 훈련 결과가 아님을 암시한다. 그러므로 빔호프메소드와 같은 특정한 요법의 실천이 자율적인 체온 조절과 신진대사 메커니즘을 '훈련'시켜 얻을 수 있는 것에는 분명 한계가 있다. 어떤 경우든 간에 빔호프메소드와 그에 따른 사회적 행동 사이 연관성을 다룬 연구 논문은 아직 하나도 없다. 당연히 그 둘 사이에 연관성이 있을 것임이 분명하지만, 그 연관성이 전적으로 긍정적일지 어떨지는 확실치 않다.

## 온도가 병을 치료한다

여러 가지 경고가 있지만 빔 호프의 경험을 놓고 보면, 온도가 질병을 치료하는 수단으로도 효과가 있으리라 짐작할 수 있다. 2017년에 (매우 작은 규모의 표본을 대상으로) 진행된 리히텐벨트의 연구에서 빔호프메소드로 빔 호프의 갈색지방조직 활동성이 높아졌다는 사실이 발견되었지만, 그 결과는 "극단적일 정도는 아니었다." 그보다 2년 앞서 발표된 논문도 추위에 노출되는 상황이 갈색지방조직 양과 활동성을 늘리고 높여준다는 사실을 입증하지 못했다. 그러나 이 논문은 극단적인 추위에 노출될 경우 근육에서 포도당수송체⁑가 늘어난다는 사실을 확인함으로써 당뇨병 치료 전망을 밝게 했다. 제2형 당뇨병 환자 여덟 명을 10일 동안 차가운 온도(14~15도)에 적응하게 하자 인슐린 민감성이 약 43퍼센트 증가했다.[28]

아이스맨이 등장해 사람들의 이목을 끌면서, 차가운 온도가 가져다주는 효능이 집중 조명을 받기 시작했다. 한편 많은 연구자가 따뜻한 온도(온열)가 가져다줄 수 있는 치료 효과를 연구해오고 있다. 우울 장애를 가진 사람들을 상대로 전신온열치료법을 사용하는 것도 동일한 맥락에서다. 때로는 라임병이나 전이성 암을 치료하는 데도 전신온열치료법이 사용되는데, 이 치료법은 전신을 39도에서 43도 사이 구간까지 (어떤 경우에는 이보다 더 높은 온도까지) 따뜻하게 데운다. 이때 사용되는 방식은 적외선 쬐기, 뜨거운 방 안에 앉아 있기, 뜨겁고 축축한 담요로 몸을 감싸기, 뜨거운 물이 순환하는 관이 삽입된 옷 입기 등이 있다.

전신온열치료법이 작동하는 메커니즘을 설치류를 대상으로 연구한 결과, 체온이 올라가면 세로토닌을 생성하는 중뇌의 뉴런들이 활성화된다는 사실이 확인되었다. 세로토닌과 그 뉴런

⁑ 포도당을 세포막을 통과해 세포 안으로 옮기는 단백질.

들은 우울감과 불안감을 없애주는 효과뿐만 아니라 체온을 내리는 효과와도 관련이 있다.[29] 몇몇 연구자들은 설치류 연구를 토대로 사람을 대상으로 한 전신온열치료가 심부 체온을 내려줌으로써 우울증 증세를 완화할 수 있다고 믿는다.

신체에 열을 가하는데 심부 체온은 어째서 반대로 내려갈까? 외부에서 열을 가하면 피부와 그 밖의 신체 조직에 있는 생체 감지기들에서 중뇌의 여러 영역으로, 그다음에는 주변부로까지 이어지는 신경회로가 활성화되거나 민감해질 수 있다. 만일 우울증을 앓는 사람이 피부-뇌-피부 회로가 제대로 작동하지 않아 곤란을 겪는다면, 이 환자의 체온 조절 냉각 장치가 손상되어 심부 체온이 올라갈 수 있다. 이때 외부에서 체온을 높여주면, 체온 조절 냉각 장치가 자극을 받아 유익한 항우울 반응을 낳을 수 있다.

그렇다면 냉기를 경험하는 훈련이 다양한 질병을 치료하거나 증상을 누그러뜨릴 수 있을까? 몸에 열을 가하는 것이 우울증을 치료하거나 증상을 누그러뜨릴 수 있을까? 아니면 또 다른 것들이 추가되어야 할까?

연구자들은 체온과 멜라토닌 그리고 수면 사이 위상 관계가 우울증과 그 증상 강도와 어떤 연관이 있는지 연구했다. 그리고 대략 24시간마다 반복되는 수면-각성 주기가 잘못 배열될 때, 계절 변화와 관련이 없는 우울증이 나타날 수 있다고 믿게 되었다. 몇몇 연구자들은 24시간 주기의 중심 조정자인 멜라토닌 분비 시작점Dim-Light Melatonin Onset에서부터 수면 중간 시점까지의 시간 간격을 측정함으로써, 24시간 주기 배열의 불량 정도를 측정하고자 했다. 이런 연구들에서 나온 자료들은 24시간 수면-각성 주기의 불량 상태가 우울증에 일정한 역할을 할 수 있음을 보여준다.

2011년에 발표된 새로운 연구는 멜라토닌 분비 시작점과 수면 중간 시점 외에도 최저 심부 체온이라는 변수를 추가해 연구의 지평을 한층 더 넓혔다. 이 연구는 24시간 주기 불량 상태가 한층 복잡해, 이전에 학계에서 생각했던 것보다 더 많은 체계를 포함함을 암시했다. 연구자들은 주요우울장애⁺를 앓는 환자들에게서 24시간 주기 불량과 우울증 심각성 사이 초기 관계를 재현할 수 있었다. 수면 중간 시점과 심부 체온 최저점 사이 불일치가 한층 더 심각한 우울증과 관련이 있다는 사실도 밝혀냈다. 더 나아가 이 우울증 증상 강도와 멜라토닌 분비 시작점, 최저 심부 체온 사이에 어떤 연관성이 존재한다는 예비적인 증거도 발견했다.[30]

따라서 24시간 주기가 수면 중간 시점, 멜라토닌 분비 시작점, 최저 심부 체온이라는 세 가지 요소 가운데 하나와 어긋날 때 우울 장애가 나타날 수 있었다. 이런 통찰을 통해 우리는 시상하부를 체내 온도조절장치로서가 아니라 이 장치의 위대한 통합자로 바라보게 되었다. 시상하부라는 작은 뇌 구조의 여러

⁺ 지속적인 우울감과 활동력 저하를 특징으로 하는 우울증 상태가 지속적 또는 반복적으로 나타나는 정신 장애.

영역이 체온, 피로감, 수면, 24시간 주기, 배고픔, 갈증 그리고 애착 행동의 다양한 측면 등과 관련이 있다는 사실은 놀랍기 짝이 없다. 게다가 시상하부의 어떤 영역은 멜라토닌 분비도 조절한다.[31]

## 암, 온열 그리고 갈색지방조직

체온 조절은 원인과 결과 그리고 피드백이라는 순환 고리의 역동적 체계 가운데 한 부분으로 작동한다. 치료 목적으로 열기나 냉기를 가지고 체온 조절에 개입하는 것이, 체온 조절 체계에 유익할 수도 해로울 수도 있다. 오로지 광범위한 실험과 시도와 관찰과 분석을 수행할 때, 우리는 치료라는 의료 분야에 적용할 통찰을 얻을 수 있다. 그러나 당뇨병이나 우울증 그리고 그 어떤 질병보다 긴박한 암을 비롯한 여러 질병의 경우, 무작정 참고 기다리는 것만이 능사는 아니다. 암 치료의 무기고에 고주파 온열치료법을 추가할 때 얻을 수 있는 잠재적 이득은 매우 크다.

현대 의학에서 흔히 암과 열은 나란히 손잡고 간다. 신체 조직을 45도나 되는 고온에 노출하는 고주파 온열치료법을 가지고 임상시험을 하는 경우가 늘고 있다. 건강한 세포에는 최소한의 피해만 주면서, 열을 이용해 암세포를 죽이거나 약화시키는 것이 이 치료법의 목적이다. 고주파 온열치료법은 온열로 암세포를 공격해 암세포 내의 단백질과 그 구조를 손상시킴으로써 종양의 크기를 줄여나간다. 이런 고주파 온열치료법은 일반적으로 방사선치료나 화학요법 등과 같은 치료법들과 함께 사용된다. 국소 고주파 온열치료법은 작은 영역에서, 즉 개별 종양만을 노리며 암세포를 공격하지만, 부분 고주파 온열치료법은 전체 팔다리, 기관, 혹은 체강⁜에 적용되며, 전신 고주파 온열치료법은 몸 전체에 퍼진 전이성 암을 치료할 때 사용된다.[32]

열은 암세포를 포착하는 데도 일정한 역할을 한다. 고해상도 적외선 열 영상을 이용해 피부암을 조기에 진단할 수 있다.[33] 또 현재 어떤 피부 반점이 양성 종양인지 악성 종양인지 확인하기 위해 외과적인 방법으로 조직 검사를 하는 대신에, 이 고해상도 적외선 열 영상을 사용할 수 있는지에 관한 검증 과정이 진행되고 있다. 악성 흑색종에서는 신진대사가 활발하게 이루어지며 혈류량이 늘어나기 때문에 건강한 피부보다 온도가 높을 수 있다. 고해상도 적외선 열 영상은 이런 온도 차이를 감지해낼 수 있다.[34]

암을 진단하고 치료하는 이런 새롭고도 실험적인 온열치료법은 전망이 밝긴 하다. 그러나 나는 신진대사와 체온 조절이 원활하게 이루어지지 않는 상황이 암 진단과 치료에서 수행하는 역할에 관심이 더 많다. 아닌 게 아니라 이런 메커니즘들이 암 종양을 더 키우고 발전시킬 수 있기 때문이다. 지금까지 이

⁜ 동물의 체벽과 내장 사이에 있는 빈 곳.

분야 연구에서 가장 의미 있는 실험들은 쥐를 대상으로 진행되었다. 갈색지방조직은 체열 생성과 신진대사 균형에서 중요한 역할을 한다. 쥐를 대상으로 하는 두 개의 연구는, 갈색지방조직이 암에서 흔히 볼 수 있는 소모증후군⁺인 악액질⁺⁺에 어떻게 기여하는지 보여준다는 점에서 특히 흥미롭다.

2012년에 발표된 논문이 보여주듯이, 암 관련 신경성 식욕부진증과 악액질은 전체 암 가운데 20~30퍼센트에서 사망의 근접 원인으로 간주될 정도로 심각한 대사 불균형을 수반한다. 연구자들은 쥐의 경우에 특정한 유형의 창자 종양들이 갈색지방조직에 어떻게 영향을 주며, 또 세포 내 지방질의 합성과 분해 과정에 관여하는 역할을 어떻게 방해하는지 조사했다.

실험 결과, 쥐의 창자에 종양이 생기자 갈색지방세포가 활성화되면서 열이 발생했다. 발열 현상은 24시간 주기 수면-각성 리듬이 삐걱거릴 때 나타났는데, 이것은 통상적으로 높은 체온이 아니라 낮은 체온과 관련이 있다. 연구자들은 열을 생성하기 위해 갈색지방조직을 활성화하는 것과 관련해 다음과 같이 결론을 내렸다.

"창자 종양과 같은 유형의 암으로 인한 쥐의 체중 감소는 에너지 차원에서 소모적인 대응을 자극해 신경성 식욕부진증에 대한 부적응 반응을 일으킨다. 게다가 암에 걸린 쥐는 (추위에 관

⁺ 만성 발열과 설사가 동반되며 체중이 감소하는 임상 증상.

⁺⁺ 암, 결핵, 혈우병 등의 말기에서 볼 수 있는 고도의 전신 쇠약 증세.

한 스트레스를 느낄 수 있는 온도인) 22도 상태에 방치되어, 심부 체온을 유지하는 능력이 손상된 나머지 갈색지방조직이 활성화되는 현상이 나타났을 수 있다."[35]

이 연구는 암이 신진대사와 24시간 주기 그리고 체온 조절 등이 하나로 어우러진 역동적인 메커니즘과 관련이 있음을 암시한다. 암으로 인한 신체 쇠약 현상은 신진대사나 체온 조절 기능이 제 역할을 다하지 못하는 것이 원인이 될 수 있다. 쥐의 경우 종양 성장과 갈색지방조직 활성화는 신체 쇠약 현상을 일으켰고, 신체가 생존에 필수적인 체온 항상성을 유지하기 위해 자기 자신을 갉아먹는 치명적인 부적응 반응을 초래했다. 쥐를 대상으로 한 이 연구가 많은 것을 암시하지만, 이 작은 동물에서 인간의 조건을 유추한다는 것은 논리적 비약이다. 특히나 쥐는 사람보다 비율적으로 훨씬 더 많은 갈색지방조직을 가지고 있기 때문이다.

인간의 유방암이 처음에 어떻게 시작되고 또 진행되는지 살펴볼 목적으로 2016년에 설계된 실험은 지방세포의 이종 이식 방법을 사용했다. 인간의 유방암 종양세포를 인간과 종이 다른 쥐에게 이식한 것이다.[36] 연구자들은 지방세포의 반응에 초점을 맞추었다. 그 지방세포는 지방을 저장하는 목적으로 특화되어 있으며 유방암 발병을 촉진하는 것으로 알려져 있다. 지방세포를 이식하자 쥐의 원래 세포와 이식된 유방 종양세포 모두에서 갈색지방조직 표시자가 증가했다. 이식으로 인한 효과 가운데는, 염증과 관련이 있으며 베이지색 지방세포 형성을 자극하는 단백질인 COX-2 증가도 포함되었다. 그런데 COX-2 억제제인 SC236을 투여하자 종양 성장이 줄어들었다.

체외에서 갈색지방조직 발달을 유도하는 여러 인자를 쥐에게 주사했을 때 쥐에게 한층 더 큰 종양이 생겼다. 또한 환자의 종양 조직에서뿐만 아니라 애초에 유방암 세포가 없었던 이식 세포에서도 갈색지방조직 표시자가 나타났으며, 그 세포 역시 갈색지방조직 지방세포와 유사한 세포들을 가지고 있었다. 연구자들은 갈색지방조직이 활성화가 감소하면서 종양 크기가 줄어들었다는 사실에서 갈색지방조직 활성화가 유방 종양 발달에 어떤 역할을 한다는 사실을 알 수 있었다. 따라서 유방암 치료제를 개발하려면 갈색지방조직을 표적으로 삼아야 한다고 추정했다.

이듬해인 2017년에는 인간을 대상으로 유방암에서 갈색지방조직이 수행하는 역할을 한층 더 깊이 파고든 연구가 진행되었다. 연구자들은 갈색지방조직의 존재가 '인간 피부 상피 세포 성장 인자 수용체 2HER 2'의 발현과 관련이 있으며, 갈색지방조직의 부재는 유방암의 예후가 될 수 있다는 사실을 발견했다.

유방암, 림프종, 폐암, 위암, 피부암, 생식기 관련 암, 갑상샘암, 그 밖의 기원을 알 수 없는 상피성 암 등 다양한 암에 걸린 142명의 환자를 표본으로 이루어진 2018년 연구는, 활동성 암에 걸린 환자들에게 갈색지방조직이 있지만 악성 종양에 걸리지 않은 환자에 비해 갈색지방조직의 활동성이 크다는 사실을 밝혀냈다.[37] 이것은 갈색지방조직이 암 발달 과정에서 일정한 역할을 한다는 뜻이다. (이 연구는 상대적인 관계를 밝힌 것이므로 암시적인 사실일 뿐이다.) 또한 세포 조직 내 혈당을 흡수하는 신진대사 활동을 가려내는 추적 물질인 플루오로데옥시글루코오스를 사용하는 PET 촬영으로, 142명 환자 모두에게 갈색지방조직이 있지만 활동성 암을 가진 환자들에게는 그렇지 않은 환자보다 갈색지방조직이 더 많음을 밝혀냈다.

흔히 사람들은 갈색지방조직이 비만과의 싸움에서 긍정적인 영향을 주는 것으로 알고 있지만, 갈색지방조직이 언제나 좋은 것만은 아니다. 2018년의 연구를 이끈 연구자는 "미래에는 갈색지방조직을 조절하는 기술이 개발되어 암 치료에 일정한 역할을 할 것"이라고 결론을 내렸다.

## 함께 살거나, 홀로 죽거나

체온 조절 분야 연구자들이 과학의 한계에 도달했음은 명백하고 의학계와 약학계 연구자들도 그곳에 있다. 치료 약물과 생물학적 제제 그리고 유전자 치료 전망뿐만 아니라, 신체를 차갑게 식히거나 따뜻하게 열을 가하는 방식으로 온도를 이용하는 치료법의 전망도 무척 밝다. 인간을 대상으로 갈색지방조직과 애착 혹은 사회관계망 사이 관계를 입증하는 연구 결과는 아직 없다. 이 분야의 연구가 이렇게 빈약할 수밖에 없게 된 이유는 순전히 기술적인 차원이다. 최근까지 갈색지방조직을 포착하는 유일한 방법은 컴퓨터단층촬영CT을 활용하는 방사성 추적자(물질이 이동하는 경로를 추적하는 데 사용하는 방사성 동위 원소 함유 물질)를 이용하는 것이었다. 이 때문에 상당히 큰 규모로 갈색지방조직을 조사하는 일이 쉽지 않았다. 현재로서는 다른 사람들과 단절되고 상대적으로 고립되어 혼자 있는 사람일수록 갈색지방조직을 더 많이 가지고 있으리라 추측할 뿐이다. 비록 경험을 바탕으로 한 추측이긴 하지만 말이다.

지금 단계에서 잠정적으로 내릴 수 있는 추정은 다양성이 존재하는 어떤 사회관계망에 대한 애착은 체온 조절의 신진대사 부담을 전체 집단으로 분산시키며, 따라서 갈색지방조직에 대한 필요성을 줄여준다는 것이다. (이 추정을 입증하려면 앞으로 훨씬 더 많은 연구 조사가 이루어져야 할 것이다.) 어떤 사람이 다른 사람들의 따뜻한 신체에 물리적으로 가깝게 붙어 있는 것보다는, 다른 사람들과 사회관계망으로 연결되는 것이 체온 조절을 한층 더 효율적으로 수행할 수 있다는 뜻이기도 하다.

만일 사회적 연결을 통해 개인이 져야 하는 체온 조절의 신진대사 부담을 전체 집단으로 분산할 수 있다면, 사회적으로 적절하게 연결되어 있으며 활동량(여기에는 체온 항상성 유지에 필요한 활동도 포함된다)보다 더 많은 칼로리를 섭취하는 사람들은 살이 찔 것이다. 반면에 상대적으로 고립되어 있어 체온 조절의 신진대사 부담을 분산할 대상 집단이 없는 사람은, 체온을 따뜻하게 유지하는 일을 오로지 갈색지방조직을 만들고 보존하는 것에 의존할 수밖에 없다. 이런 이유로 사회신경과학 분야 창시자 고 존 카치오포John Cacioppo는 사회적 연결성을 향한 욕망을 배고픔과 같은 긴급한 생물학적 충동에 비유하기도 했다.[38]

범호프메소드로 온도 훈련을 하거나, 의학적 기술의 도움을 받거나, 혹은 주변 온도를 높이거나 낮추는 등의 온도 치료를 받는 것 등과 같은 자립적인 전략들은 신체와 정신 건강을 개선할 수 있다. 그러나 체온 항상성을 유지하는 데는 사회관계망과의 풍부한 연결성이 필요하다. 이런 사실은 내 친구 줄리앤 홀트-룬스타드Julianne Holt-Lunstad와 동료들이 2010년에 발표한 연구 결과 메타분석을 통해 입증되었다.

이 연구자들은 사람들이 가진 사회적 관계와 죽음 가능성 사이 연관성을 양적으로 표시했다. 이렇게 해서 얻은 사망률 관련 수치를 이미 널리 알려진 흡연, 운동, 음주량 등이 건강과 수명에 미치는 영향과 비교했다. 줄리앤과 동료들은 30만8849명의 환자를 다룬 148편의 논문을 분석했다. 연구자들은 어떤 사람이 맺고 있는 인간관계의 힘이 무엇인지 그리고 이 변수가 그 사람의 예상 사망 시점과 어떤 관계가 있는지 알고 싶었다.

이들이 발견한 것은 그야말로 놀라움 그 자체였다. 어떤 사람이 맺고 있는 사회적 관계의 복잡성은 그 사람이 얼마나 오래 살지를 예측하는 가장 강력한 예측 지표임을 확인한 것이다. 이것은 심지어 술을 하루에 일곱 잔 이상 마시지 않는다거나, 비만이 아니라거나, 독감 백신을 맞지 않는다거나, 담배를 하루에 열다섯 개비 이상 피우지 않는다거나 하는, 흔히 인용되는 위험 인자들보다 더 강력한 지표다. 이 효과가 얼마나 강력한지는 아래의 표를 보면 알 수 있다. 폭넓고 풍성한 인간관계를 맺고 있는 사람이라면, 표에서 언급하는 고위험성 행동 가운데 하나 혹은 모두를 해도 된다는 뜻은 분명 아니다. 그러나 이 표는 사회적 관계가 가장 중요한 변수임을 분명하게 암시한다.[39]

줄리앤과 동료들이 2015년에 발표한 또 다른 대규모 메타분석 논문은 특히 수명을 위협하는 변수로서 외로움과 사회적 고

**요인별 사망률 감소 가능성 비교**

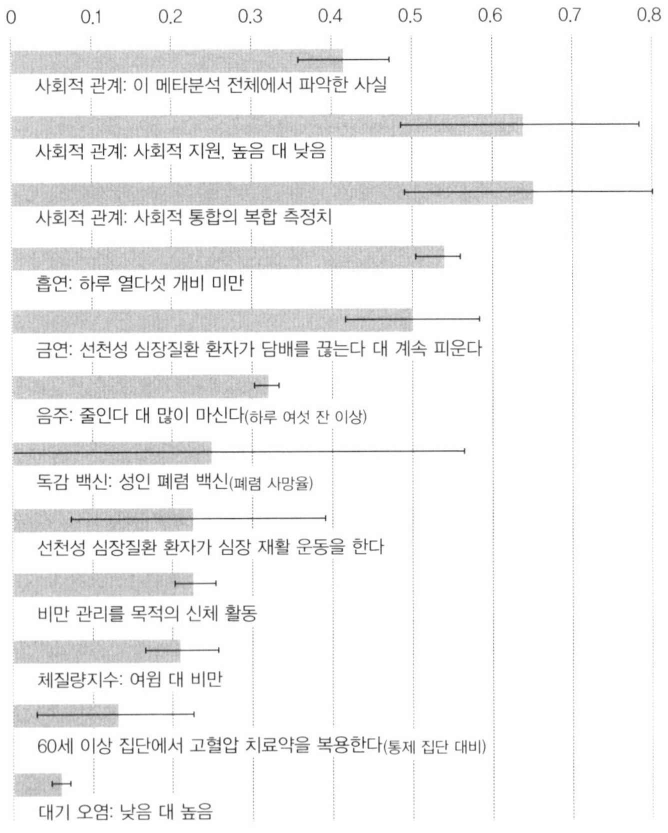

립을 다루었다. 이 메타분석에서 그들이 발견한 것은 이전 연구에서 발견한 것만큼이나 놀라웠다. 수명 단축 가능성을 사회적 고립감 1점 상승이 9퍼센트, 외로움 1점 상승이 29퍼센트 그리고 혼자 살기 1점 상승이 32퍼센트 각각 높였다.[40]

## 생체지표를 맹신하지 마라

연구자들은 흔히 인지에 대한 가설을 설정하면서 어떤 집단의 집합된 경험, 전해 들은 지혜, 널리 통용되는 이런저런 가정 그리고 상식이라는 이름으로 불리는 주목할 수밖에 없는 믿음 등을 토대로 삼는다. 그런 다음에 그들은 여기에 맞춰 실험을 설계하며, 환원주의적이지만 형식적으로는 반박할 수 없는 결론을 너무도 자주 내린다. 이런 접근법이 안고 있는 매우 흔한 결함은 표본 크기가 너무 작다는 점이다. 이 결점을 바로잡으려면 실험참가자를 대규모로 모집하거나, 혹은 이전에 나온 논문들을 대상으로 메타분석을 하거나 하는 방식으로 표본 크기를 늘려야 한다. 어떤 식으로든 자료를 대규모로 축적할 때 놀라운 결과가 나올 수 있다.

실제 사례를 살펴보자. 계절성정서장애Seasonal Affective Disorder는 1980년대에 처음 보고되고 이름이 붙여졌다. 그러나 이것은 고트족 학자 요르다네스Jordanes가 이미 6세기에 스칸디나비아인을 설명하면서 사용한 용어였다.[41] 아닌 게 아니라 계절성정서장애는 '나쁜' 날씨, 특히 겨울철 춥고 우중충한 날씨가 맑고 따뜻하고 '좋은' 날씨보다 많은 사람을 (어쩌면 대부분의 사람을) 한층 우울하게 만든다는 일반적이고 상식적인 믿음을 어느 정도 반영한다.

우중충한 날씨와 계절에 따른 날씨 변화가 크기로 유명한 네덜란드에서, 2010년에 일련의 연구자들이 계절적인 변화로 유발되는 우울증 증세의 원인이 무엇인지 파악하러 나섰다. 이 연구자들은 우울증 치료 연구를 위한 설문 조사에 참여할 사람들을 모집하기 위해, 네덜란드 남부 지역(북위 51도 15분)에서 실행한 대규모 선별 프로그램에 나온 자료를 발표했다. 연구자들은 21만7816명이라는 대규모 전체 표본 가운데서 처음 12개월 동안 참여한 1만4478명에게 의존했다. 이 표본에서 드러난 주요우울장애와 슬픈 기분(이 분류 기준은 『정신질환의 진단 및 통계 편람 *Diagnostic and Statistical Manual of Mental Disorders-IV*』에 따른 것이다)의 계절적 변동을 계산했으며, 이 결과를 일별 기온과 햇빛이 비치는 기간 그리고 비가 내리는 기간의 산술평균값과 연결시켰다. 그 결과 주요우울장애와 슬픈 기분의 변동은 계절적 편차를 보였으며, 여름과 겨울에 변동 폭이 가장 큰 것으로 나타났다.

한 가지 놀라운 점은, 일반적으로 계절성정서장애가 가장 많이 나타난다고 알려진 계절인 겨울에는 변동 폭이 크지 않다는 사실이었다. 더 놀라운 점은, 날씨 조건은 기분과 연관성이 없으며 따라서 날씨 조건은 연구자들이 발견한 계절적 편차를 설명하지 못한다는 사실이었다. 이 분석 결과를 가지고 연구자들은 일반적인 믿음이나 상식과는 다르게, 날씨 조건과 슬픈 기분 혹은 우울증 사이에는 연관성이 없다고, 심지어 네덜란드처럼 음울한 겨울이 있는 나라에서조차도 그렇다고 결론을 내렸다.[42]

결국 겨울이라는 계절이 우울증을 유발하지 않는다는 말이다. 내가 참여한 연구에서도 스트레스를 받고 있다고 응답한 사람에게서, 이 스트레스가 심부 체온과 관련이 있다는 증거는 발견되지 않았다. 일반적으로 날씨와 정서 사이 상식적 연관성은 우리가 '생체지표'라고 부르는 지표의 핵심에 해당한다. 세계보건기구WHO는 생체지표를 "체내에서 혹은 인체에서 생성된 물질에서 측정할 수 있으며, 또 질병이나 어떤 결과 발생에 영향을 주거나 이런 것들을 예측할 수 있는 물질이나 구조 혹은 과정"이라 정의한다.[43] 이것은 생체지표가 반드시 정확해야 하며, 재현할 수 있는 것이라야 한다는 뜻이다. 영국의 정신과 의사 새미 티미미Sami Timimi는 2014년에 연구자들이 오랜 기간에 걸쳐 신뢰할 수 있는 생체지표를 찾았음에도 불구하고, 여러 정신질환에 관한 한 그런 것들을 찾지 못했다고 보고했다.[44]

체온 조절이나 암 혹은 우울증에 대해서도 이렇다 할 생체지표는 없다. 체온 조절을 할 수 없다는 점을 단순히 우울증의 생체지표라고 볼 수는 없다. 현실에서 우울증에는 체온 조절 여부보다 훨씬 더 복잡한 요인이 작용한다. 네덜란드 레이던대학의 아이코 프리드Eiko Fried는 2016년에 우울증 하나만을 주제로 한 논문을 발표했다. 이 논문은 우울증을 측정하는 일곱 개의 도구가 최소 쉰두 가지나 되는 제각기 다른 우울증 증상을 망라

한다는 사실을 밝혀냈다.[45] 그런데 심부 체온 측정 하나만으로 우울증을 진단할 수 있다면 정말 놀라운 일이라고밖에 할 수 없다.

좀 더 직관적으로 말하자면 이렇다. 만일 어떤 실험을 진행하는 연구자가 온도를 조작하고 실험참가자가 여기에 반응해 몸이 따뜻해졌다는 이유로 연구자에게 긍정적인 감정을 느꼈다고 응답한다면 놀라운 일일 수 있다. 단지 온도라는 변수 하나만으로 어떻게 실험참가자나 환자 상태를 진단할 수 있느냐는 말이다. 나는 지금 (프랑스에서 여름에 덥기로 손꼽히는 도시인) 그르노블에서 지독하게 무더운 여름 끝자락의 어느 비 오는 날에 이 원고를 쓰고 있다. 어떤 연구자가 설문지를 돌린다면, 나는 우울감을 전혀 느끼지 않고 그토록 덥던 끝에 비가 내려 정말 기분이 좋다는 내용으로 응답해줄 수 있다.

사회적 체온 조절의 중심 주제는 체온이 항상성 범위 안에서 유지되도록 조절하는 것이다. 긍정적이거나 부정적인 효과를 경험했을 때, 이 경험은 어떻게 하면 항상성 온도에 도달할 수 있을까 하는 문제에 관한 해법을 찾는 데 유용한 정보를 알려준다. 우울증 경험은 적어도 이것보다 한층 더 복잡하지만, 최소한 비슷한 기능을 수행한다. 체온을 성공적으로 조절하는 데는 강력한 사회관계망과 체온을 조절하는 능력 그리고 키, 몸무게, 성별 등과 같은 다른 변수들이 필요하다. 건강에 필수 요건인 체온 조절은 우리 삶에서 결정적인 역할을 한다. 우리는 앞서 5장에서 사회관계망이 체온 조절의 관건임을 알게 되었는데, 이 사회관계망은 하루에 술을 여섯 잔 이상 마시지 않는 것보다 생존에 더 중요하다.

마지막 장에서는 사회적 체온 조절과 장소에 대해 살펴볼 것이다. '국민성' 그리고 온도와 날씨에 의해 형성되기도 변형되기도 한다고 여겨지는 행복감에 대한 이런저런 발상들도 함께 살펴볼 것이다. 이런 시도는 오랜 세월에 걸쳐 숙성된 온갖 발상과 전통 그리고 일반적으로 받아들여진 지혜, 이 모든 것이 결합된 덩어리 속으로 뛰어드는 일이다. 나중에 살펴보겠지만, 행복감은 시대를 초월해 중요한 주제인 동시에 여전히 놀라울 정도로 어려운 주제이기도 하다.

9

# 코스타리카 사람들은 행복하다

•

기후와 행복감

앞에서 우리는 온도가 부동산 매매에 주는 효과를 살펴보았다. 그러나 부동산의 가치를 결정하는 가장 중요한 요소 세 가지가 무엇인지 물으면, 부동산업자는 질문이 끝나자마자 이렇게 대답할 것이다.

"첫째가 위치고, 둘째도 위치이며, 셋째도 위치죠."

이 표현은 1920년대에 영국의 부동산 거물 해럴드 새뮤얼이 처음 사용했다고 알려져 있는데 확인할 길은 없다. 아무튼 이 표현의 수명이 매우 긴 것만은 분명하다. 이것은 부동산업계의 이 변치 않는 원칙에 인간의 역사와 사회적 행동에 대한 중요한 어떤 의미가 담겨 있다는 뜻이기도 하다.

지리적 위치를 행복과 연관시키는 관행은 인류 문명사에서도 분명하게 드러난다. 영국의 사회철학자이자 정치인이며 가

톨릭 성인인 토머스 모어는 1516년에 유토피아Utopia라는 가장 극단적인 철학적 표현을 구사했다. 유토피아는 그가 이상적인 섬나라를 상상하면서 쓴 책 제목이지만, 그가 그 개념을 처음 만들진 않았다. 무한한 행복을 약속하는 장소라는 그 발상은 신화, 종교, 문학, 대중문화 그리고 상업 분야에서도 공통으로 존재한다. 사실 무한하게 행복한 장소라는 발상은 휴가여행 산업 전체를 떠받친다고 해도 과언이 아니다.

중국 6조 시대 시인 도연명(365~427)은 세상에서 찾을 수 없는 숨어 있는 행복의 땅을 묘사한 시 「무릉도원」을 썼다. '무릉도원'이라는 말은 지금도 영어의 '유토피아'에 해당하는 표현으로 중국어에 남아 있다. 기독교 성서에서 최초로 언급된 지명은 에덴동산이다. 이곳은 단순한 유토피아가 아니라 지상의 낙원이다. 에덴은 유대교와 기독교 문화 전통 속에서 자란 사람들에게 하와이제도의 마우이섬에서부터 디즈니랜드까지, 또 남태평양의 타히티섬에서 라스베이거스까지, 그 모든 장소를 생각하면 연상되는 행복의 크기를 측정하는 기준이다.

크리스토퍼 콜럼버스와 같은 인물도 신세계를 찾아 떠난 세 번째 항해(1498~1500)에서 자기가 에덴동산을 발견했다고 확신했다. 오늘날 아이티와 도미니카공화국으로 나뉘어 있는 카리브해의 히스파니올라섬에 도착한 콜럼버스는 후원자들인 카스티야의 여왕 이사벨 1세와 아라곤의 왕 페르난도 2세에게 보내는 편지에 "저는 지상의 낙원이 바로 여기에 있다고 믿습니다. (…) 폐하께서 저에게 발견하라고 명령하신 바로 그 땅입니

다"고 썼다. 그는 특별히 그 섬 날씨가 "매우 온난하다"고 묘사했다.[1]

콜럼버스가 '에덴'을 발견한 것은 무한한 행복을 약속하는 듯 보였다. 그러나 이후 유럽의 정복자들과 토착 원주민들 사이에 수백 년 동안 전쟁이 이어졌다. 게다가 그 땅을 정복하겠다는 사람들끼리도 싸웠다. '약속의 땅'에 대한 갈망이 사람들을 극단적인 희생과 분투와 위험과 살육으로 몰아넣었음은 의심할 나위 없다. 역사 속에 나타난 이 격렬한 소란스러움 가운데 한 부분은 적어도 날씨와 관련이 있었다.

체온 조절이 호흡 다음으로 생존에 중요한 요소임은 앞에서 이미 확인했다. 또 체온 조절이 사회적 관계와 얼마나 긴밀하게 연관되어 있는지도 우리는 잘 안다. 더 나아가 온도는 우리에게 정서적으로나 인지적으로 심오한 영향을 줄 수 있다는 것도. 체온 변화에 따른 효과 때문에 우리는 외로움을 더 느낄 수도 덜 느낄 수도 있다. 어떤 것에 투자하거나 온갖 다양한 제품을 사는 데서도 온도 때문에 적극적일 수도 소극적일 수도 있다. 온도는 우리가 특히 부동산의 가치를 평가하거나, 부동산을 사거나 혹은 사지 않는 행동을 하도록 등을 떠밀 수도 있다.

자, 그러면 여기에서 (탐험가들에서부터 개척자들 그리고 정복이라는 목표를 마음에 새긴 군주들에 이르는) 사람들이 까마득한 옛날부터 던졌던 질문으로 돌아가보자. 우리가 온도와 행복감에 대해 알고 있는 사실들은, '매우 온화한 기후'를 가진 장소에 사는 사람들은 다른 곳에 사는 사람들보다 더 행복하고 또 더 건강하다는 것이다. 정말 그럴까?

## 날씨와 행복감

날씨가 우리의 정서와 행동에 영향을 줄 수 있다고 주장하는 연구 결과들이 있다. 많은 사람이 우울한 감정은 길고 춥고 우중충한 겨울과 강한 연관성이 있다고 생각한다. 그러나 핀란드에서는 기온이 상대적으로 높은 봄철이 시작될 무렵에 자살률이 크게 증가한다. 핀란드인의 자살을 분석한 결과를 보면, 자살률 증가와 상관성이 있는 것은 내려가는 기온이 아니라 올라가는 일조량이다. 특정한 행동을 촉발하는 것은 단지 온도만이 아니라는 말이다. (사실 이 논문은, 온도는 자살 건수와 최소한의 관련성을 가질 뿐이라 지적한다.) 이 경우에 갈색지방조직을 가지고서 그 현상을 설명할 수 있다. 길고 추운 겨울이 지나고 기온이 갑작스럽게 따뜻해진 조건에서, 갈색지방조직 활성화가 체온 조절 메커니즘을 깨뜨리는 바람에 자살 위험이 커졌다고 볼 수 있다.[2]

특정한 기후들은 다른 기후들에 비해 행복감을 한층 더 많이 유도한다고 주장하는 연구도 있다. 월평균 기온이 18도를 기준으로 그다지 많은 편차를 보이지 않는 나라나 지역에 사는 사람들은 자기 삶에 가장 만족한다는 조사 결과를 보여주는 논문도 있다.[3] 그렇다면 코스타리카, 르완다, 콜롬비아와 같은 나라가 가장 살기 좋고 러시아, 핀란드, 에스토니아와 같은 나라는 살기 나쁜가? 러시아인은 모두 코스타리카로 탈출해야 할까?

아니다, 그렇게 성급하게 결론을 내릴 일이 아니다.

역사와 신화 그리고 상식은 늘 행복을 특정한 장소와 연관시켜 왔다. 콜럼버스는 히스파니올라섬에서 에덴동산을 발견했다는 믿음을 굳게 지켰다. 그는 『창세기』와 『에제키엘서』라는 구약성서에서 비롯되어 강력하게 공유되던 문화적 가치를 토대로 그 결론을 이끌어냈다. 오늘날 전 세계에서 행복감을 다룬 대규모의 야심 찬 연구들을 보면, 행복의 가치는 민족문화에 깊이 뿌리를 내리고 있다.

가장 기본적인 사례는 세계가치관조사World Values Survey⁺의 연구 결과다. 세계가치관조사는 네덜란드 틸뷔르흐대학의 얀 커쿄프Jan Kerkhofs와 루드 드무어Ruud de Moor의 주도로 1981년에 시작되었으며 나도 그 프로젝트에 참여했다. 당시에 두 사회학자는 현대의 경제적·기술적 변화들이 산업화된 문명 아래 가치관과 동기를 바꾸어놓는다는 가설을 검증했다.[4]

1981년 이후부터 지금까지 세계가치관조사는 여섯 차례에 걸쳐 전 세계의 다양한 지리적·문화적 표본을 놓고 조사 작업을 했다. 1981년 첫 번째 조사 이후 두 번째는 1990년부터 1991년

⁺ 사회과학자들이 세계의 각기 다른 문화의 사회문화적·윤리적·종교적·정치적 가치를 조사하기 위해 진행 중인 학술 프로젝트.

까지, 세 번째는 1995년부터 1997년까지, 네 번째는 1999년부터 2001년까지, 다섯 번째는 2005년부터 2007년까지, 여섯 번째는 2010년부터 2014년까지 각각 진행되었다. 그리고 2015년에 일곱 번째 조사 작업이 시작되었다. 세계가치관조사 자료는 방대하다. 현재 전 세계 인구의 약 90퍼센트를 보유한 100여 개국의 40만 명으로부터 자료를 모으고 있기 때문이다. 게다가 이 자료는 전 세계에서 가장 가난한 나라에서부터 가장 부유한 나라까지 망라하고 있다.

이 프로젝트의 목적은 과학자들과 정책입안자들에게 데이터베이스를 제공해 전 세계인의 믿음과 가치관과 동기를 평가하는 것이다. 긍정적인 경제 개발과 민주화 그리고 높아지는 관용 수준 덕분에 개인에게 선택의 자유가 있다는 인식이 높아질 것이라는 가설을 지금까지 도달한 결론이 뒷받침한다고 세계가치관조사의 지도자들은 주장한다. 이것이 더 높은 수준의 행복으로 이어질 것이라고 그들은 덧붙인다.

실제로 연구자들이 정리한 '가장 결정적인 발견 30가지'라는 목록에서 모든 항목은 어떤 식으로든 행복과 연관되어 있다. 그러므로 세계가치관조사의 선도적 통찰은 행복이 모든 문화의 구성 요소 가운데 하나라는 것일 수 있다. 비록 그런 통찰이 각 나라의 정책에 제대로 반영된 적은 (적어도 지금까지는) 드물긴 하지만 말이다.

세계가치관조사는 기후와 행복 사이 상관성을 따로 떼어 연구하지 않지만, 다양한 후속 연구들의 결과를 보면 평균보다 춥거나 더운 기후를 가진 가난한 나라들에서는 불행한 '생존' 문화가 나타나 진화함을 알 수 있다. 두 기후 모두 사람들이 체온을 조절할 필요성을 충족하려면 커다란 대가를 치러야 하기 때문이다. 한편으로 1인당 소득의 규모와 상관없이 온화한 기후를 가진 나라들에서는 느긋하고 행복한 문화가 진화함을 알 수 있다. 가장 행복한 문화는 단순한 '생존 가치'가 아니라 (자유, 사회적 관용, 삶의 만족 그리고 공개적인 표현의 자유 등을 향한 열망이라 할 수 있는) '자기표현의 가치'를 드러내는 문화들이다. '자기표현' 문화는 물질적으로 부유하지만 평균보다 춥거나 더워서 상당한 수준의 체온 조절을 요구하는 기후를 가진 나라에서 생겨나고 진화했다.

행복은 의미 있는 문화적 쟁점임에 분명하다. 이 통찰은 1776년에 발표된 미국 독립선언문에 잘 드러나 있다. 미국 독립선언문의 초안을 쓴 토머스 제퍼슨은 계몽주의 철학자 존 로크의 사상에서 생명과 자유와 '행복 추구'라는 남에게 '양도할 수 없는' 세 가지 인권을 빌려왔다. 여기에서 눈여겨봐야 할 점은 제퍼슨이 로크가 언급한 생명과 자유와 재산 가운데 재산을 행복으로 대체했다는 사실이다.

기후는 사람들이 생각하는 행복의 형태를 결정하는 데 중요한 역할을 한다. 그러나 그전에 먼저 우리는 행복을 한층 더 세밀한 용어로 규정해야 한다. 느긋한 문화권의 수수한 행복은 재산의 많고 적음과 상관없이 온화한 기후와 관련이 있으며, 불행한 생존 문화는 혹독한 기후와 관련이 있다는 최근 연구의 결과를 일단 인정해야 한다. (그러나 혹독한 기후라는 조건에 가난이라는 조건이 덧붙을 때만 그렇다.) 불행한 생존 문화에서 가난을 부유함으로 바꿀 때, 혹독한 기후는 상당히 높은 수준의 문화적 행복과 연관성을 가지게 된다.

제퍼슨이 구사한 단어들을 꼼꼼하게 읽어보라. 그는 로크의 재산을 단순하게 행복으로 대체한 게 아니다. 그는 '행복 추구'라고 썼다. 수동적인 상태가 되어서는 안 된다는 점을 암시한 것이다. '추구'라는 단어는 분투를 뜻한다. 노력과 에너지를 투자해야 한다는 것이다. 여기에는 온열중성대⁜보다 상당히 낮거나 높은 온도의 기후 환경에서 체온을 조절하는 데 필요한 신진대사 에너지를 투자하는 것도 포함된다.

온도와 기후와 행복감 사이의 관계를 탐구할 때 우리는 기후와 정서에 대한 결론, 더 나아가 기후와 행동에 대한 결론을 쉽게 내리고자 하는 유혹에 다시 한번 맞닥뜨린다. 이 점과 관련해 보고된 연구 조사는 날씨가 우리 삶에 줄 수 있는 충격이 어떤 것인지 보여준다. 그러나 나는 이런 충격의 효과가 상식이나 일반적인 믿음처럼 강력하지도, 또한 직접적일 정도로 단순하지도 않은 이유를 설명하고자 한다. 이런 통찰들이 우리에게 힘이 되면 좋겠다. 그리하여 기온 변화와 이것이 우리의 행복에 미치는 영향을 해석할 때 우리가 조금이라도 더 나은 추정을 할 수 있으면 좋겠다.

⁜ 4장 133쪽을 참조하라.

온도, 즉 기온은 우리에게 의식적인 관심과 노력을 요구하는 환경의 한 측면이다. 때로는 환경이 다른 것들보다 극복하기가 더 쉽다. 온열중성대에서 크게 벗어나지 않은 환경에서는 신진대사 에너지가 아주 조금만 있으면 된다. 그러나 이보다 한층 더 가혹한 기온 환경은 우리에게 시련을 안겨준다. 어떤 사람들은 이 시련을 감당하지 못하지만 어떤 사람들은 중앙난방장치와 같은 기술을 발명해 그 시련을 극복한다. 기술은 높은 수준의 사회관계망 다양성과 사회적 협력을 요구한다. 어쩌면 이 때문에 우리의 체온 조절이 한층 더 복잡한 사회관계망을 유지하는 것과 관련이 있을지도 모른다. 엉성하게 조직된 사회나 결정적으로 중요한 자원이 부족한 사회에서는 극단적으로 높거나 낮은 온도가 엄청난 불행과 질병 그리고 죽음을 몰고 올 수 있다. 반면에 선진 사회, 특히 전략적 자원에 접근할 수 있는 사회에서는 혹독한 기후가 기술 발전을 촉진하고 상업을 증진하고 부를 축적하는 추동력으로 작용한다.

우리가 21세기로 깊숙이 진입하면서 극단적인 날씨는 한층 새로운 여러 시련을 몰고 왔다. 세계의 기후는 진화의 문화적 영향으로 초래된 유례없는 변화를 겪고 있다. 혹시 당신은 지금 슬프다고 느끼는가? 그렇다면 따뜻한 차가 담긴 컵을 손으로 움켜쥐어보라. 그러면 적어도 잠깐은 기분이 좋을 것이다. 그러나 이것만 가지고서는 기후변화를 극복할 우리 사회의 능력이 개선되지 않는다. 문화는 개인적인 차원의 어떤 것이 아니다. 이런 발상은 시민뿐만 아니라 과학자들까지도 자주 범하는 생각의 오류다.

우리는 개인과 공동체와 국가 그리고 지구 차원에서 온도나 체온 조절과 관련된 문제를 효과적으로 극복할 방법을 배워야 한다. 이것은 우리의 행복과 건강과 수명에 필수적이다. 아울러 지금 당장 우리의 생존에 필수적임은 말할 것도 없다. 이를 위해서는 우선 사회적 체온 조절을 상세한 부분까지 이해하고 체온 항상성을 위협하는 새로운 과제들을 극복할 사회적 수단이나 장치를 개발해야 한다.

그러나 온도는 우리를 행복하게나 슬프게 혹은 부유하게나 가난하게 만들지 않는다. 온도는 우리더러 그런 사회적 수단이나 장치를 극복하고 적응하고 발명하라고 재촉할 뿐이다. 정부는 야심 찬 연구 조사 프로그램들을 동원해 우리 인간이 가진 펭귄의 특성을 철저하게 이해해야 한다. 희소한 예산과 그 밖의 자원들을 가지고서 사회성을 기반으로 한 시련 극복 프로그램들을 설계하고 집행할 수 있는 지식을 마련해야 한다. 모든 사람이 다 따뜻한 기후를 찾아 코스타리카로 몰려갈 수는 없지 않은가.

## 정말 슬프다 It's so SAD

계절성정서장애Seasonal Affective Disorder, SAD는 정말 적절한 명칭이다. 겨울이 시작될 때, 즉 공기가 차가워지고 나뭇잎이 떨어져 앙상한 가지가 드러나고 철새가 따뜻한 곳을 찾아 떠날 때, 당신은 마음이 울적해지고 슬퍼지는가? 안심하라. 당신만 그런 기분이 드는 게 아니다. 우리는 계절성정서장애가 날씨, 특히 온도가 우리를 불행하게 만들고 심지어 우울하게 만든다는 발상을 '입증하는' 전형적인 사례라고 생각할 수 있다. 미국 국립정신건강연구소NIMH는 계절성정서장애를 다음과 같이 설명한다.

"이것은 계절이 바뀌면 나타났다가 사라지는 우울증의 한 유형으로, 일반적으로 늦가을과 초겨울에 시작되지만 봄이 되면 사라지고 여름에는 나타나지 않는다. 이 장애의 경우 여름에도 우울삽화depressive episode가 나타날 수 있지만, 겨울에 나타나는 증세가 훨씬 일반적이다."

미국 국립정신건강연구소는 계절성정서장애와 관련해 일련의 증상을 열거하는데 여기에는 주요우울장애도 포함된다. 이 연구소는 계절성정서장애 진단을 내릴 때는 "특정한 계절과 시기적으로 일치하면서 주요우울장애 진단 기준을 충족하는 증상이 적어도 2년 동안 나타나야 한다"고 명시한다.[5]

그러나 8장에서 살펴본 연구, 즉 날씨 조건이 슬픈 기분이나 우울증과 연관성이 없어 보인다고 결론을 내린 연구를 떠올려 보자. 개인적인 경험으로 말하자면, 나는 이 연구자들이 네덜란드 마스트리흐트대학과 마스트리흐트대학병원과 관련이 있다는 사실에 특히 주목한다. 만일 나의 조국인 네덜란드처럼 변덕스럽고 음울한 기후 조건을 갖춘 나라에서 연구하는 사람들이 계절성정서장애의 강력한 증거를 찾지 못한다면, 도대체 어떤 나라에서 누가 그 증거를 찾을 수 있단 말인가?

사람만큼 지구상에 널리 분포되어 살아가는 동물 종은 없다. 이것은 인간이 어떤 동물 종보다 환경에 잘 적응하는 놀라운 능력을 가지고 있다는 뜻이다. 어떤 새로운 환경에서도 혹은 기후 때문에 극단적인 상황이 빚어지는 환경에서도 인간은 잘 적응한다. 앞서 3장에서 설명했듯이 인간은 내온성, 즉 내온동물의 특성 덕분에 매우 다양한 환경에 적응해 살아갈 수 있는 한층 높은 유연성을 기르게 되었다. 이런 관점에서 체온 조절과 우울증을 바라본다면, 날씨와 기분 사이 폭넓은 상관관계는 존재하지 않을 것 같다. 인간의 내온적인 유연함을 전제한다면, 인간이 주변 온도가 변하는 새로운 환경에 적응하는 잠재력을 가지고 있다고 기대할 수 있다. 새로운 환경의 요구나 낯익은 환경의 극단적인 온도 변화에 적응하기 위해 심지어 개인의 개성까지도 바뀔 것이라고 기대할 수도 있다.

웬키 웨이Wenqi Wei와 동료들은 2017년에 발표한 연구에서 이 가설을 검증했다. 중국의 59개 도시에서 수집한 자료와 미국의 1만2499개 우편번호 위치 데이터세트를 이용해, 주변 온도와 개인의 개성 사이 관련성을 밝히는 게 이 연구의 목적이었다. 연구자들은 '온화한' 기온을 22도 전후로 규정했는데, 한층 온화한 기온이 유지되는 지역에서 자란 사람들은 개인적인 성장이나 유연성과 관련된 개성 변수들(예컨대 외향성, 새로운 경험에 대한 개방성)뿐만 아니라 사회성과 관련된 개성 변수들(예컨대 사교성, 성실성, 정서적 안정성)에서 상대적으로 높은 점수를 기록한다는 사실을 발견했다. 한편 덜 온화한 기온 환경에서 자란 사람들은 위의 개성 변수들에서 상대적으로 낮은 점수를 기록했다. (연구자들은 연구 대상 지역에서 자란 사람들만을 분석 대상에 포함했다는 점을 참조하라.)

이 연구자들은 덜 온화한 기온 환경에서 자란 사람들은 기후의 요구에 따라 개성을 바꾸면서 환경에 적응하는 능력을 가지고 있다는 사실도 함께 발견했다. 개성과 관련된 이 발견은 기온, 즉 온도와 기분의 관련성을 복잡하게 만든다. 기후와 개성 사이에는 강한 연관성이 있을 수 있다. 인간은 환경에 적응하지만, 환경이 개인의 개성에 미치는 효과는 장기간에 걸쳐 나타날 수 있다. 솔직히 말해 나는 처음에 웨이 팀의 연구 결과를 회의적으로 바라보았다. 학술지 편집자들은 보통 어떤 논문을 게재하기 전에 다른 연구자들에게 해당 논문을 검증해달라고 부탁한다. 이 동료평가를 의뢰받는 사람들은 대개 해당 분야에 대한 전문성을 가지고 있다. 이 자리를 빌어 비밀을 털어놓자면, 나는 웨이 팀의 논문 평가를 의뢰받았는데 이 논문을 학회지에 싣지 말자는 쪽에 손을 들었다. 하지만 지금 나는 편집자가 내 말을 듣지 않은 걸 기쁘게 생각한다. 나는 추가 분석을 요구했고, 저자들은 동의했다. 그리고 결국 내가 틀렸음이 (또다시!) 판명되었다.

웨이와 동료들 덕분에 나는 그들이 수행한 연구와 (앞서 5장에서 살펴본) 우리가 수행한 '인간적인 펭귄 프로젝트' 사이의 관련성을 생각하게 되었다. 다른 많은 것들 가운데서도 우리는 특히 적도에서 멀리 떨어진 지역에 사는 사람일수록 사회적 다양성 점수가 높다는 점을 발견했다. 적도에서 멀리 떨어져 있을수록 기온은 덜 온난해진다. 적어도 기온이 내려가는 것만큼은 분명하다. 이 사실이 웨이 팀의 연구가 발견한 사실, 즉 덜 온화한 기후 환경에 사는 사람들이 온화한 기후 환경에 사는 사람들보다 사교성, 새로운 경험에 대한 개방성, 외향성 등의 점수가 높다는 사실을 경향적으로 반박할 수 있을까? 반드시 그렇지만은 않다. 웨이 팀의 연구를 두고서 온화한 기후가 상대적으로 긍정적인 성향을 만든다는 결론을 이끌어낼 순 있다. 그러나 한층 더 흥미로운 결론은 덜 온화한 기후 환경에 사는 사람들이 환경에 기민하게 적응한다는 것이다.

내가 웨이 팀의 연구에서 배운 것은, 덜 온화한 기후 환경에 사는 사람들이 기후에 더 잘 적응한다는 사실이다. 매우 친밀하고 사랑하는 사람들부터 낯선 사람의 경우처럼 호의를 보여야 하는 관계, 혹은 은행원과 같이 금융 거래에 기초한 관계에 이르는 온갖 다양한 인간관계에 참여하고자 하는 사람이라면, 누구나 반드시 '멋진' 사람이어야만 할까? 유럽 자본주의가 태동한 곳인 네덜란드에서 태어나고 자란 나로서는 '아니다'라고 말할 수밖에 없다.

남극의 극단적인 환경 조건이 펭귄으로 하여금 허들링이라는 사회적 체온 조절 수단을 활용하게 했다. 펭귄의 허들링은 대규모 집단을 전제로 한다. 그러나 현대인은 관계망 크기보다는 관계망 다양성을 가지고 사회적 체온 조절을 한다. 사람들이 구성하는 집단의 다양성은 한층 더 복잡한 관계 형성으로 이어지며, 이 관계들이 모든 사람에게 매우 사교적인 모습은 말할 것도 없고 '멋진' 모습을 요구하지는 않는다. 따라서 관계망 다양성이 덜 온화한 기후 환경에 대한 일종의 사회적 적응인 이상, 웨이 팀의 연구는 우리가 '인간적인 펭귄 프로젝트'에서 발견한 사실들과 일치한다고 볼 수 있다.

우리 인간은 극단적인 온도 조건에 단순히 혹은 필연적으로 굴복하지 않는다. 인간이 가지고 있는 진화적 적응성은 독특하다. 인간이 혹독한 기온 조건의 만만한 표적이나 수동적인 희생자가 되기를 고집스럽게 거부함에 따라, 기온을 감정이나 행동과 연관시키려는 모든 시도는 한층 복잡해질 수밖에 없다. 우리의 진화적 적응성이 이 사실을 암시한다. 인간이 지금까지 해온 기술적이고 사회적인 온갖 적응들 때문에, 기온과 개성 사이 관계뿐만 아니라 기온과 행동 사이 관계를 연구하기란 매우 어려운 동시에 매력적인 일이기도 하다. 게다가 우리는 '인간적인 펭귄 프로젝트'의 한 부분으로 사회적 체온 조절을 원하는 개인적 바람의 편차를 측정하려고 '사회적 체온 조절과 위험 회피 질문'[+]을 만들었으며, 그 점에 관한 한 개인차가 매우 크다는 사실을 발견했다. 이것이 무엇을 말하든 간에 문화는 개인을 확장한 것이 아니며, 개인은 문화를 축소한 것이 아니라는 사실

[+] 5장 210쪽을 참조하라.

그리고 어떤 개인도 전체 종의 보편적 표상이 아니라는 사실을 다시 상기하게 된다.

## 위도와 기분

사회적 행동의 범위를 성적 행동을 포함하는 수준까지 확장한다면, 다음 사실에 주목할 필요가 있다. 많은 곤충 종은 기온이 올라갈 때 일처다부 습성, 즉 암컷 한 마리가 수컷 여러 마리와 짝짓기를 하는 성향이 늘어나는 반면에 어떤 종들은 기온이 내려갈 때 이런 현상이 더 자주 나타난다. 과실파리과의 한 종으로 실험실에서 매우 널리 사용되는 초파리 경우에 일처다부 습성은 한층 더 서늘한 기온과 관련이 있다. 위도가 높은 지역일수록, 즉 적도에서 먼 지역일수록 암컷 초파리는 수컷 여러 마리와 짝짓기를 한다.[6]

인간의 성적 행동과 온도 사이 연관성에 대한 자료는 충분하지 않다. 하지만 인간도 성행위를 하는 행동이 기온이 떨어지는 것에 대응하는 한 방법임은 분명하다. 성행위 자체가 신체 운동이고 다른 사람과 살을 맞대는 것이기 때문이다. 그러나 일처다부제가 추운 기후에 대처하는 어떤 방편을 여성에게 제공하는 것인지는 아직 알려지지 않았다. 인간의 성적 행동과 체온 조절 행동 사이에는 공통의 영역이 있다고 에벌린 사티노프는 결론을 내린 바 있다. 그러나 이것은 어떤 우연하고 단순한 관계 때문이 아니라 뇌가 다양한 형태의 동기 부여된 행동을 관장하도록 비슷한 메커니즘을 발전시켜왔기 때문이다. 설령 체온 조절과 섹스가 서로 상관이 없다고 하더라도 이 둘을 관장하는 뇌 영역이 동일하다는 사실에 주목해야 한다.

그렇다면 적응은 계절성정서장애와 관련이 있을까? 만일 있다면 어떤 관련이 있을까? 통계학자들과 과학자들은 서로 다른 독립변수들에 의해 발생한 상호 작용 효과interaction effect를 주효과main effect와 구분한다. 예를 들어 어떤 학생이 시험을 치렀는데 점수가 형편없다. 공부를 더 많이, 더 열심히 하는 것은 성적을 개선해주는 주효과가 될 수 있다. 개인 과외도 마찬가지다. 반면에 시험을 보는 시간 동안에 배가 고프지 않도록 간식을 먹는 것은 성적에 영향을 줄 수 있지만 주효과가 될 수는 없다. 계절성정서장애로 진단할 수 있는 증상이 있다고 해서, 계절성정서장애가 주요우울장애를 유발하는 주효과가 될 수는 없다. 사람들은 대부분 여러 가지 계절적인 스트레스에 적응한다. 예를 들어 계절적인 광주기의 변동 결과(겨울철 일조시간 감소 등)로 나타나는 24시간 주기 조절 장애와 한겨울 낮은 기온으로 인한 신진대사 요구 증가를 꼽을 수 있다. 이런 스트레스에 적절하게 적응하지 못하는 사람들에게는 에너지 고갈과 이에 따른 정서적인 증상들이 나타날 수 있다.

20세기가 끝나갈 무렵에 네덜란드 흐로닝언대학병원의 연구자들이 위도와 관련된 계절성정서장애 발병을 다룬 연구 결과를 발표했다. 이 연구에서 설정한 주요 가설은 "계절성정서장애는 광주기 변동 결과로 촉발된다"는 주장이었다. 연구자들은 이 가설이 적도에서 멀리 떨어져 일조시간이 짧은 지역일수록 계절성정서장애 발병 사례가 증가하는 현상과 일치한다고 보았다. 당시에 구할 수 있었던 스물두 편의 연구 논문을 검토하고 분석한 결과, 계절성정서장애의 평균 유병률이 북아메리카가 유럽의 두 배에 달하는 것으로 드러났다. 북미에서는 계절성정서장애 유병률과 위도 사이에 중요한 긍정적 상관성이 발견되었지만, 유럽에서는 이 상관성이 어떤 '추세' 정도에 그치는 것으로 확인되었다. 과학자들은 추세를 특정한 효과를 확인했다는 의미로 자주 사용하지만, 사실 추세는 의미 있는 결과가 전혀 발견되지 않았다는 뜻이다.[7]

리오라 로센Leora Rosen과 동료들은 1989년에 미국에서 위도가 각기 다른 네 지역의 계절성정서장애 유병률 연구에 착수했다. 이 네 지역을 북에서 남으로 순서대로 말하면 뉴햄프셔주의 내슈아, 뉴욕주의 뉴욕, 메릴랜드주의 몽고메리 카운티 그리고 플로리다주의 사라소타다. 연구자들은 이 지역에 사는 사람들에게 계절에 따른 정신 건강 상태를 측정하는 계절성양상설문조사지Seasonal Pattern Assessment Questionnaire, SPAQ를 우편으로 보냈다. 설문 문항은 "당신은 한 해 가운데 언제 기분이 가장 좋거나, 사교 활동을 가장 많이 하거나, 혹은 몸무게가 가장 크게 줄어드는가?"에서부터 "당신은 일 년을 통틀어 언제 낮잠을 가장 많이 자는가?"에 이르기까지 다양했다.

이 연구에서 표본은 전화번호부에서 무작위로 선정되었으나 성별 균형은 의도적으로 맞췄다. (그때는 전화번호부라는 책이 있었다!) 이렇게 해서 최종적으로 1671명의 설문 응답이 연구자들에게 돌아왔다. (연구자들도 인정하지만, 이 방법을 사용하면 이른바 과다 표집 편향이 발생할 수 있다. 즉 설문에 응답한 사람들은 응답하지 않은 사람들에 비해 계절적인 문제에 관해 상대적으로 많은 관심을 가진 사람일 수 있다.)

이 연구는 적도에서 멀리 떨어진 지역(즉 북쪽)에 사는 사람일수록 겨울철 계절성정서장애와 겨울우울증winter blues, S-SAD 유병률이 "상대적으로 매우 높다"고 결론을 내렸다. (겨울우울증은 계절성정서장애의 하위분류 개념이며, 계절성정서장애보다 증상이 가볍다.) 그러나 위도와 여름철 계절성정서장애 사이에는 아무런 상관성이 발견되지 않았다. 흥미롭게도 위도와 겨울철 계절성정서장애의 상관성은 대부분 35세 이상 사람들에게서 발견되었다. 연구자들은 그들의 연구가 계절성정서장애의 발병 요인으로서 나이가 지역 관련 변수들(취업 기회, 생활비 수준, 은퇴자를 위한 자원 가용성 등)과 비교해 위도와 얼마나 상관성이 있는지 명확히 밝히지 않았다고 명시했다.[8] 분명한 것은 이 모든 요인이 개인적인 회복력과 적응성에 영향을 준다는 사실이다.

이런 결과를 놓고 우리는 계절성정서장애 발병에서 위도의 영향은 적은 데 비해 기후, 유전적 취약성, 사회문화적 배경의 영향은 매우 크다고 결론을 내릴 수 있다. 위도에 따라 달라지는 일조시간을 계절성정서장애의 선도적 원인으로 꼽을 수 있으며, 나머지 셋 가운데 하나는 지리적인 요인(기후)이고 둘은 개인과 관련된 요인(유전자와 사회문화적 배경)이다. 이것은 장소와 기후의 요구에 대한 능동적인 적응이 생존을 위해 긴급하다는 기본 가설과 일치한다. 그러나 우리는 관계망 다양성, 사회적 체온 조절 욕망의 개인차 등 주효과는 많이 알고 있지만, 이들이 상호 작용하는 방식에 대해서는 전혀 모르는 것이나 다름없다. 분명한 점은 만일 당신이 추운 기후에 살고 있다면, 한층 더 다양한 사회관계망을 찾아 나서는 것이 최선이라는 사실이다.

## 기묘한 세상 대 실제 세상

계절성정서장애는 1980년대 이후에야 연구자들의 연구 대상에 포함되었고, 일반인들 사이에서 이야깃거리가 되었다. 지금까지 인용한 연구들을 포함해 많은 연구에서 계절성정서장애와 기온, 햇빛, 계절성, 위도, 날씨 그리고(혹은) 기후의 사이에 상관성이 있다고 주장한다. 그러나 이 연구들은 표본 크기가 너무 작다는 점에서부터, 독립변수들이 적절하지 않다거나 전혀 고려되지 않았다는 점에 이르는 여러 가지 심각한 약점을 안고 있음을 연구자들은 지적한다. 아닌 게 아니라 마커스 후이버스 Marcus Huibers와 동료들이 진행한 대규모 연구는 "날씨가 우리를 슬프게 만드는가?"라는 단순한 질문을 던지며, 기존 자료를 놓고 볼 때 날씨와 우울증 사이에는 어떤 연관성도 없다고 결론을 내린다.

여기에서 우리는 세 가지를 설명할 수 있다. 첫째, 날씨와 기후는 우울증과 계절성정서장애 발병의 중요한 변수가 아니다. 왜냐하면 날씨나 기후와 연관 있는 증상들은 주요우울장애 발병에서 주효과가 아니기 때문이다. 둘째, 날씨 때문에 슬프거나 우울하거나 계절성정서장애를 경험할 수 있지만 아직 이것을 연구로 입증하지 못하고 있다. (어쨌거나 나는 "증거가 없다는 점이 증거가 없다Absence of evidence is not evidence of absence는 것을 입증하지 않는다"는 주문의 신봉자다.) 셋째, 우리는 위의 첫 번째 설명이나 두 번째 설명이 옳은지 알지 못한다. 왜냐하면 우울증을 측정하는 것이 우리가 생각했던 것보다 훨씬 더 어렵기 때문이다. 사실 어떤 증상들이 우울증을 구성하는지를 둘러싸고 과학자들조차 의견이 분분하다.

우리가 연구할 증상의 목록을 완성하고 나면 측정과 관련된 문제를 해결할 수 있다. 과학계에서는 어떤 대상을 의미 있게 측정할 수 없다면, 그 대상을 의미 있게 연구할 수 없다는 게 상식이다. 사회과학 분야에서 우리가 개발한 대부분의 측정은 '위어드WEIRD'✢ 개체군, 즉 전형적인 대학생에게 초점이 맞춰져 있다. 사회과학자들은 '위어드'라는 단어를 서구의Western 교육 수준이 높고Educated 산업이 발달했으며Industrialized 부유하고Rich 민주주의가 지배하는Democratic 국가와 문화 출신으로, 연

✢ 사전적 의미로는 '기묘한'이라는 뜻이다.

구자들이 대학에서 연구 대상으로 삼는 청년이라는 뜻으로 사용한다.[9]

심리학자들이 보편적으로 검사하고 측정 가능하다고 여기는 다섯 가지 개성적 특성인 이른바 '빅 파이브Big Five', 즉 개방성, 성실성, 외향성, 친화성 그리고 정서적 안정성은 소득 수준 중간 국가나 하위 국가의 국민에게는 적용되지 않는다. 이런 나라들에서는 위어드 국가와 문화를 개념화한 빅 파이브를 토대로 한 심리 검사가 의도하는 특성을 측정하지 못하므로, 검사의 타당성이 그만큼 떨어진다.[10] 또 위어드 청년을 염두에 두고 설계된 측정 도구(설문 문항)를 나이 든 사람에게 적용하면 만족스러운 결과를 얻지 못한다. 전체 특성들뿐만 아니라 주어진 각각의 특성 내 지표들 사이의 관계는 인생 주기 전체에 걸쳐 일정하게 유지되지 않는다. 심리 검사와 질문 문항 그리고 연구 논문은 반드시 연구자가 대상으로 설정한 사람들을 염두에 두고 설계해야 한다.[11] 내 동료들인 아이코 프리드와 제스 플레이크Jess Flake가 논문 제목에서 말했듯이 "측정은 학자에게 기본이다."[12]

행동과 개성의 여러 측면을 측정하는 것은 시장에서 튜브 삭스⁺를 사는 것과 다르다. 한 가지 규격이 모든 것에 다 들어맞지 않는다. 무엇을 측정할지 또 어떻게 측정할지 동의해야 하며, 그다음에는 관찰 기법들을 관찰 대상 개체군 혹은 연구 대상 개체군에 적용해야 한다. 우리 심리학자들은 자기가 측정하

⁺ 뒤꿈치 이음새가 없는 신축성 있는 양말.

려는 것을 합리적으로 잘 측정한다. 그러나 측정 도구와 통계 모델이라는 측면에서 볼 때 우리 분야 학문이 물리학이나 화학 수준에 도달하려면 아직도 멀었다. 왜 그럴까? 이 책을 여기까지 읽으면서 독자도 여러 번 맞닥뜨렸을 문제이지만, 인간 신체 내부의 사회적 체온 조절이라는 매우 '단순한' 어떤 것을 연구하는 데조차도 신체 크기, 개인적 특성, 문화 그리고 우리가 연구하고자 하는 사람의 몸에 갈색지방조직이 얼마나 많이 있는지 등을 이해해야 한다.

계절성정서장애에 중심적인 어떤 것, 즉 사람의 기분 상태를 평가하는 것을 생각해보자. 주요우울장애 연구는 심리학자가 해결해야 하는 측정상의 문제를 전형적으로 보여준다. '네이티브'와 같은 아늑한 카페를 나만큼이나 좋아하는 프리드가 2016년에 발표한 연구는, 우울증 증상의 심각성 정도는 연구 분야에 따라 다르게 평가된다는 사실을 지적했다. 우울증의 심각성 정도를 평가하는 데는 현재 일곱 가지 척도가 일반적으로 사용된다. 이 척도들은 내용 면에서 매우 폭넓게 다르며, 쉰두 가지 우울증 증상을 아우른다. 우선 증상의 수와 종류가 많고 다양하다는 사실은 우울증이 현재 모호하고 심지어 특이하게 규정되는 포괄적인 장애가 되었음을 말해준다. 그러므로 어느 하나의 척도만을 사용해 얻은 연구 결과는 다른 개체군에서는 말할 것도 없고 다른 척도들을 적용해 복제하기가 쉽지 않다. 이런 이유로 우울증 연구는 엄청나게 복잡해진다.

프리드는 일곱 가지 척도에서 겹치는 증상을 파악하기 위해 내용분석⁺을 실시해, 겹치는 정도가 평균 0.27에서 0.40 범위로 매우 낮다는 사실을 발견했다. 실제로 쉰두 가지 증상 가운데 40퍼센트가 단 하나의 척도에서 나타났고, 일곱 가지 척도에서 모두 나타나는 증상은 12퍼센트에 불과했다. 특이한 증상들은 몇몇 척도들에서 0퍼센트에서 33퍼센트 비율로 나타났고, 복합 증상은 22퍼센트에서 90퍼센트 비율로 나타났다.

프리드는 전체 쉰두 가지 증상을 한층 선명하고 정확하게 규정된 소수의 증상으로 정제하려는 시도는 전혀 하지 않았다. 그 대신 불완전하게 파악된 쉰두 가지 증상에 관한 추정 내용이 보수적으로 과소평가되었을 가능성이 있다고 바라보았다. 즉 일곱 가지 척도 전체에 걸친 실제 차이 정도가 프리드가 추정하는 것보다 훨씬 더 클 수 있다. 여기에서 발생하는 문제는 재현성 논란과 관련이 있다. 척도들 사이 차이와 최소한의 겹침(합치하는 부분이 없음을 뜻한다)을 조합하면, 연구에 사용한 특정 척도 혹은 척도들에 특이한 결과가 나타나는 경향이 있어, 결과를 재현하거나 혹은 그 결과를 일반화하기가 매우 어렵다.[13]

우울증의 심각성 정도는 임계점수를 설정하고 어떤 사람이 우울하거나 혹은 우울하지 않다고 분류하는 데 사용되는 증상 수를 기준으로 측정된다. 이것은 우울증이 보편적으로 동의할 수 있는 증상을 가진 단 하나의 조건일 때 타당한 접근법이 될

⁺ 커뮤니케이션 내용을 객관적·수량적으로 분류한 다음 일정 기준에 따라 체계적으로 분석하는 조사 방법.

수 있다. 프리드의 분석이 의미하는 바는, '우울증'이라고 볼 수 있는 증상의 수와 종류가 워낙 많고 폭넓어 어떤 증상을 두고 우울증이라고 규정할 것인지뿐만 아니라 무엇이 그 심각성을 측정하는 가장 타당한 척도인지에 대해 합의에 이르기가 어렵다는 것이다. 이 말은 우울증이 타당한 명칭이 아닐 뿐만 아니라 타당한 진단도 아니라는 뜻이 아니다. (사실 우울증은 타당한 명칭이기도 하고 또 타당한 진단이기도 하다.) 우울증 치료는 우리가 흔히 생각하는 것보다 더 복잡하다는 뜻이다.

프리드와 또 다른 연구자 랜돌프 네시Randolph Nesse는 슬픈 기분, 불면증, 집중력 저하, 자살에 관한 생각 등과 같은 우울증 증상들을, 그 자체로 별개의 현상일 뿐만 아니라 근본적인 생물학에서부터 그것들이 제기하는 위험에 이르기까지, 매우 유효한 방식으로 서로 다른 현상임을 드러내는 '수많은 논문'을 인용한다. 그러나 우울증의 심각성 정도를 추정하기 위해 별개의 '증상들'을 합산 점수로 묶는 것은, 항우울 치료법을 발견하거나 정식화하거나 혹은 한층 더 효과적인 대안을 찾기 위해 우울증의 생체지표를 파악하려는 노력을 포함해 연구 자체를 방해한다.[14]

과학은 19세기까지 줄곧 '자연 철학'이라는 이름으로 불렸다. 오늘날 우리 과학자들은 자기들을 철학자와 구분한다. 그러나 우리는 각자 전공하는 과학 분야가 무엇이든 간에, 적어도 철학적 관심의 중요한 한 영역인 인식론에 지적인 빚을 지고 있음을 깨달아야 한다. 인식론이라는 철학 갈래는 지식과 믿음의 본성에 집중하며, 어떤 현상을 관찰한 내용을 토대로 자기가 내리는 결론의 타당성을 당연하게 받아들여서는 안 된다고 우리에게 경고한다. 예를 들어 우울증 연구에서 우리는 현상을 어느 정도 정확하게 묘사하고 측정하는가, 또 우울증이라 불리는 것의 증상을 식별하고 설명하기 위해 사용하는 언어를 어느 정도 가늠하고 있는가? 우울증이 내포하고 있는 복잡성을 염두에 두고서, 우리는 우리가 하는 연구를 떠받치는 인식론적 쟁점들을 해결하는 일을 충분할 만큼 열심히 하지 않고 있다고 결론을 내려야 한다. 우리는 지금 이런저런 가설들을 눈에 보이는 현상에 혹은 우리가 사용하는 언어에 적당히 끼워 맞추고 있는 게 아닐까?

프리드와 동료들이 우울증 연구를 비판적으로 검토하면서 제기한 질문이 바로 이것이다. 또 많은 과학적인 연구 결과를 복제하고 재현할 때, 실패율이 그토록 높은 것도 이 질문에 대답하지 못하는 것과 관련이 있다. 대중매체는 재현성 위기[+]를 학계의 윤리 위기로 바라보며 일종의 사기 행위라고 떠든다. 불행하게도 연구자들이 실험을 조작하는 사례는 지금도 계속되고 있지만, 기존 실험 결과를 재현하는 데 실패하는 근본 원인은 연구자들이 무엇을 측정해야 하고 또 그것을 어떻게 측정해야 할지 규정하는 데 실패하기 때문이라고 프리드와 동료들은 지적했다. 온전하게 이해할 수 없으며 모호하기 짝이 없게 규

[+] 2장 63쪽을 참조하라.

정된 주관적인 용어들에 휘둘려 길을 잃지 않고 현상에 최대한 가깝게 접근하는 것이 인식론상의 목표다. 이것은 일반적으로 중요한 전제 조건이지만, 다른 어떤 문제보다 기온, 날씨, 장소, 기분이나 정서 그리고 행복감의 여러 측면 사이에 존재하는 관계를 규정하는 가설을 설정하는 과정에서 중요하다.

## 수용에서 적응으로

체온 조절이 신체 전체에 총괄적으로 작동하는 원시적이고 근원적인 체계들에 의존한다는 것, 시상하부와 같은 한층 고차원의 신경 체계들에 의해 연속적으로 조정된다는 것 그리고 대뇌피질의 가장 높은 수준들까지 올라간다는 것을 우리는 알고 있다. 체온 조절은 또한 개별 인간의 신체나 뇌를 넘어 다른 사람, 사회관계망, 사회 전체 그리고 기술에 의해 만들어진 환경을 포함하는 문명 그 자체로까지 확장된다. 그러므로 우리가 사는 세상은 단순한 관계에 불과하다는 주장에 기초한 가설에서 알 수 있는 것보다 훨씬 더 복잡하다는 사실, 다른 무엇보다도 일관되게 적용되는 이 발견과 맞닥뜨린다고 하더라도 그다지 놀라운 일은 아니다.

우리가 사회적으로 얽혀 있는 세상이 무척이나 복잡하다는 사실 그리고 한 개인의 행동을 놓고서 문화를 추론하는 것이 결코 쉬운 일이 아니라는 점을 다시 한번 생각해보자. 과학자들은 때로 복잡성의 여러 특성을 요약하곤 한다. 네덜란드의 심리학자 폴 반 랭Paul van Lange이 동료들과 함께 2017년에 발표한 논문에서도 이런 현상이 나타났다. 이 논문은 '전 세계의 공격성과 폭력'을 기억하기 쉬운 두문자어 '클래시CLASH'⁺로 축약할 수 있는 모델, 즉 기후CLimate, 공격성Aggression 그리고 인간의 자제력Self-control in Humans이라는 개념으로 설명하려 시도했다. 이들이 세운 가설은, 세계는 공격성과 폭력을 묘사하는 어떤 그림을 보여주는데 이 그림이 '근본적인 차이들'을 드러낸다는 것이다.[15]

관심 있는 사람이라면 한층 더 큰 공격성의 원인과 관련된 다양한 가설들을 즐겁게 접할 수 있는데, 그렇게 꼽히는 원인들 가운데 하나가 기후다. 반 랭과 동료들이 발표한 논문에 대한 논평들로 입증되었듯이, 이것은 반드시 좋은 설명이라고는 할 수 없다. 그러나 일단 그 가설을 가지고 한번 살펴보자. 한층 더 따뜻한 기후에 사는 사람들은 상대적으로 더 많은 상호 작용을 한다는 주장이 줄곧 제기되어 왔다. 이른바 일상 활동 이론routine-activity theory이다. 그러나 이것을 대신하는 이론들도 있을 수 있다. 예를 들어 한층 더 따뜻한 기후가 폭력에 미치는 효과를 입증하는 다양한 실험과 연구가 진행되었다.[16]

이런 연구들이 제시하는 전형적인 설명은 따뜻한 기후 지역에 사는 사람일수록 자제력을 잃고 폭주하기 쉽다는 것이다. 예

⁺ 사전적 의미로 '충돌'이라는 뜻이다.

컨대 'CLASH' 논문을 뒷받침하는 이야기는 이렇다. 연구자들은 순전히 이런 효과들만을 토대로 한 개인의 행동을 문화로까지 확장하는 것이 정당하다고 느끼고, 따라서 따뜻한 기후 조건 아래 사는 사람들은 자제력이 낮아 한층 더 공격적이라는 가설을 세우는 단계까지 나아간다. 기온이 낮고 기후의 계절적 편차가 크면 (적도에서 상대적으로 멀리 떨어진 지역이 이런 조건에 해당된다) 개인뿐만 아니라 집단까지도 현재보다는 미래에 초점을 맞추게 된다는 게 이들의 추론 내용이다. (우리가 앞에서 '슬로 라이프'의 비유로 들었던 워런 버핏의 장기투자 관점을 상기하기 바란다.) 그러므로 그들은 적도에서 멀리 떨어진 지역에 사는 사람일수록 자제력을 강하다는 가설을 제안한다.

나는 이 가설을 처음 접했을 때 미심쩍었다. 그 무렵에 나는 동료들과 함께 '인간적인 펭귄 프로젝트'를 진행하고 있었고, 반 랭과 동료들은 자기들이 세운 가설을 조사하려면 자료 기반 방법론들이 필요하다고 제안했다. 그때 '인간적인 펭귄 프로젝트'를 위해 기계학습이라는 방법론을 막 선택했던 터라서 우리는 완벽한 검사 프레임을 마련할 수 있었다. 게다가 우리의 데이터세트는 그들이 예측한 것을 한층 더 쉽게 찾아낼 수 있었다. 우리의 데이터세트에서 그들이 세운 가설의 효과는 증폭될 수밖에 없었다. '측정점들data points'이 서로 멀리 떨어져 있었기 때문이다. 우리의 데이터세트가 확보한 국가들 가운데 적도 가까이 있는 국가는 딱 하나뿐이었다. 이것은 기후 효과가 얼마든지 과장될 수 있으며 또 결과적으로 반 랭의 가설을 지지하는 쪽으로 무게중심이 기울 것이라는 뜻이었다. 우리는 '인간적인 펭귄 프로젝트'를 활용해 CLASH 프로젝트를 분석하면서, 적도에서 떨어진 12개국으로부터 위도와 인간의 자제력 그리고 그 밖의 많은 사회적 예측변수를 수집했으며 설문 조사 참가자 1507명이 제출한 자료를 분석했다.[17]

이렇게 해서 우리는 적도와의 거리와 인간의 자제력 사이에는 매우 약한 상관관계가 존재한다는 것을 발견했다. 그러나 이처럼 방대한 데이터세트를 사용하면 의미 있는 효과를 발견하게 되는데, 대개 이런 일은 앞서 5장에서 살펴본 '과적합 overfitting'이라고 불리는 오류 때문에 나타난다. 그 효과들은 실제적인 게 아니다. 적도와의 거리와 다른 변수들을 비교하는 것이 한층 더 의미 있다. 인간의 자제력 수준을 결정하는 데 적도와의 거리가 도대체 왜 중요하단 말인가? 그것은 정말이지 전혀 중요하지 않다.

나는 인간 발달과 관련해 한층 더 복잡한 이야기를 옹호한다. 재레드 다이아몬드의 책 『총, 균, 쇠 *Guns, Germs, and Steel*』가 들려주는 이야기처럼 말이다.[18] CLASH 모델은 우리가 이 장의 앞부분에서 다루었던 많은 요인을 무시한다. 구체적으로 말하면 개인의 인간적 행동과 지역 및 국가 전체 인구의 행동을 침해하는 광범위한 수준의 영향력과 효과와 변수들을 무시한다. 특히 우리는 인간 자제력의 또 다른 중요한 예측변수인 사람들이 자기가 가진 애착에 대해 불안해하는지 아닌지를 알 수 있었다. 다른 말로 하면 기후와 달리 사회적 환경은 자제력을 예측했으며, 따라서 공격성까지도 잠재적으로 예측했다. 인간의 문화와 심리는 개인의 단순한 총합이 아니며, 따라서 단 하나의 모델로 지나치게 일반화하거나 단순화해 설명할 수 없다.

아울러 혹독한 기후는 사람들이 그것이 요구하는 것에 효과적으로 대응하지 못할 때만 불행과 연관성을 가질 수 있다고 앞에서 언급했던 내용도 상기하기 바란다. 내가 『총, 균, 쇠』를 좋아하는 이유는 이 책이 부富는 단순히 역사적인 우연한 사건들을 통해 축적되곤 한다는 사실을 포함해 매우 복잡한 역사적 발전들을 지적하기 때문이다. 유럽과 아시아 사람들이 정보를 교환하는 일은 '한층 더 단순했다'. 왜냐하면 동쪽에서 서쪽으로 여행하는 것은 아메리카 대륙의 북쪽에서 남쪽으로 여행하기보다 훨씬 더 쉬웠기 때문이다. 유럽의 군대는 세균을 아메리카 대륙으로 옮겼고, 이 세균은 유럽 군대를 막아서는 반대 세력을 거의 쓸어버리다시피 했다. 그리고 유럽 사람들은 길들이기 쉬운 동물들을 가까이할 가능성이 상대적으로 더 높았고, 따라서 훨씬 더 많은 식량을 확보할 수 있었다. 우리 인간이 자제력을 발휘해 스스로를 얼마나 잘 통제하는지를 제대로 이해하려면 기후를 살필 때 사회관계망의 다양성, 부, 기후와 관련된 문제를 개인적으로 극복하는 방법 그리고 마지막으로 행운 등을 함께 묶어서 바라보아야 한다.

연구 대상에 내포된 복잡성 때문에 과학적 탐구 노력이 기가 꺾이는 일은 없어야 한다. 이 장의 앞부분에서 나는 주변 온도와 인간의 개성 사이 연관성을 다룬 웬키 웨이의 연구를 언급했다. 이 연구에서 설정한 야심 찬 가설이라는 한층 더 폭넓은 맥락에서 이 연구를 다시 한번 살펴보자. 연구자들은 지리적 위치가 지역적으로 특징적인 개성을 만들어낸다고 주장하는 대신에, 인간은 자기에게 주어진 환경에 적응하며 인간이 가진 이 적응력은 고정불변일 것 같은 개성에까지 영향을 미친다는 가설을 제시한다. 웨이와 동료들은 모든 인간이 주변 환경을 지속적으로 경험하며 또 여기에 반응하기 때문에 온도가 "개인의 습관적 행동 패턴들과 관련이 있는 결정적인 환경 요인"이라고 보는 게 당연하다고 생각했다. 그렇다면 온도는 우리가 인간 개성의 가장 기본적인 측면들이라고 알고 있는 것에도 당연히 영향을 준다는 말이다.

이 연구자들이 대규모 중국인 표본과 심지어 그보다 규모가 더 큰 미국인 표본에서 자료를 수집했음을 기억해야 한다. 연구자들은 개성을 환경에 대한 개인의 반응에 영향을 주는 특성들의 (서로 영향을 주고받는) 총합이라고 정의하면서, 이른바 '빅 파이브'의 개성적 특성을 알파와 베타라는 두 요인 범주로 나누어 알파에는 친화성, 성실성, 정서적 안정성 그리고 베타에는 외향성과 경험에 대한 개방성이 꼽힌다고 주장한다. 또 알파 특성들은 사회성 및 안정성과 관련이 있고, 베타 특성들은 개인적인 성장과 유연성과 관련이 있다고 설명한다.

이 연구자들은 인간은 열적 쾌적성⁺을 존재론적으로 필요로

⁺ 3장 102쪽을 참조하라.

한다고 추론하면서, 온화한 기온은 당장의 쉼터를 넘어 더 좋은 다른 쉼터를 찾아 나서기에 좋은 조건이라고 주장했다. 그 결과 범위가 훨씬 더 큰 사회적 상호 작용과 경험이 생성될 수 있었다는 말이다. 이와 대조적으로 가혹한 기온이라는 환경 조건은 어떤 쪽으로든 간에 꼭 필요한 경우가 아니면 사람들을 모험을 감행하도록 내몰지 않는다. 그 결과 매우 덥거나 추운 곳에 사는 사람들은 사회 활동이나 새로운 활동을 상대적으로 덜 한다는 것이다. 이렇게 해서 연구자들은 상대적으로 온화한 지역에 사는 사람들이 성인이 되면 알파 사회화 요인과 베타 개인 성장 요인 점수가 높으리라 추정했다.

이 연구자들은 지역 기온과 개인적 특성 사이의 연관성을 지지하는 대규모 비교문화 데이터세트를 이용해, 지역적으로 사람들의 개성이 다른 이유를 생활 방식 이론subsistence style theory, 선택적 이주 이론selective migration theory, 전염병 발병 이론pathogen prevalence theory 등과 같은 기존 이론들이 온전하게 설명할 수 없었던 방식으로 설명할 수 있었다. 이 연구자들은 현재 지구에서 진행되는 기후변화라는 맥락에서 미래를 내다보면서, 충분히 예측할 수 있는 미래에는 기온과 관련이 있는 의미 있는 변화가 사람들의 개성에서 나타나리라 예측했다.

웨이와 동료들이 그 연구에 동원한 표본의 폭과 깊이에 나는 설득당했다. 그러나 연구자들이 덜 온화한 기후 환경에 있는 사람들에 대해 내린 결론 역시 표본만큼이나 설득력이 높았다. 이들은 고독한 혈거인[⁺]이 살았던 수동적인 운명에 매여 있지 않았다. 그 연구가 발견한 내용은 사회적 체온 조절에 대해 나와 동료들이 알고 있던 것과 일치했다.

앞에서도 확인했듯이 추운 환경에 사는 사람들은 실내 화초처럼 무기력하게 시들어버리지 않는다. 그들은 뇌의 고차원 인지 구조와 연결된 사회적 체온 조절 체계로 구동되고, 또 유전적 진화에 뿌리를 둔 문화적 진화에 영향을 받아 다양한 사회관계망을 만들어내는 가운데 '사회적 온기'를 찾아 나선다. 심지어 음울한 기후 조건에서 살아가는 네덜란드 사람들조차도 '네이티브'나 '브뤌리 데 알프'와 같은 카페가 제공하는 아늑함을 찾아 나선다. 이와 비슷한 공간은 대부분의 문화권에서 환영받는다. 사람들은 자기가 원해서 태어난 곳이 아니라 어쩌다 태어나서 살게 된 온도 환경에 굴복하기보다는, 허들링을 하는 펭귄의 관계망보다 훨씬 더 효과적으로 관계망을 가지고 문화적·사회적·기술적 환경을 만들어나간다.

온화한 기후 조건에서 사는 사람들은 상대적으로 외출이 잦아 노천 시장이나 만남의 장소에서 서로 만나며 고대 그리스 광장처럼 햇볕이 내리쬐는 곳을 찾는다는 가설은 사회적 체온 조절 가설과 모순되지 않는다. 온화한 기후에서든 가혹한 기후에서든 간에 모두 사람들은 사회를 찾는다. 날씨가 좋으면 사람들은 쉽게 한 데 어울린다. 아늑하고 따뜻한 해변에서 파티가 벌어진다! 그러나 소중하고도 위태로운 체온 항상성을 위협할

+ 선사시대에 동굴 생활을 하던 사람들.

정도로 날씨가 한층 혹독한 곳에서도 사람들은 (어쩌면 한층 더 절박하고 강렬한 욕구를 가지고) 서로를 찾아 나선다. 어떤 환경에서든 간에 사람들은 서로를 찾으며 사회를 이루는 것으로 진화한다.

장소와 기후를 초월하는 더 중요한 공통점은 모든 지역의 사람들에게서 발견된다. 설령 온화한 기후나 그렇지 않은 기후가 제각기 다른 개성 발달에 영향을 미친다고 하더라도, 그 어떤 조건도 사람들이 일률적으로 이렇게 혹은 저렇게 행동하도록 '만들지는' 못한다. 오히려 사람들이 처한 조건은 그들이 자기가 처한 특정한 환경에 적응할 수 있도록 하거나 혹은 그렇게 하도록 동기를 부여한다. 기온이 인간에게 미치는 영향은 온도가 빵을 만들 밀가루 반죽에 미치는 영향과 다르다. 밀가루 반죽은 따뜻한 환경에서 부푼다. 밀가루 반죽은 다른 어떤 선택도 할 수 없다. 그러나 인간은 자기가 처한 환경에 대해 제각기 다른 수준으로 역동적 적응을 한다. 우리가 선택하고 수행하는 이 적응의 성공과 실패는 개개인의 상대적인 건강 정도에 대해 많은 것을 이야기해준다.

후기

# 체온은 어떻게 인간을 바꾸었나

"과학은 인간이 지금까지 관여했던 수많은 시도 가운데
다른 어떤 것과도 비교될 수 없을 정도로 가장 성공한 시도다."
–피터 메더워, 『과학의 한계』

르네 데카르트는 과학 혁명의 열쇠였다. 그는 프랑스에서 태어났지만, 생산력이 가장 왕성하던 시기 20년간 네덜란드공화국✢에서 살았다. 나는 이 사람을 찬양할 생각도 비난할 생각도 없었지만, 심신이원론이라는 그의 영향력 있는 이론을 신랄하게 반박하는 내용을 담은 책을 썼다. 이 이론은 우리 인간의 몸과 마음은 가깝긴 하지만 서로 분리되어 있다는 내용을 골자로 한다. 마치 '배'를 조종하는 '조타수'가 배를 타고 있긴 하지만 배 일부분이 아닌 것처럼, 인간의 몸과 마음이 서로 분리되어 있다는 주장이다.

✢ 네덜란드 독립 전쟁 후에 북부 7개 주가 독립을 선언해 1648년에 베스트팔렌 조약으로 국제적 승인을 받은 공화국으로, 1795년에 프랑스군 침입으로 붕괴했다.

무엇 때문에 나는 데카르트의 이 이론을 반박하고 나섰을까? 글쎄, 일반적인 체온 조절과 특별한 사회적 체온 조절을 주제로 연구 활동을 하면서 내가 배운 모든 것이 그렇게 하라고 등을 떠밀었다. 무엇보다도 몸과 마음을 분리하는 것은 우리 인간이 다른 동물과 전혀 다르다는 점을 전제한다. 슬프게도 우리는 다른 동물들과 전혀 다르지 않다.

모든 사람이 이 말에 동의하는 것은 아니다. 조지 레이코프와 마크 존슨의 개념적 은유 이론은, 추상적인 개념은 애초에 우리가 그것을 구체적인 경험과 함께 공경험했기 때문에 구체적인 경험 속에서 재현된다고 주장한다. 아기는 보호자의 품에 안겨 애정이라는 상징적인 개념과 물리적 온기를 공경험한다. 이때 아기는 물리적 온기의 경험을 통해 애정이라는 상징적인 개념을 배운다. 레이코프와 존슨의 이 주장은 체화된 인지의 한 가지 사례임이 분명하다. 체화된 인지는 상징적이며, 따라서 인지적 개념으로 신체 경험을 통해 이해된다. 두 사람이 생각하기에 체화된 인지라는 개념은 데카르트의 심신이원론이라는 왕권에 수정을 가하는 일이다.

그러나 사실은 전혀 그렇지 않다. 체화된 인지 개념과 그것과 물리적으로 상관성이 있는 동시에 경험하는 동안에 결과로 나타나는 은유는 정신의 처음이자 마지막 산물이다. 조타수는 여전히 배를 조종하고 있다. 적어도 당신이 원한다면 말이다. 그렇다고 이것이 사회적 체온 조절은 정신이 발전함에 따라 저절로 습득되는 것임을 뜻하지는 않는다. 설령 사회적 체온 조절 능력 습득이 유아기에 이루어진다고 가정하더라도, 행동생태학과 생리학 그리고 발달심리학 분야에서 발견된 것들을 놓고 따져보면, 사회적 체온 조절을 후천적으로 습득한 어떤 메커니즘으로 바라보아야 한다는 주장을 지지하는 이론은 찾아보기 힘들다. 그보다는 체온 조절 메커니즘은 사람들이 선천적으로 타고나는 것이다.

게다가 이 메커니즘은 다른 항온성 내온동물들도 가지고 있다. 펭귄은 남극에 집을 마련해 사회적인 동물로 살아간다. 이들은 어떤 개념적 은유에 따른 것이 아니라 (펭귄이 은유를 알기나 할까?) 생존하기에 충분할 정도로 따뜻한 체온을 유지하는 방편으로 사회적 행동들을 쌓아나간다. 펭귄이 대규모 허들링을 조직하도록 이끄는 신경학적이고 생리학적인 개별 메커니즘들이 펭귄의 복잡한 사회적 행동을 낳는다. 그것이 사회적 체온 조절이며, 개념적 은유는 전혀 요구되지 않는다.

펭귄은 은유를 만들지 못하지만, 사람은 할 수 있다. 그러나 펭귄이나 인간 모두 체온 조절에 그토록 중요하게 작용하는 사회적 행동을 위해 개념적 은유에 의존하지 않는다. 레이코프와 존슨은 우리가 생각하는 펭귄의 특성을 인정하지 않는다. 우리 인간이 은유를 만들 수 있다고 해서 (그런 은유들 가운데 몇몇은 매우 멋지다) 우리가 하는 세상의 모든 경험이 우리가 만드는 은유에 의해 조정된다는 뜻은 아니다. 사회적 체온 조절을 포함한 몇몇 경험들은 개념적 은유 없이도 가능하다. 은유를 만들어내는 능력 덕분에 인간은 다른 동물들과 뚜렷하게 구분되지만, 체온 조절이라는 목숨이 걸린 긴급한 필요성의 압박을 받는다는 점에서는 다른 동물과 다르지 않다.

## 현대적 인간관계 치료법

텔레비전 시트콤 드라마 〈빅뱅이론〉에 등장하는 인물 셸던 쿠퍼 이야기로 돌아가보자. 1장에서 셸던이 우리에게 해준 말은, 슬픔이나 실망에 젖어 있는 사람에게 뜨거운 음료를 한 잔 건네주면 그가 활력을 되찾는다는 것만이 아니다. 아닌 게 아니라 셸던은 뜨거운 음료가 담긴 컵을 건네는 그 행위를 '비선택적 사회 관습nonoptional social convention'이라고 표현한다. 비록 셸던이 허구의 인물이고 실제 과학자가 아니라고 하더라도, 그가 말하는 비선택적 사회 관습은 우리를 데카르트의 심신이원론에서 꺼내줄 뿐만 아니라 뇌와 신체와 사회 사이의 어떤 연속체 속으로 데려간다.

체온 조절에 대한 탐구는 인간으로 산다는 것이 의미하는 바에 대한 심오한 통찰을 낳음으로써 분리된 정신과 신체를 다시 합쳐놓는다. 반면에 사회적 체온 조절 연구는 정신과 신체의 결합을 개인 차원을 훌쩍 넘는 수준까지 확장한다. 펭귄이 허들링을 하고 인간이 다양한 사회관계망을 엮을 때, 놀라울 정도로 전혀 다른 이 두 가지 행동의 진화적 뿌리와 원동력은 펭귄과 인간 두 종에서 동일하다. 지금까지 드러난 증거는, 동물 집단

뿐만 아니라 인간 사회에서 개인과 개인 사이 관계를 형성하고 유지할 때 체온 조절이 수행하는 역할이 무엇인지 일러준다. 사람은 펭귄이다. 그러나 사람은 펭귄과 다르게 문화를 가지고 있다. (이 사실은 특히 우리에게 기온이 사회적 행동을 추동하는 유일한 힘이 아님을 일러준다. 다시 한번 말하지만, 낮은 기온이 사람의 사교성을 한층 더 높여준다는 가설이 아무리 유혹적이더라도 이런 역추론은 하지 말아야 한다.)

나는 우리 심리학자들이 얼마나 엉터리였는지 주저하지 않고 지적했다. 내가 '일련의 증거'라고 말하는 증거를 모든 연구 논문이 지지하지는 않는다. 나 역시 지금까지 여러 차례 틀렸다. 나는 잘못되었음을 인정할 때 오류가 있는 예측을 바로잡을 기회가 생기고 몰랐던 사실을 새롭게 배울 기회가 주어진다는 점을 위안으로 삼았다. 관계를 형성하는 데 사회적 체온 조절이 수행하는 역할에 대한 증거는 넘쳐난다. 나는 연구 과정에서 새롭게 발견한 사실을 적용할 때 나타날 수 있는 망설임을 얼마든지 극복할 수 있다는 자신감을 가지고 있다. 언젠가 나와 동료들은 사회적 체온 조절에 관한 통찰을 활용해 '사회적 체온 조절 치료social thermoregulation therapy'라고 부르는 현대적인 인간관계 치료법을 내놓을 수 있으리라 기대한다. 이 치료법은 센서 및 액추에이터actuator✣ 기술을 통합해, 기존 치료법들을 체온 조절을 이용해 친밀한 인간관계를 개선하는 데 도움을

✣ 동력을 이용해 기계를 동작시키는 구동 장치.

줄 '정서 초점 치료emotionally focused therapy'[+]로 한 단계 발전시킬 것이다.

이 분야에 기울이는 노력에 뒤따를 보상 규모는 크다. 좋은 인간관계는 행복뿐만 아니라 신체적·정신적 건강의 가장 강력한 지표임을 많은 연구 결과가 입증한다. 성공적인 인간관계는 늘어나는 수명, 향상된 창의성, 높아진 자존감 등을 포함해 삶의 기회를 크게 개선해줄 것이다. 지금까지 인간관계의 질이 삶의 기회에 미치는 영향에 관한 연구는 부부싸움을 적게 하는 것이나, 건강이 더 나아지는 것 그리고 인간관계에서 한층 더 많은 만족감을 누리는 것 등 이른바 '보다 높은 수준의 결과들higher-level results'에 초점이 맞추어졌다.

나와 동료들은 여기에서 벗어나 '보다 더 낮은 수준의 체온 조절 쟁점들'에 초점을 맞추었다. 체온을 제대로 조절하지 못해 발생하는 건강상의 문제들, 사회에서 체온 조절이 수행하는 역할, 사회적 온기가 물리적 온기에 의존하는 특성 그리고 보다 더 낮은 수준의 역학인 공동 조절 등이 그 대상이다. 공동 조절은 개인의 행동이나 행동 방식이 지속적으로 바뀌는 배우자의 행동이나 행동 방식에 의해 수정되는 것을 말한다. 사회적 체온 조절 치료와 관련해 나와 동료들은 체온 조절이 부부라는 가까운 관계에서 과연 생리적 차원의 공동 조절에 결정적으로 중요

[+] 정서가 문제 해결의 핵심 요소라고 보고, 환자 정서의 적응적 기능을 살려 문제 해결을 돕는 치료법.

한 역할을 할까 하는 질문을 던졌다. 우리는 이 질문에 대한 대답이 '그렇다'라고 확신한다. 이 질문은 그다음 질문을 자동으로 유도한다. "부부 사이에 생리적인 차원의 공동 조절 행위를 개선하기 위한 치료법들이 과연 개발될 수 있을까?"

현재 우리는 우리가 진행하는 연구에서 부부가 말초부 체온과 심부 체온을 통해 서로를 공동 조절할 수 있는지 조사하고 있다. 또 '사회적 체온 조절 치료'로 기존 치료법들을 대체해 사람들이 사회적인 삶에 활력을 불어넣고 이를 한층 강화하는 데 도움을 줄 수 있을지 조사할 만반의 준비를 마친 상태다.

존 고트먼John Gottman과 로버트 레벤슨Robert Levenson은 1992년에 발표한 연구에서, 성공적인 인간관계를 위해서는 공동 조절 행위가 필요함을 입증했다. 두 사람은 부부 사이에 긍정적인 교류가 이루어질 때 이혼 가능성이 작아지고 전반적인 건강이 개선된다는 사실을 발견했다. 몇 년 후에 에밀리 버틀러Emily Butler와 애슐리 랜들Ashley Randall은 배우자의 인지와 행동, 심지어 생리적 상태까지도 부부 사이에서 이루어지는 상호 작용의 영향을 받는다고 추론했다. 이것을 가능하게 해주는 실제 메커니즘은 여전히 명쾌하게 밝혀지지 않은 채로 남아 있다. 우리는 이미 타조 집단에서 무리 가운데 몇몇이 고개를 번쩍 쳐들고 포식자를 경계할 때, 다른 타조들이 고개를 숙이고 음식을 먹는 데 더 많은 시간을 소비할 수 있음을 확인했다.

항온동물은 허들링을 하거나 혹은 단순히 무리 생활을 함으로써 체온 조절에 필요한 신진대사 부담을 분산한다. 인간 집단에서도 이 신진대사 부담을 분산하는 행동이 다양한 관계망 발전과 기술 혁신을 낳았다. 이렇게 생각해보자. 만일 배우자가 화가 났다면 당신은 지적으로 까다로운 문제나 복잡한 문제를 놓고 배우자와 토론함으로써 화가 풀리도록 도울 수 있다. 슬픔에 젖어 있다면 안아줄 수도 있다. 나와 동료들은 체온 변화가 인간관계에서 여러 감정을 불러일으키는 본질적인 요소가 아닐까 생각한다. 그 과정은 어떤 식으로 작동할까? 그 메커니즘은 도대체 무엇일까? 이런 점들에 대해 우리는 아직 확신을 가지고 있지 않다.

'정서 초점 치료'는 부부가 상대방과의 상호 작용 속에서 공동 조절 패턴들을 최적화하도록 도움을 준다. 때로 부부 가운데 한쪽이 화를 낼 때, 상대방은 두 사람을 모두 불안하게 만드는 방식으로 반응하기도 한다. '정서 초점 치료'는 사태를 악화시키는 그런 행동 패턴들을 파악해 고쳐나가도록 돕는다. 부부의 말초부 체온과 심부 체온이 어떻게 바뀌는지 평가함으로써 비로소 파괴적인 행동과 표현 패턴을 떠받치는 상호 작용을 이해할 수 있다. 사람들이 인간관계 속에서 특정한 방식으로 행동하는 이유 가운데 상당 부분은 체온 조절에 초점을 맞춤으로써 연구할 수 있다. 이 연구가 성과를 거둘 때, 주변 온도를 조정해 인간관계 속에 존재하는 사회적 예측 가능성에 대한 개인의 인식을 향상시키는 방식으로 '사회적 체온 조절 치료'를 활용해 '정서 초점 치료'를 보완할 수 있다.

전자 건강[‡]의 발달로 특정한 관계에서 작동하는 공동 조절의 체온 조절 역학을 살피고 평가하는 수단으로 사용되는 디지털 웨어러블 기기들이 등장하고 있다. 예를 들면 온도 센서가 달린 팔찌가 있다. 부부 사이 사회적 체온 조절 치료가 효과가 있는지 알아보려면, 서로 관계가 좋다고 생각하는 부부와 나쁘다고 생각하는 부부에게(혹은 관계가 나쁘다고 여기고 치료를 받는 부부에게서) 나타나는 여러 가지 체온 조절 패턴을 연구할 필요가 있다. 만일 체온을 이용해 부부 사이 관계가 좋은 경우와 나쁜 경우를 구분할 수 있다면, 반대로 체온을 이용해 부부 사이 관계를 개선할 수도 있다. 피부 온도를 조작하는 디지털 장비와 이런저런 센서들을 연결하는 '스마트' 알고리즘을 사용한다면, 부부 사이 감응 체온을 조정해 관계를 개선할 수 있지 않을까?

종합하자면, 체온을 이용해 관계를 개선하는 것이 부부의 행동을 건강하고 유익한 방향으로 바꾸어놓을 수 있다. 비록 그 변화 폭이 작다고 하더라도 말이다. 가장 이상적인 것은 이런 체온 조작은 부부가 느끼는 두 사람 사이 안정감과 예측 가능성을 높여준다는 점이다. 그것은 부부가 '월가의 늑대' 조던 벨포트의 단기 투자 방식이 아니라 워런 버핏의 장기 투자 방식으로 인간관계를 바라보고 또 행동하도록 이끌어줄 것이다.

현재 센서나 액추에이터를 이용해 '사회적 체온 조절 치료'를 '정서 초점 치료'에 응용하는 수준은 초기 연구 단계에 불과하지만 엄청난 잠재력을 보여준다. (체온을 조절하는 방식의 치료가

+ 인터넷이나 정보 시스템과 결합된 의료 방식.

학대적인 관계를 높은 수준의 긍정적인 관계로 바꾸지는 못한다는 점에 유의해야 한다.) 이 원고를 쓰는 현재 시점에 우리는 이미 매사추세츠공과대학MIT 학생들로 구성된 열 건강 기술회사 엠브랩스Embr Labs가 상업용으로 만든 열 건강 장치인 엠브웨이브팔찌Embr Wave Bracelet를 사용하고 있다. 사용자는 신체의 특정 부위 피부 체온을 전자적인 방식으로 올리거나 내려 기분을 좋게 하고 한층 평온한 느낌에 사로잡힐 수 있다. 엠브웨이브팔찌는 사물인터넷IoT에 웨어러블 기기를 통합해 가정과 기업에서 체온 조절 혁명을 일으키며 꾸준히 성장하고 있다.

여기에서 잠깐 숨을 고르며, 그것이 무엇을 의미하는지 상상해보자. 우리들 대부분에게 현대 디지털 시대는 온갖 장치들을 통해 서로 광범위하게 연결된 세상이다. 그러나 스스로 단절되어 있다고 느끼는 사람들이 점점 늘어나고 있다. 몇몇 설문 조사에 따르면, 미국에서 외로움을 느낀다는 응답자 비율은 11퍼센트에서 26퍼센트로 늘어났다. 45세 이상 연령층에서는 이 비율이 훨씬 더 높아 40퍼센트 가까이 된다. 그러나 만일 내가 이 책에서 소개한 내용이 10퍼센트만이라도 정확하다면, 사회적 체온 조절 웨어러블 장치들이 널리 사용되면서 이 장치들을 통해 음성 메시지나 동영상 이미지 외에 약간의 온기를 전송할 수 있을 것이다. 그 결과 현재의 의사소통 기술들이 아우르는 영역은 한층 더 확장될 것이다. 물론 이런 원격 체온 조작 기술이 언제 적절하고 또 언제 적절하지 않은지 기준을 정할 필요는 있다. 무료 영상 통화 장치를 이용해 온기를 주고받을 때 장기적인 관계나 단기적인 관계에서 모두 사용자에게 도움이 될 것이다. 그러나 낯선 면접관을 상대로 온라인 취업 면접을 볼 때는 효과가 떨어질 수도 있다.

'사회적 체온 조절 치료'와 '정서 초점 치료'의 연결이라는 미래에 대한 나의 낙관론이 생뚱맞아 보일 수 있다. 어쨌거나 나는 심리학의 현재 상태에 대해 내가 느끼는 의구심을 꾸준하게 표명해왔다. 그렇지만 우리가 가진 심리학적 통찰을 지금보다 훨씬 더 현실적이고 실용적으로 만들고자 하는 발걸음들이 분명 존재한다. 2011년 이후에 대두된 재현성 위기는 우리가 발견한 것들 가운데 많은 부분이 충분히 정확하지도 충분히 일반적이지도 않음을 드러냈다. 그러나 우리가 몇 번이고 반복해서 발견하는 몇 가지 보편적인 패턴들이 분명 존재한다는 사실을 우리는 잘 알고 있다. 나는 이것을, 우리가 보편적인 현상을 파악하는 능력을 가지고 있지만 아직은 심리학을 한층 높은 수준의 정확성으로 실험실 바깥에, 즉 '실제 세상'에 적용할 능력을 확보하지 못했다는 뜻으로 받아들인다.

이렇게 될 수밖에 없었던 이유는, 인간은 너무도 복잡한 존재이기 때문이다. 사회적 체온 조절의 일반 원리들은 진실이고 또 실제적이지만, 어떤 상황에서 누구에게 어떻게 측정 센서들을 붙이고 액추에이터들을 조작할 것인지는 더 많은 연구가 진행되어야 알 수 있는 문제들이다. 앞으로 5년 혹은 10년 안에는 이런 일들이 능숙하게 진행되리라고 나는 확신한다. 만일 그때 가서 내가 이 책의 개정판을 낸다면, 사회적 체온 조절의 여러 원리에 입각한 치료법들이 어떻게 작동하는지 그리고 얼마나 효과적으로 작동하는지 자세하게 쓸 수 있을 것이다.

내가 이처럼 낙관하는 데는 이유가 있다. 우선 심리학자들은 실험 결과 재현과 데이터 공유에 대한 여러 기준을 마련함으로써 심리학을 한층 더 신뢰할 수 있는 학문으로 발전시키는 데 앞장서왔다. 이것이 가능하게 만든 가장 큰 추동력은 버지니아 대학 심리학자 브라이언 노섹Brian Nosek이 이끄는 열린과학센터Center for Open Science였다.

나는 2007년에 심리학액셀러레이터Psychological Science Accelerator라는 단체에 가입했는데, 이 단체는 60여 개국에 있는 500개가 넘는 연구소를 하나로 묶어 인간 연구의 새로운 기준을 마련한다. 만일 적절한 기관들로부터 예산을 지원받을 수 있다면 이 단체는 스위스 제네바에 있는 유럽입자물리연구소CERN나 영국 바이오뱅크UK Biobank[+]와 같은 위상을 갖추고서, 심리학자들이 전 세계 다양한 인간 표본을 대규모로 연구할 수 있을 것이다. 예를 들어 심리학액셀러레이터의 첫 번째 연구에서는 표본이 1만 명이 넘었다. 그러므로 나는 심리학이 물리학에서 볼 수 있는 것과 동일한 수준의 정확성을 확보하리라고, 그리하여 연구자들이 공동의 보편적이며 중립적인 언어로 데이터와 자료를 보고하리라고 낙관한다. 이런 역량을 갖추지 못한

[+] 자국민 50만 명의 인체 자원과 정보를 확보하고 암과 희귀 질환 극복을 위한 최첨단 유전자를 발굴하는 연구를 수행하는 기관.

다면 심리학은 현실 세상에 적용될 수 없고, 또 의미 있는 학문으로 평가받지도 못할 것이다.

이런 전망으로 나는 가슴이 벅차다. 이 전망은 재현성 위기를 상당한 수준으로 해결하는 것뿐만 아니라 심리학에 전례 없는 수준의 엄정함과 정확성 그리고 상호 이해를 안겨주는 것까지 약속한다. 그야말로 혁명이 일어날 것이며, 사회적 체온 조절과 관련된 통찰을 활용하는 데 도움이 될 혁신적인 사회적 기술(예컨대 '사회적 체온 조절 치료' 관련 센서나 액추에이터)을 사용하게 될 것이다. 디지털 기술은 이런 통찰을 가속화할 뿐만 아니라 사람들이 상호 작용을 하는 방식에도 영향을 줄 것이다. 앞으로 10년 뒤에 그 모든 새로운 통찰로 무장해 우리가 살아가는 사회적인 세상에 대해 다시 독자와 이야기를 나누고 싶다.

## 기후변화에 대처하는 힘

우리 심리학자들이 자기가 가진 통찰을 현실에 적용하는 솜씨는 점점 좋아지고 있다. 사회적 체온 조절 관련 연구들을 분석하는 우리의 모습을 보면 이 사실을 알 수 있다. 이것은 심리학을 위해서도 매우 좋은 일이다. 왜냐하면 우리는 지금보다 훨씬 더 나아져야 하며, 또 최대한 빨리 그렇게 되어야 하기 때문이다. 갈수록 우리를 둘러싼 환경이 긴박하게 돌아가고 있다.

비록 우리 인간이 동물이라는 점을 인정한다고 하더라도, 인간이 맺는 일대일 관계는 다른 동물 종들과는 다르게 관계망 형성으로 또 사회와 문화와 기술로 매끄럽게 이어진다. 그 결과 인간의 가장 친밀한 척도는 전체 지구로 확장된다. 지구 전체에 퍼져 살아가는 동물 종인 우리 인간은 어느새 지구 전체 차원에서 진행되는 문제이자 우리가 스스로 만들어낸 문제이기도 한 기후변화의 한가운데 서 있게 되었다.

희망적인 사실을 말하자면, 인간은 놀랍기 짝이 없는 온갖 방식으로 기후에 적응한다. 지구는 우리가 사는 집이고, 우리는 이 집의 구석구석 모든 방에서 살 수 있음을 입증해 보였다. 기술이 일으킨 온갖 문제들을 기술이 해결할 수 있다고 나는 믿는다. 그러나 한계가 있기 마련이다. 늘 그렇듯이 아무런 문제가 없을 수는 없다. 만일 우리가 사는 집의 어떤 방에 불이 나면 끌 방법을 찾아야 한다. 그것도 직접적이고 즉각적으로 말이다. 만일 화마의 열기를 참을 수 없어 방을 떠나야 한다면, 불이 번져 집 전체가 소각될지도 모를 가능성에 대비해야 한다.

진화에는 기나긴 시간이 걸리는 데 비해 기후변화에 걸리는 시간은 그야말로 순식간이다. 유전적 진화는 우리에게 문화적 진화를 수행할 힘을 주었고, 아울러 기후변화를 가속하는 환경을 만들어낸 주범인 과학과 기술을 개발할 힘도 주었다. 기후변화는 우리가 사는 물리적 세상에 일으키는 여러 문제를 뛰어넘어 우리가 서로를 대하는 방식에도 영향을 미칠 수 있다. 이 책에서 소개한 연구들이 이런 예측의 근거이고 증거다.

다행스럽게도 기후변화라는 위기를 불러일으키는 데 중심

역할을 한 과학과 기술은 우리 인간의 적응 능력을 크게 높일 수 있다. 과학과 기술은 기후변화가 몰고 올 최악의 결과를 완화하는 조치를 마련할 뿐만 아니라, 우리가 적어도 금방 바꿀 수 없는 것에 적응하는 능력을 키워줄 수 있다. 우리는 이제 기후변화에 맞춰 변화할 수 있는 사회적으로 합리적인 관점, 즉 우리의 혁명적인 적응 능력을 증폭하고 드높이게 해주는 관점을 구축하기 위해 의식적이고 신중하게 행동해야 한다.

나는 이 책이 광대한 야망과 과학 탐구의 까다로운 한계에 대한 새로운 통찰을 제공함으로써 우리 인간의 적응 능력을 조금이나마 높이길 기대한다. 오만한 사람은 적응할 수 없다. 적응에는 겸손함이 필요하다. 또 규제와 체온 조절 그리고 사회적 체온 조절이 개인적인 삶, 가까운 사람들과 관계를 맺고 이어가는 삶 그리고 개인이 집단을 이룬 사회의 총체적인 삶에서 수행하는 강력하고도 중심적이며 고르게 영향을 미치는 역할들이 이 책을 통해 많은 사람에게 제대로 소개되길 바란다.

사회적 체온 조절은 생존에 필수적이며, 번영을 구가하는 데도 필수적이다. 이것은 우리에게 우리를 유기체로 또 인간으로 드러내는 하나의 개념이고, 하나의 현상이며, 하나의 메커니즘이다. 사회적 체온 조절은 개인들이 우리의 진정한 모습이자 최종적인 모습을 그대로 드러내 보이는 렌즈이기도 하다. 서로가 서로에게 필요한 존재로서 우리 모습, 또 이런 필요성을 이웃과 국가 그리고 사회와 문명으로 전환해왔던 주체로서의 우리 모습을 말이다.

# 감사의 말

혼자서 배우는 사람은 어디에도 없다. 내게 영향을 준 사람들 가운데 많은 사람의 이름을 빠뜨릴지도 모르지만 (아무래도 그렇게 될 것 같다) 몇 사람의 이름은 밝히고 싶다.

내가 사회심리학 분야에서 직업을 찾는 데 결정적 영향을 준 사람은 빌코 반 다이크다. 암스테르담자유대학에서 석사 과정을 밟을 때 내 지도교수였던 그는 지금도 여전히 많은 사람이 학계에 몸을 담겠다고 결심하도록 이끌고 있다. 일리노이대학 어버너-샘페인 캠퍼스에서 연구 작업을 할 때 나는 도브 코헨의 권고에 따라 심리학자의 전통적인 영역에서 벗어나 인지와 행동에서 신체가 수행하는 역할에 빠져들었다. 도브는 내가 만난 연구자들 가운데 가장 창의적인 인물이며, 오랜 세월 동안 내게 큰 영감을 주었다.

위트레흐트대학에서 박사 과정을 밟을 때 토머스 슈베르트는 내게 많은 도움을 주었다. 그가 있었기에 내가 조금이나마 더 나은 학자가 될 수 있었다. 과학자로 성장한다는 것은 동의와 합의에 이르는 경우만큼이나 많은 논쟁을 해야 한다는 뜻이다. 나는 『삶으로서의 은유』라는 영향력 있는 책의 공저자들인 조지 레이코프와 마크 존슨과 근본적으로 다르다. 그러나 이 두 사람이 쓴 바로 그 도발적인 책이 생각이라는 과정에서 신체가 하는 역할에 대해 한층 더 깊이 생각하고, 다른 많은 저자의 책을 만나보도록 나를 이끌었다. 저명한 심신mind-body 철학자 맥신 시츠-존스턴의 책을 재미있게 읽었고, 행동심리학자 린다 캐포랠에게서 진화에 대해 많은 것을 배웠으며, 인류학자 앨런 피스크가 이끈 온라인관계모델연구소Online Relational Models Lab에서 자극과 격려를 받았다. 이런 경험이 계기가 되어 나는 유럽사회적인지네트워크European Social Cognition Network라는 학술 단체의 일원이 되었다. 내게 늘 안전한 피난처인 이곳에서 나는 연구 결과를 발표하고 다른 사람들에게 많은 것을 배웠다.

연구자로서 내 경력이 결정된 결정적인 순간은 2014년에 버지니아대학에서 짐 코안을 만나는 사건이었다. 그전에 나는 사회적 체온 조절을 인지 관점에서(즉 "우리는 다른 사람들에 대한 '생각'을 어떻게 형성하는가?"라는 식으로) 바라보았다. 짐은 사회적 체온 조절을 행동생태학의 관점에서 바라보도록 나를 이끌었다. 행동생태학 관점에서는 사람들의 마음속에 있는 개념들만 바라보는 것은 물론, 이것보다 훨씬 더 중요하게 사람들이 자기에게 필요한 신진대사 수요를 외부에서 조달하는 것에 대해서도 생각해야 한다. 행동생태학 관점에서 바라보자 세상이 한층 더 이해하기 쉬워지기 시작했다. 비록 그 속도가 느리긴 했지만 말이다.

버지니아대학에 있을 때 브라이언 노섹 교수는 내게 열린과학센터에 일주일에 하루 출근하는 일자리를 제안했다. 이것은 내 경력에서 두 번째로 결정적인 사건이었다. 과학은 혁명이 필요했고, 브라이언과 그의 팀은 그 혁명을 막 시작하고 있었다. 나는 브라이언이 심리학 분야에서 (그리고 내게) 보여주었던 그 엄청난 끈기를 영원히 잊지 못할 것이다. 그는 심리학과 연구자 모두 스스로 개선되길 희망하고 기대했으며, 이런 철학을 가지고 오랜 세월 동안 부지런하게 연구 작업에 몰두하고 있다.

변변찮은 연구자 시절이던 2015년에 나는 네덜란드 바세나르에서 펠로우십 과정을 거치는 동안에 해리 라이스, 줄리앤 홀트-룬스타드, 짐 코안 그리고 스파이크 리와 함께 어울렸는데, 이때의 추억은 내게 보석처럼 남아 있다. 여기에다 한 명을 보태야 하는데, 바로 시기 린덴버그다. 시기는 내가 사회적 체온 조절에 관해 연구하는 지난 5년 동안 든든한 멘토이자 친구로서 내 곁을 지켜줬다. 그는 이 책이 완성되기까지 상당한 역할을 했으며, 내게 끊이지 않는 온기의 원천이기도 하다.

펠로우십을 마친 후 나는 여러 사람으로부터 대화나 공동 작업 형태로 많은 도움을 받았다. 연구 파트너로 매티 톱스와 이반 로포비크에게 특별히 고마움을 전하고 싶다. 이들은 각기 다른 관점을 가진 자기들의 시각을 내게 공유했다.

내게 안전한 과학의 보금자리를 마련해준 그르노블알프대학에도 감사한다. 이곳에서 나는 앞으로 여러 해에 걸쳐 과학적 연구를 수행하며 사회적 체온 조절에 대해 더 깊이 연구할 예정이다. 이 과학의 보금자리는 도미니크 뮬러와 내가 지금껏 함께 협력하고 있는 사람들(무순으로 나열하면 리슨 네이루드, 올리비

에르 두욜스, 엘리사 사다, 패트릭 포셔, 알레산드로 스파라치오, 릭 클라인, 아데예미 아데툴라)이 만든 것이다. 나는 이 모든 사람이 보여준 노력, 통찰력, 끈기 그리고 조언에 감사한다. 나는 그르노블 알프대학이 마치 내 집처럼 편안해서 좋다. 그르노블 지역은 여름이면 특히 네덜란드에서 온 덩치 큰 동물인 내게는 무척이나 덥지만 말이다. 그러나 내가 관심을 집중하고 있는 사회적 체온 조절이라는 주제는 인간이 지구상의 거의 모든 기후에 요령껏 적응하는 능력을 다루지 않는가. 나는 더위를 기꺼이 참아내며 적응할 것이다.

나와 이 작업을 끝까지 함께하면서 길을 안내하고 새로운 통찰을 주었으며, 내가 이미 알고 있다고 생각했던 개념들을 훨씬 깊이 이해하도록 설명해준 앨런 액설로드에게도 고마운 마음을 전한다. 그리고 노턴출판사의 편집자로 이 책에 담긴 개념들을 어떻게 소개할지 조언을 아끼지 않았으며, 나 자신을 끊임없이 돌아보게끔 했던 꾸인 도에게도 감사하다.

오랜 세월 동안 지지해준 친구들도 고맙다. 이름을 일일이 말하지 않겠지만 모두에게 고마운 마음을 전한다. 가장 좋은 시절과 가장 나쁜 시절을 내내 함께했던 부모님과 형제도 고맙다. 무엇보다도 내 온기의 가장 큰 원천인 아내 다니엘라가 없었더라면 이 책은 세상의 빛을 보지 못했을 것이다.

사람들이 인간관계를 맺을 수밖에 없다고 느끼는 가장 큰 동력이 사회적 체온 조절임을 나는 진화론에서 배웠다. 그리고 인생에서 인간관계보다 더 중요한 게 뭐가 있겠는가?

# 주

## 해제. 성냥팔이 소녀를 위하여

1 H. C. Andersen Centret, THE LITTLE MATCH GIRL, 2021년 8월 24일 접속, https://andersen.sdu.dk/vaerk/hersholt/TheLittleMatchGirl_e.html.

## 1장. 마음의 온도, 관계의 온도

1 사실 인체에서 온기 자극에 반응하는 수용기와 열기 자극에 각각 반응하는 수용기 사이에는 근본적인 차이가 있다. 온도 수용기thermoreceptor는 낮은 온도 수용기low-threshold와 높은 온도 수용기high-threshold로 나뉜다. 낮은 온도 수용기는 섭씨 15도에서 45도 사이의 상대적으로 편안한 온도에서 활성화되고, 높은 온도 수용기는 그 범위를 벗어나는 영역대에서 활성화된다. 온기는 흔히 편안함과 연관이 되지만 열기는 해로운 자극과 연관이 된다. 손을 델 정도가 아니라면, 흔히 뜨거운 음료는 전반적으로 온기의 바람직한 느낌을 가져다준다. 뜨겁다는 스트레스가 아니라 편안한 느낌을 준다는 말이다.

2 Solomon E. Asch, "Forming Impressions of Personality," *Journal of Abnormal and Social Psychology* 41, no. 3 (1946): 258.

3 Lawrence E. Williams and John A. Bargh, "Experiencing Physical Warmth Promotes Interpersonal Warmth," *Science* 322, no. 5901 (2008): 606-607.

4 Arthur Aron, Elaine N. Aron, and Danny Smollan, "Inclusion of Other in the Self Scale and the Structure of Interpersonal Closeness," *Journal of Personality and Social Psychology* 63, no. 4 (1992): 596.

5 Hans IJzerman and Gun R. Semin, "The Thermometer of Social Relations:

Mapping Social Proximity on Temperature," *Psychological Science* 20, no. 10 (2009): 1214-20.

6 이 글은 『우주와 아인슈타인 박사The Universe and Dr. Einstein』라는 책에 나오는 링컨 바넷Lincoln Barnett의 에세이에서 따왔다.

7 Kipling D. Williams and Blair Jarvis, "Cyberball: A Program for Use in Research on Interpersonal Ostracism and Acceptance," *Behavior Research Methods* 38, no. 1 (2006): 174-80.

8 Chen-Bo Zhong and Geoffrey J. Leonardelli, "Cold and Lonely: Does Social Exclusion Literally Feel Cold?," *Psychological Science* 19, no. 9 (2008): 838-42.

9 A. Szymkow et al., "Warmer Hearts, Warmer Rooms: How Positive Communal Traits Increase Estimates of Ambient Temperature," *Social Psychology* 44, no. 2 (2013): 167-76. 이 심리학자들은 이 연구 직후 자기들의 작업을 한층 더 확실하게 정리해야겠다고 마음먹었다. 그리고 버지니아대학의 찰리 에버솔Charlie Ebersole이 이끈 매니랩스3Many Labs 3라 불리는 대규모 '재현' 노력에 참여하게 되었다. 나는 그 효과가 과연 얼마나 신뢰할 수 있는지 결론을 내리지 못하고 있지만, 찰리와 그의 팀은 그 효과를 재현할 수 없었던 것 같다. 우리는 그들이 했던 실험 자료를 살펴본 뒤, 그 효과를 재현하려 했던 그들의 실험에서는 실내 온도가 애초의 실험 조건보다 훨씬 더 높았다는 사실을 발견했다. 독자가 이 책에서 접하게 될 모든 내용을 놓고 본다면, 뜨거운 조건에서 점화 효과가 나타날 가능성은 없다. 우리가 그 실험을 재검토하면서 그 효과를 재현하긴 했지만, 이 재현 성공은 '오로지' 낮은 온도 조건에서만 가능했다. 그러나 우리의 재분석에 대해 두 가지 사항을 지적할 수 있다. 첫째, (과학에서 정확성을 기하려면 꼭 필요한 것임에도 불구하고) 우리는 우리가 한 분석 작업의 모든 것을, 나중에 이 실험을 재현하려고 나설 사람들에게 선험적으로 명시하지 않았다. 둘째, 기존 연구와 동일한 표본 크기는 사실상 이 상호 작용을 포착하기에는 너무 작다. (바로 이것이 우리가 재분석 과정에서 사용했던 기법들이 완전히 적절했다고 할 수 없는 이유다. 공식적으로 말하자면 말이다.)

10 George Lakoff and Mark Johnson, *Philosophy in the Flesh* (New York: Basic

Books, 1999), vol. 4.

11 Hans IJzerman et al., "Cold-Blooded Loneliness: Social Exclusion Leads to Lower Skin Temperatures," *Acta Psychologica* 140, no. 3 (2012): 283-88.

12 K. Uvnäs-Moberg et al., "The Antinociceptive Effect of Non-noxious Sensory Stimulation Is Mediated Partly through Oxytocinergic Mechanisms," *Acta Physiologica Scandinavica* 149, no. 2 (1993): 199-204.

13 Yoshiyuki Kasahara et al., "Impaired Thermoregulatory Ability of Oxytocin-Deficient Mice during Cold- Exposure," *Bioscience, Biotechnology, and Biochemistry* 71, no. 12 (2007): 3122-26.

14 Molly J. Crockett, "The Neurochemistry of Fairness: Clarifying the Link between Serotonin and Prosocial Behavior," *Annals of the New York Academy of Sciences* 1167, no. 1 (2009): 76-86.

15 M. W. Hale et al., "Evidence for In Vivo Thermosensitivity of Serotonergic Neurons in the Rat Dorsal Raphe Nucleus and Raphe Pallidus Nucleus Implicated in Thermoregulatory Cooling," *Experimental Neurology* 227, no. 2 (2011): 264-78.

16 E. Satinoff, "Neural Organization and Evolution of Thermal Regulation in Mammals," *Science* 201, no. 4350 (1978): 16-22.

17 Helen Shen, "The Hard Science of Oxytocin," *Nature* 522, no. 7557 (2015): 410.

18 William Glaberson, "After the Arguments: Jogger Jury Weighs a Jumble of Details," Reporter's Notebook, *New York Times*, August 10, 1990.

19 Christine Gockel, Peter M. Kolb, and Lioba Werth, "Murder or Not? Cold Temperature Makes Criminals Appear to Be Cold-Blooded and Warm Temperature to Be Hot-Headed," *PloS One* 9, no. 4 (2014): e96231.

20 J. Steinmetz and T. Mussweiler, "Breaking the Ice: How Physical Warmth Shapes Social Comparison Consequences," *Journal of Experimental Social Psychology* 47, no. 5 (2011): 1025-28.

21 John Bowlby, *Attachment and Loss* (London: Hogarth Press and the Institute of Psycho-Analysis, 1969); Mary D. Ainsworth, "Patterns of Attachment Behavior

Shown by the Infant in Interaction with His Mother," *Merrill-Palmer Quarterly of Behavior and Development* 10, no. 1 (1964): 51-58.

22 Hans IJzerman et al., "Caring for Sharing: How Attachment Styles Modulate Communal Cues of Physical Warmth," *Social Psychology* 44, no. 2: 160-66.

23 Mary D. Ainsworth, "Infant-Mother Attachment," *American Psychologist* 34, no. 10 (1979): 932.

24 K. Bystrova et al., "Skin-to-Skin Contact May Reduce Negative Consequences of 'the Stress of Being Born': A Study on Temperature in Newborn Infants, Subjected to Different Ward Routines in St. Petersburg," *Acta Paediatrica* 92, no. 3 (2003): 320-26.

25 Jean M. Mandler, "How to Build a Baby: II. Conceptual Primitives," *Psychological Review* 99, no. 4 (1992): 587.

26 Daniel Roche, *Le peuple de Paris: Essai sur la culture populaire au XVIIIe siècle* (Paris: Fayard, 2014).

27 Great Britain Parliament, House of Commons, *Reports from Committees: 1857-58*, vol. 9: "Irremovable Poor; County Rates (Ireland); Destitution (Gweedore and Cloughaneely)."

## 2장. 인체라는 기계

1 René Descartes, *Les passions de l'ame* (Paris: Flammarion, 2017).

2 이 비유는 데카르트의 『제일철학에 관한 성찰*Meditations on First Philosophy*』 제6성찰 열세 번째 단락에 나온다. 현대의 독자는 '조타수pilot'라는 단어 사용에 혼란을 느낄 수 있다. 1641년에 출간된 라틴어 원전에서 데카르트는 '선원'을 뜻하는 'nauta'라는 단어를 사용했는데, 프랑스어로 처음 번역된 데카르트의 『성찰*Meditations*』에서는 (이 책은 루인 공작Duke of Luynes의 지휘 감독을 받아 1647년에 출간되었다) 'pilot'라는 단어가 "un pilote en son navire"라는 표현 속에서 사용되었다. 그런데 대부분의 영어 번역은 'pilot'을 사용한다. 1901년에 출간된 존 베이치John Veitch 버전에서도 "a pilot in a vessel"이라고 썼다. 17세기에 프랑스어 단어 'pilote'와 영어 단어 'pilot'는 동일하게 배의 항로를 지시하는 사람인 '조타수'를 뜻했다. 이 단어는 라틴어 'nauta'

에 비해 한층 구체적인 의미를 담고 있다. 그 단어는 데카르트가 감독한 최초의 프랑스어 번역본에서 사용되었는데, 아마도 이 감독자에 대한 존경심 때문에 그 뒤에 이어진 여러 영어 번역본에서 'pilote'가 일반적으로 사용되었던 것 같다. 이 세 개의 번역에 대해 검증하고 싶다면 다음을 참조하라. David B. Manley and Charles S. Taylor, *Descartes' Meditations-Trilingual Edition* (Dayton, Ohio: Wright State University, 1996), https://corescholar.libraries.wright.edu/cgi/viewcontent.cgi?article=1008&context=philosophy.

3 A. M. Turing, "On Computable Numbers, with an Application to the *Entscheidungsproblem*," *Proceedings of the London Mathematical Society* s2-42, no. 1 (1937): 230-65. 다음 웹페이지에서 볼 수 있다. https://academic.oup.com/plms/article-abstract/s2-42/1/230/1491926; https://www.cs.virginia.edu/~robins/Turing_Paper_1936.pdf.

4 A. M. Turing, "Computing Machinery and Intelligence," *Mind* 50, no. 236 (1950).

5 Mukul Bhalla and Dennis R. Proffitt, "Visual-Motor Recalibration in Geographical Slant Perception," *Journal of Experimental Psychology: Human Perception and Performance* 25, no. 4 (1999): 1076.

6 Jeanine K. Stefanucci and Dennis R. Proffitt, "The Roles of Altitude and Fear in the Perception of Height," *Journal of Experimental Psychology: Human Perception and Performance* 35, no. 2 (2009): 424.

7 Lera Boroditsky and Michael Ramscar, "The Roles of Body and Mind in Abstract Thought," *Psychological Science* 13, no. 2 (2002): 185-89.

8 『마태복음』 27장 24절.

9 『맥베스』, V, i.

10 Chen-Bo Zhong and Katie Liljenquist, "Washing Away Your Sins: Threatened Morality and Physical Cleansing," *Science* 313, no. 5792 (2006): 1451-52.

11 Jennifer V. Fayard et al., "Is Cleanliness Next to Godliness? Dispelling Old Wives' Tales: Failure to Replicate Zhong and Liljenquist (2006)," *Journal of Articles in Support of the Null Hypothesis* 6, no. 2 (2009); B. D. Earp et al., "Out, Damned Spot: Can the 'Macbeth Effect' Be Replicated?," *Basic and*

*Applied Social Psychology* 36, no. 1 (2014): 91-98.

12 Peter Brian Medawar, *The Limits of Science* (Oxford: Oxford University Press, 1984), 51.

13 Edward L. Thorndike, *Educational Psychology*, vol. 2, *The Psychology of Learning* (1913).

14 John B. Watson, "Psychology as the Behaviorist Views It," *Psychological Review* 20, no. 2 (1913): 158.

15 B. F. Skinner, *Verbal Behavior* (New Jersey: Prentice-Hall, 1957).

16 Kenneth J. W. Craik, *The Nature of Explanation* (Cambridge: Cambridge University Press, 1943).

17 Jay W. Forrester, "Counterintuitive Behavior of Social Systems," *Technological Forecasting and Social Change* 3 (1971): 1-22.

18 그러나 심지어 기능성 자기공명영상장치조차도 우리에게 결정적인 정답을 주지 않는다. 기능성 자기공명영상장치를 동원한 여러 연구의 실험참가자 수는 지나치게 적었고, 그 결과 지금까지 기능성 자기공명영상장치에 기반한 많은 연구가 우리에게 많은 사실을 알려줄 정도로 충분히 구체적이지 않았다. 대규모 표본을 사용한 연구들이 한층 더 유용한 정보를 보장하는 것은 당연하다.

19 John R. Searle, "Minds, Brains, and Programs," *Behavioral and Brain Sciences* 3, no. 3 (1980): 417-24.

20 Stevan Harnad, "The Symbol Grounding Problem," *Physica D: Nonlinear Phenomena* 42, no. 1-3 (1990): 335-46.

21 William James, "What Is an Emotion?" *Mind* 16 (1884): 188-205.

22 Robert B. Zajonc and Hazel Markus, "Affect and Cognition: The Hard Interface," in *Emotions, Cognition, and Behavior*, ed. Carroll E. Izard, Jerome Kagan, and Robert B. Zajonc (1984), 73-102.

23 한 가지 특정한 패러다임이, 미소가 한층 더 큰 행복이나 기쁨으로 이어진다는 발상을 결정적으로 지지하는 것으로 인정받아왔다. 독일 심리학자 프리츠 스트랙Fritz Strack은 '입으로 볼펜 물기' 실험에서+ 실험참가자들에게 치아로 볼펜을 물게 해 그들의 '미소 짓는 근육'이 미소와 아무런 상관이

없이 활성화되도록 했다. 다른 한 집단에게는 미소 짓는 근육이 활성화되지 않도록 입술을 뾰족하게 내밀어서 볼펜을 물게 했다. 그런 다음에 두 집단에 개리 라슨Gary Larson의 만화 『반대편*The Far Side*』을 보여주고, 어느 집단이 더 재미있게 읽었다고 대답하는지 확인했다. 결과는 볼펜을 치아로 문 집단이 더 재미있게 읽은 것으로 나왔다. 그런데 이 실험을 네덜란드 심리학자 에릭-얀 바헨마크르스Eric-Jan Wagenmakers가 최근에 대규모 표본을 놓고 재현했는데, 스트랙이 얻었던 것과 동일한 결과를 얻지 못했다. (심리학자들이 이런 문제들을 놓고 서로 어떻게 논박을 하는지 궁금한 사람은 페이스북에서 이루어지는 관련 토론을 팔로우할 것을 추천한다. 오가는 주장들이 무척 재미있다.) 그럼에도 이른바 '안면 피드백facial feedback'으로 일컬어지는 동일한 발상에 초점을 맞춰 미국 연구자 니컬러스 콜스와 동료들이 수행한 또 다른 메타분석은 안면 피드백이라는 일반적인 개념이 유효함을 확인했다.

24 George Lakoff and Mark Johnson, *Metaphors We Live By* (Chicago: University of Chicago Press, 2008).

25 로버트 번스의 「붉디붉은 장미*A Red, Red Rose*」

오 내 사랑은 붉디붉은 장미 같아라
　유월에 갓 피어났구나.
오 내 사랑은 감미로운 선율 같아라
　매끄러운 곡조를 타고 넘는구나.

그대 어찌나 아름다운지, 내 어여쁜 소녀여,
　마음 깊이 그대를 사랑해.
언제까지고 변함없이 사랑할 거야, 그대를,
　바다의 물이 모두 마를 때까지.

⁜ 프리츠 스트랙은 실험참가자를 두 집단으로 나누어 A 집단에게는 볼펜을 치아로 문 채 만화책을 보게 하고, B 집단에게는 볼펜을 입술로 문 채 만화책을 보게 했다.

바다의 물이 모두 마를 때까지, 그대여,
　바위가 태양에 녹아내릴 때까지,
언제까지고 변함없이 사랑할 거야, 그대를,
　생명의 모래가 흐르는 동안에는.

그럼 안녕, 내 하나뿐인 사랑이여!
　잘 있어요, 잠시 헤어져 있는 동안!
내 다시 돌아오리라, 그대여,
　수만 리 떨어져 있더라도.

### 3장. 동물은 체온 문제를 어떻게 처리할까


1 Aaron Waters, François Blanchette, and Arnold D. Kim, "Modeling Huddling Penguins," *PLoS One* 7, no. 11 (2012): e50277.

2 Caroline Gilbert et al., "Huddling Behavior in Emperor Penguins: Dynamics of Huddling," *Physiology and Behavior* 88, no. 4-5 (2006): 479-88.

3 Yvon Le Maho, Philippe Delclitte, and Joseph Chatonnet, "Thermoregulation in Fasting Emperor Penguins under Natural Conditions," *American Journal of Physiology-Legacy Content* 231, no. 3 (1976): 913-22.

4 S. D. McCole et al., "Energy Expenditure during Bicycling," *Journal of Applied Physiology* 68, no. 2 (1990): 748-53.

5 Bernd Heinrich, *The Hot-Blooded Insects: Strategies and Mechanisms of Thermoregulation* (Springer Science and Business Media, 2013).

6 Wouter D. van Marken Lichtenbelt, Jacob T. Vogel, and Renate A. Wesselingh, "Energetic Consequences of Field Body Temperatures in the Green Iguana," *Ecology* 78, no. 1 (1997): 297-307.

7 Natalie J. Briscoe et al., "Tree-Hugging Koalas Demonstrate a Novel 246 Notes Thermoregulatory Mechanism for Arboreal Mammals," *Biology Letters* 10, no. 6 (2014): 20140235.

8 P. J. Young, "Hibernating Patterns of Free- Ranging Columbian Ground Squirrels," *Oecologia* 83, no. 4 (1990): 504-11.

9 A. Fedyk, "Social Thermoregulation in Apodemus Flavicollis (Melchior, 1834)," *Acta Theriologica* 16, no. 16 (1971): 221-29.

10 Luis A. Ebensperger, "A Review of the Evolutionary Causes of Rodent Group-Living," *Acta Theriologica* 46, no. 2 (2001): 115-44.

11 다음 도표를 단순화했다. "Table 3. Metabolic Savints (%) Due to Huddling in Mammals and Birds," in Caroline Gilbert et al., "One for All and All for One: The Energetic Benefits of Huddling in Endotherms," *Biological Reviews* 85 (2010): 560-61.

12 Julia Lehmann, Bonaventura Majolo, and Richard McFarland, "The Effects of Social Network Position on the Survival of Wild Barbary Macaques, Macaca sylvanus," *Behavioral Ecology* 27, no. 1 (2015): 20-28.

13 Richard McFarland et al., "Thermal Consequences of Increased Pelt Loft Infer an Additional Utilitarian Function for Grooming," *American Journal of Primatology* 78, no. 4 (2016): 456-61.

14 Robin I. M. Dunbar, "Functional Significance of Social Grooming in Primates," *Folia Primatologica* 57, no. 3 (1991): 121-31.

15 Shlomo Yahav and Rochelle Buffenstein, "Huddling Behavior Facilitates Homeothermy in the Naked Mole Rat (Heterocephalus glaber)," *Physiological Zoology* 64, no. 3 (1991): 871-84.

16 Daniel T. Blumstein and Kenneth B. Armitage, "Cooperative Breeding in Marmots," *Oikos* (1999): 369-82.

17 Jeffrey R. Alberts, "Huddling by Rat Pups: Group Behavioral Mechanisms of Temperature Regulation and Energy Conservation," *Journal of Comparative and Physiological Psychology* 92, no. 2 (1978): 231.

### 4장. 사람도 펭귄이다

1 Douglas G. D. Russell, William J. L. Sladen, and David G. Ainley, "Dr. George Murray Levick (1876–1956): Unpublished Notes on the Sexual Habits of the Adélie Penguin," *Polar Record* 48, no. 4 (2012): 387-93.

2 Internet Movie Database, "Encounters at the End of the World (2007),"

IMDb, https://www.imdb.com/title/tt1093824/.

3 Jonathan Miller, "March of the Conservatives: Penguin Film as Political Fodder," *New York Times* (September 13, 2005), https://www.nytimes.com/2005/09/13/science/march-of-the-conservatives-penguin-film-as-political-fodder.html.

4 Esa Hohtola, "Shivering Thermogenesis in Birds and Mammals," paper presented at the 12th International Hibernation Symposium, "Life in the Cold: Evolution, Mechanisms, Adaptation, and Application," Institute of Arctic Biology, 2004.

5 John Ruben, "The Evolution of Endothermy in Mammals and Birds: From Physiology to Fossils," *Annual Review of Physiology* 57, no. 1 (1995): 69-95.

6 James D. Hardy and Eugene F. DuBois, "Regulation of Heat Loss from the Human Body," *Proceedings of the National Academy of Sciences of the United States of America* 23, no. 12 (1937): 624.

7 네덜란드의 과학자들인 보리스 킹마Boris Kingma와 바우테 반 마켄 리히텐벨트Wouter van Marken Lichtenbelt의 저작을 다룬 2015년 8월 3일자 《뉴욕타임스》 기사는, 건물은 대부분 남자의 (그리고 특정 체구를 가진 어떤 사람의) 신진대사율을 토대로 한다고 주장했다. 두 연구자는 그 공식의 결정적인 변수, 즉 체중이 약 70킬로그램인 40세 남자가 쉬고 있을 때의 신진대사율을 근거로 삼았다. 하디와 뒤부아가 공동 논문을 발표했던 1937년에나 포블 올레 팡게르Povl Ole Fanger가 1971년 자료를 토대로 '쾌적성 분석comfort analysis' 등식을 개발한 1982년에 그들은 모두 전형적인 사무직 노동자를 체중 70킬로그램의 40세 남자로 바라보았다. 그러나 이것은 사실과 다르다. 남자보다 체구가 작을 뿐만 아니라 대사율도 느린 여자가 전체 직원 가운데 적어도 절반은 차지한다. 킹마와 동료는 케케묵은 '쾌적성' 모델은 "쉬고 있는 여자의 열 생성률을 35퍼센트나 과대평가할 수 있다"고 믿는다.

8 Christian Cohade, Karen A. Mourtzikos, and Richard L. Wahl, " 'USA-Fat': Prevalence Is Related to Ambient Outdoor Temperature-Evaluation with 18F- FDG PET/CT," *Journal of Nuclear Medicine* 44, no. 8 (2003): 1267-70.

9 Thomas F. Hany et al., "Brown Adipose Tissue: A Factor to Consider in Symmetrical Tracer Uptake in the Neck and Upper Chest Region," *European Journal of Nuclear Medicine and Molecular Imaging* 29, no. 10 (2002): 1393-98.

10 불행하게도 여러 해 동안 갈색지방조직 측정은 방사성 추적자에 의존하는 컴퓨터단층촬영 장치를 사용해왔다. 이 기법은 많은 비용이 들며 실험참가자의 건강을 해칠 수 있어, 기초적인 연구 수단으로 적절하지 않다. 호주의 연구자들은 건강에 덜 해로우며 비용도 한층 적게 드는 여러 방법을 개발했다. 앞으로 우리 연구자들은 갈색지방조직과 인간의 사회적 행동 사이에 어떤 상관성이 존재하는지 그리고 그 상관성의 내용이 무엇인지 많은 것을 알 수 있으리라는 뜻이다.

11 Lane Beckes and James A. Coan, "Social Baseline Theory: The Role of Social Proximity in Emotion and Economy of Action," *Social and Personality Psychology Compass* 5, no. 12 (2011): 976-88.

12 Nicholas A. Christakis and James H. Fowler, *Connected: How Your Friends' Friends' Friends Affect Everything You Feel, Think, and Do* (New York: Little, Brown, 2009), xvi.

13 시상하부가 온도조절장치 기능을 한다는 이론이 설명하는 것보다 체온 조절이 한층 더 복잡하다. 이와 마찬가지로 뇌의 특정한 피질 구조들에 흩어져 있는 온도조절장치의 위치를 특정하려는 여러 시도가 설명하는 것보다 사회적 체온 조절은 한층 더 복잡하다. 예를 들어 UCLA의 연구자들인 트리스틴 이나가키Tristen Inagaki와 나오미 아이젠베르거Naomi Eisenberger의 2013년 논문은 기능성 자기공명영상장치를 동원한 관찰을 통해, 뇌섬엽insular cortex(대뇌섬 피질)에 존재하는 "공통 신경 메커니즘이 (…) 신체적 · 사회적 온기의 토대가 된다"고 결론을 내렸다. 5장에서도 살펴보겠지만 이런 식으로 결론을 내리는 것을 역추론 오류의 사례로 꼽을 수 있다. 러셀 폴드랙Russell Poldrack은 2006년 논문에서 그런 역추론은 연역적으로 타당하지 않다고 결론을 내렸다. (이 역추론을 통해 우리는 뇌의 영역들을 특정한 인지 과정들과 결부시킨다.) 연구자로서 우리는 사회적 체온 조절과 관련이 있는 신경 메커니즘들의 위치를 지나치게 단순화하는 역추론을 통해 결론

을 도출하지 않도록 조심해야 한다. 예를 들어 사회적 온기와 물리적 온기의 토대가 되는 메커니즘들은 단순히 기능성 자기공명영상장치로 뇌섬엽의 활성화 부위를 추적하는 것으로 설명할 수 있는 것보다 한층 더 복잡하다.
14 Claude Bernard, *Leçons sur les phénomènes de la vie commune aux animaux et aux végétaux* (Paris: Bailliere, 1879).
15 W. B. Cannon, *The Wisdom of the Body* (New York: W. W. Norton, 1932), 177-201.
16 Stephen W. Ranson, "Regulation of Body Temperature," *Association for Research in Nervous and Mental Disease* 20 (1939): 342-99.
17 Evelyn Satinoff, "Behavioral Thermoregulation in Response to Local Cooling of the Rat Brain," *American Journal of Physiology-Legacy Content* 206, no. 6 (1964): 1389-94.
18 H. J. Carlisle, "Heat Intake and Hypothalamic Temperature during Behavioral Temperature Regulation," *Journal of Comparative and Physiological Psychology* 61, no. 3 (1966): 388.
19 Evelyn Satinoff and Joel Rutstein, "Behavioral Thermoregulation in Rats with Anterior Hypothalamic Lesions," *Journal of Comparative and Physiological Psychology* 71, no. 1 (1970): 77.
20 Michel Cabanac, "Temperature Regulation," *Annual Review of Physiology* 37, no. 1 (1975): 415-39.
21 J. Hughlings Jackson, "On Some Implications of Dissolution of the Nervous System," *Medical Press and Circular* 2 (1882): 411-33.
22 E. Satinoff, "Neural Organization and Evolution of Thermal Regulation in Mammals," *Science* 201, no. 4350 (1978): 16-22.

## 5장. 어미 쥐는 따뜻하다

1 Paul Ekman, Robert W. Levenson, and Wallace V. Friesen, "Autonomic Nervous System Activity Distinguishes among Emotions," *Science* 221, no. 4616 (1983): 1208-10.

2 Stephanos Ioannou et al., "The Autonomic Signature of Guilt in Children: A Thermal Infrared Imaging Study," *PloS One* 8, no. 11 (2013): e79440.

3 Michael Leon, Patrick G. Croskerry, and Grant K. Smith, "Thermal Control of Mother-Young Contact in Rats," *Physiology and Behavior* 21, no. 5 (1978): 793-811.

4 Leigh F. Bacher, William P. Smotherman, and Steven S. Robertson, "Effects of Warmth on Newborn Rats' Motor Activity and Oral 250 Notes Responsiveness to an Artificial Nipple," *Behavioral Neuroscience* 115, no. 3 (2001): 675.

5 Monica Nuñez-Villegas, Francisco Bozinovic, and Pablo Sabat, "Interplay between Group Size, Huddling Behavior and Basal Metabolism: An Experimental Approach in the Social Degu," *Journal of Experimental Biology* 217, no. 6 (2014): 997-1002.

6 Harry F. Harlow, "The Nature of Love," *American Psychologist* 13, no. 12 (1958): 673.

7 Carl Bergmann, *Über die Verhältnisse der Wärmeökonomie der Thiere zu ihrer Grösse* (1848).

8 Richard McFarland et al., "Social Integration Confers Thermal Benefits in a Gregarious Primate," *Journal of Animal Ecology* 84, no. 3 (2015): 871-78.

9 Tristen K. Inagaki et al., "A Pilot Study Examining Physical and Social Warmth: Higher (Non- febrile) Oral Temperature Is Associated with Greater Feelings of Social Connection," *PloS One* 11, no. 6 (2016): e0156873.

10 Pronobesh Banerjee, Promothesh Chatterjee, and Jayati Sinha, "Is It Light or Dark? Recalling Moral Behavior Changes Perception of Brightness," *Psychological Science* 23, no. 4 (2012): 407-9.

11 Dermot Lynott et al., "Replication of 'Experiencing Physical Warmth Promotes Interpersonal Warmth' by Williams and Bargh (2008)," *Social Psychology* (2014).

12 Colin F. Camerer et al., "Evaluating the Replicability of Social Science Experiments in Nature and Science between 2010 and 2015," *Nature*

*Human Behaviour* 2, no. 9 (2018): 637.

13 Hans IJzerman et al., "The Human Penguin Project: Climate, Social Integration, and Core Body Temperature," *Collabra: Psychology* 4, no. 1 (2018).

14 Tal Yarkoni and Jacob Westfall, "Choosing Prediction over Explanation in Psychology: Lessons from Machine Learning," *Perspectives on Psychological Science* 12, no. 6 (2017): 1100-1122; Hans IJzerman et al., "What Predicts Stroop Performance? A Conditional Random Forest Approach," *SSRN Electronic Journal* (2016); Richard A. Klein et al., "Many Labs 2: Investigating Variation in Replicability across Samples and Settings," *Advances in Methods and Practices in Psychological Science* 1, no. 4 (2018): 443-90.

15 Everett Waters, David Corcoran, and Meltem Anafarta, "Attachment, Other Relationships, and the Theory That All Good Things Go Together," *Human Development* 48, no. 1-2 (2005): 80.

16 Hans IJzerman et al., "Socially Thermoregulated Thinking: How Past Experiences Matter in Thinking about Our Loved Ones," *Journal of Experimental Social Psychology* 79 (2018): 349-55.

17 Brian C. R. Bertram, "Vigilance and Group Size in Ostriches," *Animal Behaviour* 28, no. 1 (1980): 278-86.

18 Tsachi Ein-Dor, Mario Mikulincer, and Phillip R. Shaver, "Effective Reaction to Danger: Attachment Insecurities Predict Behavioral Reactions to an Experimentally Induced Threat above and beyond General Personality Traits," *Social Psychological and Personality Science* 2, no. 5 (2011): 467-73.

19 James A. Coan, Hillary S. Schaefer, and Richard J. Davidson, "Lending a Hand: Social Regulation of the Neural Response to Threat," *Psychological Science* 17, no. 12 (2006): 1032-39.

20 Tsachi Ein-Dor et al., "Sugarcoated Isolation: Evidence That Social Avoidance Is Linked to Higher Basal Glucose Levels and Higher Consumption of Glucose," *Frontiers in Psychology* 6 (2015): 492.

21 Rodrigo Clemente Vergara et al., "Development and Validation of the

Social Thermoregulation and Risk Avoidance Questionnaire (STRAQ- 1)," *International Review of Social Psychology* (in press).
22 V. Vuorenkoski et al., "The Effect of Cry Stimulus on the Temperature of the Lactating Breast of Primipara: A Thermographic Study," *Experientia* 25, no. 12 (1969): 1286-87.
23 Hans IJzerman et al., "A Theory of Social Thermoregulation in Human Primates," *Frontiers in Psychology* 6 (2015): 464.
24 Emily A. Butler and Ashley K. Randall, "Emotional Coregulation in Close Relationships," *Emotion Review* 5, no. 2 (2013): 202-10.

## 6장. 시상하부만이 아니다

1 Joel A. Allen, "The Influence of Physical Conditions in the Genesis of Species," *Radical Review* 1 (1877): 108-40.
2 Brett W. Carter and William G. Schucany, "Brown Adipose Tissue 25 in a Newborn," *Baylor University Medical Center Proceedings* 21, no. 3 (2008).
3 Bogusław Pawłwski, "Why Are Human Newborns So Big and Fat?," *Human Evolution* 13, no. 1 (1998): 65-72.
4 Frank E. Marino, "The Evolutionary Basis of Thermoregulation and Exercise Performance," in *Thermoregulation and Human Performance*, ed. Frank E. Marino (Basel, Switzerland: Karger Publishers, 2008), 53: 1-13.
5 Albert F. Bennett and John A. Ruben, "Endothermy and Activity in Vertebrates," *Science* 206, no. 4419 (1979): 649-54.
6 Dean Falk, "Brain Evolution in Homo: The 'Radiator' Theory," *Behavioral and Brain Sciences* 13, no. 2 (1990): 333-44.
7 Laura Tobias Gruss and Daniel Schmitt, "The Evolution of the Human Pelvis: Changing Adaptations to Bipedalism, Obstetrics and Thermoregulation," *Philosophical Transactions of the Royal Society B: Biological Sciences* 370, no. 1663 (2015): 20140063.
8 Peter E. Wheeler, "The Thermoregulatory Advantages of Hominid Bipedalism in Open Equatorial Environments: The Contribution of

Increased Convective Heat Loss and Cutaneous Evaporative Cooling," *Journal of Human Evolution* 21, no. 2 (1991): 107-15.

9 Steven E. Churchill, "Bioenergetic Perspectives on Neanderthal Thermoregulatory and Activity Budgets," in *Neanderthals Revisited: New Approaches and Perspectives,* ed. Katerina Harvati and Terry Harrison (Dordrecht, Netherlands: Springer, 2006), 113-33.

10 Evelyn Satinoff, "Neural Organization and Evolution of Thermal Regulation in Mammals," *Science* 201, no. 4350 (1978): 16-22.

11 Michael L. Anderson, "Neural Reuse: A Fundamental Organizational Principle of the Brain," *Behavioral and Brain Sciences* 33, no. 4 (2010): 245-66.

12 K. A. Soudijn, G. J. M. Hutschemaekers, and F. J. R. van de Vijver, "Culture Conceptualisations," in *The Investigation of Culture: Current Issues in Cultural Psychology*, ed. F. J. R. van de Vijver and G. J. M. Hutschemaekers (Tilburg, Netherlands: Tilburg UniversityPress, 1990), 19-39.

13 Harry C. Triandis, "Culture and Psychology: A History of the Study of Their Relationships," in *Handbook of Cultural Psychology*, ed. S. Kitayama and D. Cohen (New York: Guilford Press, 2007), 59-76.

14 Caroline Gilbert et al., "Huddling Behavior in Emperor Penguins: Dynamics of Huddling," *Physiology and Behavior* 88, no. 4-5 (2006): 479-88.

15 K. Bystrova et al., "Skin-to-Skin Contact May Reduce Negative Consequences of 'the Stress of Being Born': A Study on Temperature in Newborn Infants, Subjected to Different Ward Routines in St. Petersburg," *Acta Paediatrica* 92, no. 3 (2003): 320-26.

16 Ruth Feldman et al., "Skin-to-Skin Contact (Kangaroo Care) Promotes Self-Regulation in Premature Infants: Sleep-Wake Cyclicity, Arousal Modulation, and Sustained Exploration," *Developmental Psychology* 38, no. 2 (2002): 194.

17 동물의 도구 사용과 관련된 최근 연구의 개요를 알고 싶다면 다음을 참조하라. Crickette M. Sanz, Josep Call, and Christophe Boesch, eds., *Tool Use in Animals: Cognition and Ecology* (Cambridge: Cambridge University Press, 2013).

18 Hans IJzerman and Francesco Foroni, "Not by Thoughts Alone: How Language Supersizes the Cognitive Toolkit," *Behavioral and Brain Sciences* 35, no. 4 (2012): 226.

19 Hans IJzerman and Gun R. Semin, "The Thermometer of Social Relations: Mapping Social Proximity on Temperature," *Psychological Science* 20, no. 10 (2009): 1214-20.

20 Andy Clark, *Supersizing the Mind: Embodiment, Action, and Cognitive Extension* (New York: Oxford University Press, 2008).

21 George Lakoff and Mark Johnson, *Metaphors We Live By* (Chicago: University of Chicago Press, 2008).

22 Zoltán Kövecses, *Metaphor in Culture: Universality and Variation* (Cambridge: Cambridge University Press, 2005).

23 Henrik Liljegren and Naseem Haider, "Facts, Feelings and Temperature Expressions in the Hindukush," in *The Linguistics of Temperature*, ed. Maria Koptjevskaja- Tamm (Amsterdam, Netherlands: John Benjamins, 2015), 440-70.

24 Poppy Siahaan, "Why Is It Not Cool? Temperature Terms in Indonesian," in *The Linguistics of Temperature*, ed. Maria Koptjevskaja-Tamm (Amsterdam, Netherlands: John Benjamins, 2015), 666-99.

25 Maria Koptjevskaja-Tamm, ed., *The Linguistics of Temperature* (Amsterdam, Netherlands: John Benjamins, 2015).

26 Peter J. Richerson and Robert Boyd, *Not by Genes Alone: How Culture Transformed Human Evolution* (Chicago: University of Chicago Press, 2008).

27 Oliver G. Brooke, M. Harris, and Carmencita B. Salvosa, "The Response of Malnourished Babies to Cold," *Journal of Physiology* 233, no. 1 (1973): 75.

28 Cara M. Wall- Scheffler, "Energetics, Locomotion, and Female Reproduction: Implications for Human Evolution," *Annual Review of Anthropology* 41 (2012): 71-85.

### 7장. 집을 팔고 싶다면 추운 날을 선택하라

1 Sue Williams, "Selling a House in Winter: How to Help Buyers Warm Up

to Your Home," *Domain*, June 15, 2017, https://www.domain.com.au/news/homes-styled-and-built-for-warmth-shoot-ahead-in-sydneys-winter-property-market-20170608-gwndx7/.

2 Larissa Dubecki, "Why There's a Hidden Advantage for Selling Your Home in Winter," *Domain*, June 9, 2017, https://www.domain.com.au/news/why-theres-a-hidden-advantage-for-selling-your-home-in-winter-20170609-gwdrkw/.

3 "The Sweet Smell of Success: How Aroma Can Help You Sell Your Home," *Mountain Democrat*, July 19, 2011, https://www.mtdemocrat.com/business-real-estate/the-sweet-smell-of-success-how-aroma-can-help-you-sell-your-home/.

4 Jiewen Hong and Yacheng Sun, "Warm It Up with Love: The Effect of Physical Coldness on Liking of Romance Movies," *Journal of Consumer Research* 39, no. 2 (2011): 293-306.

5 Xinyue Zhou et al., "Heartwarming Memories: Nostalgia Maintains Physiological Comfort," *Emotion* 12, no. 4 (2012): 678.

6 Lora E. Park and Jon K. Maner, "Does Self-Threat Promote Social Connection? The Role of Self-Esteem and Contingencies of Self-Worth," *Journal of Personality and Social Psychology* 96, no. 1 (2009): 203.

7 Bram B. Van Acker et al., "Homelike Thermoregulation: How Physical Coldness Makes an Advertised House a Home," *Journal of Experimental Social Psychology* 67 (2016): 20-27.

8 Hans IJzerman, Janneke A. Janssen, and James A. Coan, "Maintaining Warm, Trusting Relationships with Brands: Increased Temperature Perceptions after Thinking of Communal Brands," *PloS One* 10, no. 4 (2015): e0125194.

9 Jan S. Slater, "Collecting Brand Loyalty: A Comparative Analysis of How Coca-Cola and Hallmark Use Collecting Behavior to Enhance Brand Loyalty," *ACR North American Advances* (2001).

10 Aaron C. Ahuvia, "I Love It!: Towards a Unifying Theory of Love across Diverse Love Objects (Abridged)" (Research Support, School of Business

Administration, Working Paper No. 718, 1993).
11 Terence A. Shimp and Thomas J. Madden, "Consumer-Object Relations: A Conceptual Framework Based Analogously on Sternberg's Triangular Theory of Love," *ACR North American Advances* (1988).
12 Marsha L. Richins, "Measuring Emotions in the Consumption Experience," *Journal of Consumer Research* 24, no. 2 (1997): 127-46.
13 Joseph P. Simmons and Uri Simonsohn, "Power Posing: P-Curving the Evidence," *Psychological Science* (2017).
14 Bikhchandani Sushil and Sharma Sunil, "Herd Behavior in Financial Markets," *IMF Staff Papers* 48 (2001): 279-310.
15 Wayne D. Hoyer and D. J. MacInnis, *Consumer Behavior*, 3rd ed. (Boston: Houghton Mifflin, 2004).
16 '믿을 만한' 논문은 전혀 없지만, 이 주제와 관련된 논문이 있긴 하다. 내가 이 책에서 언급하는 이유도 이 때문이다. 2013년에 사회적 체온 조절과 획일성을 다룬 논문 하나가 등장했다. 슌황Xun Huang과 동료들이 쓴 논문이다. 나는 이 논문에 실린 여러 연구에 강하게 이끌렸는데, 그 가운데 하나는 경마와 기온을 다룬 것이었다. 날씨가 추워지면 사람들은 자기가 좋아하는 말에 더 자주 돈을 건다고 저자들은 말했다. 나는 이 연구를 온도 상승 획일성의 증거로 내 책에 인용하고 싶다는 생각이 들었다. 이것이 내게는 사회적 체온 조절의 두드러진 현상으로 비쳤기 때문이다.

그러나 이와 관련된 원고를 쓰는 동안에 동료 캉탱 앙드레Quentin André에게 트윗을 받았는데, 황의 연구들에서 몇 가지 통계적 오류를 지적하는 내용이었다. 좀 더 구체적으로 말하면, '과립과 관련된 평균의 변동성granularity-related inconstancy of means, GRIM' 오류다. GRIM 검사법은 정말 멋지면서도 단순해 누구나 이 검사법을 이용해 과학적 논문의 정확성을 확인할 수 있다. 과학적 논문에서 연구자들은 자기가 얼마나 많은 사람을 검증했는지(표본 크기) 그리고 자기가 조사한 조건에서의 평균값이 얼마인지 밝힌다. 바로 이 평균값을 놓고 GRIM 검사법을 실행할 수 있다.

각 표본의 크기에 대해 특정한 통계적 평균값은 하나밖에 없다. 예를 들어 당신이 스물여덟 명의 실험참가자를 대상으로 설문 조사를 한다고 가정해

보자. 이 사람들은 당신이 제시하는 설문에 1점부터 7점까지의 점수를 매기고, 당신은 설문 결과를 분석해 논문에서 응답 평균값이 5.19라고 밝힌다. 그러나 이것은 정확하지 않을 수 있다. 모든 참가자는 1점부터 7점까지의 점수를 매기므로 점수 총합은 최저 28점에서 최고 196점이며, 이 구간에서 평균값이 5.19가 나오는 가장 가까운 총합 점수는 145나 146이다. (145를 28로 나누면 5.17857이고 146을 28로 나누면 5.21429이다.) 그러므로 5.19라는 평균값이 나올 가능성은 없다.

캉탱은 황의 연구에서 나온 점수들을 계산한 끝에 여러 개의 GRIM 오류를 발견했다. 그런데 어떻게 해서 이런 오류가 발생했는지 우리는 지금도 모른다. 반올림으로 인한 단순한 오차일 수 있다. 우리는 황이 했던 마지막 연구의 진실성도 검사했다. 그 연구 대상은 내가 좋아하는 실제 현실의 경마 베팅이었는데, 우리는 다른 연구들의 효과 크기 분포를 비교했다. 효과 크기는 어떤 효과가 얼마나 강력한지 말해주는 지표다. 경마 베팅 경우라면 기온이 1도 차이가 날 때 획일성 행동의 변동 폭이 얼마나 될지 따질 수있다.

우리는 이것을 전혀 다른 어떤 것, 예를 들어 남자와 여자의 키 차이와 같은 것과 비교할 수 있다. 만일 우리가 심리학 분야 다른 연구들에서 나온 효과 크기의 분포를 볼 수 있다면, 문제의 그 연구가 얼마나 개연성이 있는지 평가할 수 있다. 경마 베팅 연구 경우에 우리는 결과로 나온 수치가 참일 가능성은 10억 분의 1밖에 되지 않는다는 사실을 발견했다.

Xun Irene Huang et al., "Warmth and Conformity: The Effects of Ambient Temperature on Product Preferences and Financial Decisions," *Journal of Consumer Psychology* 24, no. 2 (2014): 241-50.

**17** Pascal Bruno, Valentyna Melnyk, and Franziska Volckner, "Temperature and Emotions: Effects of Physical Temperature on Responses to Emotional Advertising," *International Journal of Research in Marketing* 34, no. 1 (2017): 302-20.

**18** Antonio Damasio and Hanna Damasio, "Minding the Body," *Daedalus* 135, no. 3 (2006): 15-22.

**19** Jeff D. Rotman, Seung Hwan Mark Lee, and Andrew W. Perkins, "The Warmth of Our Regrets: Managing Regret through Physiological Regulation and Consumption," *Journal of Consumer Psychology* 27, no. 2 (2017): 160-70.

20 Yonat Zwebner, Leonard Lee, and Jacob Goldenberg, "The Temperature Premium: Warm Temperatures Increase Product Valuation," *Journal of Consumer Psychology* 24, no. 2 (2014): 251-59.

21 Peter Kolb, Christine Gockel, and Lioba Werth, "The Effects of Temperature on Service Employees' Customer Orientation: An Experimental Approach," *Ergonomics* 55, no. 6 (2012): 621-35.

### 8장. 우울증에서부터 암까지

1 Kay-U. Hanusch et al., "Whole- Body Hyperthermia for the Treatment of Major Depression: Associations with Thermoregulatory Cooling," *American Journal of Psychiatry* 170, no. 7 (2013): 802-4.

2 Philippa Howden- Chapman et al., "Tackling Cold Housing and Fuel Poverty in New Zealand: A Review of Policies, Research, and Health Impacts," *Energy Policy* 49 (2012): 134-42.

3 Harvey B. Simon, "Hyperthermia," *New England Journal of Medicine* 329, no. 7 (1993): 483-87.

4 Daniel F. Danzl and Robert S. Pozos, "Accidental Hypothermia," *New England Journal of Medicine* 331, no. 26 (1994): 1756-60.

5 Danzl and Pozos, "Accidental Hypothermia."

6 L. G. Pugh, "Accidental Hypothermia in Walkers, Climbers, and Campers: Report to the Medical Commission on Accident Prevention," *British Medical Journal* 1, no. 5480 (1966): 123.

7 Danzl and Pozos, "Accidental Hypothermia."

8 Hans IJzerman et al., "The Human Penguin Project: Climate, Social Integration, and Core Body Temperature," *Collabra: Psychology* 4, no. 1 (2018).

9 Takakazu Oka, Kae Oka, and Tetsuro Hori, "Mechanisms and Mediators of Psychological Stress-Induced Rise in Core Temperature," *Psychosomatic*

*Medicine* 63, no. 3 (2001): 476-86.

10 에린 벡이 한스 이저맨에게 보낸 메일들. 2012년 12월 11일, "사회적으로 배척당할 때 체온이 내려간다는 당신의 글이 《뉴욕타임스》에 게재된 된 걸 보았습니다. 나는 이 주제에 무척 많은 관심을 가지고 있는데, 당신의 주장은 내가 가진 몇 가지 발상과 정확하게 맞아떨어집니다."; 2012년 12월 17일, "나는 사회적 배척에 뒤따르는 냉각 효과에 관심을 가지고 있습니다. 이것은 우울증에 관한 나의 일반적인 관심에서 출발한 것입니다. 배척당한 사람들은 실제 기온보다 더 서늘하게 느끼며, 또 실제로 이 사람들의 체온도 내려간다는 점에 나는 주목합니다. 사회적 배척이라는 경험이, 집단으로 수용받지 못하거나 외면받거나 인기가 없거나 하는 등의 감정에 의해 나타날 수 있는 한층 더 일반화된 인지 편향을 촉발하지 않을까 하는 생각을 나는 가지고 있습니다."

11 A. Wakeling and G. F. M. Russell, "Disturbances in the Regulation of Body Temperature in Anorexia Nervosa," *Psychological Medicine* 1, no. 1 (1970): 30-39.

12 A. W. Hetherington and S. W. Ranson, "Hypothalamic Lesions and Adiposity in the Rat," *Anatomical Record* 78, no. 2 (1940): 149-72.

13 Bal K. Anand and John R. Brobeck, "Hypothalamic Control of Food Intake in Rats and Cats," *Yale Journal of Biology and Medicine* 24, no. 2 (1951): 123.

14 Bengt Andersson and Börje Larsson, "Influence of Local Temperature Changes in the Preoptic Area and Rostral Hypothalamus on the Regulation of Food and Water Intake," *Acta Physiologica Scandinavica* 52, no. 1 (1961): 75-89.

15 C. L. Hamilton and John R. Brobeck, "Food Intake and Temperature Regulation in Rats with Rostral Hypothalamic Lesions," *American Journal of Physiology-Legacy Content* 207, no. 2 (1964): 291-97.

16 C. J. De Vile et al., "Obesity in Childhood Craniopharyngioma: Relation to Post-operative Hypothalamic Damage Shown by Magnetic Resonance Imaging," *Journal of Clinical Endocrinology and Metabolism* 81, no. 7 (1996):

2734-37.

17 Andrew Wit and S. C. Wang, "Temperature-Sensitive Neurons in Preoptic-Anterior Hypothalamic Region: Actions of Pyrogen and Acetylsalicylate," *American Journal of Physiology-Legacy Content* 215, no. 5 (1968): 1160-69.

18 Charles L. Raison et al., "Somatic Influences on Subjective Well-Being and Affective Disorders: The Convergence of Thermosensory and Central Serotonergic Systems," *Frontiers in Psychology* 5 (2015): 1580.

19 Nicholas G. Ward, Hans O. Doerr, and Michael C. Storrie, "Skin Conductance: A Potentially Sensitive Test for Depression," *Psychiatry Research* 10, no. 4 (1983): 295-302.

20 Irina A. Strigo, Alan N. Simmons, and Scott C. Matthews, "Increased Affective Bias Revealed Using Experimental Graded Heat Stimuli in Notes 259 Young Depressed Adults: Evidence of 'Emotional Allodynia'," *Psychosomatic Medicine* 70, no. 3 (2008): 338.

21 Alexander Ushinsky et al., "Further Evidence of Emotional Allodynia in Unmedicated Young Adults with Major Depressive Disorder," *PloS One* 8, no. 11 (2013): e80507.

22 L.H. Thorell, "Valid Electrodermal Hyporeactivity for Depressive Suicidal Propensity Offers Links to Cognitive Theory," *Acta Psychiatrica Scandinavica* 119, no. 5 (2009): 338-49.

23 Matthew W. Hale et al., "Evidence for In Vivo Thermosensitivity of Serotonergic Neurons in the Rat Dorsal Raphe Nucleus and Raphe Pallidus Nucleus Implicated in Thermoregulatory Cooling," *Experimental Neurology* 227, no. 2 (2011): 264-78.

24 이 기록은 다음에 요약되어 있다. "Wim Hof," Wikipedia, https://en.wikipedia.org/wiki/Wim_Hof.

25 호프는 이 건강 효과를 자기 사이트에 소개한다. https://www.wimhofmethod.com/benefits.

26 Otto Muzik, Kaice T. Reilly, and Vaibhav A. Diwadkar, "'Brain over Body': A Study on the Willful Regulation of Autonomic Function during Cold

Exposure," *NeuroImage* 172 (2018): 632-41.

27 Wouter van Marken Lichtenbelt, "Who Is the Iceman?," *Temperature* 4, no. 3 (2017): 202.

28 Mark J. W. Hanssen et al., "Short-Term Cold Acclimation Improves Insulin Sensitivity in Patients with Type 2 Diabetes Mellitus," *Nature Medicine* 21, no. 8 (2015): 863.

29 Hale et al., "Evidence for In Vivo Thermosensitivity," 264-78.

30 Brant P. Hasler et al., "Phase Relationships between Core Body Temperature, Melatonin, and Sleep Are Associated with Depression Severity: Further Evidence for Circadian Misalignment in Nonseasonal Depression," *Psychiatry Research* 178, no. 1 (2010): 205-7.

31 Gregory M. Brown, "Light, Melatonin and the Sleep-Wake Cycle," *Journal of Psychiatry and Neuroscience* 19, no. 5 (1994): 345.

32 National Cancer Institute, "Hyperthermia in Cancer Treatment," https://bit.ly/35vZ78H.

33 A. Merla and G. L. Romani, "Functional Infrared Imaging in Medicine: A Quantitative Diagnostic Approach," *2006 International Conference of the IEEE Engineering in Medicine and Biology Society* (IEEE, 2006).

34 Thorsten M. Buzug et al., "Functional Infrared Imaging for Skin-Cancer Screening," *2006 International Conference of the IEEE Engineering in Medicine and Biology Society* (IEEE, 2006).

35 Maria Tsoli et al., "Activation of Thermogenesis in Brown Adipose Tissue and Dysregulated Lipid Metabolism Associated with Cancer Cachexia in Mice," *Cancer Research* 72, no. 17 (2012): 4372-82.

36 Rajan Singh et al., "Increased Expression of Beige/Brown Adipose Markers from Host and Breast Cancer Cells Influence Xenograft Formation in Mice," *Molecular Cancer Research* 14, no. 1 (2016): 78-92.

37 Takaaki Fujii et al., "Implication of Atypical Supraclavicular F18-luoro-deoxyglucose Uptake in Patients with Breast Cancer: Association between Brown Adipose Tissue and Breast Cancer," *Oncology Letters* 14, no. 6 (2017):

7025-30; Miriam A. Bredella et al., "Positive Effects of Brown Adipose Tissue on Femoral Bone Structure," *Bone* 58 (2014): 55-58.

38 카치오포는 외로움에 대해 많은 글을 썼다. 특히 흥미로운 내용은 아이오와주 디모인에서 했던 다음 테드 강연이다. https://www.youtube.com/watch?v=_0hxl03JoA0.

39 Julianne Holt-Lunstad, Timothy B. Smith, and J. Bradley Layton, "Social Relationships and Mortality Risk: A Meta-Analytic Review," *PLoS Medicine* 7, no. 7 (2010): e1000316.

40 Julianne Holt-Lunstad et al., "Loneliness and Social Isolation as Risk Factors for Mortality: A Meta-Analytic Review," *Perspectives on Psychological Science* 10, no. 2 (2015): 227-37.

41 Steven D. Targum and Norman Rosenthal, "Seasonal Affective Disorder," *Psychiatry* (Edgmont) 5, no. 5 (2008): 31.

42 Marcus J. H. Huibers et al., "Does the Weather Make Us Sad? Meteorological Determinants of Mood and Depression in the General Population," *Psychiatry Research* 180, no. 2-3 (2010): 143-46.

43 WHO International Programme on Chemical Safety, "Biomarkers in Risk Assessment: Validity and Validation," *Environmental Health Criteria* 222 (2001), http://www.inchem.org/documents/ehc/ehc/ehc222.htm.

44 Sami Timimi, "No More Psychiatric Labels: Why Formal Psychiatric Diagnostic Systems Should Be Abolished," *International Journal of Clinical and Health Psychology* 14, no. 3 (2014): 208-15.

45 Eiko I. Fried, "The 52 Symptoms of Major Depression: Lack of Content Overlap among Seven Common Depression Scales," *Journal of Affective Disorders* 208 (2017): 191-97.

## 9장. 코스타리카 사람들은 행복하다

1 Christopher Columbus, "Third Voyage," in J. M. Cohen, trans., *Christopher Columbus: The Four Voyages* (London: Penguin, 1969), 221, 219.

2 Samuli Helama, Jari Holopainen, and Timo Partonen, "Temperature-

Associated Suicide Mortality: Contrasting Roles of Climatic Warming and the Suicide Prevention Program in Finland," *Environmental Health and Preventive Medicine* 18, no. 5 (2013): 349; Reija Ruuhela et al., "Climate Impact on Suicide Rates in Finland from 1971 to 2003," *International Journal of Biometeorology* 53, no. 2 (2009): 167.

3 Christian Bjørnskov, Axel Dreher, and Justina A. V. Fischer, "Cross-Country Determinants of Life Satisfaction: Exploring Different Determinants across Groups in Society," *Social Choice and Welfare* 30, no. 1 (2008): 119-73.

4 세계가치관조사World Values Survey의 역사는 이 프로젝트의 홈페이지에서 확인할 수 있다. http://www.worldvaluessurvey.org/WVSContents.jsp?CMSID=History.

5 National Institute of Mental Health, "Seasonal Affective Disorder," last revised March 2016, https://www.nimh.nih.gov/health/topics/seasonal-affective-disorder/index.shtml.

6 Michelle L. Taylor et al., "Temperature Can Shape a Cline in Polyandry, but Only Genetic Variation Can Sustain It over Time," *Behavioral Ecology* 27, no. 2 (2016): 462-69, https://www.ncbi.nlm.nih.gov/pmc/articles/PMC4797379/.

7 Peter Paul A. Mersch et al., "Seasonal Affective Disorder and Latitude: A Review of the Literature," *Journal of Affective Disorders* 53, no. 1 (1999): 35-48.

8 Leora N. Rosen et al., "Prevalence of Seasonal Affective Disorder at Four Latitudes," *Psychiatry Research* 31, no. 2 (1990): 131-44.

9 J. Henrich, S. J. Heine, and A. Norenzayan, "The Weirdest People in the World?," *Behavioral and Brain Sciences* 33, no. 2-3 (2010): 61-83.

10 Rachid Laajaj et al., "Challenges to Capture the Big Five Personality Traits in Non-WEIRD Populations," *Science Advances* 5, no. 7 (2019): eaaw5226.

11 Emorie D. Beck, David M. Condon, and Joshua J. Jackson, "Interindividual Age Differences in Personality Structure," *PsyArxiv* (July 19, 2019), https://psyarxiv.com/857ev/.

12 J. K. Flake and E. I. Fried, "Measurement Schmeasurement: Questionable Measurement Practices and How to Avoid Them," *PsyArXiv* (January 17, 2019), doi:10.31234/osf.io/hs7wm.

13 Eiko I. Fried, "The 52 Symptoms of Major Depression: Lack of Content Overlap among Seven Common Depression Scales," *Journal of Affective Disorders* 208 (2017): 191-97.

14 Eiko I. Fried and Randolph M. Nesse, "Depression Sum-Scores Don't Add Up: Why Analyzing Specific Depression Symptoms Is Essential," *BMC Medicine* 13, no. 1 (2015): 72.

15 Paul A. M. Van Lange, Maria I. Rinderu, and Brad J. Bushman, "Aggression and Violence around the World: A Model of CLimate, Aggression, and Self-Control in Humans (CLASH)," *Behavioral and Brain Sciences* 40 (2017).

16 Craig A. Anderson, "Temperature and Aggression: Ubiquitous Effects of Heat on Occurrence of Human Violence," *Psychological Bulletin* 106, no. 1 (1989): 74.

17 Hans IJzerman et al., "Does Distance from the Equator Predict Self-Control? Lessons from the Human Penguin Project," *Behavioral and Brain Sciences* 40 (2017): e86.

18 Jared Diamond, *Guns, Germs, and Steel: The Fates of Human Societies* (New York: W. W. Norton, 1997).

# 따뜻한 인간의 탄생

체온의 진화사

**1판 1쇄 펴냄** 2021년 9월 30일
**1판 2쇄 펴냄** 2022년 1월 11일

**지은이** 한스 이저맨
**옮긴이** 이경식
**해제** 박한선

**펴낸이** 송상미
**편집** 박혜영
**디자인** 이석운 김경진

**펴낸곳** 머스트리드북
**출판등록** 2019년 10월 7일 제2019-000272호
**주소** (03925) 서울시 마포구 월드컵북로 400, 5층 11호(상암동, 문화콘텐츠센터)
**전화** 070-8830-9821
**팩스** 070-4275-0359
**메일** mustreadbooks@naver.com

ISBN 979-11-970227-8-4 03180


* 책값은 뒤표지에 표시되어 있습니다.